祖源记忆

华夏五千年延续文明的根本　古蜀三星堆来龙去脉的指引

杨永年　著

四川文艺出版社

图书在版编目（ＣＩＰ）数据

祖源记忆：华夏五千年延续文明的根本 古蜀三星堆来龙去脉的指引 / 杨永年著. — 2版. — 成都：四川文艺出版社, 2019.3
ISBN 978-7-5411-5268-9

Ⅰ.①祖… Ⅱ.①杨… Ⅲ.①三星堆文化－研究 Ⅳ.①K872.710.4

中国版本图书馆CIP数据核字（2019）第027653号

ZUYUAN JIYI

祖 源 记 忆

—— 华夏五千年延续文明的根本 古蜀三星堆来龙去脉的指引

杨永年 著

责任编辑　燕啸波　奉学勤
封面设计　叶　茂
内文设计　史小燕
责任校对　蓝　海

出版发行　四川文艺出版社（成都市槐树街2号）
网　　址　www.scwys.com
电　　话　028-86259287（发行部）　028-86259303（编辑部）
传　　真　028-86259306

邮购地址　成都市槐树街2号四川文艺出版社邮购部　610031
排　　版　四川胜翔数码印务设计有限公司
印　　刷　三河市华东印刷有限公司
成品尺寸　168mm×238mm　　　　　开　本　16开
印　　张　30.25　　　　　　　　　字　数　510千
版　　次　2019年3月第二版　　　印　次　2020年4月第二次印刷
书　　号　ISBN 978-7-5411-5268-9
定　　价　98.00元

作者简介

杨永年，1943年出生在重庆涪陵。幼年逝父，童年丧母。无学历、无党派、无职称；幸好有诗、有酒、有梦想。记者为业，写作为乐，收藏为趣。自1984年出版第一本著作，已上市15种，或许尚未"绝育"。

已出著作：

文学类《五色土》（五人集）（1984年）、《美在都市里雕塑》（1986年）、《巴人乡趣》（1987年）、《望乡树》（1991年）、《生命之旅》（1993年）；摄影类：《雪域》（1999年）；收藏类：《鼻烟壶藏品赏析》（2002年）、《慧眼识玉》（2007年）、《时尚玩玉》（2007年）、《投资藏玉》（2007年）、《古代中国男人的时尚》（2007年）、《奥运奖牌上的中国文化——中国印和玉璧》（2008年）、《我读我藏宋元瓷》（2014年）、《邮票上的第二次世界大战》（2015年）；文化类：《祖源记忆：华夏五千年延续文明的根本，古蜀三星堆来龙去脉的指引》（2017年）。

作者与外孙（杨凯榄摄影）

开场白：这是一本什么样的书？

这是一本以新鲜的"祖源记忆"概念为导向，探索上古中国线性历史的书；是一本彰显文化自信、讲述中国故事的书。

提出"祖源记忆是中华民族五千年延续文明的根本"命题，既是一个十分创新的命题，又是一个迫切需要阐释的命题。只有具备学术逻辑又符合中国国情的解读，叙述出连贯的中国五千年以上的线性文明史，才能让"五千年华夏文明"的说法，挺直腰杆走向五洲，才能让全世界心悦诚服、难以挑剔。

本书不是编年史，是对中国上古史中的一些亮点、节点和疑点作出创新解读，促进考古学文化中的那些"点性历史"，生发出"线性历史"。在这样的可能之中，去联通"五千年文明"的轨迹，去完整"中华民族"概念，去源流"龙的传人"的说法。

以上文字是本书杀青后，笔者为勾引出版社写的广告词。其实——

这是一本歪打正着的书

在下决非历史学家，甚至连大学的门槛也未跨过。平生与"历史"的渊源仅有一次，1958年秋在重庆市第七中学念高中一年级时，在班主任的动员下，出任谁也不愿干的历史课课代表。大概是一年任期吧，是第二年不开历史课了？还是我干不下去了？已经记不清了。

2002年，笔者出版了第一本收藏文化类书籍《鼻烟壶藏品赏析》。一开篇就写出60岁之后，自己人生的"主旋律"应该是什么：

当我还未完全弄懂，为什么"失落感"总像影子那样，弄得我的一些师长在退休之时，老是"剪不断，理还乱"？殊不知，退休的岁月也在窗外向我悄悄招手了！何以消解"失落感"？我选择"收藏"。"收藏"可能是满足人性中"占有欲"的一种手段。有"失落"，有"收藏"，或许可作一定的心态平衡。再说，退休了，大可"玩物"了，即使一不小心就此"丧志"也无关紧要，更何况还可以"玩物养志"嘛。

退休后，玩古董的热情可谓"一发不可收拾"。一辈子舞文弄墨的习惯似乎也无法刹车。以自己的收藏品为观察对象，探索真相，形成对历史的、文化的、艺术的见解。着眼于创新的、独自的和欢迎争鸣的阐释。先写成文章在报刊上发表，再辑集成册交出版社出版发行。2007年，笔者一年内急就成4本书稿。2008年便在两家出版社先后出版，进入大陆和香港市场。出版社对拙作表现出颇大的兴趣。但就在2008年，笔者停止了业已走顺了路的那种热炒热卖的收藏文化类书籍生产。一家出版社寄来的由我自填的出版合同，至今还压在我的书箱底下。

因为那一年，65岁的我"受孕"了。

2008年汶川大地震之后的秋冬时节，在成都的受政府相关部门监管的古玩市场地摊上，不时出现一些旧气十足的玉（石）雕作品。卖家和买家都称之为"齐家玉器"。笔者藏玉玩玉，还写了一套《赏玉丛书》，直观告诉我，市场上所谓齐家玉器中，那些主题表达鲜明清晰的作品，绝非一个"齐家玉器"便可笼而统之的。那类玉（石）作品上，有红山文化玉（石）器的符号，以及拥有这样符号的多个情景构图。比如，有红山文化的三星他拉玉龙（C字龙），玉鸮（鸟纹）和玉祖（猪）龙；有它们与披发的氏羌人组成的生产、生活场景；有玉祖（猪）龙与蝉，与人，与钺等组合的雕件；有被市场称为红山"太阳神"的那种面部表情不一、头部装饰不一、体量大小不一、但却都是规范化的跽坐体姿造像。这样高矮在5-15厘米之间的玉（石）雕，又与20世纪末21世纪初市场中出现的多个所谓三星堆玉器泾渭分明截然不同。那些玉器，无论造型怎么千姿百态，但万变不离其宗，逃不脱三星堆出土青铜器的影子。而且体量硕大，多是数十厘米甚至一米左右的大块头。

更使笔者百思不得其解的是，红山文化的原生地辽河流域，与2008年所见玉（石）器出现之地四川成都，一北一南相距千万里。那些玉（石）器为何要背井离乡来到这里？看着玉（石）器上那些红山文化元素的传承与融合，这一路上又有怎样的悲欢离合？这里面一定大有文章！还有让人心痛的。那几个来自岷江上游的羌民，用编织袋装着刻有字形的泥版，每星期两次往返于茂县老家和成都市场。半个月过去了，一个月过去了，两个月过去了！谁也不落眼在那些大大小小、黑黑黄黄的文字泥版上。可怜这来回地折腾，那些泥书文字大的残破了，小的粉末了！

我该赌一把了。

游说夫人卖光我们赖以养老的一间民企印刷厂的控股。没有了企业的利润分成，我们仍有国家发放的退休工人基本养老金。无非就是外出旅游不用住宿星级酒店了，请客宴友再不敢上茅台。但若这些有着极大研究价值的历史遗物，损失了或者流失到境外，后人一定会对我的见死不救指指点点的。

终于我感动了家中的上帝。

变卖企业股份的现金用得差不多的时候，我从成渝两地及周边地、市的古玩市场之中"淘"来的，从收藏朋友家中"交换"来的，我命名为"古蜀玉器"和"巴蜀陶书"的藏品，也小具规模。

那些从历史中走出来的玉（石）雕人儿，千里迢迢来到远古的巴蜀大地，到底想要告诉我们什么样的历史故事呢？

我开始思考，人生中最有意思的探索"受孕"了。

毕竟笔者不是科班出身。因其是雕塑，我最先请教画家朋友。那位有头衔、有名气并具备世界眼光的画家看着那些雕像，惊叹不已，说：管它是老是新，是真是假，就看这些形形色色的雕塑语言，当今即便是大名头雕塑家，恐怕也难以构思出这许多的造型。

我再请教主管相关学会的领导。他为慎重起见，邀请名牌大学的著名考古学教授同行。观来看去，有说他曾在故宫实习过数月，但从未看见过这样的古物。有说古代中国是祭祀以"方"，不会有祖先崇拜的偶像，哪能存在这许的人物雕像？

接下来，笔者明显感到文博圈的朋友拉开了距离。当年，我是第一个在境外媒体上报道三星堆消息的记者，拙作在三星堆博物馆曾经陈设多年。所以笔者与住地的文博圈有来有往，相互尊重。再后来，有人向我透露，当地的学术团体针对拙作作过议论，发言中有人说笔者写这样的书，是为了让书中提到的藏品，今后能卖个好价钱。

这已经超出了学术讨论范畴了，这是赤裸裸的人格污辱。我得反击。他有话语权，但没有话语，所以人身攻击。我没有话语权，但我可以集合起成编队的话语，去抵御他的话语权，还我收藏的本意，正我探索的使然。

笔者向"现今"道了声"拜拜"，一头扎进四五千年前的历史纵深。以炎帝为视角、以古蜀为焦点、以古玉为证据、以祖源记忆为切入点、以祖先文化元素为指路标、以古籍中的"节点""热点"和"疑点"为抓手；经过兼收并蓄、经过逻辑过滤、经过独立思考、经过醒悟创新、经过考古学文化的印证、经过民间藏品信息的补充，笔者沿着文化交融线和民族迁徙线，畅想华夏文明从没有文字记载（或者说甲骨文以前的文字记载）的新石器时代晚期，到文明业已成形的秦汉时代，是如何在延续不间断地发展。

驱笔八年，修正五稿，就这样歪打正着地写出此书。笔者以"话语"去抗衡"话语权"，在解读民间收藏品信息时，在阐释自己创新的观点中，努力引证数起，杜绝"孤例不证"。由此浪费读者诸公时间，望理解、望海涵。鞠躬！

这是一本"无"中生有的书

关于"炎黄子孙"，应该说黄帝体系的叙述是比较清晰的，有历史的记述，有考古的佐证，有学术的编辑，有大众的认同。炎帝呢？似乎至今仍未说清楚。炎帝体系在古籍中是缺环的，是错位的。考古学没有对炎帝族群的源与流做出符合逻辑的指认。学术研究处在一种瞎子摸象的态势之中。"炎帝"在大众认知中仅仅是一个符号。

古往今来的中国人都说自己是"龙的传人"。若干年来，对中华龙的解读可谓五花八门，层出不穷。可是，中华龙的"象征本义"到底是什么？不见符合常理的阐释，说中华龙是鳄鱼，是载角的蜥蜴，是蛇是马，是树是云，是闪电是彩虹，是雷电龙的"三位一体"，是牛鬼蛇神的"四者结合"，等等。莫非，我们这些"龙的传人"就是那些莫明其妙的后代？！

自己说不清自己的由来，自己又不去说清楚自己的由来，外国人便堂而皇之来此插上一只脚了。早年，瑞典地质学家安特生得知在中国河南省的仰韶村遗址发现了史前文化遗存时，改行去做中国的史前考古工作，安特生从出土的陶器、石器的比较和人种学鉴定中，认为这就是现代中国汉族人的祖先，称仰韶文化就是"中华远古之文化"，称仰韶文化为"仰韶文明"。遗憾的是，安特生最终"没能找到仰韶文化的真正根源，也没能对仰韶文化的范围加以界定"，故而提出仰韶文化的彩陶是受到西方影响而形成的。这种中华文明外来说，一百年来阴魂不散。这种由外国人来解读中国历史的"学术成果"，至今仍然被国内的一些专家学者津津乐道。且听："关于中国文明的形成问题，国内学术界已经公认日本学者贝塚茂树在1977年所著《中国古代史学的发展》第四卷中指出的几个必要条件，那就是必须要有：一、青铜器。二、宫殿遗址（或城市）。三、原始文字。这三要素是缺一不可的，这些因素也是商文化的重要架构。因此长期流行于学术界的观点是中国文明形成于商代。"外国人一刀就将五千年以上的华夏文明，砍成只有三千多年的商代文明，竟然还成了"已经公认"。

难道不应该在那些被外国人无端砍去的"无"中生出"有"来吗？还我华夏文明五千年以上的光彩，让整个世界也去"已经公认"。

再看局部：三星堆遗址的考古发掘，那些三千多年前青铜器的熠熠光芒，顿时让整个世界惊叹得近乎昏旋。当今世界扭过头来看着中国，等待着我们回答，是谁创造了三星堆文明？古代巴蜀从何而来又走去何处？可是三十年过去了，中国人已经可上九天揽月，可下五洋捉鳖，但对自己祖先的那一部分是如何的，甚至提不出一个符合学术逻辑的假设猜想什么的，只好用一个"未解之谜"去搪塞全世界的嘴巴。

中国人不去"无"中生有，外国人就帮你"无中生有"了。提出"古蜀文化西来说"，陶伦士指出：古蜀的"羌氏为一特殊的种族——东迁的以色列人后裔"。陶伦士的两个主要论据，一是羌氏尚白，他认为白色代表宗教与道德的洁净，这与古犹太人的信仰习俗相同。二是羌氏对天神献羊子，是与古代以色列人的献祭同一源。这个外国人的理由就我这个学术界门外汉来说也不值一驳。古蜀羌人传承的是红山炎帝文化线，崇玉尚玉是该文化线的重要元素。羌人尚白，不过是崇尚白色玉石习俗的大众化普及版。向天神献羊子，那是羌人在重申自己的祖源指向羊。与以色列人的献祭，完全是八竿子也打不到一块儿的事情！

再看个案，佛教，转世轮回，因果报应。谁人不知，哪个不晓？应该说作为古代四大文明国家之一的古印度，在佛教输入中国的过程中，印度文化、中亚和南亚文化也随同来到中国，影响和丰富了华夏文明。这样的文化交流本应客观看待。你来我往，互联互通，史料为凭，实事求是。可惜国内有的教授级研究家，至今眼底还是外国的月亮比中国圆，在他21世纪出版的大著中，仍然重谈"《庄子》吐纳之术，出于印度《瑜伽师》禅定说"；"屈原《天问》宇宙本源论即（印度的）《梨俱吠陀》创造赞歌之意译。""老子也好，东方朔也好，其在不同时代改变名号为帝师的说法并非道家的发明，而是印度轮回转世思想的翻版。"如此等等还可以找得出更多的"高论"，真弄不清楚那样的中国学者对自己祖国的文化为什么那样绝情，你说庄子、屈原"抄袭"印度的学术成果，那你说说那时候的印度经典是否已经有了中国译本，或者庄子、屈原是否听得懂印度话！姑且还不用说在两千多年前，是否有印度的"访问学者"到过鲁地或者楚国，这是一个太低级太低级的逻辑问题，连当代的印度学者也不敢瞒天过海。他们也想"试图探寻老子哲学的印度根源"，但是至今也不得不承认"却未获得任何正面的结果"。

讲好中国故事刻不容缓了。

以中国的考古学文化去观察，作为佛教核心教义的"轮回转世"观念，在佛教传入中国之前，"轮回转世"已在巴蜀甚至全国以一种文化形式流行着，有古籍记载，有文物佐证，有民俗传承。对此，我们想得全面一点、客观一点、自信一点，原始佛教在创建之初，是否吸纳了相关的古蜀文化元素呢？

这本书中，笔者对多个古代中国历史中的热点、亮点和疑点，做出了"奇思妙想""无中生有"的创新解读。"无"中生有是笔者追求的目的，有中觅"无"是笔者求解的手段。笔者努力去兼收并蓄集思广益。读上十万字八万言，能拿来三五句话，一二个观点，都已是心满意足的了。

这是一本昨天故事今天再听的书

中国是由无穷无尽的故事，堆砌出一个又一个历史高度的国家。中国人用数不清的可歌可泣的故事，喂养大自己的民族，五彩着自己的历史。中国故事也是一道世界的风景线，一篇世界的警世言。

今天的中国更是一个梦工厂，工厂的产品便是今天中国人讲出的新故事。

有人说“一切历史都是当代史”。卡尔·波普尔指出：“不可能有一部真正如实表现过去的历史，只能有对历史的解释，而没有一种解释是最后的解释，因此每一代人都有权做出自己的解释。”鉴于此，笔者写下了这本“昨天故事今天再听的书”。

5000年前发生在河北省桑干河畔的“炎黄大战”，是一段昨天的故事，一段至今还未被“历史”收编的神话故事。虽然它被公认为华夏跨进文明的门坎，近百年的考古物证逼着历史学家开口，然而至今，学术界还是那么扭扭捏捏，欲抱琵琶，只说是：“对河北张家口地区桑干河上的蔚县西合营古文化用‘三岔口’这一概念形象地概括它的特征因素——双唇小口尖底瓶和玫瑰花图案彩陶，在这里延续到它的后期阶段中止了，其平面分布的东北向范围也到此为止；源于辽西（老哈河与大凌河流域）的‘红山文化——夏家店下层文化’的特征因素：鳞纹图案彩陶和彩绘斝、鬲类陶器等，从东北向西南，经过冀西北部，延伸到太行山脚下的拒马河、滹沱河流域（石家庄一带）。源于河套一带的蛋形瓮、三足蛋形瓮等，自西向东分布延伸，也大致到此为止。”上述用了两个“到此为止”以考古实物证明一南一北的两种文化在桑干河、滹沱河流域交汇了，碰撞了。可是学术界就是不敢去“历史”一点，指出那个“到此为止”就是“炎黄大战”。让这个关系着“五千年文明”的重要历史节点，一直作为疑案悬案挂在那里。这个昨天的故事，笔者在今天听后，提出了自己的假设：“炎帝欲侵陵诸侯”的历史的核心是，北、南祖源认知的碰撞最终爆发“炎黄大战”。

“大禹治水”古往今来已是家喻户晓了，但人们一直将其当成故事在听。大禹是伟大的，三千年前的《左传》就说，倘没有大禹治水，我们大家都变成了水中的鱼儿。但是，如果将大禹定位于一个自然人，在四千多年前，有着生命大限的自然人，能在那么大的时空范围内，创造出那么大的丰功伟业吗？有说根本就没有“大禹治水”这回事的，有说大禹是神或者是虫，根本就不是人！中国的“大禹治水”这个光彩的历史亮点，倘若再不给它加持，做出符合学术逻辑的阐释，就真有可能会被拉闸断电，熄灭光芒的。

笔者在本书中将大禹指向中国上古史中的一个人格化的历史进程符号。大禹治水，是古代中国由部落联盟制社会向酋邦制社会的进步，大禹治水的成功，“禹会诸侯于涂山，执玉帛者万国”，从国家起源的视角来看，应该是古代中国从前国家形态进入到“早期国家”形态。从文明进程的视角来看，应该是在具体解读最新版本《文明史》中的所指："从庙底沟二期文化开始，中原地区出现了主要来自长江流域和黄河下游地方的众多文化因素……实际成了来自四面八方各种文化、思想以及政治经验交汇融合的大熔炉。"今天听了昨天的故事后，笔者在本书中写出了《我读大禹》的新故事。

再一个昨天的故事，说的是距今3100年前，周武王"统战"夷狄人的庸、蜀、羌、髳、微、卢、彭、濮八国（地）之力，进攻殷商王朝的首都。殷王的"国军"虽远在东夷，但这个拥有600年历史的王朝，仍然很快组织起70万大军，来抵御周武王的数万名联军。出乎意外的是周武王的联军仅用了三十余天就瓦解了殷商王朝的七十万大军，克了"殷"，灭了"商"。史籍如何解读这个历史奇迹呢？几乎都是说在一阵"前歌后舞"载歌载舞之后，就"克殷"了，就"灭商"了。今天你再听这样的"前歌后舞"故事，你仍然信吗？笔者仍然信，但对那些"歌"和"舞"，注入了全新的阐释，让其有了逻辑。在历史中站稳脚跟，岿然不动地去承前启后。

笔者以为，面对殷商王朝这七十万匆匆由历次"伐羌"中虏获的巴地蜀地的夷戎人和他们的后代组建的大军，周武王用3000名来自巴蜀的"虎贲之士"，在巫师"尚父"的指挥下，高唱祭祀先祖的歌，跳起祭祀祖陵的"舞"，唤醒了那七十万大军的"祖源记忆"，让他们意识到自家人是不能打自家人的。在同一"祖源记忆"的召唤下，那七十万主要由巴、蜀籍士兵组成的殷商大军阵前反戈。那样的歌那样的舞，那样的文化那样的软实力，才能发挥出那样的作用，让历史得以进步。

煌煌《史记》为我们留下一个小小的谜，两千年过去了，中国的脑袋，或许说整个世界的脑袋也未将这个谜底猜破。

《史记·西南夷列传》有载："及元狩元年，博望侯张骞使大夏来，言居大夏时见蜀布、邛竹杖，使问所从来，曰'从东南身毒国，可数千里，得蜀贾人市'。或闻邛西可二千里有身毒国。"这里所指的"蜀布"，如今的学术主流都认为是蜀地所产的丝织品，是国外考古发现早在公元前11世纪已传至埃及，到公元前四、五世纪时，已流行欧洲的中国丝绸。"邛竹杖"又是什么呢？是商品？一根蜀地漫山遍野的竹子有何商业价值！是权杖？他国异乡市集中的蜀地商人何权何势！岂容你使用权杖！若作行路拐杖之用，这邛竹杖与受到世界垂青的蜀布，被身为王侯、挂衔汉使的张骞相提并论，按理说不过去呀？可惜张骞没有指明这"邛竹杖"的功用和作为在哪里，为何被蜀人不远万里带到异国他乡？

笔者面对这个陈年老故事，以"祖源记忆"为指引，认为"杖"，无论是那支金沙出土的包裹金铂的木杖，还是《史记》提到的业已走出国门的"邛竹杖"，都是古代巴蜀人对"天梯建木"的符号化认知。是那个由"死而复生"、"轮回转世"等古代中国人祖先文化中，发展出来的一个文化元素，一条与祖先沟通的通道，一种传承着祭祖祈福仪式的道具。邛竹杖是由古蜀向西进发的，最先将中国的丝绸运往埃及和欧洲的那一年年、一支支外贸团队，在征程中与祖先沟通，祈求护佑的神器灵物。它寄托着外贸团队的人生和货物的平安。所以邛竹杖与珍贵的蜀布才得以相依相存、相提并论。可以这么说，距今三千多年就开始的华夏与亚欧的互联互通，古代中国贡献给世界的，既有丝绸之类的物质文明元素，又有祖先文化这类的精神文明元素。

昨天的故事今天再听，多少都能听出一些弦外之音，品出一些新鲜味道。

这是一本今天写成明天阅读的书

2014年，设在北京的中国国际艺术出版社，出版了拙作《我读我藏宋元瓷》。笔者在卷首自白："这册《我读我藏宋元瓷》中的文章，虽然有的纳入世界华人收藏家大会的论文集，有的发表在《光明日报》，但我以为均非学术结论，乃一家之见。披露的藏品从未送去'鉴宝'，更无专家权威的证书，是我在吸纳多种学养中形成自己认知体系后的判断，是铺开的有待验算的答卷，是竖起的任由抨击的胸靶。"

这本书应该也是如此，是一本今天写成明天阅读的书。

比如，本书提出三星堆还应有一个鸟身的"大型青铜立人像"，并指出这尊像可能是由哪些已出土的、有所编号的青铜部体组成，要还原它只是一个举手之劳，在电脑上很快便能组成粗略形象，但要承认它，解读它，就怕要有漫长的路去跋涉了。虽然20世纪上、中叶便有历史学家指出，华夏种群最初的结构是一个"部落"由两个"半部落"组成，即是说部落完整的祖源记忆是由两个祖源指向构成。远在早红山文化时期，红山人便将神格化的祖源，指向蛇和鸮，即后来被文化了的"龙"和"凤"。这样的两个半部落组织形式，这样的两个祖源记忆的意识形态，在古籍中可以找出些蛛丝马迹，在考古学文化中有着大量表现。关键是对这样的出土物我们用什么视角去观察，用什么认知去探索。记得那位发现过"商城"的考古学家在媒体上曾说过，只有想到了，才能找得到（大意）。笔者是界外之人，已经记不住那位考古学家的名字了，但他的思想方法却一直记忆在心。

再比如，本书第十四章明确提出，古蜀的字是早于甲骨文的较为成熟的华夏古文字，这对今天的学术界怕是很难接受的。因为在昨天，历史早就说古蜀"未有文字"。在今天，三星堆出土了成百上千的物品，具备文字雏形的字符迄今仅发现几个。怎么可能说古蜀有文字，而且古蜀的字，是早于甲骨文的华夏古文字，是华夏诸个原始文字的后起之秀呢？笔者之所以这么自信，其一，有专家早已指出，商代甲骨文之前中国已有一个"陶书时代"。此外，就我这样具有一般思考能力的人，也懂得如果没有文字功能的存在，是不可能形成三星堆的文明高度的！其二，笔者前前后后在政府职能部门监管的古玩市场中，搜集了数以千计的疑似古蜀陶书文字，成百近千的铭刻或书写在龟甲、兽骨、玉石、竹条、麻布上的疑似古蜀文字。这些疑似古蜀文字，笔者已决心最终将其寄养在国有或民营的研究机构中，去鉴真去识读，或许从中能找出一点关于"夏"的信息，这当然是明天的事了。

其三，这本书是以炎帝为视角，以古蜀为焦点，来激发笔者对中国上古史产生想象。毋庸置疑，这是对至今仍有强大惯性的"中原正宗"、"黄河一元"的读史心理定式的一种挑战。这样的挑战是一定要有的。对此，川渝的研究者们已有所感触。三星堆发掘出距今3000多年前的古蜀文化，其青铜艺术攀上了那个时代的世界巅峰。本土的专家学者用酋邦制"中国"铸造出来的中原文化标尺，去度量部落联盟制的"天地之中"所生成的古蜀文化元素，或者说用已知的黄帝体制的"诸夏"文化标准，去解读因被断层而误解或失忆的炎帝体系的"四夷"文化元素，横竖都不对劲，多是不能自圆其说。于是，有的专家向"神"求助，以虚无缥缈的"神仙文化"去诠释那些三星堆文化现象。有的学者则向西方求援，提出这段辉煌的上古中国文化的"外来说"。直到20世纪末，川渝的一些学者才指出古蜀文化是一支独立的文化体系，或许是长江文化的重要源头。识读理解古蜀文化必须另辟蹊径。

这当然不是一件抬腿便行的事。这是一件另起炉灶的事，是一件处处挑战的事，或许也是要干到明天才能见分晓的事。有研究者已经指出，中国文化由黄河文化和长江文化这二元偶合而成，而且长江文化的整体水平并不比黄河文化逊色，在某些方面甚至有过之而无不及。然而现实状况是，对黄河文化的青睐和对长江文化的冷漠有着强烈的反差。这种反差的形成源于"三差"，即政治中心的"位差"、考古发现的"时差"和文化学者的"视差"。

只有纠"偏"校"差"了，才能完整地重写我们中国的上古史。去实现这个梦想，每个参与者都应怀揣胆识，投身创新，用自信去为我们的发动机不停地加油充电。我们的老祖宗就这么自信风光过。哪有什么"夜郎自大"？一个能够创造出三星堆如此绝无仅有文化的地区，一个能在两三千年前，其物质产品和精神产品就能名扬海外影响他人的地区，恐怕就不是什么"自大"了，而是本来就大，客观就大。或者说他们的祖先曾经是强大的，他们才有资格才有信心才有理由去"自大"一盘！

最后还必须说一句的是，这本书是有贵人相助的书。原重庆市政协副主席、重庆力帆集团董事长尹明善先生，是笔者相交近70年的同乡、邻居和好友。作为曾经是出版社编辑的他，深知作者写作的艰辛和出版社经营的压力。在明善兄的理解、鼓励和支持下，这本注定会引来大争议的书得以及时顺畅地进入出版程序。

目 录

【下　篇】

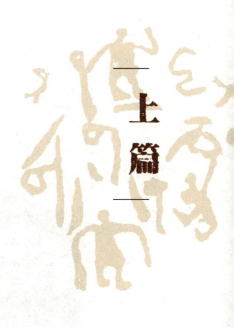

上篇

第一章　不能再上秦始皇的大当，
　　　找回华夏更老的祖先文化

　　这是一本以"祖源记忆"为导向的，探索上古中国的线性历史的书。是一本斗胆挑战《史记》以来许多说法的书！然而挑战的战鼓却是李济先生播响的。这位中国考古学的奠基者、中国近代著名的历史学家，早在20世纪50年代就指出，中国人应该多多注意北方，忽略了历史的北方，我们的民族及文化的原始，仍沉没在"漆黑一团"的混沌境界。二千年来中国的史学家，上了秦始皇的一个大当，以为中国的文化及民族都是长城以南的事情。这是一件大大的错误，我们应该觉悟了！我们更老的老家——民族的兼文化的——除了长江流域以外，也在东北、内蒙古、黄河流域、蒙古以及西伯利亚一带。这些都是中华民族的列祖列宗栖息坐卧的地方……我们以研究中国古史学为职业的人们，应该有一句新的口号，即打倒以长城自封的中国文化观；用我们的眼睛，用我们的腿，到长城以北去找中国古代史的资料。那里有我们更老的老家。[1]

第一节　中国的史学家，上了一个什么"大当"？

　　秦始皇创造了历史，可以说是一段十分辉煌的中国历史。但他不是历史的记录人、整理人和评说人，不是历史学家。李济的板子打在他身上，似乎有点冤枉。不过秦始皇以他的唯我独尊、一统思想"培育"出来的历史观点、历史学术是有局限甚至是错误的。20世纪上半叶中国的又一位经典历史学家傅斯年对《史记》的不足之处早有批判。1934年傅斯年在他的《夷夏东西说》一文中表示："可惜太史公当真不是一位古史家，虽羿浞少康的故事，竟一字不提，为其作正义者所讥。"又说："具按《舜本记》叙十人，无嚳，而有彭祖。彭祖亦坟典不载,未知太史公竟如何,恐多是误。"[2]《史记》为何出现上述偏见呢?笔者的理解是"太史公"们以及主子,刻意要对生长在"长城以北"的"我们更老的老家"的炎帝体系进行肢解,予以断层,使之失忆,好让逐鹿中原而后问鼎中原的黄帝体系,一统独霸。上述的羿,先秦文献称为"夷羿",是炎帝后裔。虽然为区分炎帝体系和黄帝体系出现了"夷""夏"之说,但秦汉以前的古籍并未去矮化"夷"而肢解炎帝体系。《楚辞》《山海经》说:"帝降夷羿,革孽夏民。""帝俊赐羿彤弓素矰,以扶下国,羿是始去恤下地之百艰。"意思是说,夷羿也是神,也是受"帝"指使来扶持"下国"的,与"夏后少康"同样拥有"天授神权"的资格,对开国伟业应该享有平分秋色地位。这对以黄帝、中原、一统为治史标准的《史记》来讲当然无法容忍。所以司马迁对影响正统的事情是"一字不提"的。傅斯年指出的又一例"彭祖亦坟典不载",说的是商代的大臣彭祖,虽然《史记》提到了,但彭祖的"家庭出身"却"不载"。因为这个有"八百寿"的知名人物彭祖,是古蜀地的氐羌人,属炎帝后裔"西戎"那一支。故而"不载",是不能提及的。此外,先秦时期在中原有一个十分了不起的小国"中山国",无论是古籍记载还是考古证明,中山国都应该在具有国家典籍的《史记》中有所记载,但司马迁也是一字未提。这又为什么呢?仍然是"中山国"亦是炎帝后裔之一的"北狄"所建。

《史记》之后的多种记史典籍,多是继承了《史记》扬"黄"抑"炎"的治史准则,不越雷池一步,所以才有本文开始引李济文章所说的"我们的民族及文化的原始,仍沉没在'漆黑一团'的混沌境界"。对此,最有说服力的是对三星堆现象的解读。直到20世纪中期,史学界对三星堆所在的古蜀国是缺少关注的,对其历史也不甚了了。皆因两千年前的史籍有所结论:"是时人萌椎髻左言,不晓文字,未有礼乐。"[3]随后的诸多记史又做出对证呼应。古蜀之北是秦,秦在献公、孝公以前,还是个不大的落后国家,然而它已有自己的历史;古蜀之南的夜郎、哀牢更是弹丸之地,但也都有自己的历史。被《山海经》称为"天地之中"的堂堂古蜀则没有历史?!岂不怪哉。更有甚者,笔者这些年来在探索古蜀线性历史的过程中深深感到,秦自公元前316年灭巴蜀后,便不遗余力地进行去古蜀文化:让蜀人没有了姓氏,让蜀地标示从地理志中消失;血腥地在蜀地推行中原的祭祀方法,断层古蜀原有的祖源记忆。为转换古蜀灭国后的祖源认同,一方面,把古蜀人埋葬祖坟的"昆仑"地名,从现今的四川"搬"到现今的新疆。另一方面,把蜀中原住民氐羌人的始祖炎帝,

"搬"到中原和华人的始祖黄帝结为兄弟。[4]秦末汉初的意识形态为了嫁接和移植古蜀文化所传承的炎帝文化的先进元素，对古蜀文化的外科手术，实在是干净彻底，才让东汉时期的蜀地成都人扬雄在追述先祖时得出"（蜀）人萌椎髻左衽，不晓文字未有礼乐"的武断而错误的结论。要不是1986年在四川广汉的三星堆考古，发掘出那么多让全世界都震惊的青铜器和玉器，真不知中国上古史在巴山秦岭深锁的大西南，所上演的那一幕幕的轰轰烈烈，还会在漆黑一团的混沌境界中沉静多少年？！

三星堆发掘的距今4000多年前的古蜀文化，其青铜艺术攀上了那个时段的世界巅峰。这不仅让整个世界目瞪口呆，也让学术界满头雾水。专家学者们用酋邦制"中国"铸造出来的中原文化标尺，去度量部落联盟制的"天地之中"所生成的古蜀文化元素，或者说用已知的黄帝体系的"诸夏"文化标准，去解释因被断层而误解或失忆的炎帝体系的"四夷"文化元素，横竖都不对劲，多是不能自圆其说。于是，有的专家向"神"求助，以虚无缥缈的"神仙文化"去诠释一些三星堆文化现象。有的学者则向西方求援，提出这段辉煌的上古中国文化的"外来说"！三星堆文物的考古发掘已经30年了，然而至今媒体在提及这些文化现象时，仍旧还得为它贴上"待解之谜"的标签。

为了在中国的上古历史中走得更远，我们得另辟蹊径了，去长城以北，到"我们更老的老家"中去觅证探源。

一、炎帝体系对应红山文化的理由

红山文化是距今五六千年间，在"长城以北"的河北北部、辽宁西部大凌河与西辽河上游流域活动的部落集团创造的农业文化。

苏秉琦先生在他结论的《中国考古学文化区系年表》中[5]，将红山文化的上沿查海文化、兴隆洼文化，界定在距今8000年时段，超过中原仰韶文化的上沿大地湾文化和老官台文化。这位20世纪下半叶中国大陆考古学界执牛耳者，苏秉琦对以燕山南北长城地带为重心的北方地区，在我国文明缔造史上的特殊地位和作用予以高度评价，指出："我国统一多民族国家形成的一连串问题似乎最集中地反映在这里。"[6]面对牛河梁红山文化"女神庙"中发现的诸多妇女泥塑造像。苏秉琦说："'女神'是由五千五百年前的'红山人'模拟真人塑的神像（或女祖神），而不是后人想象创造的'神'，'她'是红山人的女祖，也是中华民族的'共祖'。"[7]但不知咋的，苏老先生在考古学文化的谱系认定中，将红山文化与黄帝体系挂钩。他说："五帝时代以距今5000年为界可以分为前后两大阶段，以黄帝为代表的前半段主要活动中心在燕山南北，红山文化的时空框架，可以与之对应。"[8]或许从这样的认知出发，他曾一度将上古历史的编年顺序"炎黄"改作了"黄炎"。对此，笔者不敢苟同。笔者在就《是谁创造了举世闻名的三星堆文化？》回答记者采访时说：[9]

我深知我将红山文化判定为炎帝体系，会面临两位中国学界"大鳄"的否定。中国考古界泰斗级学者苏秉琦先生，以及苏先生的得意门生、著名考古学家郭大顺先生都将红山文化纳入黄帝体系！我之所以敢在"太岁头上动土"，出于以下想法。至于我的这些想法是否可以成为"理由"，敬请学界诸师教正和读者诸公洞察。

1、从流行的传说历史的时序上来看，炎帝时代在黄帝时代之先。从考古学文化中来看，东北的早红山文化在中原仰韶文化之先。从苏秉琦先生的学术研究来看，"他更鲜明地提出辽河流域在中华文明起源过程中'先走一步'的新思路"。（郭大顺著《追寻五帝》第76页。）在"先"的尺度衡量下，可见炎帝在"先"，红山在"先"，所以我以为红山文化应属炎帝体系。

2、从古籍记载和考古发现来看：古籍说炎帝的形象是"牛首""玉身"。我理解这样形象的文化内涵，炎帝是农业的发明者和崇玉尚玉之人。考古的发现，红山文化时期已有古代农业的印记。红山人有石冢埋葬的习俗。红山的首脑级人物更是"唯玉为礼""唯玉为葬"。可不可以说，红山文化的核心是用玉文化？而在以黄帝为首的"五帝时代"，在五帝活动的主要地域中原，崇玉尚玉的习俗是不成气候的。如果把"玉"作为一种"试金石"，可以清晰地断定，崇玉的红山文化是炎帝文化的表征。此外，在中原地区，石棺葬也一直都不流行。

3、从祭祀来看，红山文化架构内的祭祀，考古已发现："①有庙堂。②有组成部落的两个'半部落'的、物化了的'祖源记忆'——'（熊）龙'和'鸟（爪）'。③有多个具象的'先祖'圆雕泥像。这三个要素都得以体现。如果说黄帝（包括五帝）文化属红山文化体系，那么红山文化中最重要的'祀'内容，不可能不在黄帝文化中得以体现和传承。"

苏先生在《中国通史》的《远古时代》一章中认为："中原龙山文化分布的地方，是广义的中原地区。依据古史传说，这里在原始社会是黄帝和炎帝族系的居民活动的地方，我们可将这两个族系合称为'黄炎集团'。"针对这种说法，早有学人指出："苏秉琦先生确指的炎帝族系是黄帝时期炎帝后裔的族系，这从苏先生将黄帝置于炎帝之前即可看出端倪。"面对研究古史中出现的这类概念（界定）与时空不对称的指认，笔者感到不少历史学家，对中国史前史的确指，往往是一种平面的沙盘式推演，没有时空的立体认知。没有迁徙概念，没有源流思考，没有链接意识。对于一个"点"，可以说得头头是道，但这个"点"是怎样形成的，又是如何消失的，则是一头雾水。这样的确认，很难经得起追问。或许体制内的学术界也意识到这点，2014年下半年，文博界提出考古研究要从"是什么"步入到"为什么"。笔者由衷地为这个进步喝彩。笔者更是热望着在这个进步中，出现一些学术结论，来强力支撑笔者所认定的：红山文化的时空框架，炎帝体系可以与之对应。

二、炎帝——我们"更老"祖先的"祖先文化"要素

笔者对古代中国文明的理解是——
古代中国文明的起源星火是祖先崇拜；
古代中国文明的发展动力是祖源记忆；
古代中国文明的支撑骨架是宗法制度；
古代中国文明的成长躯壳是家国同构；
古代中国文明的漂亮衣衫是礼乐文化。

辽河流域在中华文明起源过程中"先行一步"，祖先文化意识也理应是先行一步的了。那么在红山文化以及早红山文化中，祖先文化是如何表述的呢？笔者从历年对红山遗址的考古发掘报告和相关文章中，观察到一些出土物的具象状况，以此为据，提出以下有别于诸多他说的独家之说。即：在华夏文明曙光期中，炎帝部群率先生成的祖先意识（文化）主要表现在以下八点：

1、想象"远祖"的神格祖先是龙与鸮。
2、确指"近祖"的人格祖先是女神塑像，或曰祖先偶像。
3、展演祖源，用石头堆砌出外方内圆的祖陵，以及以祖陵为中心的祭祀。

4、石堆"祖陵"的发展与普及——石棺葬。

5、比喻祖先的死而再生，用蛇、蚕、蝉动物的蜕皮现象做出物指，以及相应出现的"蚕丛（蝉蜕）"意识。

6、象征生殖崇拜的红颜色。

7、记载祖陵三层建筑结构的数字"三"。

8、承载上述意识，或者物化这些意识的美石"玉"。

第二节　龙是什么？本书的说法与以往众多说法的不同在哪里？

龙是什么？笔者的看法是：龙是远古中国人，或者说华夏在进入文明曙光期中，生活在北方的那支庞大的种群——炎帝族群对自己的不曾见过的"远祖"的指向与畅想，是中国人祖源意识的起始。

之所以说这是笔者的认知，因为在过去的漫长岁月中，无数的学者专家在他们千言万语的种种著作中，均未将龙与"祖源意识"挂钩。在笔者有限的视野中，那些解读"龙"的著述，可分为复杂型与简单型两大类。

复杂型将龙的起源与本质归纳为五大说法[10]：其一，神异动物说。比如：卫聚贤说"龙即鳄鱼"；王明达说"龙形象的基调是鳄"；祁庆福以为龙"其实就是鳄鱼的最早称呼"；王大有指出"中国最原始的龙是湾鳄、扬子鳄"；唐兰则说龙"像蜥蜴戴角的形状"；何新以为龙"是古人眼中鳄鱼和蜥蜴类动物的大共名"。徐乃湘、崔岩峋认为"龙是以蛇为基础的"；李埏说"龙是蛇变成的"，是古人"以蛇为蓝本，依照蛇的形状和特征，再附加某些想象而塑造出来的"；刘敦愿认为"最早的龙就是有脚蛇，以角表示其神异性"；何星亮提出"龙的基形是蛇，而蛇类中最接近龙的是蟒蛇"。

也有学人将龙的观察视角由爬行动物转向哺乳动物。刘城淮说："在蛇类和蜥蜴类之外，龙还有一个主干部分和基本形态，那便是马类。"他进而指出："充任龙的模特儿之一的马，最初不是一般的陆马，而是河马。"孙守道等提出："龙首源于猪首。"李埏认为："龙的首角是古人模拟牛头而塑造出来的。""我们现在还说'牛鬼蛇神'，看来，龙就是二者的结合。"

还有想象更加丰富的，比如陈绶祥先生。他认为龙身是"扭动的虫形"，龙角是先民"测定时间的工具——表"。"在广大的范围中，人们选择不同的物候参照动物，因此江汉流域的鼋类、鳄类，黄河中上游的虫类、蛙类、鱼类，黄河中下游的鸟类、畜类等等都有可能成为较为固定的物候历法之参照动物……后来，这些关系演化成观念集中在特定的形象身上，便形成了龙"。

第二种说法是：图腾合并说。中国现代著名的学者、诗人闻一多先生在其文章《伏羲考》中说：龙"是一种图腾，并且是只存在于图腾中而不存在于生物界中的一种虚拟的生物，因为它是由许多不同的图腾糅合成的一种综合体"；是"蛇图腾兼并与同化了许多弱小单位的结果"。何星亮亦认为："龙原是一种图腾，后来演变为超部落、超民族的神，成为中华民族共同敬奉的、延续时间最长的图腾神。"

三、天象树神说。对此，何新曾的说法是："龙的真相和实体是云。""龙就是云神的生命格。""最初的龙形不过是抽象的旋卷状的云纹。而后来逐渐趋于具体化、生物化，并且展开而接近于现实生物界中两栖类和爬行类动物的形象。"朱天顺认为："幻想龙这一动物神的契机或起点，可能不是因为古人看到了与龙相类似的动物，而是看到天空中闪电的现象引起的。因为，如果把闪电作为基础来把它幻想成一种动物的话，它很容易被幻想是一条细长的、有四个脚的动物。"赵天吏则提出雷电龙"三位一体"，龙就是雷电的现象。

胡昌健说："龙的原形来自春天的自然景观——蛰雷闪电的勾曲之状、蠢动的冬虫、勾曲萌生的草木、三月始现的雨后彩虹，等等。其中虹是龙的最直接的原型，因为虹有美丽、具体的可视形象。"

尹荣方的看法更为别致，他认为："中国人传说中的龙，原是树神的化身。中国人对龙的崇拜，是树神崇拜的曲折反映，龙是树神，是植物之神。龙的原型是四季常青的松柏（主要是松）一类乔木。""松、龙不仅在外部形象上惊人地相似，而且龙的其他属性，与松也同样惊人地相似。"

四、恐龙遗迹说。叶玉森、徐知白及美国学者海斯等主张龙的观念应是远古先民对于巨大的爬行动物恐龙的记忆，或主张先民因对恐龙的恐惧而产生龙崇拜。王大有说："龙，被古人公认为最原始的祖型，可能还是恐龙。古人以具有四足、细颈、长尾、类蛇、牛、虎头的爬行动物为龙，这可能是古人当时见到并描绘下来的某种恐龙形象……或许古人见到的龙，真的就是恐龙，后来它们渐渐见不到了，才把它的同类海鳄、湾鳄或扬子鳄与其视为一类，加以崇拜。"

五、"外邦传入说"。章鸿钊认为中国的龙就是西方文化中的毒龙,约在黄帝时代传入中土。英国学者史密斯认为世界上的各大文明皆有龙,而且所有的龙都出于同一个文化发源地——巴比伦。中国的龙同样也是巴比伦古龙的后裔。

对此,学者庞进以为:"章鸿钊是中国文化西来说的主张者,其观点仅仅是一种理论假说。西方文化中的毒龙和中国文化中的神龙在与水的关系上有相似之处,但总体上差异很大。史密斯的说法缘于他的极端传播论,即坚持认为世界文化发源于埃及和巴比伦。两人的观点都产生于本世纪(20世纪)二三十年代,随着中外学者对文化现象研究的深入,中国文化西来说和极端传播论都失去了市场,龙为外邦传入说也就为学术界所不取了。"

对此,笔者以为对"中国文化西来说和极端传播论都失去了市场"的估计,还不能过早地持乐观态度。笔者看到"鸦片战争之后,西方列强在对中国进行经济侵略的过程中,也大肆破坏和掠夺华夏文物。与此同时,一些西方学者或有心或'无意'费尽心思去矮化中国文化。""咱们中国人的老祖宗的事儿,不能老是由一些外国人去信口评说!"[11]因为那种"外邦传入说"并非仅是20世纪二三十年代的事,直到20世纪晚期,1976年苏联学者瓦西里耶夫仍坚持中国文化"西来说"。再看看1985年三星堆文物出土后,在解读三星堆文化的多种声音中,"西来说"的调门仍然是很高的。

关于龙的起源与本质的简单型解读,也的确够简单的了,就一句话:"龙是流传最广、影响最大的一种文化意识。"朱乃诚先生在《中华龙:起源和形成》书中,对他所提出来的"一种文化意识"的界定也很精简:"在龙文化意识起源阶段,'龙'就具有了力量、能力、威信或是权威的社会意义,并且由此逐渐产生了对龙的崇敬之意。"笔者以为,鉴于朱乃诚的界定过于空泛,导致他认为"探讨中国'龙'文化意识的起源,依靠文献记载,已经是说不清楚了。"朱先生是不是就这样"嘭"的一声,便把源远流长、气象万千的中华龙,关在同样是源远流长、包罗万象的华夏文献的大门之外了?让一些学术想象的翅膀再没了飞翔的空间?幸好笔者没全信那句话。笔者提出"龙"是炎帝种群"对不曾见过面的远祖的指向与畅想"一说,便是从文献中获得灵感的。

《春秋纬·元命苞》："少典妃安登游于华阳，有神龙首感之於常羊，生神农：人面，龙颜。好耕，是谓神农，始为天子。"

《帝王世纪》："炎帝神龙氏，姜姓也。母曰任姒，有娇氏女登为少典妃，游华阳，有神龙首感生炎帝。人身牛首。生长于姜水。有圣德。"

《潜夫论》卷八："有神龙首出常（羊）、感妊姒，生赤帝魁隗，身号炎帝，世号神龙，代伏羲氏。其德火纪，故为火师而火名"。

至少上述三例古文献，都将炎帝的"祖上"指证为"龙"，而且是一种"神龙"。这样炎帝部族的"祖上"便是无比强大、无所不能的了！在这样的"祖先"的荫护下成长起来的种群部族，它就理所当然地要优秀于强盛于"左邻右舍"的其他部族。笔者以为，这便是古籍上的"炎帝"，为什么要将自己不曾见过的"远祖"，制造成一条有着"图腾"遗韵的、属于"感生说"性质的"龙"的理由。龙这个非人格化的始祖，早在5000年前，就为中国人的宗族血缘、祖先崇拜奠定了坚实的心理基础。至今，全世界的中国人不都还在以"龙的传人"感到自豪与骄傲吗？！

话又说回来，笔者的上述插曲，一点也不会"唱衰"朱乃诚先生。应该说这位中国当代在考古学文化中成就斐然的大学者，给了我在探索中的一个鲜明指引，他在《中华龙：文化意识的起源与形成》一文中说："红山文化兽面玦形玉饰的形制和兽面纹饰经历了一个有规律的演变，其中兽面由形象向抽象演变。按照已抽象的兽面纹饰去探讨其象征的含义，必然是难解其意，所以应以最初的形象的兽面纹饰去探求其象征的本义。"笔者以为，这段话的关键词是"象征的本义"。在学术意义的"文化"没有成型之前，我们的远祖，会将他们的一些意识移植到他们所制作的一些器物之上，或表达于造型，或叙述于纹饰；或显现于具象，或隐藏于抽象。若要对其做出比较符合学术逻辑的解读，关键在于能否把握其"本义"。否则，要么瞎子摸象，各执一词；要么下笔千言，离题万里。

一、中华龙的"象征本义"到底是什么？

现在，让我们从若干考古文化现象中去观察"龙"的"象征的本义"，证明笔者提出的"龙是炎帝部族对不曾见过面的远祖的指向与畅想"的说法。

"龙出辽河源"这个诗一般的命题，是中国当代著名考古学家郭大顺提

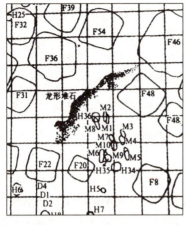

图1-1　距今8000年左右前红山文化查海遗址的龙形堆石

出来的。对此，20世纪下半叶中国大陆的多位著名考古学家似乎均有如此认同。比如，孙守道的《三星他拉红山文化玉龙考》，孙守道、郭大顺的《论辽河流域的原始文明与龙的起源》，贾鸿恩的《内蒙古又发现一件新石器时代玉龙》，苏秉琦的《华人·龙的传人·中国人——考古寻根记》等等。对于迄今为止年代最早的查海早红山文化遗址中的"龙形堆塑"，中国社会科学院考古研究所资料室原主任朱乃诚教授是这样记述的："这种'龙形堆塑'是1994年在辽宁省阜新市查海遗址发现的。查海遗址位于阜新市沙拉乡查海村西南约2.5公里处，为绕阳河一支流的发源地。海拔为297米，自然坡度较平缓。遗址坐落在一漫丘南坡台地上，1982年发现。现存面积1万多平方米。在1986年至1994年期间，辽宁省文物考古研究所先后进行了七次发掘，发掘面积达8000多平方米。揭露出一座有围沟的居住址。发现东南西北成排的房址55座。房址附近有储藏食物的窖穴，最大的一座房址位于居住区中心偏北，面积约120平方米。居住区中心区域没有房址，而是一小片墓地和一条所谓的龙形堆石（图1-1，图1-2）。

图1-2　查海遗址的墓地与龙形堆石

这条龙形堆石，是在其岩脉上，采用红褐色大小均等的石块堆塑而成，全长19.7米，宽1.8-2米，方向基本与房址一致。其造型，发掘者认为酷似一条巨大的龙。

"在查海遗址出土了一大批陶器、石器，以及玉器等。在个别陶器上塑有蛙、蛇或蛇衔蛙腿的动物造型，形象生动，特征鲜明。查海遗址发现的这些文化遗存，其文化性质为兴隆洼文化，年代约为距今8000年前后。查海遗址的发掘，是距今8000年前后玉器的最早发现。而发现的龙形堆石被认为中国最早的'龙'遗存。"[12]

笔者从以上叙述中，梳理出"我的"认知与解读：

1、中国最早的"龙"认知，出现在距今8000年前后。它与玉器共存一处。

2、这条龙存在于墓地上，这就明白无误地指向已去世的前辈，其"祖先"的象征本义十分清晰。

3、这条龙的"方向基本与房址一致"，是在提示后人（房址）与先祖（龙）保持着"一致"。换言之，是在表述一种祖先的"传承"意识。

4、龙的所在地没有房址，暗示活着的人与死去的人有空期距离，或者说活着的人对死去的人的奠祭有着特定的地点。这样的地点选择在"坡台"处。

5、最早的这条龙是（褐）红色的，就是说具有生殖象征（生育分娩脐血）的红色。

6、最早的这条龙已经有了"艺术创作"的元素。比如：采用"大小均等"的石块；比如：采取有三维效果的"堆塑"。

7、堆塑的龙与陶器雕塑的蛇同一时期出现，这就有可能"蛇"是"龙"的创作原型。

二、"玉猪龙"的命名为什么是错的？

1970年至1985年间，中国考古工作者在包括辽西的长城以北地区，找到14件被称为"玉猪龙"的"红山龙"。其中4件是考古发掘出土的，其他10件都是采集或征集的。这类玉猪龙在民间收藏中有多件，但由于不是体制内的文博人员"采集"或"征集"到的，故而一直不能纳入学术界的研究视野，被现今的收藏文化研究者戏称为"文物私生子"。笔者观察比较了那14件被形容为"兽首蛇身"的玉猪龙，连同自家收藏品和其他民间收藏，小结出玉猪龙的主要特征是：

1、头部肥大，有五官表述，既有"人格"的暗示，又有"神格"的张扬。

2、玦形蛇身，首尾相对。传承并放大了在早红山文化遗址中就出现的"玉玦"的创意主旨和艺术性的主题表达。

3、器上有穿孔，可悬挂可佩带。既开发出它的"祭祀功能"，又引申出它的可以随身携带、四处游说的"传播与记忆功能"。

当然这类玉猪龙也各有差异，比如：耳部轮廓线的表述，五官线条的繁与简，瓦沟型磨痕的精与粗；穿孔进口的大与小，穿孔"蜂腰"的隐与显；首尾的断与不断以及断面的倾斜度。此外，作品的大与小，材质的优与劣，沁色的重与轻，都各有千秋。这类玉猪龙以圆雕为主，亦有片刻（图1-3，图1-4，图1-5，图1-6，图1-7，图1-8）。

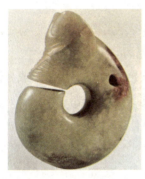 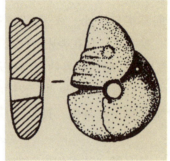 

图1-3　红山文化牛河梁考古出土的玉祖（猪）龙　　图1-4　红山文化姜家梁考古出土的玉祖（猪）龙　　图1-5　学术界认同的民间采集的红山文化玉祖（猪）龙

图1-6　学术界认同的民间采集的红山文化玉祖（猪）龙　　图1-7　国内拍卖的玉祖（猪）龙　　图1-8　国内收藏家收藏的玉祖（猪）龙

随后的数十年间，中国的文博专家对其进行了多种解读，这个认知历程是耐人寻味的。最初的发现者以为肥头大耳的器首很像猪头，圆圈形的器身与现今业已意识化了的"盘龙"吻合，且又是玉制品，便命名为"玉猪龙"。在国人迷信权威认知的惯性中，这一命名至今还是主流认知。其间也掀起过几重波浪。古玉收藏家艾丹先生在所著的《玉器时代》一书中说："猪身上没有什么令人敬佩的品质，它可能是财富的象征，但不能是崇拜的对象，所谓猪龙应当不是猪，北方剽悍民族不会以猪为图腾！"

这种指责应该不难理解，逼着学界去作更有说服力的解读。专家们从古籍中去寻求再认知的灵感。古籍说远古中国存在着一个"有熊氏"，古史还说黄帝号曰有熊氏。学界于是将"猪首"改读成"熊首"，顺势将南方仰韶文化的黄帝部族搬到了北方红山文化炎帝部族的地盘。且不说由"猪首"变"熊首"，它的文化内涵有着什么不同？象征意义有着什么区别？玩那种信手的时空大穿越，恐怕考古物证这一关是绝对通不过的。同样是从古籍中找到灵感的吕军先生将其指证为"兽首蛇身的琴虫"，因为《山海经·大荒北经》说："有虫，兽首蛇身，名曰琴虫。"他认为所谓的"玉猪龙"是一种为当时人们所崇奉而今人不知其名的神兽，或者是被神化的灵物，是某一部族或部族联盟共同崇尚的一种神物，是红山先民崇拜，祭祀的对象，因此它不可能是普通的装饰品，其更主要的作用是祈求吉祥和护身。笔者从吕军的解读梳理出自己的两点认知：一，所谓玉猪龙是"虫"的指认，即赋予它幼小的概念。二，是先民的一种崇拜载体。与吕军说法异曲同工的孙机先生将所谓的"玉猪龙"称为"蜷体玉龙"，认为蜷体玉龙的形制与甲骨文中象形的"龙"字接近，而将"玉猪龙"比附猪首则有点似是而非，进而提出红山文化蜷体玉龙的原形是金龟子的幼虫——蛴螬。[13]对此，朱乃诚先生以为，孙机的这一看法与俄罗斯科学院西伯利亚分院的C.B.阿尔金早些年提出的红山文化"玉猪龙"类似于"鳃角金龟子、叶蜂和步行虫幼虫期的变态艺术形象"。对上述认知，笔者有不赞同也有赞同的。不赞同的是将"玉猪龙"的象征母本由"兽"变为"虫"。赞同的是将"玉猪龙"的造型指向定位在"幼"，以及将"玉猪龙"的叙述语言定位于"变态艺术形象"。

对玉猪龙的解读出现的七说八说，笔者以为均未把准其"象征的本义"。玉猪龙的象征本义应是什么呢？笔者的指向仍然是一种"祖先"意识，

图1-9　笔者收藏的（绿松石）玉祖（猪）龙

图1-10　考古出土时玉祖（猪）龙与墓主的位置图

是前述"龙形堆塑"表述的"炎帝部族对那个不曾见过的远祖的指向与畅想"的继承和发展。"笔者经过反复思考，得出一个假设，所谓红山玉猪龙，不是红山先民对猪的崇拜，是红山先民对自己祖先崇拜的'变态艺术形象'。是祖先化'天帝崇拜'的物化。玉器上的造型不是'猪头'，是人类胚胎早期的幼儿体态。这从现今的人类婴儿发育标本中，可以显而易见。因此，命名为《红山玉猪龙》应正名为《红山玉祖龙》或名《红山人鬼玦形佩》。'人鬼'是先民对祖先的称谓。现今，民间称婴幼儿不是乃有'小祖宗'一说吗？"[14]。（图1-9，图1-10）

对此祖先指认，从考古学文化中似乎可以得到一些印证。在大凌河上游凌源、建平、喀左（辽宁省西部地区）一带，玉猪龙是放置在墓主人身上的，而祖先指认不明确的彩陶和筒座则是配置在积石冢四周。在这类的墓葬中，也传承了"龙形堆塑"时代的一些其他"祖先文化"，比如"红色陶片"做出的"尚红"指向；祖陵模式和数字"三"的使用。比如"三重立石圆形遗迹"做出的祭祀场地的"坡台"指向。此外，学者还从萨满教的角度来提示"玉猪龙"的"祖先"指向。古方先生在《萨满教特点对红山文化玉器研究的一些启示》一文中认为，包括猪龙形器在内的各种红山文化墓葬中的动物玉雕作品，实际上是缀在红山萨满外衣上的法器，是精灵附体的表现，即当精灵进入萨满身体后，便领着萨满灵魂去到超自然灵体的世界。[15]笔者以为古方的说法，就是通俗说法的"祖先显灵"或者"祖先附体"。

图1-11 现藏于中国国家博物馆的三星他拉玉龙（C字龙）

三、从"玉祖（猪）龙"到"C字龙"，民间有藏品证明它们的"中间环节演变"

历史又跋涉了约一千年，在距今5000年左右，中国北方又出现了C字龙。学术界称之为"三星他拉玉龙"。1984年，孙守道先生发表《三星他拉红山文化玉龙考》一文，考证三星他拉玉龙为红山文化遗存，年代不会晚于距今5000年。该文的发表，开启了我国从考古学角度探索中华5000年前龙文化遗存的序幕。他据此还进一步提出："以红山文化龙形象的出现为标志，我们在五千多年前辽河流域的历史源头上，看到了这一地区文明时代的曙光。""将三星他拉龙判定为红山文化玉器的主要依据是红山文化的兽面玦形玉饰（笔者注，即通常说法的玉猪龙），认为三星他拉玉龙是由兽面玦形玉饰演变而来。""三星他拉玉龙发现后，随即捐献给了翁牛特旗博物馆，后入藏于中国历史博物馆（现名中国国家博物馆），并作为文物定级的标准器。"[16]（图1-11）由于三星他拉玉龙是老百姓的收藏品，不是考古出土之物，虽有学界的"共识"，又成了"文物定级的标准器"，但至今仍有学者质疑："其年代与文化属性不明，需要与其他器物进行比较研究方能确定。"笔者是赞同这样的严谨认真、独立思考的治学态度的。笔者还认为这样的治学需要以理服人，平等待人，不能以"话语权"作为"论据"去强证自己的论点。

1987年在发现三星他拉龙的翁牛特旗又发现了一件玉龙。它出现在广德公乡黄谷屯的一处有红山文化遗存的遗址中。对此，前述持质疑态度的中国社会科学院考古所的著名学者又指出："黄谷屯玉龙的形制，与三星他拉玉龙基本相同，无疑是同时代的作品。但它是采集品，与三星他拉玉龙一样，年代与文化属性不明。虽然在该遗址中采集有红山文化陶片等遗物，但无助于说明玉龙的年代与文化性质。"

皇天不负有心人。终于在红山文化的考古发掘中见到了"玉龙"。"东山嘴双龙首玉璜是发掘出土品，其龙首的特征又与三星他拉玉龙龙首的特征接近，应是证明三星他拉玉龙的年代与文化属性的重要资料。"即便如此，质疑学者又以"双龙首玉璜发现于该大型石建筑址中后部的方形基址南墙中段紧贴墙壁处，其年代显然不会早于公元前3640-前3382年。至于晚到何时？据已公布的资料似较难确定"为理由，认为"目前尚不宜以东山嘴双龙首玉璜来印证三星他拉玉龙的年代。"此外，这位学者又从"文化属性"的角度来否定，以他所绘制的"兽面玦形玉饰（玉猪龙）演变关系图"为依据，认为"其演变特征中唯有玦口变大、尾尖明显的特点可说明其与三星他拉玉龙有关，而其他的都互不相关。"得出结论："所以从器形形制演变关系的角度分析，红山文化兽面玦形玉饰不可能直接演变为三星他拉玉龙。" "三星他拉玉龙与红山文化兽面玦形玉饰，在形制上不存在直接的演变关系。如果红山文化兽面玦形玉饰可以经过几个中间环节演变为三星他拉玉龙，那么其年代应晚于公元前2667年。晚于公元前2667年前的文化遗存，不是红山文化的遗存了。所以，三星他拉玉龙不应是红山文化的玉器。"

笔者真有点在上述大学者的文字"八阵图"中转昏头了。试问：1、"直接"与"演变"如何能组成一个时间概念？2、因为阁下在象牙塔中对玉猪龙的"演变"形态"难觅其踪"，就可以立马说出"不可能"或者"在形制上不存在直接的演变关系"吗？3、考古发掘的墓葬年代能与墓中器物的制造年代画出绝对等号吗？4、谁规定要等到玉猪龙（兽面玦形玉饰）的造型到了"停产"时才允许它再开发新产品三星他拉玉龙？5、冠以"如果"的理由，就可以做出"所以"的结论吗？本来，这些都是体制内大专家与大专家在学术舞台上的"厮杀"，我等凡夫俗子哪有资格来叫板帮腔！但为什么你为自己的立论，可以大量采信同样是"采集品"的文物信息，而对别人使用的"采集品"文物信息，便要一而再、再而三地进行否定呢？有道是路见不平旁人铲，这里笔者提供两件由玉祖（猪）龙（兽面玦形玉饰）演变为三星他拉龙的"中间环节演变"器物的民间收藏"采集品"照片，为"难觅其踪"者解惑（图1-12，图1-13）。对此，笔者是有思想准备的，当今体制内的文博界对民间收藏品的"判决"，既"痛"又"快"——仿的，新的！那么能告诉笔者，若此是仿的，仿的母本是什么？若此是新的，"中间环节演变"的说法在2009年才成书面世，按此说法新做的图1-12、图1-13的玉龙只可能有五六岁！可能吗？

书归正传。笔者说"三星他拉玉龙"的"本义"，仍然是在继承"玉祖（猪）龙"的"本义"所拥有的祖先指向，是炎帝部族对那个不曾见过的"远祖"的"指向与畅想"的继承和发展。三星他拉龙是由玉祖（猪）龙演变而来，是世俗族人对"祖先神祇"不可间断的依赖，是世俗族人血缘纽带的坚实指认。

图1-12　民间收藏的由玉祖（猪）龙演变为三星他拉龙的"中间环节演变"玉龙（之一）

图1-13　民间收藏的由玉祖（猪）龙演变为三星他拉龙的"中间环节演变"玉龙（之二）

对此，考古学文化也做出了相应的佐证，三星他拉龙与玉祖（猪）龙一样，也是用"玉"制成。与之并存的，也有"尚红"这一祖先文化元素。《辽宁省喀左县东山嘴红山文化建筑址发掘简报》指出，那件与三星拉他玉龙特征接近的东山嘴双龙首玉璜所在的基址，"绝大多数为一种粗泥质红陶筒形器残片"。

三星他拉龙的"体卷曲，呈C字形"的形体造型以及"双眼突起呈梭形"的纵目特征，在随后的两千年间，在凌家滩"玉龙"上，在良渚遗址的反山玉镯上，在龙潭港宽把陶杯的龙形纹饰上，在亭林遗址的蛇纹陶片上，在罗家柏岭的"玉雕龙形环"上，在肖家屋脊的"玉雕盘龙"上，在石家河文化的"透雕龙形佩"上，在孙家岗的"玉雕龙形佩"上，在陶寺的"彩绘龙陶盘"上，在二里头遗址的"龙纹陶片"和"绿松石龙形器"上，都是在或具象或抽象地出现着。

三星他拉龙的装饰细节，比如对称双圆孔的鼻孔，比如紧闭的嘴，比如双眼突出成梭形的纵目……笔者看见，在随后的两千多年间，在"部落联盟型"社会的古蜀大地，竟然成为古蜀氏羌人在塑造他们的"人格化祖先"玉（石）人雕像时细节特征的继承。

至此，笔者对中国龙的"独家"说法是：

1、在"三皇"时代，龙是炎帝族群对不曾见过的"远祖"的指向与畅想，是"神格祖先"的祖先文化第一元素。

2、在"五帝"时代，龙是炎帝后裔与黄帝后裔分别在"部落联盟"社会和"酋邦"社会中，对"祖源记忆"的各自表述。

3、在封建时代，龙是被历代帝王独占的"祖源记忆"。龙是诸子百家对"天子"合法性的文学与艺术创作。

4、在信息时代，龙是全球华人"认祖归宗"的最大公约数。龙是全世界"龙的传人"根基情感的物化指向。

四、鸮——炎帝种群的第二祖先指向

李衡眉先生解读《合婚氏族》所指的"人类历史上出现的第一个婚姻形式，是两个氏族或者说成双氏族之间的婚姻形式都是两合的"，认为这就是远古中国母系氏族社会时期的婚姻形成。这样的婚姻的双方，关系异常紧密，甚至迁徙也应该是两氏族同时进行。对此，中国现代的一位著名历史学家徐中舒先生也有相应的说法。徐中舒的高徒，四川省历史学会会长的谭继和先生说："我向徐老求教，是否可用徐老关于一个部族总是二个半部族组成的'二分组织'的思想来理解。例如巴蜀的巴与蜀，冉駹的冉与駹，麼些蛮的麼蛮和些蛮，百濮和百越，邛莋的邛和莋。摩尔根所讲的易洛魁部落是由'熊'和'鹿'两个原始母系氏族组成的。这种二分制部族是古代世界人类的普遍现象，如殷人的多子族和多生族，周的姬姓和姜姓两族。"[17]

在前辈学人的启迪下，笔者在解读红山考古学文化的玉器时，提出"玉鸮是炎帝部族对'远祖'神力强大的又一指认，是'神格祖先'祖先文化的第二元素"这一说法。鸮即猫头鹰，是所有飞禽之中唯一拥有夜视功能的。能在伸手不见五指的漆黑空间捕捉食物，这是何等的神力！何况在大白天，鸮无论是伫立还是翱翔，都是那么既凶狠又伟岸，都是那么既潇洒又凌势。必然会被某个种群部落指认为自己的神格化祖先。在红山文化的墓葬中，玉鸮和玉祖（猪）龙一样，也是和墓主躯体重叠的。红山文化牛河梁第十六地点中心大墓M4号墓局部图，所示的是将玉鸮置于死者的头顶，其祖先指向可谓一目了然。玉鸮也存在于众多的出土物（图1-14）。

图1-14 考古出土的红山文化玉鸮

前面提到的前辈学者关于"一个部族由两个半部族组成的"学术认知，以及笔者提出的鸮（鸟）是炎帝种族"第二祖先"指向的个人猜想，应该说田野考古中似乎也有印证。在敖汉旗的小河西文化遗址中，"存在两处聚落相邻而居的聚落群"[18]，"这种在距今8000年以前就出现的聚落群，如果将其与当时每个聚落的规模均较小的情况相结合，会发现这种聚落群的出现可能与彼此间相互联合或彼此通婚等原因有关"。[19]在红山文化后期的遗址中，这两个"半部族"已形成了玉龙和玉鸮（鸟）的物指。两个"半部族"已不是红山文化前期的那样"彼此之间是平等、互助的"，而是出现了主次之别。"喀左县东山嘴红山文化建筑群址，在东山嘴建筑方形基址底部发现玉璜、双龙首玉璜各一件……此外方形基址东外侧黑土层中发现一件鸮形绿松石质饰件，……背面黑石皮正中对穿单孔，穿孔法与双龙首璜形玉饰相同。"[20]此外从单个墓葬来看，这两个"半部落"的祖源物指也是泾渭分明的，有我无你，有你无我。比如，阜新胡头沟红山文化墓M1 15件玉器，其中有2件玉鸮1件玉鸟，1件抽象的玉鸮勾云形佩饰，但无一件龙形玉器。辽宁凌源市三官甸子城子山遗址M2出土有9件玉器，其中有玉鸟和勾云形玉饰也是无一件龙形玉器。辽宁牛河梁红山文化"女神庙"与积石冢群，M4随葬3件玉器，有两件猪龙形玉器和一件玉箍，不见玉鸮（鸟）或勾云形玉饰。

炎黄大战后，战败的炎帝部族向西和向东作"战略转移"，在西路的西戎氐羌和在东路的少昊东夷，其物化的"两个半部落"形态都是明确的。在氐羌古蜀，《山海经》指氐人国有蛇（龙）有鸟（鸮）。三星堆祭祀物坑的出土

图1-15　民间收藏的古蜀玉（石）雕版上的C字龙

图1-16　民间收藏的古蜀玉（石）雕版上的鸮（鸟）

青铜器中，有蛇（龙）有鸟（鹗）。笔者见到的民间收藏品古蜀玉（石）雕画版上，其祖源"两个半部落"所指的"龙"和"鹗"更是一目了然（图1-15，图1-16）。所以笔者推测，在三星堆祭祀物坑中，除了已认定的青铜大龙人立像外，还应有一个青铜大鸟人立像。（详见本书下篇）在东夷，在大青莲文化区，首先是将始祖太昊界定为"蛇身人首"，然后指出后裔是"我高祖少昊挚立之也，凤鸟迁至，故化于鸟，为鸟师而鸟名。"[21]《山海经》也说："东海之渚中有神，人面鸟身，珥两黄蛇，践两黄蛇，名曰禺虢。"又说"大荒之中，有山，名曰不咸。有肃慎氏国。有蜚蛭，四翼。有虫，兽首蛇身，名曰琴虫。"这里的"鸟"与"蛇"共存，和"四翼"与"蛇身"共处的暗示，以及反映在良渚遗址中的多处"蛇、鸟"纹陶器图案，应该说都是在说明"一个部族由两个半部族组成的"历史传承轨迹。

如果说这种将鹗（鸟）作为"祖先"的指认，在早期还是以天空中的大星来隐喻表叙的话，比如"少昊帝，名挚，字青阳，姬姓也。母曰女节。黄帝时，有大星如虹，下流华渚。女节梦接，意感生少昊"，那么后来，在东夷的地望中出现的早商和先秦，则是鲜明所指了。《诗·商颂》说："天命玄鸟，降而生商。"《史记·秦本记》说，秦之先帝，颛顼之苗裔。孙曰女修。女修织，玄鸟陨卵，女修吞之，生子大业。大业取少典之子，曰女华，女华生大费，与禹平水土。

在殷商的考古学文化中，出现了鸟纹玉器和青铜器上的鸟纹装饰及鹗尊，应该也是一种物证（图1-17，图1-18）。

图1-17 中国国家博物馆所藏龙山文化期陶制鹗尊

图1-18 北京首都博物馆所藏商代青铜器鹗尊

第三节 "女神塑像"颠覆了史学界"公认"的中国古代没有"祖先偶像"的命题

说"女神塑像"是炎帝部族对自己有所记忆的"近祖"的指认，必须颠覆历史学界"公认"的在中国古代没有"祖先偶像"的这一命题。这个命题应该说还是从考古现象得出的。只是忽略了时空的界定，而导致误读。在我国许多龙山时代的遗址中，出土了大量的陶石祖（男性生殖器），学者考证认为，"祖"即"主"，即甲骨文中的"示"，为男性生殖器。祖先崇拜活动中的祭祀对象只有祖先的神位——木主，而没有祖先偶像。在先秦文献中，对这种没有"祖先偶像"的祭祀场景也有所记载。但是，笔者以为，这种没有"祖先偶像"的情况是有时空界限的，应该是在父系家长制业已

图1-19 红山文化遗址中出土的"陶塑女神像"

成熟的历史时期，在由酋邦制部落发展为方国、古国的中原地区，没有"祖先偶像"。而在父系家长制之前的母系氏族制历史时期，祖先崇拜是有"祖先偶像"的。所以，当西辽河流域红山遗址中出土了"陶塑女神像"时，苏秉琦先生惊呼那是："全国考古界等了三十多年才发现的重要材料。"[22]又说："'女神'是由五千五百年前的'红山人'模拟真人塑造的神像（或女祖像），而不是后人想象创造的'神'，'她'是红山人的女祖，也就是中华民族的'共祖'。"[23]（图1-19）

一、"祖先偶像"是炎帝部族对"近祖"的指认

这种"祖先偶像"的发现，可追溯到1963年中国社会科学院考古研究所内蒙古工作队对于赤峰西水泉遗址的发现。该遗址曾出土一件头部残缺的小型泥质褐陶女性造像。著有《中国东北西辽河地区的文明起源》一书的学者田广林先生指出："此后半个世纪以来，在辽西各地陆续发现的石雕、泥塑、陶塑以及线刻等各种形式的红山文化人形坐姿造像已有十数例。"这些造像

图1-20 河北省博物馆藏石峁遗址中的祖先偶像

图1-21 大汶口遗址的祖先偶像

图1-22 凌家滩遗址中的祖先偶像

体量不等，大的"相当于真人大小"，小的失头的残高只有5厘米。这些造像的坐姿也各有表现。田广林将其归纳为"屈脚盘坐"、"垂脚高坐"、"跪坐"、"箕踞与踞坐"4类坐姿。这些被学界统称为"踞坐"的屈脚盘坐的身态体姿，被定格为人格化祖先的"祖先偶像"造型。在这些"祖先偶像"中有两例的信息特别丰富。一例是东山嘴祭坛的"小型孕妇塑像"，"腹部凸起……有表现阴部的记号"[24]，其坐姿为"垂脚高坐"[25]这就是在说炎帝部族所记忆的"近祖"，是能生育的女祖。另一例是出土于敖汉兴隆沟遗址第二地点第21号灰坑的"三女人裸体蹲坐相拥陶塑像"甚为特别。发现者刘国祥先生对此尊陶像的描述是："外表呈红褐色。三人头部紧抵，背部朝外，蹲坐相拥手交叉相搂。从细腰、大臀等特征看，应为裸体女性。"笔者指其特别，是因为它具有笔者梳理的红山文化"祖先文化"中的两个元素，一是尚红，二是数字"三"的表达。

这种人格化祖先的文化表述"祖先偶像"的玉制器，在接下来的一两千年中传承有序：在石峁遗址、在凌家滩遗址、在石家河遗址、在肖家屋脊遗址，都有人形的"祖先偶像"出土。特别在始终坚持着"部落联盟"社会的古蜀，更是有大批玉（石）制品的"祖先偶像"出现。只是这类祖先偶像，目前都是由民间收藏，或者虽是考古出土，但至今未见公布，未能进入体制内的学术界视线。这类造像不仅表现着母系氏族社会，也在表现着父权制社会（图1-20、图1-21、图1-22、图1-23、图1-24）。

图1-23　石家河遗址中的祖先偶像　　　图1-24　肖家屋脊遗址中的祖先偶像

此外，在三星堆的考古出土中的那数十件青铜人（面）造像，应该说是"祖先偶像"的另类证明。

认识上述"祖先偶像"现象，不但可以修正"在中国古代没有祖先偶像"这一学术结论，开阔研究古代中国的祖先崇拜课题的视野，而且为那些存在于民间收藏的所谓红山玉人提供"辨真"的依据。笔者以为，更为重要的是，这样的以"祖先偶像"为指证的祖先崇拜功能的开发，为古代中国"家国同构"的社会结构和中华民族"血浓于水"的根基情感，奠定了文化心理及认同趋势。

二、观察"祖先偶像"，解读"家主中霤而国主社"

"祖先崇拜是中国古代社会的主要宗教信仰"，"祖先崇拜是中国古代神权政治阶段的特点"一类的命题，在21世纪初得以在史学界明晰提出，这就从往时的"诸神崇拜论"堆积出的一团乱麻中理出了头绪。应该说这一认知，最迟在20世纪下半叶就在一些学者的学术思维中有所萌动。张光直指出："中国文明以及其他相似文明的产生的特征，是在这个产生过程中，意识形态作为重新调整社会的经济关系以产生文明所必需的财富之集中的一个主要工具。"[26]杜正胜说："也许中国新石器时代从'仰韶'进入'龙山'，促成更高级社会诞生的主导力量是宗教信仰和组织吧。在南方略晚的良渚文化也透露出这种轨迹。"[27]可惜他们没将自己所指的"意识形态"或"宗教信仰"有所明晰。郭大顺算是有所明指了："牛河梁祭祀内容，性质也是一个统一的整体，即以祖先崇拜为主的祭祀性质。"[28]可惜他仅仅将此作为一点

"新认识"，点到为止而已。徐良高对此做了较大的发展，洋洋洒洒数万言，写成《祖先崇拜与中国早期国家》一章书稿，纳入大著《中国民族文化源新探》。[29]

遵循学长们的指引，笔者从考古资料中认知关于"祖先崇拜"的物化形式和外在表现；在先秦文献中识读"祖先崇拜"的历史足迹。

在辽西红山文化的考古资料中，那个选址在居住区中心地，设置在先人坟墓上的方座圆身的坛形遗址，应该是红山先民集众"家"之力，举"国"之财，修建的祭坛，祭祀他们共有的、业已神格化的远祖，那条只能冥想的"龙"。而那些从祭坛周围的"庙"和环壕聚落中出土的近祖造像，亦即"祖先偶像"，应该是红山先民"家"中的家主（祖），是先民现世生命过程中的保护神和祈求对象。白音长汗遗址发现的立于房屋居住面中部灶址旁的石雕造像，将红山先民的祈求表达得一清二楚：人要生存的第一要素是要有吃的，民以食为天。求家主保佑的首先当然是天天要有饭吃。所以一定要将那座石雕，那个"祖先偶像"放置在灶前（图1-25）。

这样的考古场景在先秦古籍中是可以找到对应的。《礼记·郊特牲》："社，所以神地之道也。地载万物，天垂象，取财于地，取法于天，是以尊天而亲地也，故教民美报焉。家主中霤而国主社，示本也。"此处要"示"什么"本"呢？应该说就是要举国祭祀立于"社"中的远祖和举家祭祀立于"中霤"的近祖，也就是家主。

神格化远祖的"社"，即整个部族（国）共同认定的远祖——龙和龙居住的"天"的物指建筑，唐人孔颖达在《礼记正义》的解释是："社，所以神地之道者，言立社之祭，是神明于地之道也。地载万物者，释地所得神之由也。天垂象者，欲明地之贵，故引天为对也。地有其物，上天皆垂其象，所谓'在天成象，在地成形'也。取财于地者，财产并从地出，为人所取也。取法于天者，人知四时早

图1-25　红山文化中放置于灶前的祖先偶像

晚，皆仿日月星辰，以为耕作之候也。所取法者，故尊而祭之，天子祭天是也。"要言之，所谓社，即古代君主祭祀天地神祇的场所。

人格化近祖（家主）的"中霤"。《释名》卷3《释宫室》的解释是："中央曰中霤。"又曰："霤，流也。水从屋上流下也。"古今注释家都谓远古穴居，于屋顶开设天窗采光取明，水汽从天窗檐口滴下，故曰中霤。对此，田广林先生说，中霤的本义是指开设在屋顶正中的天窗，后来引申为与天窗相对应的居室中央部位。目前在辽西一带发现的红山文化的房屋，均为半地穴或方形居室，而兼有炊事、取暖和照明功能的灶，一般都建在居室中央，就目前所知，与红山文化有着渊源关系的兴隆洼文化和赵宝沟文化的房屋，都有于屋顶开设天窗的迹象，这应是"中霤"产生的原始出处之一。

为此，可不可以说"家主"是氏族或宗族的保护神；"国主"是邦（古）国的保护神，其神格是祖神和天神（龙）的混合体。

说到这些，笔者以为在把握上述概念之时，应该有两个清醒。其一，远古中国的"家"和"国"是和今天的概念有所区别的。有历史学家指出，先秦时期的"家"，与秦汉以后"编户齐民"意义上的个体小家庭不同，应该理解为"族"，即宗族和家族。至两周之际，"家"与"国"往往对举，用来指代当时等级分明的政治实体。《孟子·梁惠王上》说："万乘之国，弑其君者必千乘之家，千乘之国，弑其君者必百乘之家。"先秦说的"国"也不是秦汉以后的"国"。笔者以为，那是从"家"，亦即从"古文化"时段进化而至的"古国"，最多也不过是"方国"。如果用业已专制一统的"帝国"国家标准去"检测"先秦之前的"国家"之说，可能是很难得出正确认知。其二，所谓"家主中霤而国主社"中的"家"与"国"不在同一时空框架下。"国主"应该是"家主"发展到一定阶段的产物。家主之祭与国主之祭，应该是有着祭祀层次和范围上的区别。

笔者猜测，远古华夏在群聚时期，以生育子女的多少、强弱这一女性生理本能来衡量，总会有出类拔萃的母亲出现，在群聚社会中也就出现了强势种群和弱势种群。人多身体棒的强势种群很快就脱颖而出，因为"人多好种田"，天天能吃饱肚子。身体棒则可亮肌肉，处处都有话语权。这样种群一定会是感激、敬重他们的母亲。母亲去世后，他们怀念并祈求母亲的荫护，能够年年都有好日子过。祖先崇拜的意识就这样萌生了。为了实施这样的祖先崇拜，他们制作了指向生我养我的母亲的"祖先偶像"，加以顶礼膜拜。在这样祖先崇拜的祭祀过程中谁先谁后得要有顺序，才能保障祭祀的秩序。于是根据与母亲的血缘主次和远近，梳理出血缘关系。为了维护和发展由血缘关系构成的血缘组织，就得编织好血缘纽带。多条远近亲疏的血缘纽带搭建出有高低贵贱地位的血缘集团。这个集团的思想基础就是在祖先崇拜中形成的根基情感。这个集团的成员骨干，就是管理（统治）族群部落的权力基础。

红山文化时期文字可能还没有出现，即便出现了文字，也只能是雏形，是符号意义的文字，没有记述、表达的功能。我的上述推测是用逻辑调和那些考古及文献资料揉捏出来的。历史跨过母亲崇拜的门槛来到父亲崇拜的夏、商、周时段，由祖先崇拜发展的血缘集团在维系国家统治中发挥得淋漓尽致。"商代的政权系统与宗法系统是紧密结合的，所以商朝官制带有严重的宗族血缘性质。从甲骨文中看得清楚，几乎所有职官和活动人物是冠以其族名的族长或显贵。有的与商族同姓，不少人本身就是属于商族，甚至王族，并且数代世袭一职。"[30]"西周的分封制是以血缘组织为单元进行的，宗法制度则是建立在各社会集团之间的血缘关系之上。被分封者带领自己的宗族成员到新的封国内进行殖民统治。这些宗族成员大约即是周代的'国人'，他们及其后代是这些封国内的核心统治力量。"[31]

三、血缘组织搭建出古代中国的国体"家国同构"

笔者的学力赢弱，究竟不到"祖先崇拜"的学术层面，只能从最浅显最通俗的视点，去观察"祖先崇拜"的存在和发展。吃饭是人类生存第一保障。要能吃到饭，吃饱饭，必须解决好生产与分配两个关键问题。红山文化发展到中、晚期，以炎帝部族为对应的红山先民已步入农耕生活。土地成了他们的第一依靠。历史学家指出，在中国古代，社稷是以家族和宗族为单位而设置的，所以家族和宗族的土地所有权在社稷。这种土地所有权，就同一家族和宗族内部来说，土地是公有的。它是团结、控制社会成员的重要手段。土地强化了各个个体社会成员对血缘组织的依赖。笔者以为，这就是说，要让土地长出庄稼喂饱肚子，就得团结在由本家血缘构成的"组织"周围，就得老老实实去服从、去敬畏、去崇拜组织所高举的"祖先崇拜"。而这种土地的公有制"自新石器时代至夏、商、周三代时期实际上基本没什么变化"，就是说，家（族）人或者国民是数百年一直高举着"祖先崇拜"的大旗，去夺取有可能吃饱肚子的伟大胜利。这便是能够吃饱肚子的上半部——生产。这大概也就是学术界所得出的结论："祖先崇拜得以盛行的经济基础。"

　　能够最终吃饱肚子还得靠下半部——分配。谁来实施分配？或者说谁人握有分配大权？笔者用一件有可能是周朝的玉雕收藏品来回答。图1-26这件有"礼器"内涵的玉器高23厘米，最宽处4.1厘米，最厚处2厘米。玉质温润纯净，以圆雕、透雕、浮雕表现作品内容：一个女性特征十分明晰的妇人踞坐在一个三角形的匕型器上。这件玉雕的主题也就明确了：持刀分肉的分配权是由母祖授予的，或者说这种分配的执行人就是母祖。说她是"母"，有其丰乳为指；说她是"祖"，有其踞坐为示。这类分配权的功能发展，促成了社会调控组织的出现。握有分配权的人，以拥有"礼器"为标志，进行家族财富的集中和再分配，以此组织人力发展生产与交换礼器。这类人物已脱离本家（族）的生产活动，构成一个特殊的统治集团。他们地位的高低、权力的大小、职能的主次，不是表现为在家（族）中占有多少生产生活资料，而是在于他们享有祭祀祖先的权力大小。即是说他们与被祭对象，是由与"祖先偶像"的血缘关系状况或主或次、或亲或疏、或远或近来决定的。这种现象在考古资料的反映是，在红山文化遗址，那些分布在祭台周围的石棺，有近有远，有大有小。靠祭台近的大墓中的陪葬品多而精，离祭台略远的小墓中的陪葬品少且

图1-26　民间收藏的有母祖踞坐的三角形玉匕型器

粗。那些远离祭台的群葬土坑中，除了尸骨则什么也没有。这种现象后来发展成先秦文献上"大宗""小宗"的表述。《礼记·丧服小记》《说文》等指出："宗，尊祖庙也。"同宗者，有共同的祖先和祖庙，都是某个祖先的后裔。大宗是始祖的直系后裔，小宗是别系，即所谓的"别子为祖，继别为宗，继祢者为小宗，有百世不迁之宗，有五世则迁者也。尊祖，故敬宗；敬宗，尊祖之义也。"笔者以为，这种表达血缘组织中的血缘关系，或者说与祖先近远亲疏程度指向的"大宗""小宗"意识，在红山文化中、在晚期的炎帝部族中已经形成。它的考古指证除了上述墓址与祭台的远近关系外，还有辽河流域出土的红山文化"玉马蹄形器"。这种上小下大中空的椭圆形筒

图1-27　考古出土的红山文化"玉马蹄形器"

形玉器，若一定要与现今的某个"物象"发生比对，的确与"马蹄"有几分相似，于是考古学界命名为"马蹄形器"。由于发掘时往往出现在墓主的头部，故考古界将其功能指证为古人的"发箍"，并堂而皇之画图为示（图1-27、图1-28）。笔者以为，学界的上述解读，多少有些想当然耳。试看那些出土之物，大者孔径在10厘米左右，重量在一千克左右。我们的祖先得有多少头发才能被它"箍"住？而"箍"住后行动又能方便吗？中者的孔径在4.5厘米，即便它能"箍"住头发，但又如何顶戴呢？笔者见过有近十件这样的中小器，最小的孔径只有1厘米左右。这就更难解读它"箍发"功用了！故笔者将其解读为，所谓红山马蹄形器是红山炎帝部族的诸个"家"（族）中，分别"大宗"还是"小宗"的标示物。各自的"家主"（族长）将这类有穿孔可佩带的玉标示物随身携带，在参与祭祀共主"国主（社）"时，根据其标志器的大小，确定在祭祀时离祖陵远近的位置。在参与"国事"活动时，也根据此标示物的大小，亦即是"大宗"还是"小宗"，来张显本"家"（族）的权力大小，来实施相应的话语权。

笔者上述猜想所指，或许便是古代中国宗法制度的原创。对此，学术界亦有相关认知："殷之宗庙，以子能继父者为大宗，身死而子不能传位者，虽长于昆弟，亦降为小宗。""宗法起源不始于宗周，当在有殷之际或其前世。"[32]对于宗法制度的成型，徐良高先生进行了学术升华，他指出："宗法制度的核心是以血缘关系确立的人际关系，进而确定人在社会中的政治、经济地位并由子孙将这种地位世代继承下去。将原有的血缘组织关系改变成政治等级关系，而政治等级和各种经济利益的分配关系又借助宗族血缘、长幼、世系等关系来维系和巩固。宗法制度确定了宗子的中心地位，按血统关系的远近来区别贵贱，规定出人生而具有的等级、权利和义务……宗法制的理论依据和信仰背景就是祖先崇拜。"[33]

远古的家（族）聚落中，家长、族长、共主（部落联盟首领）通过频繁的祭祀，将其各自的由祖先的血缘关系而传承的绝对权威和神圣地位得以不断地重申和强化，整个血缘组织在整合中发展与提升，其结果是出现了独具中国特色的

"家国同构"的中国的"国家"形式。家国同构，即如郭沫若先生所说的"祀于内者为祖，祀于外者为社，祖于社二而一也"。[34]君、神、父三位一体，治国与治家一致，忠孝并行，社会成员间既重亲情又强调等级。在过去的五六千年间，从空间上看，无论是部落联盟制的"天地之中"古蜀，还是酋邦制的"中国"中原，从时间上看，无论是中国历史上的"古国""方国"还是"帝国"，都具备"家国同构"所特有的血缘关系底色和祖源指向经络。笔者还以为，在"家国同构"的国体内，炎黄子孙各自的祖源记忆和根基情感，在无数次迁徙和无数次包括战争与兼并的融合中，"礼尚往来"，走向趋同，走向成熟。

四、祖源记忆是"家国同构中国"的不死药

"家国同构"国家的国家意识首先是祖源记忆。这对从先祖那里继承了权力和财富的现世统治集团成员，是不难理解的。将其祖先铭记下来，将其祖源张扬出去，借此维护统治的合法性和权威性，当然成了宫廷王室抓国家意识形态的首要。在甲骨文和金文中，就有所记载。尔后的先秦文献则更为翔实。《尚书·盘庚》篇说，商王盘庚多次抬出祖先名号来进行威逼利诱，使众人服从他的命令，如"古我先王，亦惟图任旧人供政""迟任有言曰，人惟求

图1-28　民间收藏的大小不等的玉马蹄形器

旧，器非求旧，唯新。古我先王暨乃祖乃父，……兹予大享于先王，尔祖从与享之，作福作灾，予亦不敢动用非德。"另一方面，作为国民大众的普通老百姓，他们祖祖辈辈从那些宗教氛围异常浓厚的祭祖活动中形成祖源意识，即祖先的许诺与相应的威胁，已成为一代又一代后人们的最大利诱和最残酷强制。

在举国上下对祖源记忆强烈诉求之中，国家文化的主旋律是祭祖，做人的道德底线是绝不能背祖忘宗。国家职能也很明确："保姓受氏，以守宗方，世不绝祀，无国无之。"五六千年以来，中国人的祖先崇拜应需要而被推崇，应推崇而被一次次地扩容。中国人的祖源记忆随着历史时空的变化，在交流，在融合。也有被断层，被嫁接的。但总是在与时俱进着，在继承，在创新，在升华。笔者曾作过这样一段文字表述：

"方"与"气"是中国文化的根本。笔者对这一学术认知的体会是：因为从"方"与"气"中，引申出地与天、方与圆、龙与凤；下与上、矮与高、卑与尊；近与远、亮与暗、实与虚，以及奇数偶数，太极八卦、对立与统一、发展与永恒、形而上与形而下等等中国人几千年沿袭并创新发展着的众多文化观念、哲学观念和审美观念。

关于"方"的解读，古代文献多有表述，如"方国"、"方物"、"方术"等等。因为与本文主题无关，笔者在此，只是以"气"为视角，来观察华夏文明在曙光期的一些人文状况。笔者猜想，古人对"气"的意识，可能最早发生在以"鸟"为图腾的远古华夏族群中。由"鸟"的"飞"，生发出"天"的空间意识和"上"的方位认知，进而逐渐形成族群祖先，来自"上"方的"天"的这一"祖源记忆"。但天太大太虚，无法把握。不过，"天"可以从夏热冬冷的"气"中去感觉，可以从飘绕的雾霾中去观察，更可以从烧香升烟中去把握。于是乎，炎帝后裔的古蜀氏羌人，可能就是最先将对"天"的意识，用可认知、可体会、更可把握的"气"来演绎。"气（乞、乙）"成了远古中国人的一支主要族群的姓氏。这支族群"以象其类"地表现在三星堆出土的青铜面具上，表现在民间收藏的多件古蜀玉雕踞跪人上。就这样"气"的概念和燃香生烟的物象，牢牢地植根于中国人的"祖源记忆"之中，随着社会的发展，远古的燃香生烟行为，虽然被政治所利用，被文化所扩张，被器物所归纳，被时尚所美化，但直到今天，中国人上坟祭祖，不是仍然要燃香烧纸去生成缕缕青烟么？！

　　中国人将上述的燃烟升气的形而下物象，升华到哲学层面，最晚也是在北宋。长安人张载（字子厚，1020－1077年）把关于《易》《中庸》和《礼》的学说互相融合，提出了"气"这一重要概念。笔者感悟，从哲学视角来看，张载的"气"说是原生态的朴素的辩证法思想。用这种思想或者用"气"来解读社会历史，则是"祖源记忆"与"社会发展"，一种"永恒"与"变化"。张载指出，"气"凝聚而生物。生物死，"气"便散为魂魄，为鬼神。故而"鬼神常不死"。在中国人的远古概念中，"鬼神"并非今人所指的"迷信"对象，而是"祖先"的代名词。这样的"鬼神"具象，在古蜀的铜铸或玉雕的人像中有多个出现。所以说"鬼神常不死"，便是指祖先永存，是"祖源记忆"的古代表述。张载又说："一物两体，气也。一故神，两故化。"对此，当今学者解读说：" '一' 和 '神' 是主要的本始的， '两' 与 '化' 则是暂时的。"笔者的认知是，中国人心中的"神"，心中的"祖源记忆"是永恒的，中国历史中的"化"，历史中的历朝历代是变化中的"暂时"。直到今天，全世界的华人，不仍然说"血浓于水"在"认祖归宗"吗？！这应该便是"一故神"的缘故。笔者多次指出，中国文明在世界四大古文明中是唯一不曾被割断，一直传承至今的。其主要原因便是万千年来中国人心中的"祖源记忆"生生不息，万劫不移。[35]

五、礼是"家国同构中国"的命根子

　　祖先不死，祖源长记。在"家国同构"的中国，祭祀祖先是独一无二的"国家大事"。虽然古籍说"国之大事在祀与戎"，笔者以为在远古中国，"戎"所指的"战争"，无非是"礼尚往来"的终极表现。五六千年前的"炎黄大战"如此，三四千年前的商代夏、周代商亦如此。春秋战国时期这样的表现更是明目张胆。在"礼尚往来"中，诸侯国不从属宗主国祭祖，不为其提供祭品，或者提供的祭品是伪劣产品，就会被认为是最大的罪恶。因为这是对王室祖先神圣地位的否定，也是对王权至高无上的地位和宗主地位的否定，意味着在政治领域对宗主的背叛。《左传·僖公四年》，齐桓公寻找伐楚的借口，责楚王之言就是"尔贡苞茅不入，王祭不出，无以缩酒，寡人是征"。用现代语言来表述这次战争的理由就是，你进贡的苞茅，酿不出我祭祀祖先用的酒，所以我要向你开战。秦灭古蜀后，古蜀的王室，三次誓死不从秦人祭祀祖先的"礼"，导致秦政权对古蜀的意识形态实施最彻底的外科手术，让古蜀在中国历史中失忆了两千多年！

由此可见，在古代中国，"礼"是国家的命根子。"礼器"是统治者的撒手锏。所以，"家国同构"的中国自萌芽开始，一个又一个的"祖"，一代又一代的"王"，都是将全国"经济基础"的主要资源用于礼器制造，让全国的"上层建筑"服务于礼乐文化。对此，现今的考古学家、历史学家指出，从龙山时代至夏商周三代，一方面生产工具落后和停滞不前，商品生产和贸易也不兴盛。另一方面则是用于宗教和政治方面的青铜器、玉器高度发达。这一时期，社会分层和财富占有不均的形成，与其说是与建立在地缘组织之上的经济活动有关，还不如说是与建立在血缘组织之上的祖先崇拜有关。礼制的形成、礼乐文化的发达，说明在中国国家的产生和文明的出现过程中，社会组织的强化和人际关系的变化所起的作用，大于生产力的发展和私有制的出现。21世纪初中国大陆学人的上述认知，应该是20世纪中叶，海外华人学者类似认知的发展。前面提到张光直先生所言，"意识形态作为重新调整社会的经济关系以产生文明所必需的财富之集中的一个主要工具"。张先生当年未曾明指的，今天这样的所指日渐明晰，也让我们明白了东、西方的价值观出现差异的原因所在。

以土地公有制自给自足的农业活动为经济基础，以血缘祖先崇拜为理论原则的古代中国社会，所结构成形的中国人价值观念，与以私有制工商业活动为经济基础，以社会契约论为理论原则的近现代西方工商业社会，所结构成形的西方人价值观念是截然不同的。中国人的首要追求是从维系"祖源记忆"的"礼乐文化"中结晶出来的"贵"。西方人的首要追求是以身家财产所标示的"富"。富是现实，是享受，是今朝有酒今朝乐；贵是理想，是追求，是实现中国梦。为了富，可以有奶便是娘，可以笑贫不笑娼。贵则是贫贱不能移的志不可夺。为此，两千年前的项羽要"生当作人杰，死亦为鬼雄"。一千年前的辛弃疾要"了却君王天下事，赢得生前身后名"。四百年前的文天祥"人生自古谁不死，留取丹心照汗青"。旧民主主义革命的先导孙中山一生追求"天下为公"，新民主主义革命的领袖毛泽东要"粪土当年万户侯"。即便中国步入改革开放的新时代，国家倡导的也是精神文明与物质文明的完美结合，反对一切向钱看。

第四节 其他"祖先文化"要素一一看

前面笔者花了较大的篇幅谈炎帝部族在红山文化期中生成的首要祖先意识（文化），即象征远祖的龙与鸮，象征近祖的女神塑像（祖先偶像），以及其后由血缘社会、祖源记忆结构出来的"家国同构"的中国现象。接下来，笔者谈谈红山文化中的又一祖先文化要素：丧葬习俗。以考古资料为视角，以墓塚的地势、布局、形态、材料和特点为视点，在观察中借以做出初步的归纳。

一、石棺葬：炎帝后裔无法磨灭的祖源记忆

牛河梁遗址"已发现遗址点16处，大都处于各道山梁的梁顶之上。其中以积石塚最多见，共13处……塚的位置选择在高度适中的山冈顶部，一般为一岗一塚，也有一岗双塚和一岗多塚的组合"[36]。"从积石塚内石棺墓的规模看，有大、小型之分，大型石棺墓位于积石塚内中心部位，圹穴较深，石棺宽大；小型石棺墓分布在积石塚的边缘，圹穴较浅，石棺窄小"[37]。

积石塚的形态，若观平面，有方形和圆形。若看立体，则是下有三层台阶，上有三重圆形立石。在牛河梁"第二地点……有一处三重立石圆形遗迹和五处积石塚……三重石圆形遗迹位于中央。三重立石形成的三个石圈的直径，分别为22米，15.6米，11米。中心高，边缘低，每圈高差0.3-0.5米，形成三层"。"一号积石塚平面呈长方形。塚墙砌石，由外向内层层高起，形成三层台阶"。"二号积石塚平面近方形"，"第三地点只有一座积石塚"。"第五地点……发现了东西排列的三座积石塚。其中东部的一号积石塚平面呈圆形……中心部位是一座大墓。墓圹直接在基岩上沿辟凿形成，平面呈圆角长方形，长3.8米，宽3.1米，由墓底至墓口深2.25米，形成三层台"[38]。

关于积石塚所用材质，郭大顺说："墓上封土后再积石，形成地上建筑。塚顶积石以石块堆砌，周边则以经过加工的石块砌出圆形或方形的框界，一般为三层，层层迭起，石棺和塚体所用石料以硅质石灰岩为主，形成白色塚体。"[39] "兴隆洼文化晚期，以白音长汗二期乙类遗存为代表，出现了建在山丘顶部、与居住区相邻的小型墓地，所发现的14座墓葬均为长方形竖穴土圹

葬，多数墓葬顶部摆放有石块，这是西辽河流域已知最早的积石塚性质的墓地，是红山文化积石塚的源头。……从积石塚和祭坛的形制看，红山文化与兴隆洼文化和赵宝沟文化之间具有一脉相承和发展关系。"[40]

笔者从上述考古资料中，感觉到炎帝部族在红山文化期的丧葬文化中有三个鲜明特点，由此而形成"祖源记忆"的文化元素，在漫长的中国历史进程中，特别是在由炎帝后裔演变成的"四夷"地区，更是在顽强地表现着。

1、垒石成坟的积石塚和石棺葬形式。这种丧葬形式，在炎黄大战之后，炎帝部族向西和向东大迁徙的历史遗址中都有发现，特别是在西迁尾声的古蜀氏羌人居住区更是层出不穷。

2、死与生的"重生"转世理念。已有研究结果表明，红山文化积石塚代表一种特殊形式的埋葬制度，是生者举行祭祀活动的场所。在祭祀典礼化的早、中期，将少数特殊死者埋在室内，此类房屋具有居住兼祭祀的双重功能。[41]笔者以为，这种"双重功能"的文化内核，是远古中国人对死而后生的重生转世意识的胎动，是"祖源记忆"的一种指向。人类萌生这种生与死的"转世重生"意识，可能受启迪于一类可以蜕变的动物，比如蛇的蜕皮，蝉的退壳，蚕的化蝶。蛇被当作"龙"的原型，大概就出自蜕变再生的考量。"龙"被视为远祖的指认，似乎也有一点由"远祖"转世再生为"今人"的"逻辑"。再看蛇在修眠时多是作曲盘状。是不是龙的造型才从早红山文化期的一字长蛇状，变成了红山文化中晚期的玦形玉祖（猪）龙和C字型的三星他拉龙？

这种生与死的转世重生理念和生者与死者居于一室的丧葬习俗，在以黄帝后裔血缘为主的汉民族中，文献中不见记载，考古中没出现，但在炎帝后裔的古蜀人的意识中仍然记忆犹新。"蚕丛"王朝的命名内核，以及藏于民间的多件玉雕上，叙述着"红山先祖"和牛头的炎帝"蝉变"为"蜀人"的转世重生认知（图1-29，图1-30）。

炎帝部族的这种塚上和塚前设坛，塚、坛结合的丧葬形式，具有强烈的祖源记忆指向。

塚坛结合的方型和圆型，有可能就是良渚文化出现的玉琮的造型依据。那些在炎黄大战后东迁的"东夷九族"，在迁徙的过程，是更加需要"祖源记忆"作为种群凝聚力的发动机。

图1-29 民间收藏的由红山先祖转世重生"蝉（蚕）从"蜕变为古蜀人的玉（石）圆雕作品

图1-30 民间收藏的由牛头的炎帝转世重生"蝉（蚕）从"蜕变为古蜀人的玉（石）圆雕作品

二、"三"：祖源记忆中的数字表述

此外，在红山丧葬文化中频频出现的"三"的数字意识，则形成了日后炎帝后裔的一种以数字表达的祖源记忆。在古文献中，有"三苗"、"三危"、"三胡"、"三韩"，有"三面人"、"三头人"、"一首三身"人，更有"三面之人不死"的象征祖源长流的说法。在考古资料中，有"三星堆"的三个大土堆，有三星堆出土大玉璋上的三座山和每座山均表现的三层次刻纹，有中山国出土的三叉戟大型青铜器。在历史记载中，也清楚描绘了炎帝后裔的"四夷"在祖源记忆中的"三"概念，与黄帝"诸夏"祭祖文化中的"华台"意识是何等泾渭分明。《新书》言："翟王使使至楚，楚王夸使者以章华之台，曰翟国亦有此台乎？使者曰否，翟，婆国也，恶见此台也。翟王之自为室也，堂高三尺，壤陛三累，茅茨弗翦，采椽弗刮。"

应该说黄帝体系对数字也是有推崇的，推崇"五"。《逸周书·月令解》说："其帝黄帝，其神后土，其虫倮，其音宫，律中黄钟之宫，其数五……。"殷商时人，有五方观念。周朝人将天下划为五分，并以五方色称五方之帝。

三、从生殖崇拜到祖先崇拜看"尚红"

"尚红"应该也是炎帝部族"祖先文化"的一个元素。从现有的考古资料看，尚红现象早在距今8000年的早红山文化查海遗址中就有出现，即前面提到的"查海龙形石块堆塑"。"这条龙形堆石，是在基岩脉上，采用红褐色大小均等的石块堆塑而成。"在同是红山文化早期遗址的洪格力图遗址中，也发现了"若干座用红色状岩石垒成的大小不等的积石冢，具有红山文化墓葬典型特征"。[42]

笔者以为，尚红意识源于生殖崇拜。女性生育时所流的脐血是"尚红"的意识萌动。"尚红"是生殖崇拜的一种现象。学界认为，生殖崇拜的发展促成了祖先崇拜，生殖崇拜在新石器时代很盛行，前面提到的畅想"远祖"的"陵"和记忆"近祖"的人，都是可以与生来死去、传宗接代的生殖崇拜链接的。夏、商、周三代的生殖崇拜应是一种遗风。在这样历经一两千年的遗风中虽然祖先崇拜的对象已经从女性变成男性，但"尚红"的现象作用不曾改变。在郑州小双桥商代前期宗庙遗址中出土的两件涂朱石祖（涂成红色的男性生殖器），可以作证。

在炎帝部族"尚红"意识发展的红山文化中，考古资料做出了多次的佐证。在东山嘴遗址中有，在牛河梁积石塚中也有，特别是那些"祖先偶像"多"涂以朱彩"。祭祀地的"壁画"，也是由朱白两色绘出的几何形图案。在随后的又一个一两千年中，这种"尚红"的文化现象成了寻求炎帝后裔发展轨迹中的一件指路灯。

应该看到炎帝体系的尚红，是表现在对红色的主观使用上。在与黄帝体系相对应的仰韶文化中，虽也大量使用红陶，但那是泥土烧成后的一种客观发色，仰韶彩陶上的主观装饰，全是用黑色绘制。

就是在秦汉"帝国"之后，在炎黄子孙高度融合充分混化的社会中，"尚红"意识仍然是经久不变。直到今天，步入耄耋之年的长者，在他们即将成为"祖先"的岁月里，不是很喜欢穿着红色衣衫吗？

四、玉：祖源记忆的物指，祖先文化的载体

最后谈"崇玉"。崇玉是炎帝部族"祖先文化"的一个重要元素，一个十分鲜明的元素。应该说，作为美丽石头的"玉"，是炎帝部族在由"祖先崇拜"形成"祖源记忆"过程中的主要载体，是炎帝部族在红山文化期中，"礼"的初意。它在红山文化的考古资料中普遍存在，大量出现。笔者在此摘抄几则考古资料，供读者诸公管窥。

牛河梁遗址中，在东西轴线以南已发掘20余座中小型石棺墓，多座墓出有玉器，其中M4号墓随葬两件兽面块形玉饰（笔者注，即俗称的玉猪龙。下同）一件玉箍形器（笔者注，即俗称的马蹄型器）；M21号墓随葬20件玉器，有兽面玉牌饰、玉龟饰、玉璧、玉环等。M27号墓出土了勾云形大玉佩等。

第三地点只有一处积石塚。葬一人，随葬玉器3件，分别是玉箍形器、琮形器和玉镯，在南部发现8座墓，其中M3号墓随葬有玉璧、玉环各一件，玉镯2件。M9号墓随葬有玉璧、玉环、玉臂饰各一件。

第五地点，中心部位是一座大墓。葬一成年男子，随葬玉器7件，有玉鼓形箍、勾云形佩、镯，以及2件玉龟和2件玉璧。

第十六地点发现三座墓葬，其中M1号墓随葬有3件石锥状器和1件两侧为兽面的三孔器。M2出有9件玉器，有1件勾云纹玉饰、3件玉环、1件玉箍形器、2件玉璧、1件竹节状玉饰、1件玉鸟。M3号墓没有发现随葬品。[43]

所以，红山考古的先行者之一郭大顺先生才提出红山是"唯玉是葬"、"为玉为礼"的说法。红山先民的用玉、崇玉和葬玉与古文献记载的炎帝尚玉应该说是可以对应的。

炎帝部族面对取之不尽用之不竭的万物，为何唯独中意于玉（美石）呢？西方有学者认为，人类爱玉与性有关，佩戴美丽的石头（玉），能够吸引更多的性爱伙伴，借此增加生育壮大团队，在生存与竞争中取得优势。笔者以为西方的这种说法不无道理，但仍然带着西方看中国的那种知其然不知其所以然的主观片面色彩。笔者以为中国人爱玉、崇玉、藏玉是伴随远古中国人的始祖意识、祖先崇拜和祖源记忆而产生、而发展、而丰富的。八千年前，堆塑出"龙"的那些"褐红色石块"，应该就是中国人对玉——美丽石头的原初意识。在西方以物理的结构数据和化学的元素成分来界定"玉"之前，中国人是以"美石为玉"的指向来识读玉的。笔者以为，中国人对玉的这种理解是更为

广义的科学。美石有二大含义，第一是美，玉的外在美，是它温润含蓄的高贵华丽；玉的内在美，是它承载着的祖源记忆，表示着认祖归宗是中国人的第一心灵美。第二是石，石一般的坚硬，石一般的长存。用这样的材质来做祖先指向，来承载祖源记忆，比之当时时尚陶器和还未流行的青铜器，玉器这种美丽的石头，是既能彰显祖先特权，又能将这样的特权"子子孙孙永宝用"。

正是由于玉器在中国文明曙光期中拥有无以替代的职能作用，所以笔者才以为，玉是华夏文明起源的主要奠基石，玉器是观察华夏文明发展的重要视角。笔者赞同"玉器时代"是中国文明进程中，有别于西方文明史的一个独特时段的学术命题（见本书下篇）。

笔者也看到，20世纪晚期主持中国玉文化研究的学者不赞同"玉器时代"命题，是因为"古人提出的'玉兵时代'的说法，与玉矿资料分布和出土玉器的总体情况不符"。

笔者想，两千年前孔夫子要"克己复礼"，在中原找不到"礼乐"时，还会去"四夷"寻找，"礼失求诸野"、"天子失官，学在四夷"。生活在信息时代的我们，目光怎么还那样的闭塞！思想怎么还那样的僵化！

笔者就此，将上述梳理出来的我们"更老"的种种"祖先文化"元素，视为一个个历史的DNA，当作一杆杆历程的指路标，从古代文献的记载中，从古今学人的研究中，从考古发掘的资料中，去侦察炎帝后裔的历史足迹，去修补"炎黄子孙"的完整概念，去理清"祖源记忆"的来龙去脉，去解释为什么华夏文明在世界四大古文明中，是不曾被割断而传承至今的唯一文明。

注释：

[1]张光直、李光谟编：《李济考古学论文选集》，文物出版社，1989年。

[2]傅斯年：《民族与古代中国史》，上海古籍出版社，2012年。

[3]《蜀王本纪》说："（蜀）人萌（民）椎髻左衽，不晓文字"。刘渊林注《蜀都赋》引扬雄《蜀王本纪》说"蜀王之先名蚕丛、柏濩、鱼凫、蒲泽、开明。是时人萌椎髻左言，不晓文字，未有礼乐。"

[4]褚少孙说："蜀王，黄帝后世也。至今在汉西南五千里，常来朝降输献于汉。"见《史记·三代世表》。

[5]苏秉琦：《中国文明起源新探》，人民出版社，2013年。

[6]苏秉琦：《燕山南北地区考古——1983年7月在辽宁朝阳召开的燕山南北长城地带考古座谈会上的讲话》（摘要），《文物》1983年12期。

[7]苏秉琦：《中华文明的新曙光》，《东南文化》1988年第5期。

[8]苏秉琦：《中国文明起源新探》，人民出版社，2013年。

[9]杨永年：《是谁创造了举世闻名的三星堆文化？》，四川新闻网，2012年1月9日。

[10]庞进：《呼风唤雨八千年》，四川教育出版社，1998年。

[11]杨永年：《为一件台北"故宫"藏的宋汝窑瓷鸣不平》，见《我读我藏宋元瓷》，中国国际艺术出版社，2014年。

[12]朱乃诚：《中华龙：起源和形成》，生活·读书·新知三联书店，2009年。

[13]孙机：《蜷体玉龙》，《文物》2001年第3期。

[14]杨永年：《让收藏人快乐起来》，《名家谈收藏·文化篇（下）》，东方出版中心，2009年7月。

[15]古方：《萨满教特点对红山文化玉器研究的一些启发》，《红山文化研究——2004年红山文化国际学术研讨会论文集》，文物出版社，2006年。

[16]朱乃诚：《三星他拉玉龙的年代》，《中华龙：起源和形成》生活·读书·新知三联书店，2009年。

[17]谭继和：《巴蜀文化史上的探源新论》，见《巴蜀文化辨思集》，四川人民出版社，2004年。

[18]邱国斌：《内蒙古敖汉旗新石器时代聚落形态研究》，《内蒙古文物考古》，2010（2）。

[19]乌兰：《西辽河地区小河西文化聚落的微观分析》，《赤峰学院学报》，2014（3）。

[20]郭大顺、张克举《辽宁喀左县东山嘴红山文化建筑群址发掘简报》，《文物》1984（11）。

[21]《左传》昭十七年。

[22]俞伟超、严文明等：《座谈东山嘴遗址》，《文物》1984年11期。

[23]苏秉琦：《中华文明的新曙光》，《东南文化》1988年第5期。《写在〈文明曙光〉放映之前》，《中国文物报》，1989年5月12日。

[24]郭大顺等：《辽宁省喀左县东山嘴红山文化建筑群址发掘简报》，《文

物》1986年第8期。

[25]田广林：《关于敖汉新出土坐姿人形陶像的性质》，见《中国社会科学院古代文明研究中心通讯》第24期。

[26]张光直：《中国青铜时代》（二），生活·读书·新知三联书店，1990年。

[27]杜正胜：《夏代考古及其国家发展的探索》，《考古》1991年第1期。

[28]郭大顺：《辽西古文化的新认识》，《庆祝苏秉琦考古55年论文集》，文物出版社，1989年。

[29]徐良高：《中国民族文化源新探》，社会科学文献出版社，2002年。

[30]王贵良：《商代官制及其历史发展》，《历史研究》1986年第4期。

[31]徐良高：《中国民族文化源新探》，社会科学出版社，2002年。

[32]丁山：《宗法考源》，《中央研究院历史语言研究所集刊》第4本第4期。

[33]同[31]。

[34]郭沫若：《释祖妣》，《郭沫若全集·考古编》第一册，科学出版社，1982年。

[35]杨永年：《香文化断想》，《光明日报》2013年6月25日；《观赏宋香炉·感悟香文化》，《我读我藏宋元瓷》，中国国际艺术出版社，2014年。

[36]郭大顺：《追寻五帝》，商务印书馆，2000年。

[37]刘国祥：《红山文化与西辽河流域文明起源的模式与特征》。

[38]朱乃诚：《红山文化"玉猪龙"的真实含义与用途》，《中华龙：起源与形成》生活·读书·新知三联书店，2009年。

[39]同[36]。

[40]同[37]。

[41]同[37]。

[42]苏布德：《洪格力图红山文化墓葬》，《内蒙古文物考古》，2000（2）。

[43]李恭笃：《辽宁凌源县三官甸子城子山遗址试掘报告》，《考古》1986年第6期。

第二章 炎黄大战的前因后果，
祖源认知的你死我活

张光直先生[1]对华夏史前史有个总体把握，他说："在公元前5000年以前，各地史前文化互相分立，公元前5000年左右，新的文化出现，旧的文化不断扩张，到了约公元前4000年，我们就看见了一个持续一千多年的有力的程序开始，那就是这些文化彼此密切联系起来，而且它们有了共同的考古上的成分。这些成分把它们带入了一个大的文化网……它们便是最初的中国。"张光直没有把他的时间划分与空间考古对应起来，也没把他的时间划分与古籍（包括神话）对应起来进一步阐述。但笔者是认同的。笔者乃文博学界界外之人，无拘无束，斗胆将张光直的时段划分来个"对号入座"。他说在公元前5000年以前，各地史前文化互相分立，笔者以为主要是指广义的北方炎帝部族以及前红山文化，与"相对应的"南方黄帝部族及其仰韶文化。他说的公元前5000年左右，新的文化出现，旧的文化不断扩张，笔者以为，所谓新的文化，仰韶文化中后期的庙底沟文化可能与之相似。所谓旧文化不断扩张，应该是红山文化的向南推进。他说的到了约公元前4000年，我们就看见了一个持续一千多年的有力程序开始，笔者以为那应该就是从炎黄接触到"炎黄大战"，再从"窜三苗于三危"到"大禹治水"时期。即"伯夷"的部落联盟制社会进化出"诸夏"的酋邦制社会。这个千多年过程中，之所以"有力"，是它在民族大迁徙中炎、黄种群的不断融合混化，将源于红山文化炎帝族群生发的祖先文化在中原进行了第一次的变异与升华，使之朝着"中国"的"一统"目标迈进。

笔者在此再一次将考古学文化中的红山文化与炎帝部族挂钩，将"长城以北"的北方与炎帝地望链接，将华夏史前史中较之黄帝概念"更老"的意识与炎帝体系结合。对此，除了笔者在第一章中提出的理由外，还对历史古籍，包括一些传说历史进行梳理，只有拨乱反正之后，笔者的理由才能成其为理由。

第一节　炎帝和黄帝是亲兄弟还是两家人？

以中国最早的正史汉朝司马迁作的《史记》来看，涉及"炎帝"的说法在《五帝本纪》："轩辕之时，神农氏世衰，诸侯相侵伐，暴虐百姓，而神农氏弗能征，于是轩辕乃习用干戈，以征不享……炎帝欲侵陵诸侯，诸侯咸归轩辕，轩辕乃修德振兵……以与炎帝战于阪泉之野，三战然后得其志……而诸侯咸尊轩辕为天子，代神农氏，是为黄帝。"对此，已有多种解读，笔者个人认知是：

1、神农和炎帝都不是有着生命时间大限的一个"人"，不是同一个人的"尊"与"号"，也不是秦汉之后的帝国概念系列中的一个王朝中的两个皇帝。神农与炎帝是同一地域、同一血缘、同一文化的，有着传承关系的先后不同时段的部落历史。如果与考古文化对应，或许是红山文化中期与红山文化晚期。

2、《史记·五帝本纪》提到的轩辕与神农、轩辕与炎帝的纠葛，不是同一时空的事，而是不同时空的，有着不同内容的，炎、黄两大族群所进行的包括战争的历史事件。

3、《史记·五帝本纪》明确了一个历史的进程，甚至可以说是一个历史的转折，炎黄大战之后，黄帝"代神农氏"，华夏史前史由"三皇"时代进入到"五帝"时代。

一、汉朝前后古籍文献对炎帝的不同解读

当然，也不难看出，《史记·五帝本纪》对神农、炎帝体系是极尽贬压矮化的，说他们或治国无能或残暴肆虐。相比之下，《史记》对黄帝体系则是歌功颂德，无限拔高。《史记·三皇本纪》说，黄帝是少典氏的儿子，姓公孙，名轩辕。说他生下来就神奇灵异，襁褓中能言语，幼小伶俐，长大勤勉，成年后聪明通达。如果司马迁的"走眼"可以用"文风"来遮掩的话，汉和汉以后的一些史家对炎帝的解读，就有些赤裸裸的政治目的了。高诱注《淮南子·时

则训》提到赤帝时，把赤帝与神农氏合起来，谈赤帝即炎帝，少典之子，号为神农，南方炎德之帝。高诱将"新"出现的"赤帝"与旧有的"神农""炎帝"合三为一，是将一个部落族群的漫长历史进程，缩小到一个人，缩短到一个历史瞬间。高诱改变了炎帝的血缘，将黄帝、炎帝合为一家，兄弟相称。高诱还改了炎帝祖源的地望，将其由北方指认为南方。汉之后的"中央帝国"上层建筑与意识形态的这种剪裁与再构历史的伎俩与对待古蜀的办法同出一辙。所以，再构的史料让后来的史学家们在南方大设炎帝的"炉灶"，大谈炎、黄的兄弟情谊。同样，再构的史料让后来的史学家们对"古蜀"两眼一抹黑，对氐羌人的源与沿全然是"瞎子摸象"。

相比之下，先秦的古籍对炎帝的解读就要客观许多，没有刻意抑"炎"扬"黄"的政治导向。以拥有较多历史线索的《国语》为例，首先看《国语·鲁语》。齐鲁大地是现代考古确认的大汶口遗址和之后的山东龙山文化所在地，现代历史学家亦认为是东夷族群的活动地区，也即是笔者在本书指认的"炎黄大战"之后，炎帝族群的一部带着他们始自红山文化的祖先文化，向东转移的第一处居住地。《国语·鲁语》载春秋初年鲁国大夫展禽的话说："昔烈山氏之有天下也，其子曰柱，能殖百谷百蔬。夏之兴也，周弃继之，故祀以稷。"

对曾经拥有"天下"的昔日的烈山氏的缘起，已有二说，《路史》认为，烈山原字当作列山或厉山，因神农氏"肇迹"于列山，故以列山、厉山为氏。其二，刘城淮所著《中国上古神话》则认为炎帝为人神，放火烧山很猛烈，故为烈山氏。笔者在此对"烈山氏"的解读提出第三说，"烈山"是炎帝族群后裔对祖源所在地，现今赤峰市周围的那些红色山脉的一种祖源记忆。"红山文化"的命名，不就是在有红色泥土的山地中发现的一种历史文化遗存吗？况且，就以"形"象"字"的中国文字生成理由而论，其山色山势，也可以和"烈"与"列"相对应。

继《国语·鲁语》上述言论之后，《左传·昭公二十九年》记春秋末年晋国太史蔡墨谈到同一话题时说："有烈山氏之子曰柱为稷，自夏以上祀之。周弃亦以稷，自商以来祀之。"笔者注意到，此出自春秋末年的史说，比《鲁语》出自春秋初年的同一史说有相同的，有不同的，相同的是"烈山氏"与"稷"的不变表述，示意烈山氏的务农和饮食主要构成为粟。不同的是对烈山氏的祖源记忆，也由"夏之兴也"推前到"自夏以上"。

《礼记·祭法》几乎全文引用了上述展禽的话，所不同的只是把"烈山氏"改为"厉山氏"，把"其子曰柱"改为"其子曰农"。对于《礼记·祭法》改"烈山氏"为"厉山氏"，东汉郑玄在注中说："厉山氏，炎帝也。起于厉山，或曰有烈山氏。"西晋皇甫谧《帝王世纪》也称："神农氏起列山，谓列山氏。"

《国语·晋语》："昔少典取于有蟜氏，生黄帝、炎帝。黄帝以姬水成，炎帝以姜水成；成而异德，故黄帝为姬，炎帝为姜。二帝用师以相济也，异德之故也。异姓则异德，异德则异类。"此说是现、当代学界引用得最多的。在笔者看来，那些由"引"而"用"的学术观点，不少是对古文的生吞活剥，没有拿捏着所指史实的内核。笔者以为这段《国语·晋语》的关键提示是黄帝与炎帝的"异姓则异德，异德则异类"。古代中国的社会构成是"物以类聚"，异类是无法同姓的，是无法聚结一处的。对此，《左传》襄十四年有说"我诸戎饮食衣服不与华同，贽币不通，言语不达"。所以，黄帝与炎帝不可能是拥有相同血缘关系的兄弟，所谓"生黄帝、炎帝"的生，不能认成家庭生育的"生"，而应该认成种群派生，部落生成的"生"。

关于"炎帝"与"姜"姓，《国语》也有所指。《国语·郑语》说："姜，伯夷之后也……伯夷能礼神以佐尧者也。"笔者以为，此说对姜姓的炎帝做出祖源指向，"伯夷"是谁？迄今没有考古文化的对应，但"伯夷能礼神"的礼神史实，在红山文化的考古资料中是缕见不鲜的。此外，《国语·周语》说，大禹治水，"共（工）之从孙四岳佐之"，"合通四海"之后，出现"天无伏阴，地无散阳，水无沈气，火无灾燀，，神无间行，民无淫心，时无逆教，物无害生"的大好形势，故而"皇天嘉之，祚以天下，赐姓曰姒，氏曰有夏；谓其能以嘉祉殷富生物也。祚四岳国，命以侯伯，赐姓曰姜，氏曰有吕；谓其能为禹股肱心膂，以养物丰民人也"。

对此姜姓之人的地望在"四岳"，而不是与姬姓人同一地望的中原诸夏，当代著名历史学家傅斯年先生也作了考据。他说："姜之原不在诸夏，又可以《吕刑》为证。《吕刑》虽列《周书》，但在先秦文籍今存者中，仅有《墨子》引他。若儒家书中引《吕刑》者，只有汉博士所作之《孝经》与记而已。《吕刑》全篇祖述南方神话，全无一字及宗周之典。其篇首曰：'惟吕命，王享国百年耄，荒度作刑，以诘四方。'《史记》云：'甫侯言于王。'郑云'吕侯受王命，入为三公。'这都是讲不通的话。'吕命王'到底不能解作'王命吕'。如以命为吕王之号，如周昭王之类，便'文从字顺'了，篇中王曰便是吕王曰了。吕称王并见于彝器，吕王阖作大姬尊壶，其辞云，'吕王阖作大姬尊壶，其永宝用享'（见《愙斋集古录第十四》）。可知吕称王本有实物为证。吕在周代竟称王，所谈又是些外国话，则姜之原始不是诸夏，可谓信而有征。"[2]

诸如上述，中国古史传说中的神农、炎帝体系不应与黄帝体系同出一地，只能是与考古文化中的中红山、晚红山文化相对应，可谓八九不离十了。殊不知，一只更大的"拦路虎"出现在我的指认之前，郭大顺先生在其著作《追寻五帝》一书中说："按照苏秉琦的观点，仰韶文化在中华文化和文明起源史以及五帝时代的地位和作用，莫过于两方面，一是'相当于神农时代'，一是'华族文化'。"如按此说，神农的"籍贯"得从北方的红山改写为南方的仰韶。它的"出身"也应该与黄帝纳为弟兄了！笔者认真阅读了苏秉琦先生的"盖棺"之作《中国文明起源新探》一书，没看到苏先生对仰韶文化相当于神农时代的指认或暗示。郭大顺先生对此的解释既不条理也不鲜明，笔者在他的字里行间感觉到他的判断逻辑是，仰韶文化所在地是孕育农业文化的良好温床，而神农氏在传说中是农业的发明者，所以仰韶文化相当于神农时代。对此，笔者骤想起三千年前姜太公钓鱼的"理论"，据说姜太公在渭水钓鱼，鱼钩是直的，并且鱼钩不入水，离水三尺。因为太公的理由是，有水必有鱼，有鱼必上钩。郭先生是中国大陆当代最著名的考古学家之一，他对上述命题的考古学文化解读是："仰韶文化主要分布在黄土高原的河谷平川地带，这里的土壤含腐殖质高，团粒结构较好，肥力和保持水土能力强，是孕育农业文化的良好温床。这一带气候属于暖温带，但受季候风和地形影响大，冬季干燥寒冷，夏季炎热多雨。正是在这种自然环境中，仰韶文化的先民们发明了粟、黍等耐旱又适应性强的谷物栽培……半坡类型的人们除黍作农业外，伐木业和渔猎业较为发达，是农渔猎伐木并重的经济生活；庙底沟类型则以黍作农业为主，渔猎伐木所占比重不大。"[3]

二、从粟、黍的出现看炎、黄不应是一家人

对此仰韶文化先民们发明了粟、黍的说法，学界有与之相佐的认知。赵志军先生指出，距今8000年的早红山文化"兴隆洼遗址发现了人工栽培作物遗存，经鉴定有黍和粟两个品种，但籽粒数量较少，证明兴隆洼文化时期农

业经济已经产生，但还处于相当原始的阶段，至赵宝沟文化时期农业经济亦未占主导地位，仍以狩猎——采集经济为主。"[4]著名历史学家何炳棣先生也认为，新石器时代的农耕遗址是赤峰兴隆洼遗址。早在8000年前当地已经种植小米了，距今7600年前有了人工栽培的糜子。糜子具有生长期短、可以适应处女地生长这两个特点，导致其被不断迁徙的人群使用，从一个地方带到另一个地方，在距今7000年左右进入欧洲。中国社会科学院考古研究所刘国祥做出进一步阐述："从生产工具看，作为主要的掘土工具，小河西文化多为打制亚腰石铲，兴隆洼文化为打制亚腰石铲或磨制长方形、方形石铲，赵宝沟文化为磨制的尖弧刃或圆弧石耜，红山文化为磨制更精细的宽身、窄柄尖弧刃石耜，其实用功能显著增强。""红山文化中期以后才开始出现了配套的掘土、收割、加工工具，农业经济的主导性地位得以确立。从古环境资料看，内蒙古东南部和辽宁西部地区在距今6000年左右结束了干凉阶段，气候转暖，为红山文化晚期农业经济的繁荣和发展提供了客观保障。""红山文化晚期，农业经济彻底取代狩猎——采集经济占据主导地位，相对稳定的食物来源为人口的增长和手工业的分化提供了基本保障。"[5]2015年1月18日《内蒙古日报》又刊载了这样的一条消息："内蒙古考古研究所、赤峰学院考古人员对魏家窝铺遗址出土的植物标本进行了研究，确认这些植物标本中包括粟（小米）和黍（黄米）两种谷物……先民早在距今6000年左右就开始种植粟和黍等农作物。"有了当代诸多学者对红山文化与中国早期黍、粟文化关系的有根有据的指证，再来看古文献中相关炎帝体系的"三皇"记载，似乎就要实在许多了。

谯周《古史考》说："神龙至炎帝，一百三十三姓。"《白虎通》载："神龙因天之时，分地之利，制耒耜，教民农作，神而化之，使民宜之，谓之神农也。"《周易·系辞》讲："神农氏作；斫木为耜，揉木为耒，耒耨之利，以利天下，盖取诸益。日中为市，致天下之民，聚天下之货，交易而退，各得其所。"

《春秋运斗枢》写到，伏羲、女娲、神农，是三皇。皇表示天。天没有言论，但四时运行，百物生长。三皇并没有什么巨大的创造，但设立了规范（让）民众不违背，道德高深，就像（皇）天一样，因此称为皇。皇，也就是"中"，"光"，"弘"，包含弘大并履行中庸，开辟阴阳，设置规范，中合极端，布施光明，指天画地，神的意志悄悄地贯彻下来，其作用无比巨大，不可计算。

《白虎通义》说，三皇是"伏羲、祝融、神农"。

《含文嘉》指出，三皇是伏羲、燧人、神农。伏，就是区别、改变；羲，文献、法则。伏羲开创八卦来改变天下，天下法则因他而创立，因此称为伏羲。燧人钻木取火，煮生为熟，令人不再有胃肠疾病，区别于禽兽，遂天之意，因此称为燧人。神农，神是信的意思，农是浓的意思。开创耒耜，教民耕种，使人衣食无忧，其德行像神一样高，因此称为神农。

《尚书大传》说，遂人为遂皇，伏羲为戏皇，神农为农皇也。遂人以火而名标青史。火，象征太阳，太阳的地位尊贵，因此尊遂皇为天皇。伏羲以人事而名标青史，因此尊戏皇为人皇。因为天没有人不完满，人没有天就没有成功。神农量地力而种植，因此尊农皇为地皇。天、地、人，三道完满而天下开始兴旺。

应劭按：《易》称古时候伏羲氏管治天下，抬头观天象，俯身观地理，开创八卦来贯彻神明的意志，以尊拟万物的感情。结绳为网，种地渔猎。伏羲氏的继承人是神农氏。斩木为耜，揉木为耒，并将耒耜的用途传播天下。……这里仅仅叙述了二皇（伏羲、神农），没有说到遂人。遂人的功绩重于祝融、女娲，使得"文明大见"。《尚书大传》的意思，要更接近一些。

有了如此众多的古文献作后盾，笔者也就不把权威所言的仰韶文化"相当于神农时代"当成一回事了，坚持以红山文化相对应的炎帝概念出发，探索祖源记忆与炎黄子孙在构建五千年华夏文明中的作为。

三、从仰韶文化的祖先表述，看炎、黄不应是亲兄弟

郭大顺先生提到的，苏秉琦先生以为仰韶文化是"华族文化"的认知，应该是实实在在的，更应看到苏先生是对这一命题有所发展，有所创新，为再建中国史前史做出巨大贡献。仰韶文化是中国现代科学考古史中的第一个亮点。1921年，瑞典地质学家安特生得知在中国河南省的仰韶村遗址发现了史前文化遗存时，改行去做中国的史前考古工作。安特生从出土的陶器、石器的比较和人种学鉴定中，认为这就是现代中国汉族人的祖先，称仰韶文化就是"中华远古之文化"，称仰韶文化为"仰韶文明"。[6]，遗憾的是，安特生最终"没能找到仰韶文化的真正根源，也没能对仰韶文化的范围加以界定"。甚至一度因提出仰韶文化的彩陶是受到西方影响的观点在中国学术界受到批判。但安特生

对仰韶文化的作为是得到中国考古学界的经典作家和领导人士的认同的。"从一个西方人眼中，他（安特生）已敏锐地意识到仰韶文化是中国文化的重要源头，并认识到对中国古代文明的来源及其在世界文化史上的地位，不可等闲视之。"[7]自20世纪20年代末期起，由中国人主持的考古工作摆上了学术议题。但战争和社会动荡，使之一波三折，步履缓慢。新中国成立后，20世纪五六十年代是仰韶文化资料得到大量积累的时期，学术成果也不断生成。笔者以为这当然是一种可喜的现象，但任何事物总是有局限性的，受中华大一统文化承接的传统影响和当时的"把马克思提出的社会发展规律看成是历史本身"的学术误判影响，由中原仰韶文化构成的黄帝文化，是一切中国文明的源头和起始，成了史学界的一种滚雪球似的惯性思维。说它是滚雪球似的，是因为几十年来，中国大陆的历史教育中，这种概念已经成为先入为主的主旋律。所以，虽然"满天星斗"的学说已提出多时，但一当在中国大陆新发现某个历史遗址时，有学者总是抢先将它与黄帝体系挂钩。

找回话题，让我们再看仰韶文化与华族文化。20世纪60年代，苏秉琦先生在《关于仰韶文化的若干问题》的论述中，提出："华族的标志——仰韶文化庙底沟类型玫瑰花彩陶图案，其基本组合为，以阴阳结合手法表现的复瓦状花冠和花蕾，用阴纹表现叶和茎蔓。其发展序列为：花冠部分由单瓣到双瓣到花朵分解，从阴阳纹结合严密、笔画工细和对比鲜明，变为阳纹突出、笔画粗而豪放和构图松散。从比较简单朴拙到比较繁复严密，再到松散、简化和分解。"[8]（图2-1）此后，学术界逐渐成为共识，即"仰韶文化彩陶中最具代表性的花卉图案彩陶，主要为蔷薇科的玫瑰花和菊科花纹图案，则为庙底沟类型所独有，特别是蔷薇科的玫瑰花纹变化大，传播广，为庙底沟类型的主体花纹，也是据此推测仰韶文化为'华族文化'的主要依据"。[9]对于由花而华族文化，由"推测"而进步到结论，其命题的坚韧度到底有多大？笔者不敢妄评。但在未找到更加四平八稳的理由前，由"花"而"华"的说法，也不失为一种说法。40年后，苏秉琦先生在

图2-1　仰韶文化庙底沟类型玫瑰花卉图案彩陶盆（摘自苏秉琦著《中国文明起源新探》）

他的盖棺之作中，以颇有禅味的标题"解悟与顿悟"，对仰韶文化的再叙述中，没有了花即华族的标志性说法。他说的是："仰韶文化的各种因素纷繁庞杂，它的基本特征是我们据以论证它堪称中国文化起源重要源头之一的主要因素。它的主要文化特征具有下列条件：第一，特征鲜明；第二，变化幅度大，节奏快；第三，从无到有，从有到无，序列完整。这些主要文化特征是依据泉护村遗址排出的四类八种陶器中，又筛选出三组六种，它们是：两种小口尖底瓶、两种花卉和两种动物彩陶图案。"

　　笔者是个绝对的考古学门外汉，没有学养亦没有资格评说苏先生的学术历程。笔者以一个阅读者的眼光，以为苏先生对仰韶文化的解读，有了两点修正和两点发展。修正一，苏秉琦认为："半坡和庙底沟这两种类型不是仰韶文化先后发展起来的两个阶段，而是各自发展又相互紧密依存的两种主要变体。"修正二，苏秉琦指出："过去所谓仰韶文化覆盖范围北至大漠，南渐荆楚，西起甘肃，东到鲁西，把如此大范围内有彩陶的遗存皆界定为同一仰韶文化，显然不符合历史真实。"发展一，苏秉琦感觉："酉瓶（尖底瓶）和绘有固定的动植物纹样的彩陶，并不都是日常使用的汲水瓶、盛饭盆之类，有的是适应专职神职人员出现而出现的宗教上的特需、特供。这两类陶器在遗址出土看来很多，但能选出典型完整的标本就很少，这说明了它们并不是大量使用的日常生活用具。"笔者由衷地为苏先生的学术敏锐喝彩。笔者以为这是他认知的升华，从形而下的尖顶瓶和玫瑰花，看到形而上的中原黄帝文化体系的祖先文化指向，以及实施祖先崇拜所出现的"礼器"。发展出这样的思路，再去构建"花"与"华"的进程，可能就会加重学术底色。丰富这样的思想，找出具体的文化元素（如同笔者在第一章中，从红山文化的遗址中找出多个祖先文化元素）以此来比较黄帝体系和炎帝体系，比较中原诸夏文化和周边四夷文化时，就会有所"抓手"。可惜，没看到苏先生深化下去。或许这是他晚年在治学上的"点到为止"。发展二，苏秉琦在他倡导的"中国考古学文化区系类型学说"（俗称"板块"说）基础上，高屋建瓴地指出："距今7000—5000年间，源于华山脚下的仰韶文化庙底沟类型，通过一条是'S'形的西南-东北向通道，沿黄河、汾河和太行山麓上溯，在山西、河北北部桑干河上游至内蒙古河曲地带，同源于燕山北侧的大凌河的红山文化碰撞，实现了花与龙的结合。"[10]郭大顺先生在苏先生的原著上作了一幅更加明晰的图示（图2-2）。

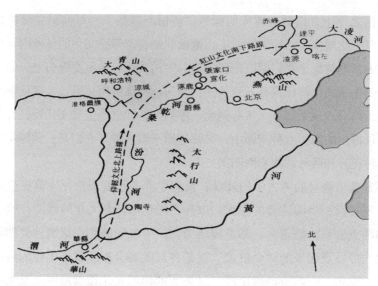

图2-2　仰韶文化与红山文化的扩张与碰撞示意图

　　笔者以为，苏先生提出的仰韶文化与红山文化的"碰撞"，是恰当的。而"实现了花与龙的结合"这一提法则有待商榷，似乎说得太快了一点。如果说它是开创了"花"与"龙"的融合混化，为实现花与龙的结合迈出了第一步，可能会更符合史实。

第二节　炎黄大战前双方的"形势与任务"

　　讲"碰撞"，一定要看到前提，理清脉络。为何而碰？在何处撞？碰撞的结果如何？有相关的文献记载和相证的考古资料吗？

　　众多考古资料显示，从新石器时代早期到晚期，无论是红山文化还是仰韶文化，其聚落遗址范围由小到大，聚落内的房子由少到多，聚落的密度由稀到密。就是说人口增加了，到了距今6000年前后，甚至已形成了一种人口压力。人口多，需要更多粮食才能养活。但在生产工具无重大改进的新石器时代晚期，提高生产效率和粮食产量谈何容易，民以食为天，人口压力比天大！缓解这种人口压力，既是北方炎帝族群的需要，也是南方黄帝族群的需要。笔者以为，双方使用的手段是各有侧重的。

一、南方仰韶文化庙底沟类型为解决人口压力而北进

在仰韶文化区，一度采用杀死幼婴的办法来减少人口。[11]可以想象这种办法实在是太残酷了，不能大面积的有效推广。于是在现有的生产状况下，只好以扩大的空间来养活增长的人口。向外扩张成了活命的"刚需"。仰韶文化中的庙底沟类型表现得尤为积极。庙底沟类型被认为是一个优生支系。笔者的理解是，庙底沟类型的优生，体现在它的"开放"与"创新"。"它的小孩与成年人已经埋在一起了，没有了辈分的差别，甚至没有了氏族成员与非成员的界限，这是违背氏族公社的基本原则。"[12]这应是对庙底沟类型社会进步的指认，亦是笔者所指的"开放"。庙底沟类型小口尖底瓶"口上加口（上下两重器口之间的里壁形成圆折角，通过上加器口部分收缩为套在下边器口的外边，使里壁形成夹缝），到上边器口变为口子，到子口消失，形成单唇小口瓶。整个体型变化也是从溜肩到圆折肩，从瘦小底到纯尖底"。"蔷薇科的玫瑰花和菊科花纹图案，则为庙底沟类型所独有。""绘有高度抽象化的玫瑰花和菊花图案的彩陶器，它们制作精工，花纹薄绘在器的外表和口沿，有的如半坡类型，更有薄绘在盆内壁的人面鱼纹盆，它们显然都不是日常生活所用的盛饭盆一类，推测它们同酉瓶（小口尖底瓶）一样，也都是供神职人员特殊需要的神器"。[13]对此，笔者的理解是，富有扩张精神的庙底沟类型，强化了自身的祖先指认和使用了祭祖手段。有古文献说"无酒不成礼"，庙底沟类型进化了小口大腹的小口尖底瓶，或许就是北首岭遗址出现的那种双唇口瓶，便是为了在饮用节奏和储存数量方面，更能适用有着多人参加的祭祀活动（图2-3）。

仰韶文化的庙底沟类型北支，带着他们清晰而神秘的祖先认同和实用的祭祀用品，离开他们八百里秦川老家，挥师北上，沿黄河、汾河和太行山山麓前进，抵达山西、河北北部桑干河上游至内蒙古河曲地带。与之印证的考古资料是在河北蔚县三关遗址不仅发现末期小口尖底瓶与尖腹底斝共存，还发现有仰韶文化庙底沟类型玫瑰花图案彩陶与红山文化龙鳞纹彩陶共存。

图2-3　巴黎罗浮宫博物馆展出的双唇口瓶

二、北方红山文化的炎帝族群如何解决吃饭问题？

北方的炎帝族群在减缓人口压力的措施上，与南方黄帝族群截然不同。由于有着神农"开创耒耜，教民耕种"，逐渐形成的农牧生活形式，其粮食压力较之处于渔猎生活"迁徙往来无常处"的黄帝族群，应该相对轻松。但人口的增加带来的压力亦有。对此，炎帝族群的办法是强化内部的组织管理，不断协调集团内部成员之间的劳动协作，利用有限的人力、物力和技术手段，更有效地开发自然资源，生产更多的生活资料。这种"强化组织管理"，就是利用原始血缘氏族组织强化血缘纽带，形成加强组织管理的重要手段。由于所强化组织管理的目的是发展生产（或者领导战争），因此，在强调血缘关系的过程中，具有力量象征的父系血缘关系产生了，并日益得到突出。父系祖先成为集团的象征和凝聚力。在这种象征的指引和凝聚下，集团成员形成了集体劳作。

集体大于个体的总和，组织起来的团体能获得远远超过个人劳动的食品收获。能吃饱肚子，集团成员信赖这个组织，并希望不断完善组织管理。所谓组织，就是社会等级的划分。划分的依据是什么呢？就是传承下来的、与祖先血缘关系的远近亲疏为依据建制的集团内部的组织原则。巩固这样的组织原则，才能保持集团的稳定和团结，才能防止内耗和混乱。一句话，才能保障集团成员能年年吃饱肚子。体现这样的组织原则，是将祖先崇拜制度化，为此必须使祖先崇拜拥有物化形式和外在表现。所以在红山文化后期，以玉制礼器为主的礼器大量出现，以冢、庙、坛为对象的祭祀，既有强调亦有发展。《礼记正义》《郊特牲》还说："伊耆氏始为蜡。蜡即田祭，与种谷相协。土鼓苇钥又与黄栌土鼓相当。故熊氏又伊耆氏即神农也。"与此说法相呼应的是《皇王大纪》卷一所提及的神农氏"能治百谷百蔬，与民并耕而食，发教于天下，使之积粟，国富民安，故号曰神农氏，又曰伊祁氏，伊祁氏始为蜡。"对此，笔者认为在炎帝部族已将多种内容的祭祀活动，当成了维系种群生存发展的第一需求，或者说炎帝部族已将原初的祖先崇拜形式化了。

应该看到，已具备祖先崇拜意识的炎帝部族也是有支系向南进行土地扩张的，否则"炎黄大战"就不会在远离红山文化中心的桑干河上游进行了。红山文化扩张的考古证据，除了前面提到的河北蔚县三关遗址中"红山文化龙鳞纹彩陶"外，还有河北围场县下伙房村考古出土的红山玉猪龙（图2-4、图2-5）。只是红山文化的向南扩张，远不比仰韶文化的向北扩张那么劲头十足。

图2-4　红山文化向南扩张留在河北围场县遗址的玉祖（猪）龙

图2-5　红山文化向南扩张出现在河北蔚县遗址的龙鳞纹陶罐

三、北、南推进的文化相融，创造举世无双的"鬲"

回过头来，再来看仰韶文化庙底沟类型北支在向北扩张中创新出的"鬲"。从考古资料中可见在红山文化后期，筒形罐是北方炎帝族群的一种主要用陶。这种筒形罐如果加上仰韶庙底沟类型的小口尖底瓶的三支"尖底"，就与后来被誉为中华古文化标准的"鬲"甚为相似了，所以当年安特生就提出过鬲的起源是由三个尖底器结合而成的假说。后来的中国考古学家则依据多处考古资料，将安特生的假说提升为学术认知。1984年，苏秉琦先生一行在内蒙古呼和浩特市参观一批近年在鄂尔多斯市准格尔旗两个地点发现的两件晚期小口尖底瓶（一件完整器、一件残片）和两件尖腹底斝残片。"特别引起我们注意的是：两件小口尖底瓶底部内壁结构的细部变化与尖腹底斝的细部变化几乎一样，这使我们似乎可以肯定两者间曾共存交错。值得重视的现象是：

1、该地区晚期小口尖底瓶既属常见器物，其发展序列完整，这同中原地区（特别是在晋南一带）没有什么不同。

2、该地区较突出的一个特征因为是蛋形瓮，它数量多，变化快，序列完整，在'北方'范围内与其他地区有所不同。

3、我们在蔚县西合营见到几件尖圆腹底斝，实际上，从器体部分观察，它属于蛋形袋足瓮。据此，我们还可进一步猜想：两者间曾经经历过从尖底瓶与蛋形瓮共存，过渡到尖底瓶、三袋足尖底腹斝与三袋足蛋形瓮共存，再过渡到三袋足蛋形瓮与三袋足圆腹斝共存几个阶段。""在距今5000年前后出现末期小口尖底瓶与尖底腹斝共生，已是鬲的原型。"（图2-6）"三袋足器的发

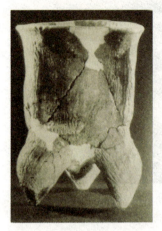

图2-6 南方黄帝族群日用陶器小口尖底瓶与北方日用陶器尖底腹斝的共生形成了鬲的原型

图2-7 现藏于河南省博物馆的东周青铜鬲

源地不在中原而在北方的重要意义在于，把源于中原的仰韶文化更加明确无误地同青铜时代的鬲类器挂起了钩，而这一关键性转折发生在北方区系，是两种渊源似乎并不相同的文化的结合或接触条件下产生的奇迹。"[14]

仰韶文化庙底沟型在向北扩张中，与红山文化相融合而创新的"鬲"可不简单。世界各地都没见过类似器物。而在中国古文化中，它的存在又特别普遍而长久，可谓一种"化石"般的中华古文化，对于追溯中华古文化和古文明的起源与流变具有特别意义。在中国的青铜时代，鬲与鼎已是国家社稷的物指（图2-7）。那么在青铜时代之前呢？笔者以为，之前的瓦鬲可能早已是黄帝体系关联祖先的物指。东周的春秋，在礼崩乐坏、孔子大力克己复礼之时，《说苑·反质》说："鲁有俭者，瓦鬲煮食，食之而美，盛之土铏之器，以进孔子。孔子受之，欣然而悦，如受太牢之馈。弟子曰：瓦甋陋器也，煮食薄膳也，而先生何喜如此乎？孔子曰：吾闻'好谏者思其君，食美者念其亲。'吾非以馔为厚也，以其食美而思我亲也。"笔者就此感到了：黄帝体系的祭祖即"思我亲也"，最初就是以"吃""喝"来完成的。比如前边提到的将小口尖底瓶改造为双唇口瓶，以便喝起来方便。这与前述的炎帝体系原初的祭祖，是以"田祭"的玉礼器展演去"发教于天下"，从内涵到形式都大不相同！

第三节 "炎帝欲侵陵诸侯"，
北、南碰撞最终爆发炎黄大战

应该说已经可以清楚看到炎帝族群与黄帝族群在祖先指认和祖先崇拜形式的截然不同了。这两种祖先文化原初意识的深层次碰撞，那便是"炎黄大战"。流传至今的炎黄大战主要有两个版本，一个版本说，先是亲兄弟的黄帝与炎帝联合，战胜蚩尤之后兄弟反目，黄帝与炎帝再相互开战，最后黄帝胜炎帝败。另一个版本说，黄帝与炎帝开战，先战胜炎帝，后战胜不服从胜利者黄帝领导的蚩尤。"三战然后得其志"，这就避开了炎黄兄弟间的内部仇杀，指出炎黄大战应该是一类族群对另一类族群的两大部落间的外部战争。后一个版本出自权威的《史记》，可信度较大，而且也被战后的历史轨迹所照映。那么，开战的原因是什么呢？笔者以为《史记·五帝本纪》是指出了的，即"炎帝欲侵陵诸侯"。炎帝"政权"欲用他们的祖先认同和祖先崇拜方式，去替代黄帝部族在向北扩张中表达出的祖先认同和祖先崇拜方式，引来黄帝种群的强烈反弹，爆发了战争。这可能是远古"中国"第一次因祖源认同差异，导自宗教诉求的不同从而引发的战争。远古社会中，两种或多种文化之间形成的一种扩张与反扩张关系所生成的战争，往往披上宗教的外衣，战争都是以宗教的名义发动的。对这种古代世界的"通病"，美国学者刘易斯·芒福德以为："如果一定要对战争的不可思议的起源做出某种牵强的解释的话，那就是这样一个事实，即古代战争，即便在貌似实际的经济需要的掩盖下，都无一例外地变成一种宗教行为，无非是一种更大规模的成批的仪式性的牺牲"。[15]即是说，宗教成为战争的最好借口和动员口号。《史记》所指"炎帝欲侵陵诸侯"是这样，《尚书·吕刑》所指尧舜禹对苗民的战争，是因为"苗民弗用灵，制以刑，惟作五虐之刑"也是这样（图2-8）。

图2-8　河北省博物馆的现代油画《炎帝大战》

可惜，《史记》此说出来后的两千年间，历代诸多学人对这段仅有204个字的记述，在已做出的20条近100例的诠释中，竟没有一条一例去认真诠释"炎帝欲侵陵诸侯"，没有去究竟这七个字的内涵，没有去探索炎黄大战的真正原因。现今偶尔看到的解读，是将"侵陵"指认为"欺凌"。笔者以为，那是视点上的错焦，是现代意识"哪里有压迫，哪里就有反抗"的古代版。哪是清人崔述在《补上古考信录》中对"炎帝欲侵陵诸侯"作出了思考，但其出发点不是从"宗教"或祖源认同的差异出发。他以为："夫神农氏既不能'征诸侯'矣，又安能'侵陵诸侯'？既云'世衰'矣，又何待'三战然后得其志'乎？且前文言衰弱，凡两称神农氏皆不言炎帝；后文言征战，凡两称炎帝皆不言神农氏。"所以崔氏的结论是："然则与黄帝战者自炎帝，与神农氏无涉也。"这样看来，崔述思考的是战事叙述的逻辑和战争的对象，而不是战争的起因。后来，研究中国古代神话的现代学者袁珂教授则以为，黄帝是北方之帝，主水；炎帝是南方之帝，主火。水火不容，所以战争！作为神话，此说亦无不可。但将其作为一条注释置于今版的《史记》之中，颇让人产生滥竽充数的联想。此后中国现代历史学家吕思勉提出了"炎黄之战"是主农耕与主游牧二习性不同民族间的战争。[16]笔者以为吕先生的认知将袁珂的想象落地了，也有了一定的指向性，但仍然是聚焦不够。笔者在此大胆推测"炎黄战争"的原因，是远古中国人的不同祖源指认，和不同祭祀形式导致的矛盾激化。这样的说法是否有所道理？有多少道理？还需衮衮读者诸公去审定，去验算。

对于炎黄大战，20世纪上半叶的中国历史学家有的提出质疑，有的则予以全盘否定，将中国文明史的开篇局限在有文字记载的殷商年代，一刀便将中国历史砍去至少1500年！20世纪下半叶，中国大陆的考古事业有了长足的发展。学界对炎黄大战也开始做出考古学文化的解读："对河北张家口地区桑干河上游蔚县西合营古文化用'三岔口'这一概念形象地概括它的特征性质，所指的是，源于陕西华山脚下的成熟阶段的庙底沟类型两种特征因素——双唇小口尖底瓶和玫瑰花图案彩陶，在这里延续到它的后期阶段中止了，其平面分布的东北向范围也到此为止；源于辽西（老哈河与大凌河流域）的'红山文化——夏家店下层文化'的特征因素：鳞纹图案彩陶和彩绘斝、鬲类陶器等，从东北向西南，经过冀西北部，延伸到太行山脚下的拒马河、滹沱河流域（石家庄一带）。源于河套一带的蛋形瓮、三足蛋形瓮等，自西向东分布延伸，也大致到此为止。这给我们的重要启示是，辽西地区的'北方古文化'不能认为是或仅仅是'中原古文化'衍生的一个支系或地方变体，我们绝不可低估辽西地区、河套地区'北方古文化'在我'中华古文化'形成发展中所曾起过的作用。"苏秉琦先生在此没明确表示"炎黄大战"，是用了两个"到此为止"来加以暗示，是用"距今5000年前后一次巨变"来加以指认。

注释：

[1]张光直，1931年生于北京，2001年逝于美国，中国台湾"中央研究院"副院长、院士，美国科学院院士。当代著名的美籍华裔学者、人类学家、考古学家。毕生致力于考古学理论和中国考古学的研究和教学工作，所著《古代中国的考古》一书，是西方世界了解中国上古时代历史文化的最主要著作。

[2]傅斯年：《姜原》，《国立中央研究院历史语言研究所集刊》第二本第一分，1930年5月。

[3]郭大顺：《追寻五帝》，商务印书馆（香港）有限公司2000年版。

[4] 赵志军：《探寻北方旱作农业起源的新线索》，载于《中国文物报》2004年11月12日。

[5]刘国祥：《红山文化与西辽河流域文明起源的模式与特征》。

[6]安特生：《中华远古之文化》，载于《地质汇报》1923年第5号。

[7]苏秉琦：《解悟与顿悟》，见《中国文明起源新探》香港商务印书馆1997年版，人民出版社2013年。

[8] 苏秉琦：《关于仰韶文化的若干问题》，载于《考古学报》1965年第1期。

[9]同[3]。

[10] 苏秉琦：《三部曲与三模式》，见《中国文明起源新探》香港商务印书馆1997年版，人民出版社2013年版。

[11]王仁湘：《原始社会人口控制之谜》，载于《化石》1980年第4期。

[12]苏秉琦：《在辽宁兴城座谈会上的讲话》，1986年10月5日。

[13]郭大顺：《仰韶文化新认识——华族源起》，见《追寻五帝》商务印书馆（香港）有限公司2000年版。

[14] 苏秉琦：《"条块"说》，见《中国文明起源新探》香港商务印书馆1997年版，人民出版社2013年版。

[15]刘易斯·芒福德：《城市发展史——起源、演变和前景》，中国建筑工业出版社1989年版。

[16]同[14]。

第三章 从"炎居生节并"到"窜三苗于三危",回答创造三星堆文化的人从何而来

　　成者为王,败者为寇,古已有之。这亦是用大一统观念养育出来的儒家史官的观察逻辑和叙事习惯。

　　在炎黄大战中战败的炎帝族群,带着他们业已物化的祖源指向,即本书第一章中提到的,象征远祖的龙和鸮(鸟),记录近祖的"祖先偶像"。带着他们已经成为祖源记忆的祖陵意识、祭祀形式和石棺墓的丧葬习俗;带着他们从集体无意识中生成的祖先文化,那些对太阳的敬重,对玉(美石)的崇尚;对红颜色、三数字的认同;对青蛙的繁殖比喻,对蝉(蚕)蜕的生死观点;带着他们年幼的艺术想象力和对壁画、雕塑的创造力;也带着战前在炎黄交流中创新并实用的三足陶器等生活物品及其制作技术。开始了败寇的流窜,或者说开始了史前最大的一次族群迁徙。

　　民族迁徙是中国历史发展的推动器,民族迁徙是炎、黄种族融合的搅拌机,民族迁徙是华夏文明的营养剂。以《史记》为考,民族迁徙可表述到西汉;以《诗经》为考,民族迁徙可表述到西周;以甲骨文为考,民族迁徙可表述到殷商。商以前的民族迁徙,迄今还未发现文字记载。不过出现在东汉到魏晋的一些"神话故事",对商以前的民族迁徙是有所暗指,有所隐喻。其中以《山海经》为佼佼者。

　　学者郭郛先生指出,《山海经》是中国古代原始图腾民族活动的文献记录,除去《左传》中一些数据可证实《山海经》所记图腾动物崇拜和图腾民族的真实性外,《史记》中的记述也可以说明《山海经》的记载是史实。对于历史上出现的对《山海经》的误读,郭郛以为,不苛求没有考古概念的二千年前的学人,那时的学人已在儒家一统思想下被归纳了,或者被先秦经诗中关于炎

帝后裔的封地所"蒙蔽"。著名历史学家蒙文通先生、徐中舒先生和著名神话学家袁珂先生都对《山海经》有着独到而精辟的解读。在前辈学人的启示下，笔者以为最早篇章写于西汉的《山海经》，可能是一部潜在的古蜀历史。或者说是秦灭古蜀，秦汉的国家意识刻意让古蜀历史失忆后不久，蜀人后代以残存的家族史为依据，用神话的形式去隐喻的古蜀历史。当然《山海经》不尽然全是说的古蜀故事，而且在流传过程中经后人增削篡取，既有散佚，也有增入，甚至加进了"大一统"的黄帝体系观点，但仍然保留着许多历史内核，特别是关于炎帝后裔的迁移和古蜀国的情况。所以笔者以为，《山海经》甚至可称为了解中国上古史的一壁朦胧视角。用殷商的甲骨文和周朝的经诗可以去印证《山海经》；用现代考古学文化，特别是玉文化所表述的民族迁徙，可以去检测《山海经》；用秦汉以后在独尊儒家的指导思想下重塑华夏祖源记忆的历史现象，可以去反证《山海经》。今天我们进入《山海经》，可以对中国上古史生发想象，产生推测。但必须走出《山海经》，站上学术逻辑的高地，才有可能看清上古中国历史的脉络，才有可能去实现华夏五千年以上文明史的链接。

第一节　炎帝后裔向西迁徙　历史翻开新的篇章

炎帝后裔开辟的民族大迁徙，笔者的推测是分西路和东路。向西迁徙可能发生在炎黄大战"涿鹿之战"后，向东迁徙可能发生在黄帝与炎帝族群最后的一支强劲部落蚩尤大战于阪泉之后。笔者在此将炎帝败走的"西路军"，置于"东路军"之前来表述，不仅是时序的先后，更主要的是笔者以为，"西路军"对中国上古史发展的牵引力更为突出。

1、在西行中休养生息，重新聚集力量，最后"分北三苗"：西行的炎帝后裔在中原大地的东北方发展成"戎"，在中原大地的西北方发展成"狄"，在中原大地的西南方发展成"羌"，开创了华夏文明起源的"满天星斗"文化格局的重要一翼，形成了《春秋》所言的"内诸夏而外诸夷"的政治地理。

2、西行的地理位置，使西行的炎帝后裔的一支最先与东进的"西亚"文明发生交融。对"羊"的引进和崇敬，生成了中国史前史中的羌种姓。羌人南迁，在松潘草原和岷江上游，"各自为种，任随所之"，"不立君臣，无相长一"。从母系氏族社会一步三回头地走向父系氏族社会。

3、向东迁徙的炎帝后裔以今日的山东为主要居住地，发展成东夷人。其中一支成了"蜀山氏"。在"共工与颛顼争为帝"失败后，共工后裔带着"太昊"和"少昊"的祖源记忆，带着"蜀"这个地名，由鲁西到豫东，再横穿陕西南部抵达陇西南，"蚕丛纵目，王瞿上"，建立蜀"国"。同处一地的羌人和来此的东夷人有斗争有融合，有区分有混化。新的蜀族诞生了。坚持渔牧的羌人处岷山，向往农耕的蜀族一期期走向成都平原，组建蜀地的部落联盟，号称"天地之中"。

4、古蜀人的"禹"族西兴东渐，在"大禹治水"的旗号下，历经千百年，东西南北中的炎黄子孙大迁徙、大交流、大融合、大混化，在中原大地形成诸夏，建立起不同于蜀地具象祖源认同的抽象祖源认同。

5、从西行中走出来的"犬戎"秦人，不仅灭了长期封闭的巴蜀，也结束了东周的七雄局面。古蜀的"天地之中"和中原的"中国"统一为一个中国，炎黄子孙不同的祖源记忆被统一为单一的黄帝指认。

一、嫦娥奔月暗示西行的历史内核

关于发生在距今5000年前后的"西行"，笔者未找到古今文献中的"正史"或者是"漫记"。没有明指，好在笔者从一些神话传说中获得一些暗示。《全上古三代秦汉三国六朝文》辑《灵宪》载："嫦娥，羿妻也，窃西王母不死药服之，奔月。将往，枚占于有黄，有黄占之，曰：'吉。翩翩归妹，独将西行，逢天晦芒，毋惊毋恐，后且大昌。'嫦娥遂托身于月，是为蟾蜍。"笔者对此的"破译"是：

1、嫦娥的性别是女性，有"妻""妹"的名指。暗示什么呢？是女性当家的母系氏族部落。

2、嫦娥为什么要出走呢？是犯了错误，不得不走。有"窃西王母不死药服之"为证。

3、嫦娥走向何方呢？有"西行"的名指，有"奔月"的西方暗示。

4、嫦娥的行程如何呢？背井离乡，当然艰辛。"逢天晦芒"，所以才提醒要"毋惊毋恐"。嫦娥西行的前途如何呢？"后且大昌"。因为嫦娥吃了"不死药"，又有繁殖力极强的"蟾蜍（蛙）"的象征。所以这群"西行"的"归妹"一定会"后且大昌"。

对此"西行"之说，似乎《山海经》所说更值得探索。《海内经》说：

"炎帝之妻，赤水之子听訞生炎居，炎居生节并，节并生戏器，戏器生祝融。祝融降处于江水，生共工，共工生术器，术器首方颠，是复土穰，以处江水。共工生后土，后土生噎鸣，噎鸣生岁十有二。"对这段话，当代学者何光岳先生在所著《炎帝源流史》中指出，现代的太原所以有"并州"之称，是得于远古时代的"并人部落"。他还以为"节并为炎帝姜姓之孙，即并人的始祖"。追查下去，早在东汉，应劭就在《风俗通义》中指出："地在两谷之间，故曰并州。"后人作注说并州："亦曰常水、卫水之间也。"常水、卫水为古河名，惜现今已不得而知，时而并之，时而分之。对此，笔者从已知的文献中找出一个反证，似乎可证明《山海经》所提及的并州与炎帝行踪有关。笔者在前面曾经提到，秦汉的中央集权政权，是在有意极力让炎帝体系的历史处于失忆状况。对此政治伎俩，清朝晚期的学者早有指出。

二、"炎居生节并"是西行的文献提示

所以，可以这样的认为，古代华夏边缘之扩张，很多是要借边缘人群的历史记忆与失忆来进行。比如，在最早的中国地理文献《尧典》上，是有炎帝后裔的活动地望"并州"的，但到了汉朝这个独尊儒术的时代，地理文献《禹贡》就没有"并州"了。无独有偶，《尧典》上炎帝后裔"蜀"的地望"梁州"，到了"禹贡"也消失了。

鉴于"并州"在"涿鹿"之西，我们可不可以将"炎居生节并"理解为炎帝族群西行迁徙的首站？如果要将考古学文化与其对应，笔者以为应当在"石峁遗址"上着眼。

石峁在陕西省北部的神木县内。现今的窟野河与秃尾河纵贯神木县。如果用"两河交并"的定义来衡量，神木比太原更符合《山海经》中的"并州"所指。如果用炎帝后裔从涿鹿出发，在神木境内休养生息后，被逼再走，穿过毛乌素沙地，在宁夏银川附近的贺兰山留下的岩画"足迹"。继而沿黄河南下，来到甘肃的河西走廊，在景泰再度留下有着炎帝族群的祖源文化元素的岩画。然后又北上，在武威、永昌、民勒、民乐一带，实现"窜三苗于三危"这一系列西行路线图来看，神木作为并州的存在，比之太原作为并州的存在，从地理位置着眼，似乎更容易被人接受。

三、石峁遗址是西行的首个考古指证

石峁遗址是中国已发现史前时期规模最大的城址，面积约为425万平方米。该遗址位于神木县高家堡镇石峁村的秃尾河北侧山峁上，地处陕北黄土高原北部边缘。1976年被首次发现，2006年被公布为全国重点文物保护单位，后又入选2012年十大考古新发现和"世界十大田野考古发现"以及"二十一世纪重大考古发现"。与上述辉煌桂冠可作戏剧性呼应的是，石峁也以它在发现早期曾流散了多达4000余件玉器而闻名于世。据称大英博物馆、科隆远东博物馆、哈佛大学赛克勒博物馆、波士顿美术馆、芝加哥美术馆、白鹤美术馆、伦敦大学亚洲学院等机构都收藏有出土于石峁遗址的牙璋或风格类似的器物。有学者甚至认为海外各博物馆、美术馆收藏的牙璋类玉器，都源于这一地区（图3-1、图3-2）。

基于此，有学者提出，在石峁是用玉器来表现文化。陕西省的考古学家戴应新先生从1976年至1979年间在石峁遗址考察时，征集到的玉器就有126件，包括牙璋、刀、铲、斧、钺、璧、璜、人头像、玉蚕、玉鹰及虎头等。据当地农民讲，大多数玉器出自遗址的石板棺墓葬。在遗址中仅有偶尔发现。[1]在石峁遗址，不仅墓葬中有玉器随葬，连筑城都使用玉器。直到2013年，石峁遗址的发掘还在扩大之中。在石峁城址内城韩家圪旦的一处山峁上，考古人员先后清理出房址19座、墓葬24座。同一地点出土的墓葬比房址晚200年左右。陕西省考古研究院副院长周勇认为，这些房屋当时除了居住之外，可能还是加工玉

图3-1　石峁考古现场图

器的手工作坊。因为那些墓葬虽被严重盗掘，但仍出土了玉鸟、玉管等小件玉饰。据媒体披露新近发现的玉器已有20余件。可见，石峁遗址的用玉状况实可谓大张旗鼓。玉制品不可能像陶制品那样成本低廉，制作简单，批量生产。制玉需要有一个漫长的发展时段，制玉需要有技术的传承，需要相当数量的财力和劳动力的支撑，需要特定的原材料——玉料或美石料。它不可能在石峁一蹴而成，犹如古籍说圣人老子一生下来就是个饱经世事的长胡子老头。因此笔者以为，石峁遗址用玉和尚玉的文化线，是传承自红山文化时期炎帝族群的用玉和尚玉行径。而玉器上的造型符号也是承载着炎帝族群的祖源记忆，比如玉人的造像。值得注意的是，笔者以为石峁的炎帝后裔对"龙"这一祖源记忆，是做出了表述上的创新。那便是大量出现的玉璋（见本书下篇）（图3-3）。

图3-2　石峁遗址的玉（石）雕祖先偶像

　　祖源记忆是炎帝后裔无论是向西还是向东的大迁徙中的灵魂。这种由"血缘组织"编织出来的祖先意识，这种由文化心理认同聚结起来的祖源记忆，是族群成员心理的凝聚力、组织的向心力、时空的辨别力、行为的驱动力。在石峁遗址中，这种祖源记忆还清晰地表现在石棺葬、三台阶的祭坛（而不是有学者所指认的三重城墙）、壁画的使用等方面。可惜石峁玉器大量出现在民间，非考古发掘物，缺乏明确的年代共存器物，没有玉器出现时的环境描述。对于新近考古发掘

图3-3　中国社会科学院考古所收藏的玉璋

物，笔者也未曾读到表述清楚而全面的发掘报告，无法指出在石峁遗址中是否也有使用红色这一炎帝族群的"尚红"祖先文化。

　　以笔者的观察，石峁不可能是中华文明的一个原生点，它应该只是中华文明进程的一个重要驿站，在这里对中华文明既有继承也有发展。因为以古籍和考古资料来看，迄今未发现这里有原始的聚落和具有起始意义的崇拜迹象。考

图3-4　石峁遗址出土
的三足瓮

古资料显示，石峁遗址一出现，便是一处人口稠密、生产力发达、有着相当管理能力的"古城"。有研究者指出："石峁古城的规模和建城所需劳动力数量足以说明，这里不仅是当时河套地区的政治军事中心，甚至有可能是整个北方最显赫的聚落中心和区域政权所在。"因此，我们有理由判断石峁古城只可能是一座"移民城市"，是炎帝后裔在向西迁徙中建立的。除了上述提及的表现炎帝族群的祖源记忆的多种文化现象外，石峁遗址中考古发掘的"三足瓮"，也是红山文化晚期制陶文化延伸的佐证。（图3-4）

笔者推论，炎帝后裔在向西迁徙过程中，在石峁遗址有可能一驻就是数百年。大约在距今5000年左右，一部分"西路军"离开了石峁，穿越毛乌素沙地，进入贺兰山系，他们离开的原因可能是人口增加，难以解决吃饭问题。石峁遗址所在区域属于低山丘陵区，以黄土梁峁、剥蚀山丘、沙漠滩地为主，地貌沟壑纵横，支离破碎，难以发展农耕业。另一方面，他们若要继续西行，征途也并不险阻。曹建恩先生认为，距今4500-3500年间，蒙古草原及丘陵地带才开始沙漠化，所以本地带为流动族群的交通大道。[2]继续留在石峁的"西路军"由于人口骤减，可以自给自足了。可惜好景不长，大约在距今4300年前后，这批炎帝后裔也从石峁完全消失了，留下几多谜团疑问让当今的考古学家历史学家辗转难眠。为什么他们走了呢？笔者设想，一个原因是受中原黄帝族群的继续打压。古籍上不是有"舜却苗民，更易其俗"、"禹攻三苗而东夷之兵不起"一类的说法吗？再一个原因笔者以为就是郭静云先生指出的"石峁城址紧邻黄河北游的河套地区，该地区是亚洲草原丘陵地带的通道，大约从距今4400年之后，从里海到渤海及日本海，在这一通道上出现了甚多的中、小型城池，均属于为军事用途而建成的城，是掠夺族群的城邦：西以也里可温（Arkaim）文明为代表，东以夏家店下层为代表。在这一类遗址中，几乎未见农具反而有很多青铜和石制的兵器，并出土了20多台完整的驾马战车"。[3]即是说留在石峁的那些炎帝后裔"西路军"残部，为逃避不断的战事而离开了石峁城址。他们到哪去了呢？笔者猜想有两个可能：一是向东南方去到现今的太原地区，发展成本文前面提到的"并人部落"，再发展下去成了《史记》不便撰写，但却震撼战国的中山国人。另一个可能是沿黄河向南迁徙，抵达今日的三门峡地区，形成周初武王伐纣于牧之野时，参加《牧誓》的髳人。

上述笔者的"推测"、"假设"、"猜想"，能不能当真，笔者心中确实没有底。好在石峁遗址在2012年已被纳入"中华文明探源工程"，国家集精英花重金进行的这项工程，三大任务之一，是对公元前3500-公元前1500年，黄河上、中、下游，长江中、下游、辽河流域各地区考古学文化谱系的精确测年。笔者希望届时的"谱系的精确测年"，能告诉我们创造石峁文化的人的来龙去脉，以及他们的时空坐标，让笔者的"推测"、"假设"、"猜想"有个结果。

第二节 "窜三苗于三危"是远古中国历史进程的重大节点

大约距今5000年左右，离开石峁继续西进的那部分炎帝族群后裔，横穿还未沙化的毛乌素沙地，抵达宁夏的贺兰山系。他们在山中制作出大量岩画，记录他们的足迹，渲泄他们的情绪。贺兰山岩画有许多是人面像，这应该是西进大军中若干个家（族）的历史写照，是他们传承红山后期"祖先偶像"的因地制宜。其中有人面像的沟线，还被充填了红色，应是他们继承红山文化线中的"尚红"。笔者还见到一幅贺兰山岩画的拓片，清晰地表述着对男性生殖器的夸张，暗示出西进的炎帝后裔大概已完成了由母系氏族社会向父系氏族社会的进化。这样的对男性生殖器的极度张扬，在后来的古蜀玉器上有着更多的出现（图3-5）。在贺兰山岩画中，也表现了炎帝族群沿自红山文化期的祭祀场面——舞蹈，即"田蜡"。岩画中还有大角羊、有鹿、有马，有劳作、有射猎。甚至还有距今不到一千年的西夏文字。如果那些文字不是后加的，那便说明贺兰山中曾经上演过一场历时两三千年的历史

图3-5 贺兰山岩画拓片中对男性生殖器的张扬（选自：许成、卫忠编著《贺兰山岩画》）

大穿越。或许，引进的西亚大角羊，也是经此而去到蒙古大草原的。

后来这群西路军沿黄河南下，在甘肃、内蒙古、宁夏交界处的景泰、靖远一线再度铭勒出许多岩画。除了许多大角羊外，这里的岩画主题，仍然是在表现红山文化线的延伸，其中的一幅引起当地的文博界、艺术界的极大兴趣，解读出是飞鸟和田畴。笔者以为，那是盘着的"龙"和冲天的鸟（鸮），是炎帝后裔对远祖的指认。那些□和〇图案，则应是对祖陵祭坛的一种回忆。这里的岩画中，也有"披发"人在舞蹈，在祭祀的画面。这些岩画，不仅题材指向红山文化线，在工艺表现中也传承着红山琢玉的磨刻法，使岩画的线条鲜明再现出红山玉上的"瓦沟线"（图3-6）。

景泰岩画、贺兰山岩画和更北边的阴山岩画，让现今的历史学家产生了顿悟，提出了中国史前民族大迁徙新月形路线的说法。

这群炎帝后裔来到至今仍有"塞外江南"之称的甘肃河西走廊，在武威、永昌、民乐、民勤、永靖和青海的都乐等地，为今天留下300余处的考古遗址，学术界称之为"齐家文化"。笔者以为，齐家文化和石峁遗址一样，仍然是用玉器来表现文化。齐家文化因1924年在甘肃广河齐家坪首先发现而得名，其文化年代一说为大约公元前2500年至公元前1500年。从已发现的800多座齐家文化的墓葬来观察，男子在社会上已居于统治地位，贫富不均的社会现象已很突显。以武威皇娘娘台墓葬的随葬品为例，墓中玉（石）壁少的只有1件，多者83件。齐家文化的玉器器类多达30种以上，超过石峁遗址玉器的器类数量。玉璋有所传承，而玉琮上的人面琮则是石峁遗址中人面雕的发展，并开创了新的祖源表述和祭坛的艺术化作为（图3-7）。

图3-6　景泰岩画中炎帝后裔对祖先和族群迁徙的记事图

图3-7　甘肃省博物馆藏齐家玉器

此外，齐家文化的玉器上还率先出现了镶嵌绿松石的表现手法。如果要将齐家文化的出现，与古籍记载去对应的话，笔者以为那便是古籍中多次记载的一个中国史前史中的重要节点："窜三苗于三危。"

《尧典》说"分北三苗"，又说"窜三苗于三危"。郑玄言："苗民九黎之后，分流其子孙为三国。"《水经注》指："三危在敦煌县南。"《后汉书》讲："西羌之本，出自三苗，姜姓之别。"由此可见，"窜三苗于三危"这一历史所指，应该是中国史前史发展中的一处重要关节。笔者以为解读这个历史节点至少要弄清楚三个方面：

1、"三苗"是何处来的什么人？

2、"三危"的地望在何处？是一地还是三地？

3、三苗窜三危后，中国的史前史出现了什么新的格局？

一、本书独创对"三苗"的解读

"三苗"是何处来的什么人？学术界与笔者在此的所指截然不同。有学者认为："苗蛮部族及其文化很早就与北方黄河流域发生了各种联系。三苗的地望与屈家岭文化分布的江汉平原中部及汉水、丹水流域基本吻合。屈家岭文化和石家河文化年代相继，在公元前2500—公元前1900之间。可以认定屈家岭文化和石家河文化即苗蛮集团的文化。苗蛮集团经过长期的发展，逐步走向原始社会解体的道路，并形成了强大的部落群体，如灌头、苗民等，均为苗蛮集团不同民族部落名称。"[4]还有文章指出："三苗是先秦典籍中频繁提到活跃于南方并且与中原地区密切的史前民族。""石家河文化为代表的三苗文化，……从屈家岭文化早期偏晚阶段到石家河文化早中期，考古资料所反映出的三苗的物质文化和精神文化综合发展水平大大超过黄河流域同期文化，曾一度为天下先。"对此，笔者弄不懂凭什么事实指认"三苗的地望"与屈家岭文化分布地基本吻合？凭什么标准将"三苗文化"与屈家岭、石家河的出土物画上等号？

"三苗"在先秦典籍中频繁被提到，这是事实。《左传·昭公元年》提到"虞有三苗"；《吕氏春秋·召类篇》云："舜却苗民，更易其俗。"《韩非子·五蠹》云："禹'有苗乃服'"。《孟子·万章》讲得详细一些："舜流共工于幽州，放驩兜于崇山，杀三苗于三危，殛鲧於羽山，四罪而天下咸服，诛不仁也。"对此，《史记·五帝本纪》做了发挥："三苗在江淮、荆州数为乱，于是舜归而言于帝，请流共工于幽陵，以变北狄；放驩兜于崇山，以变南蛮；迁三苗于三危，以变西戎；殛鲧于羽山，以变东夷。四罪而天下咸服。"后来，吴起又作了地理定位："苗者三苗之居，左彭蠡之波，右洞庭之水，文山在其南，衡山在其前北，由此其险也。"当然，上述古人都没有用现代考古学文化来对各自的说法加以论证。况且那些说法要么有严重的种族歧视倾向，要么有捉摸不定的时空穿越，所以说服力是不够的。现在好啦，屈家岭、石家河出土了那么多东西，有出土物可作证了。于是学者立马嫁接，宣称"吻合"、"即是"。仿佛这样一来，对"三苗"的解读便是有根有据的了。笔者以为不然，还是属于前面提到的，郭郛先生所指的"被先秦经诗中关于炎帝后裔的封地所'蒙蔽'"范畴。

笔者以为，所谓"三苗"是指炎帝族群，或者说是对炎黄大战后，败走的、星散的一部分炎帝族群后裔的称呼，应该称为"苗"或"苗民"，而不是"三苗"。"三苗"的说法，是他们西进到甘肃的河西走廊，一分为三，"分北三苗"后的格局表述。它比"大禹治水"历史时段中，西兴东渐的禹族，在云梦九江之间与之争战与之融合的"苗蛮"早了一千多年，更是与宋朝以后在中国南方形成的"苗族"不可相提并论。但那个分北的"三苗"，与两三千年后的这个南方的苗族，依然存在着藕断丝连般的祖源记忆。1991年，贵州省民委组织了川黔滇方言民族文化考察，在云南文山州、红河州收集到一首苗族的《指路歌》："你要去见祖宗，从老家（指南方）往前走，不走日出的地方，也不走日落的地方，只能往前走，前面又有一座积雪的大山，你必须踏着雪翻过去。下面是平原，你的祖宗就在那里。"那里是什么地方？是由南方一直往前可到达的北方，是北方的炎帝或者炎帝后裔的"苗"所居住过的地方。

前面提到郑玄所言"苗民九黎之后"，笔者以为这是在从源与流的角度去界定"苗民"。"九黎"虽在古籍中多有出现，但何指却未见到阐释。笔者试图在此做出解读。"黎"指黑色，什么地方的黑色呢？人的头发。就是说九黎之人，是没有以冠去束住头发之人，即平民，下等人。这应是在一统观念下，中原诸夏对四夷的贬称。或许后来的"黎民百姓"便是由此而来。九是个数词，形容人数很多。或许指黄帝大战之前炎帝族群是人多势众的，只可惜战败后，作了鸟兽散，人数由"九黎"减到"三苗"。这个炎帝族群在战前人多势众的"九"概念，古籍上似乎是有所指的，《通鉴外纪》对三皇作了人文式的对应解读，将伏羲对应为天皇氏，女娲对应为地皇氏，神龙对应为人皇氏。并描述："人皇氏，代地皇，九头，兄弟九人，生于刑马山，出于堤地之国，依山川土地之势，财度为九州谓之九囿，各居其一而为之长。"

关于此"九头"而概念，《楚辞·天问》及《招魂》均有"雄虺九首"之说。左思《吴都赋》云："吴有雄虺之九首，将抗足而跐之。"刘逵注："此本南方楚图画。"饶宗颐解释："楚原有九头图，后来以九头属之人皇。"并指出《鲁灵光殿赋》所记人皇九头，即刻上壁画者。雄虺为大蛇，共工臣名相繇，九首而身自环。周达观在《真腊风土记》中也说："金塔中有九头蛇精，乃一国之土地主也，系女身。"对此，笔者以为九头也好，九兄弟也罢，无非是指许多部落。但这些种群只有一个祖源指向，即"雄虺"，那条大蛇，那条红山的C字龙。"九头"、"兄弟九人"指的就是"九黎"。"苗民九黎之后"就等于说苗民是神农炎帝之后，是经石峁遗址向西翻越贺兰山，来到甘肃的河西走廊，创造出齐家文化的炎帝族群后裔。除了齐家玉器上可以找出他们的祖源记忆外，从青海民和喇家齐家文化遗址出土的用粟和黍制作的"面条"以及一批石棺葬，也可以看到他们同时传承着红山文化的农耕物种和丧葬习俗。

我们再从文字的角度去解读"苗"。"苗"有新生幼小的意思，树苗、禾苗的指向是不用解释的。苗是对后代一种称谓，已是公认。古文献中多有表述，如："帝高阳之苗裔兮。"（《离骚》）又如："匈奴，其先祖夏后氏之苗裔也。"（《匈奴列传》）再如《山海经图赞》如是说："炎帝之苗，实生氏人，死则复苏，厥身为鳞。"所以，我们就有理由认为，此处的"苗"，就是经石峁遗址向西，翻越贺兰山来到甘肃河西走廊，创造出齐家文化的炎帝族群后裔。此外，"苗"还有一种解读，认为是"毛"的转音。笔者以为这也是站得住脚的。炎帝族群后裔在河西走廊派生出来的新种群羌人，其外形特征是披发伏面，看上去就像一团"毛"。关于这个外形特征的描写，多次在古籍中出现，如《山海经·海内经》说："有毛民之国。……禹生均国；均国生役采；役采生修鞈，修鞈杀绰人；帝念之，潜为之国，是此毛民。"又如，《后汉书》说："西羌之本，出自三苗，姜姓之别。"对此，范书予以引申，说："羌无弋爰剑者……亡入三河间，诸羌共畏事之，爰剑教之田畜……爰剑与劓女遇于野，遂成夫妇。女耻其状，被发覆面，羌人因以为俗。"再如，《左氏春秋》僖二十二年曰:"初,平王之东迁也,辛有适伊川,见披发而祭于野者,曰:'不及百年,此其戎乎,其礼先亡矣!'。"对此,笔者和藏友都收藏有羌人披发的玉(石)雕造像作品(图3-8,图3-9)。或许这种"披发覆面"的羌人形象可以当作一个"鉴定"的"标准器"。

图3-8 民间收藏的披发的羌人古蜀浮雕玉片

图3-10 民间收藏的有"ㄣ"文字古蜀浮雕玉片

图3-9 民间收藏古蜀玉件中圆雕羌人的披发形象

二、"三危"在哪里?

"窜三苗于三危"的"三危"又在何处呢?《水经·禹贡山水泽地所在》说三危在敦煌县南。似乎这一锤所定之音已响彻一二千年中国历史。但仔细听来,千百年来历史中仍有杂音四起。《后汉书·西羌传》言:"西羌之本,出自三苗。……及舜流四凶,徙之三危,河关之西南羌地是也。"李贤注:"以上并《续汉书》文。"从而提出三危在陇西之说。蒙文通对此的叙述是:"汉晋说三危、瓜州旨在今青海之(黄)河南。"《汉书·司马相如传》颜师古注张揖之见则又是:"三危山在鸟鼠山之西,与岷山相近。"从上述古籍中的字里行间,可以看到"三危"不是"敦煌县南"这么一个点,而是从西北的敦煌,经陇西和青海的黄河南岸,到达四川北部岷山的漫长一线。笔者以为,也只有在这样一个博大的空间中,才能演出"窜三苗于三危"这样一出华夏文明大结构、炎黄种群大发展的历史大戏。可惜,上述三说几乎都是古籍中的孤例,更是缺乏考古学文化的支撑,因此至今多数史学家去解读"三危"时,仍然单一指向敦煌县内,这就使在解读发生在中国西北西南地域内的、新石器晚期生成的一些历史现象时,要么捉襟见肘,要么逻辑软弱。

20世纪中国最著名的国学大师,素有北季(羡林)南饶(宗颐)之称的香港中文大学的饶宗颐教授,以殷商甲骨文为依据,对"三危"做出了更具科学性的解读,使笔者信以为的"三危"非一个"点",乃是"漫长一线",有了坚实的学术支持。

饶宗颐先生指出:

> "《银雀山汉简》:'舜毄(击)三苗,方(放)之危。'但称曰危,而不称三危。疑古时危方版图甚大,危方之外,又有上危、下危,合称三危。
>
> "卜辞所见下危不下数十条。
>
> 三月丙戌,命望乘伐下危。
>
> 六月壬比乘伐下危,癸酉王比乘伐下危,癸酉王比兴方伐下危。
>
> 八月壬比臭伐下危。
>
> 十一月辛巳、丙申再命伐下危,命多纾比望乘伐下危。
>
> 有称曰上危者

王固曰：出，上危……，佳有它　　　　　　（《拾掇》211反）

仅有此一条而已。又有称曰危及危方者：

……其田亡灾，在危　　　　　　　　　　（《合》24935）

己酉卜，㱿贞：危方亡其囚，五月　　　　（《合》8492）

于公宜，其祝于危方奠（甸），兹用。弜祝。（《合》27999）

用危方囚于妣庚，王㝭。　　　　　　　　（《合》28092）

癸未贞：甲申，危方用自上甲。　　　　　（《合》32026）

丁未卜，頔贞：危方晋雀新家。今秋王其比。（《合》28001）

癸亥贞：危方以牛，其蒸于来甲申。　　　（《合》32896）

危方伯有名曰䍩（美），又称危方美。[5]

第三节　伴随"窜三苗于三危"历史出现了哪些兴奋点？

完成了对"三苗"和"三危"的解读，笔者接下来谈"窜三苗于三危"这个重要历史节点所开创的全新历史格局，以及在这个新格局中，祖源记忆是如何传承与创新的？

一、"夷"概念的出现

"窜三苗于三危"之中，中国的史前史出现了"夷"概念。与"夷"相对应的概念是"夏"，即是指炎黄大战后的相当长历史时段中，星散的炎帝后裔族群被称之为"夷"或者"四夷"，逐渐集聚中原的黄帝后裔族群被称为"夏"或者"诸夏"。夏与夷，成了一种核心与边缘的关系，既是地缘布局的表现，更是社会表相与文化表征的不同，是越来越多的以黄帝体系的主观文化建构来排斥或歪曲炎帝体系的"客观文化现象"。古籍记载的"我蛮夷也，不与中国之号谥"是例，"饮食衣服不与华同，贽币不通，言语不达"又是一例。

但是，炎黄子孙的血缘大混杂、祖源大整合、文化大交流才是中国历史发展的主旋律。三四千年前，"夷"对"夏"的"不侵不叛"和"夏"对"夷"的"用夏变夷"、"学在四夷"的史实，至今还让中国的汉族和55个少数民族体验到一个妈妈怀抱的温暖。

用"夷"打头来记述炎帝后裔种群的历史演变，在经籍中可能最早出现在《山海经》。《海内经》载："伯夷父生西岳，西岳生先龙，先龙生氐羌，氐羌乞姓。"后来的《华阳国志·蜀志》讲得更细："笮，夷也。汶山曰'夷'，南中曰昆明，汉嘉、越巂曰'巂'，蜀曰'邛'，皆夷种也。"其实，早于《山海经》出现的千余年前，殷商的甲骨文上已对"夷"有多处表述。对此，饶宗颐先生的研究结论是："殷商武丁时所伐之尸方即夷方。但武丁所伐之夷方确切地点及其所属诸地名，尽管甲骨文之发现已超过一百年，但仍然是个值得探讨之问题。""《殷墟甲骨刻辞类纂》'尸方'共收38条，其中地名可确知为尸方邑者有三：曰旧，曰笮、曰爿。""夷字亦作㞼，甲骨文之'人方'实应读为'夷方'"。[6]选堂老的上述指认，笔者以为在甲骨文之后的古文献中似乎是有所呼应的。比如，"曰爿"，是否与古蜀的"莊王"（爿）有所对应？再说"㞼"字，在笔者所见的"古蜀玉器"中就有出现（如图3-10）。笔者还以为，这个"㞼"字可能是与甲骨文并存使用的古蜀文字，而甲骨文仅是作为一种"直释"在借用这个夷"㞼"字。

对"夷"的解读，特别是作为命题的学术系统性而论，傅斯年先生是先行者。早在1933年，傅先生就指出，"夷"名号下之部落，有有穷后羿，即所谓夷羿。又有所谓伯夷者，为姜姓所宗。又祝融八姓之分配在东海者，亦号曰夷。又殷有所谓人方者，似不如释作夷方，其地不知在何处。[7]对此，饶宗颐先生也以为"是个值得探讨之问题"。笔者在此班门弄斧了，认为殷商甲骨文所指的夷方就是古蜀，夷是殷人对古蜀人的称谓。古蜀这个"夷"大大早于出现在东周以后的记史中的多个"夷"。以下我要阐述我的理由。

以读音为"夷"来看，饶宗颐先生的认知是："与、於皆喉音鱼部字，'夷'与'与'同属喻母，'与'可能是'夷'之对音。"饶先生的指认逻辑是，四川岷江上游山区茂县牟托村战国石棺葬出土有陶鼎，其铭文有"与子"二字，"'与子'者，'与'与'夷'古通……《越绝书》称'与'曰'与夷'。"进而，"与、於皆喉音鱼部字"。对此，笔者以为选堂老提出了"鱼部字"，但没将"夷"与"鱼"直接挂钩。大概是"与子"有考古出处，方才将"与""夷"间接指向了"鱼"。在此，笔者斗胆提出，"夷"即"鱼"的转音。之所以称这群人为"夷"，也许是这群人最爱吃"鱼"或与"鱼"有关联。《山海经》就说："驩头人面，鸟喙，有翼，食海中鱼。"（《大荒南经》）又说："有互（氐）人之国，人面，鱼身。"（《大荒西经》）。还有一种说法是这群人善捕鱼。《尸子》说："燧人上观星辰，下察五木以

图3-11　民间收藏的古蜀玉版上的
捕鱼画面

图3-12　民间收藏的古蜀玉版上的
捉蛇画面

图3-13　现藏四川省雅安市博物馆中的"鱼"符"巴蜀印章"

图3-14　民间收藏的古蜀玉件中圆雕的"人面蛇（鱼）身"造像

为火。燧人之世，王下多水，故教民以渔。"总之，都与鱼有关。对此，或许就出现了如同前面提到的，将"毛"转音为"苗"的远古中国人的认知习俗，也将"鱼"转音为"夷"了呢？饶宗颐先生的研究指出，《山海经》的中次九经中，"所有神话的动物，似乎集中在虎、蛇、鱼三种"。亦有学者指出，在远古的认知中，蛇、鱼是互指的、等同的。笔者所见的古蜀玉器收藏中，就有披发的氐羌人在捕鱼、在捉蛇的雕刻作品，还有"鱼"字的象形文字（图3-11、图3-12、图3-13）。

谈到鱼的图案，往往让人想起仰韶文化彩陶上的鱼纹。有专家也下意识地将两处鱼纹纳入黄帝体系的文化传承。笔者认为这样的解读是不对的，"夷"概念的鱼，已不是形而下的鱼，而是形而上的鱼，是炎帝后裔在"窜三苗于三危"的过程中，创新的一种祖源指向。对此，《山海经·大荒西经》已有暗示："互（氏）……有鱼偏枯，名曰鱼妇。……蛇乃化为鱼，是谓鱼妇，有互（氏）人之国，炎帝之孙，名曰灵恝，灵恝生氐人，是能上下于天。"请注意"蛇乃化为鱼"的提法，可不可以理解为红山的龙（蛇）化成了三危的鱼（夷）？这样的祖源指向也生成了相应的祖源记忆。如《海内南经》说："氐人国，在建木西，其为人，人面鱼身而无足。"这种人面蛇（鱼）身的造像，在《山海经图赞》上有，在笔者所见的古蜀玉器中也有（图3-14）。

笔者的上述猜测，其思路指引应该说是傅斯年先生提供的。傅先生在《姜原》一文中说："古代世系，这书中的记载很给我们些可供寻思的材料。世系的观念他们有，他们又有神话，结果世系和神话混为一谈。民族的观念他们没有，但我们颇可因他们神话世系的记载寻出些古代的民族同异的事实来。"

二、"分北三苗"分出了什么？

《淮南子·俶真训》讲："有苗与三危通为一家。"此说是"有苗"，只有一个"苗"。为什么又说是"窜三苗于三危"呢？《尧典》的解答是"分北三苗"，将西迁入河西走廊的那支炎帝后裔的"苗"，一分为三。怎么个分法？蒙文通先生在《中国古代民族学讲义》中梳理出"分北三苗"的脉络。古籍在表述，"分北三苗"时是以甘肃河西走廊为原点的。从考古学文化去观察应该就是齐家文化较为集中的永昌、武威一带。"苗"向西北方向分出"鬼方"。古籍说"周之中叶而猃狁西来，商之中叶而鬼方西来"。"天山以东皆鬼方之国。鬼方自殷之高宗时始为边患。"《易》曰："高宗伐鬼方，三年克之。"足见鬼方之强大。到了周朝，鬼方散为猃狁。《穆天子传》言："毕人告戎曰'陵翟来侵'。天子使孟念如毕讨戎。"《汉书·匈奴传》言："至懿王时，……戎狄交侵……中国被其苦，诗人疾而歌之，曰：'靡室靡家，猃狁之故''岂不日戒，猃狁孔棘'。"对此，蒙文通先生指"陵翟即允狄，即猃狁"，又说"周室猃狁之祸自是而炽"。

《诗经·小雅·六月》云："猃狁匪茹，整居焦获，侵镐及方，至于泾阳。"《尔雅》郭注云"焦获为池阳县瓠中是也"，在陕西泾阳县西北。此允姓之鬼方后裔自瓜州东南下，在周宣王时已侵入关中。周廷命将，以方叔统重兵扼驻泾西，屏蔽京邑。吉甫自泾阳进兵镐地，南仲筑城于方。猃狁首尾受敌，遂大奔窜。

接下来使笔者震撼的是，鬼方后裔猃狁败在西周都城镐的城下，并被赶到今日甘肃平凉以西之后，与时在东进的印欧种群赛特人进行了种群大融杂，血缘大混化。他们的体貌改变了，凹眼高鼻，金发卷须。他们的种性也更加细化，不称夷戎，名叫匈奴。但他们源自红山文化的祖源记忆仍然保留着。在新疆阿勒泰地区至今还保留着大量墓地石人像，有圆雕、有人面浮雕。这无疑是红山文化线中"祖先偶像"的传承。此外，还有多处的石棺和石堆墓葬。在查干郭勒水库西北隅的山梁上，还留着"纵目"的岩画和数字"三"的物指。21世纪初在新疆吐鲁番出土了一具距今三四千年的干尸，干尸屈腿侧卧，全然是红山炎帝族群的下葬体态。干尸旁有大麻叶的残存，那是北方萨满教作法的必备之物，因为大麻能使巫师产生幻觉，完成"上下于天"的祭祀。已演变为北匈奴的那部分炎帝后裔，仍顽固地坚持着祖源记忆的事实，也体现在古代笔记的叙述中。崔浩说："西方胡皆事龙神，故名大会处为龙城。"严安言："深入匈奴，燔其龙城。"对此，笔者大声提出一个问题：至今在西方艺术中还在热卖的龙文化，是西方的原创文化，还是当年通过欧亚草原大通道，由中国输出的呢？

"分北三苗"的第二支，应该是向东北方向派分出来的北狄。其中的申戎和犬戎是最早与中原诸夏发生大融合，且融合得最好的。但也有另类，区区中山国，则以牢记着炎帝体系的祖源记忆，进行融合与反融合的战争，在历史中坚守了三百余年。

"分北三苗"的第三支，是在河西走廊与东进的西亚文化交融后，引进了"羊"，繁育了羊，并将祖先指认转移到羊，从而新生出炎帝后裔的两支种姓：姜种姓和羌种姓。姜氏种姓或许沿渭水下行，来到陕西宝鸡的渭水流域，更早更多地融入了中原黄帝体系文化，或许成了周人的祖先。羌氏种姓则是经过青海黄河南岸的地区，经松潘草原南下，沿白龙江南下，在岷山山系之中过着渔牧生活，或许后来也加入到部落联盟制社会的"古蜀"中去。

第四节　羌与苗和羌与羊

历时三四千年的古蜀为中国的史前史写了浓墨重彩的篇章，它的亮点有哪些呢？笔者的梳理是——

创建了炎帝体系后裔的新种群羌人。

氐羌在中国史前史中十分有名。饶宗颐先生的研究指出："殷卜辞所见少数民族以羌人为最重要。冐字向不可识，余定为氐，知氐羌当时实为异族之骨干，夏人组成之主要成分也。《春秋》隐二年经'公会戎于潜'，杜预注云：戎、狄、夷、蛮，皆'氐羌'别种也。"

关于"氐羌"这个概念，当今学术界有两种解读。有认为是单一的称谓，有认为是有氐还有羌。笔者以为从历史时空均有所发展变化的逻辑去认知，可能是古蜀当初，北部以羌种姓为主，南部以氐种姓为主。羌的南下和氐的北上，古蜀成为"天地之中"的态势后，氐羌也合为一体。从古籍上，接近殷人的羌多为甲骨文记载，远离殷人的氐则较少出现在甲骨文上，即前面饶宗颐先生指出的那样：

"殷人与羌之交涉，其卜辞资料胪列充斥，用羌之数每至三百，尤为惊人数字。

周元兴起翦殷，实仗羌人其他少数民族之助，牧野之役，周以西土八国之众共举干戈，所谓'庸、蜀、羌、髳、微、卢、彭、濮人'者，见于周书《坶斳（誓）》。"[8]

一、羌出于苗，又别于苗

如此威猛的氐羌从何而来？《后汉书》说："西羌之本出自三苗，姜姓之别也。"《元和郡县志》剑南道和州下云："古西羌地也，羌本出自三苗，盖姜姓之别也，其国近南岳。及舜流四凶，徙之三危，滨于赐支至于河首，绵地千里。赐支者，《禹贡》所谓析支者也。夏桀之乱，犬戎入居歧、邠之间，成汤伐而攘之，及武王伐商，羌、髳合于牧野。"银雀山《孙膑兵法》"见威王"有所细指："尧身衰而治屈，胥天下而传舜。舜骰灌收，方（放）之宗（崇），骰归（鲧）方之羽，骰三苗方之危，亡有户（扈）是（氏）中国。有苗民存蜀为弘。舜身衰而治屈，胥天下而传禹。禹凿孟门而通大夏，斩八林而焚九□，西面而并三苗"。

饶宗颐先生有所强调，指出："所云'有苗民存蜀为弘'如作一句读，视蜀为地名，则三苗西迁，曾持蜀以自固，故吴起说三苗疆域称文山在其南（似应作北）。文山即岷山也。此段事实不见于他书，殊为可珍。果尔，三苗与蜀实有不可分之关系。"

笔者认为上述文字理解有三层含义：

1、羌出于苗，但又别于苗，即羌是由炎帝后裔部族衍变出来的一个新种群，即所谓羌出于苗。但羌的祖源指向是"羊"，有别于同在蜀地同是蜀人的"人身牛首"的炎帝后裔又一部族的祖源指向"牛"。这大概就叫作"又别于苗"。

2、羌的成长和发展范围在"赐之至于河首，绵地千里"，可能就是今日的甘肃、青海交界的河西走廊。

3、羌最后迁徙到（古）蜀。

对于上述的第一层含义，笔者有所见的古蜀玉作为证。关于祖源指向的"羊"与"牛"，《华阳国志》在叙述"南中"情况时说："夷人大种曰昆，小种曰叟。"这是否也是一种"羌出于苗"又有区别的指向呢？此外，当代研究羌族历史颇有新意和深度的中国台湾历史学家王明珂先生，20世纪末期在四川羌族地区的七次调查中，也获得十分活鲜的例证：

在当前的羌、藏地区，过去曾有一种认同与区分体系，"羊脑壳"与"牛脑壳"或者说"羊部落"与"牛部落"，现在几乎已消逝殆尽。一位茂县三龙乡老年人对于"羊部落"与"牛部落"的口述说："我们这队最早是部落时代，这边属牛部，那边是羊部。牛是哥哥，兄弟；我们归大朝早些（按：大朝便是指中央朝廷）。我们牛部，大的范围宽得很。我们唱酒歌从松潘唱下来，先唱松潘，再唱黑水。"

一位太平牛尾巴寨老人的口述说："'察'就是敬羊脑壳，'拨'就是敬牛脑壳；我们这敬的是牛脑壳……杨柳沟那都是羊脑壳了。譬比，明天我们跳甲（按：指在仪式中穿盔甲跳舞），吼的都不同；还有耍的龙等：他们是盘龙一个拐拐，我们是阴基龙，两个拐拐好像蛇一样。"[9]

接下来，我们看羌从何而来，似乎就有点呼之欲出了。虽然在笔者提出这个猜想之前，一两千年以来谁也没有讲个来龙去脉，只是甲骨文的卜辞中以"上从平角下从人"来表示"羌"。《说文》解释"羌"字是"西羌西戎羊种也，从羊从人"。古籍记载："羌，西戎牧羊人也。"

图3-15　民间收藏古蜀玉版中羌人牧羊的刻画

在此，笔者大胆推测所谓羌人，即是在"窜三苗于三危"历史时段中，"苗"——炎帝后裔西迁的那些族群，在甘肃的河西走廊及其延伸地带，与在亚欧草原大通道中的西亚文明发生大交流时，那部分接纳并"自主经营"了引进的"羊"的"苗"裔，将前所未见的"羊"，将为族人提供美食和衣料的羊，视为自己种姓的祖先指向。后来的历史用与羊有关的文字"羌"来命名了这个种姓。笔者所见的古蜀玉器上，就有披发的羌人牧羊的刻画（图3-15）。

二、"羌"是怎样和"羊"挂上钩的？

中国社会科学院考古研究所研究员袁靖指出："距今约5600年前，中国最早的家养绵羊出现在甘肃和青海一带，然后逐步由黄河上游地区向东传播。而我国目前所知最早的山羊发现于距今约3700年前的河南省偃师县二里头遗址。绵羊可能由盘羊驯化而成，其雄羊以角大而成螺旋形为特征。山羊则由野山羊驯化而成，角为细长的三棱形，呈镰刀状弯曲。国际学术界普遍认为，最早被驯化的绵羊和山羊在伊朗，同时为10000年前。"[10]历史学家何炳棣先生也有类似的认知，指出在公元前2000年左右，西亚、中亚、东亚之间存在一条西东文化交流的青铜之路，青铜之路带来"六畜兴旺"（图3-16）。

对此二位学者的说法，笔者可以提供几处考古学文化的指认。新疆米泉县独山子有幅岩画，是两个猎人分别用箭射入两只雌性盘羊臀部。对此，有研究者指出，箭除了作为狩猎之外，也是男性生殖器的象征。岩画是希望通过箭，将人的生殖力传递给羊，是人与羊的交感与互渗。在米泉县还有一幅岩画，羊的双角盘成椭圆形双圈，中间还有一个三角形点，宛如女性生殖器符号。

岩画中，有母子同乐图，人羊共嬉图，双羊角力图，也有表现羊与羊之间亲昵、友好的对羊图，羊与草原上其他动物的关系，羊与马、牛、鹿等动物共

图3-16 殷墟妇好墓出土的玉羊头，现藏中国社会科学院考古所

图3-17 以弯曲的羊角为冠的踞坐羌人首领

处一幅岩画之中，也有恶狼猛虎闯入羊群时的紧张气氛。羊多为侧影，羊头、羊角是重点表现部位，特别是羊角，有的羊角弯曲成几个同心圆，有的则异常硕大，甚至延至尾部。无独有偶，笔者收藏的玉器中，也有这样的表现手法（图3-17）。

又一例是，20世纪70年代，考古学家在甘肃天水市师赵村遗址（距今约5600年至5300年）发现随葬羊的下颌骨，在青海民和县核桃庄马家窑文化墓葬（距今约5300年至5000年）发现随葬完整的羊骨架。当时研究人员没有保留羊架，仅对羊骨做了文字记录。但此后考古学家在山西、河南、山东多处4000多年前的遗址中发现了羊骨，均鉴定为绵羊。据此，考古学家推测在甘肃青海地区的羊也应是绵羊。

对这些遗址出土的绵羊骨做DNA分析显示，它们与最早出现于西亚地区的绵羊的基因有密切关系。这进一步说明绵羊最早在西亚被驯化后传入中国。

笔者在前边提到羌人将"羊"作为祖先指向，继而成为"祖源记忆"的认知。在此，笔者也找出两个"证据"。

《山海经·中次九经》："凡岷山之首，自女几山至于贾超之山，凡十六山，三千五百里。其神状皆马身而龙首。其祠：毛用一雄鸡瘗。糈用稌。文山、勾祢、风雨、騩之山，是皆冢也，其祠之：羞酒，少牢具，婴毛一吉玉。熊山，席也，其祠：羞酒，太牢具，婴毛一璧。干舞，用兵以禳；祈，璆冕舞。"笔者对此的解读是，岷山古蜀地的祭祀是有两种形式的，一是头戴羊（少牢）面具，另一是头戴牛（太牢）面具。虽然两类祭祀时都要喝酒，都要用玉，都要跳舞，但所祭的对象"羊"和"牛"是有所区别的。这或许是"羌出于苗，但又别于苗"的艺术反映。这样的祖源记忆一直传承到王明珂在羌地调查的二十世纪末期。这样的祭祀场面，在距今三四千年的古蜀玉器上则已有所反映（图3-18）。

图3-18 民间收藏古蜀玉版中的戴面具祭祀场景

在儒家兴盛的汉朝，西汉大儒董仲舒在《春秋繁露》中就对羊有了褒奖："羔有角而不任，设备而不用，类好仁者；执之不鸣，杀之不谛，类死义者；羔食于其母，必跪而受之，类知礼者。故羊之为言犹祥与，故卿以为赞。"将羊的形态总结出仁、义、礼三种儒家最重要的美德，使其形象提升到无以复加的高度。到了唐朝，传奇故事《柳毅传》中，本是祝福六畜兴旺的羊，变成

图3-19　贺兰山岩画中"骑者、盘羊和人面像"（选自许成、卫忠著《贺兰山岩画》，文物出版社）

了随龙布云播雨的神。柳毅路遇牧羊女，女子请他代传书信，并自言是洞庭龙君之女。柳毅同情龙女的不幸，又好奇地问，你既是龙女，牧羊何用？难道神灵也像人间一样，畜牧为了宰杀？龙女答，这不是羊，是雨工。柳毅问，何为雨工？龙女答：雷霆之类也。可见，羊已被神话。这种龙中有羊，龙羊一体的认知，早在商晚偏早时期，中原和古蜀的青铜器中已是常有所见。最早代表的便是"四羊方尊"。所以现今有偏激的学人说，与其说中国人是龙的传人，不如说是羊的传人（图3-19）。

第五节　纵目——古蜀的符号型祖源记忆

氐羌人"各自为种"、"任随所之"。多种姓，常游牧。在"与中国错居"的政治生态中，要保障世代种群的"皆神化不死"[11]，靠的是什么呢？笔者以为全靠他们用以血缘关系培养出来根基情感，以及用根基情感认知生发出来的多个祖先文化所组成的祖源记忆，来号召、来凝聚、来传承种群的生生不息。

一、"纵目"是炎帝后裔祖源记忆的一种艺术表述

笔者在此仅举一例，来剖析这样的祖源记忆所产生的巨大作为。殷商的甲骨文中有三个奇字　，饶宗颐先生的考证如下：

三星堆文物出土以后，关于其族源，考证家诸多异说，大抵采用《路史前记》"蚕丛纵目，王瞿上"一说。以为瞿上即三星堆，庄巨川、林法仁《瞿上新探》、徐朝龙《瞿上再考》二文已详论之。余撰《揭开卜辞奇字𤕟字之谜》一文，从甲骨文内证说明下列诸文字形小异而实为一字：

　　其作𤕟者乃从眀下叠增𡴭形，可隶定作𡵂，似从𡴭加注目目声。此三形从上下文义加以寻证。都是瞿字。《屯》2598与2611二片可以缀合。

　　殷卜辞出现瞿方，其实推前一点，夏代已有瞿山之地名。
　　《太平御览·皇王部》引《六韬》云：
　　桀时有瞿山之地，桀十月凿山陵，通之于河。
　　《六韬》向来被目为伪书，自从银雀山竹简出若干《六韬》残文，大家看法又复不同。上举文句出于宋人引用，大致可信。瞿山所在，以夏之岷山庄王故事证之。或可定为汉水流域仇池山的瞿堆。
　　《华阳国志·汉中志》武都郡下云："在瞿堆百顷险势，氐傁常依之为叛。"《水经注·漾水注》："汉水东南迳瞿堆西，又屈迳瞿堆南。……《开山图》谓之仇夷，所谓积石嵯峨，岑岑隐阿者也。"此瞿堆百顷即后来有名之仇池山，在今甘肃礼县与西和县之南，属祁山之大山。

　　选堂老的以上考证告诉我们，更早的"瞿"是在甘肃礼县与西和县之南，相对应的时段在夏。后来的文献所称的四川天彭阙的"瞿上"，可能是指蜀人南迁的"地名搬家"。
　　殷卜辞上的"瞿"只是在做瞿方的地名指示。笔者猜想夏或者夏朝以前的"瞿"，可能被视为炎帝种群的远祖"龙"，龙的一种人格化后的符号型祖源记忆表述。古籍说共工是"人面蛇身朱发"或许是神话型的祖源记忆表述。在该"瞿"南边的蜀地云盘山遗址中，就发现有炎帝种群的艺术型的祖源记忆表述，即指向近祖的"祖先偶像"。
　　饶宗颐先生指出，如果把"瞿"（甲骨文的表述）隶化，除去其头的附加部分，应该写成昊，或曝，即是《说文》的奭字。奭字见於《说文·眀部》，许君云："瞿，目斜也，从眀、从大。大，人也。"

既然"瞿"这个"目斜"的"眀"乃"人也"，那么三星堆出土的那些青铜面具上的"目斜"，亦即那些"纵目"，或者说三星堆那些人的纵目便是来自北边甘肃礼县与西和县之南的那个"瞿"的。他们都是"人也"，是早先的人和后来的人。但无论是早先还是后来，他们都铭记那个"人面蛇身朱发"共工的"纵目"，认同并传承这个指向祖先的符号。

在古籍文献中，纵目的记载多见于神话人物，比如《山海经·大荒北经》说："西北海之外，并水之北，有章尾山。有神人面蛇身而直目、正乘，以能烛九阴，是谓烛龙。"郭璞注："直目，目从（纵）也。"好了，在此我们可不可以说已经看到"纵目"造型的母本来源了。所以，笔者才指出："这个'纵目'不是民俗的'雕题'，不是神话马头娘娘的'马眼睛'，更不是缺碘导致甲亢病的'眼球外突'！纵目人的双目纵扬，不是古蜀人的生理特征，是他们用玉雕和金属面具塑造祖先形象时的特定艺术符号，这个符号的造型母本来自炎帝集团在红山文化期创作的C字龙的纵目形象。"[13]（图3-20、图3-21、图3-22、图3-23）

二、从"纵目人"的又一字符引出"云气冠"的命名

另一个"🜲"字，读为"瞿"也是可以的。因为从这个字的象形层面来看也是纵目人。但他的头上戴冠，冠上有"?"形状的装饰。笔者以为那是"瞿"（蜀人）种姓中，将祖源指向为红山鹃（鸟）的那些部落人的字符。

> 卜辞有地曰望，又有鸟曰鹃，其文曰：
> 庚午卜，㱿贞：舌方来，佳鹃，佳我囗 （《合》6090正）
> ……我鹃，于…… （《合》18347）

饶宗颐先生对此的解读是："按《尔雅》'鹃'或作'鸲'，即子巂鸟。《方言》：'自关而东谓之鸧鸲'。《尔雅》又有'巂周'，郭璞注：'子巂鸟，出蜀中。'扬雄《蜀都赋》'子鹬呼焉'，字亦作'鹬'（《古文苑》），《蜀王本记》作'子鹃'，亦作'子规'。"

在《山海经》关于神人的表述中，也有"鸟身而人首"、"人身鸟首"、"人面鸟身"的说法。《周书·王会》也提到："氐羌以鸾鸟，蜀人以文翰。"

图3-20　四川在线网公布的云盘山遗址中的泥制"祖先偶像"

图3-21　民间收藏古蜀玉器玉祖（猪）龙首的古蜀踞坐人

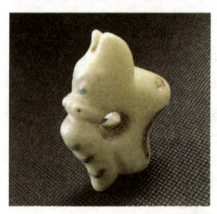

图3-22　民间收藏的具备晚期齐家文化玉器特征的镶嵌绿松石玉器。此纵目的玉祖（猪）龙和蝉纹，似乎已有"蚕（蝉）从纵目"的意识表述。

图3-23　中国国家博物馆收藏的红山文化三星他拉玉龙的"纵目"细节

　　这样的对红山鸮（鸟）的祖源指向，不仅在以上的文献中有所记录，也表述在古蜀的玉（石）雕和铜铸上（图3-24、图3-25）。对其冠上的?形装饰，学术界在过往对三星堆这类青铜人面具的指认中，称"夔龙形额饰"、"纵目人架云面像"、"青铜半圆雕额龙神人面像"、"兽首冠人像"。更有想象力丰富者，称之为头戴天线的外星人。笔者以为，上述的命名似乎都是在以像说像，没有去探索造像内核。笔者当然没有资格去为考古出土物命名或者改名，但有权力为自己收藏的那件冠上有"？"形造型的玉（石）器命名，我叫图3-24为"戴云气冠兽首鸟身踞坐像玉佩"。笔者以为，头顶的"？"造型，仍然是古蜀人的一种"祖源记忆"。"？"作乙、乞、乞氏，氏羌乞姓。乞者即乙，即鸟，象云气之升，所以笔者将这种前置于人物或动物头部的"？"造型为"云气冠"。笔者收藏的那件玉器上，鸟的双翅还阴刻出凹纹，研究巴蜀图语的学者指出，这种凹纹同气，同乙，同鸟，象云气之升。

图3-24　作者收藏的古蜀玉雕"戴云气冠兽首鸟身踞坐像玉佩"

三、"蚕丛纵目"的创新解读

"蚕丛纵目，王瞿上"。当今学界对古蜀的解读，都认为第一代蜀王叫蚕丛，是纵目人。在瞿上称王。笔者以为当然可以这样指认。但笔者还认为，上述的解读还可以深层次一点。所谓"蚕丛纵目"，可以理解为初立蜀国的在瞿称王的蜀人，是那些由东向西迁徙来瞿的共工后裔，那些坚持将祖源记忆指向为纵目的红山C字龙的东夷人的血缘后代。笔者早就指出，"蚕丛"最先不应是个名词，而是一个动词。蚕、蝉、蛇都是可蜕皮的动物，是远古人类对生命"再生"、家族延续的物指，是一种集体无意识。蚕（蝉）是指变化新生，丛（从）是指从属关系，指明是由什么而变化新生的。当然这样变化新生的人也

图3-25　三星堆出土的"夔龙形额饰"青铜人面像

图3-26　作者收藏的古蜀玉雕中　　　　图3-27　民间收藏的指向"蚕
指向"蚕（蝉）从"意识的作品　　　　（蝉）从"意识的玉雕作品

一定是要"纵目"的，所以才生成了另一说"有蜀侯蚕丛，其目纵，始
称王"。笔者感觉到，古蜀的这个"蚕丛"所赋予的指示祖源记忆概念
是在普遍使用。"蚕丛"这个概念甚至还直观表述着妇女生育。在笔者
所见的多件古蜀玉器上，表现得淋漓尽致。或许出自玉（石）雕造型表
现的需要，将"蚕"改为了"蝉"，蚕丛亦即蝉丛（图3-26、图3-27、图
3-28）。

四、民间藏品对"岷山庄王"的佐证

除了这种形象比喻式的祖源记忆表述外，古蜀最初出现的字符，或文
字，也在玉（石）上铭记着祖源记忆。历史学家认为，最早入蜀的氐羌人中有
一支赫显部落叫岷山庄王。《古本竹书纪年》说"后桀伐岷山，岷山女于桀二
人，曰琬、曰琰。"四川著名的历史学家徐中舒引《管子·山权数》"汤以庄
王之金铸币"，证明古代确有"庄王"之名。或许关于岷山庄王的论据太少，
现今研究古蜀的学者很少使用这一资料。饶宗颐先生在徐中舒去世后，从殷商
卜辞中找出了与岷山庄王的关联。饶宗颐指出："卜辞之冒侯，当是夏末岷山
庄王之后。入殷降为侯爵者，其族至东汉为蜀郡缴外之大牂夷种之羌人。"先

图3-28　作者收藏的"蚕（蝉）从"意识在生育中表述的玉（石）雕像

生不仅从甲骨文中识别出"昌字亦可省作宄及屮",还考证出昌周边的舌等多个蜀地氏羌种群的卜辞表述。其中"舌"亦"工",即是大名鼎鼎的"邛"。

图3-29是一张浅浮雕作品玉片。较规则正方形,边长12.5×10.5×10.5×10.3厘米,厚1.6厘米。豆青玉色,蜡状光感强烈。有土沁和黄褐色沁。线割的开片痕迹明显。画面是一个披发的羌人,正俯身向下,欲向前方的山石行跪拜大礼。他的头顶是一轮太阳,他的体位上方有两个古蜀文字"ϧ屮"。这两个字,笔者根据饶宗颐先生的指示,应是"夷"和"庄"。为此,这张玉片所记述的应该是夷人岷山庄王,在红日朗照之下,向山石行跪拜之礼。

图3-30是一件玉琮,高7厘米。通体受沁呈棕红色,泛蜡状光泽,有灰皮和蚀孔。素面的琮身上,一面有剔地阳文"乽"字,另一面是剔地阳文的"屮"字。琮是一种祭祀的礼器。笔者对"乽"字的解读是,工(邛)方的祖源指向是红山鸮鸟(乙),亦可解读为邛方的羌人乞(乙)姓。"屮"字如图3-29所解读的为"庄"。于是这件玉琮就为今天提供了这样一个信息:居住在邛方的岷山庄王种群为乞姓。

图3-29 民间收藏古蜀玉件上指向岷山庄王的ϧ屮文字

图3-30 民间收藏的有"乽"和"屮"文字的古蜀玉琮。

第六节　"窜三苗于三危"时期的中西文化交流对三星堆文化的促进

一、三星堆青铜术探源

三星堆祭祀物坑的出土物让整个世界引颈翘望的主要是青铜器，特别是那些青铜人像和青铜面具，就其数量之多，体量之大，造型之美，做工之精，不仅站上一个历史的高度，即便用"前无古人，后无来者"形容，也一点不过分。谈到这些青铜技艺的源头，相当多的学者专家一口回答是受中原殷商青铜文化的影响。笔者信手从案头取出一本《巴蜀文化研究集刊4》，在一篇题为《五帝传说与中原和古蜀地区文明化进程中的文化交流》文章中写道："夏代是中国进入青铜文明阶段的开端，而中原地区青铜文明一经产生就对古蜀地区产生了较强烈的影响，对古蜀地区的文明化进程起到了积极的促进作用。"作者还从"陶"的视点对其上述主张做出旁证："三星堆文化一、二期出土的陶盉是最典型的二里头文化因素。"这一来便让笔者满头雾水了。怎么可以用历史的上沿来指证历史的下沿呢？我们说这个儿子很像他的老子，是可以理解的。但说这个老子很像他的儿子，听话的人很可能对说话的人产生一种"弱智"的联想。其实这篇文章的主题是十分明智的，提出了"古蜀与黄帝族和夏并不同源"这样一个前卫而深刻的命题。殊不知作者写着写着就滑进了"受中原殷商影响"的窠臼。可见"中原一统"观点已经成了一种下意识的思维惯性。

可喜的是，对三星堆青铜器的认识，越来越多的学人提供了全新的看法。中国自然科学史研究所苏荣誉先生的归纳是："三星堆青铜器中，非商部分比重甚大，除过去被认定的'蜀式戈'外，还有大量的立人像、人头像、人面像、兽面像、神树及其附饰、瑗、眼形和眼泡形饰，贝形饰和各种动物形饰等。总数有数百件之巨。至于大量的铃形饰，既具有商青铜器的特点，也包括非商文化的因素，比较复杂，留待以后讨论。""商青铜器，亦即青铜容器，无一例外地采用是倒立浇注成形。（三星堆）有一些器物是正立浇注成形的，如人头像K1.6。""三星堆祭祀坑非商青铜器中的人面像，除其造型以及文化内涵和商青铜器不同外，铸造成形后或使用了一时后，再改变其功能，也不是商青铜器的手法，而切割成孔的改变方式，虽然是不得已而为之，工艺也和商青铜器完全不同。"苏荣誉先生治学甚为严慎，他特别申明："本文所有的归纳和结论并不是基于祭祀坑所出土的全部或者大部青铜器，仅仅是对所做的有限的一部分青铜器工艺技术研究的小结。这些归纳和结论很可能被未来的研究所强化或修改。"[14]

笔者看到，十多年来，对苏荣誉的归纳和结论，似乎只有强化而无修改。四川本土的学者曾中懋说："坑中出土铜器在冶炼、铸造过程中，在原料配方上有较大的随意性。……神树底座中心含有少量钙元素，它可以清除铅对铜合金力学强度产生的有害作用，使铜合金具有较高的硬度，这是发现的首例含有钙元素的铜钙铅青铜。"陈显丹认为："三星堆青铜器的铸造技术采用了分铸、铜焊、铆接、热补等数种方法，其中铜焊技术比中原要早数百年。"黄剑华指出："在三星堆时期之前，古代蜀人对铜的冶铸和使用，已有一个较长时期的发展过程。只有在经过长期的技术发展和经验积累之后，随着农业的昌盛和副业的兴旺以及社会分工的日益明确与手工行业的高度繁荣，才能形成三星堆青铜文明的辉煌。"

应该说，黄剑华已经说到了古蜀的青铜技术有别于甚至超过中原殷商青铜技术的原因是："在三星堆时期之前，古代蜀人对铜的冶铸和使用，已有一个较长时期的发展过程。"可惜黄剑华，甚至其他海内外的文博学者，都没指明那是个什么样的发展过程。笔者在此做出大胆的假设，那个发展过程，就是来到古蜀的羌人，早在"窜三苗于三危"时段，在甘肃的河西走廊，就开始接触到由亚欧草原通道东传的西亚青铜产品或者冶铜技术。有了这个捷足先登，就有了那个发展过程，也就有了三星堆青铜器辉煌的必然。

大约在距今8000年左右，巴比伦文明就发明了青铜冶炼术。笔者猜测，随着距今五六千年前的亚欧草原通道南线的开辟，即经伊朗、阿富汗，再由现今的土库曼斯坦、乌兹别克斯坦或吉尔吉斯斯坦，进入中国南疆的喀什，去到库车、吐鲁番、敦煌，继续深入到甘肃的河西走廊。在过后的三四千年中，这条路被走成了一条辉煌的历史老路。西汉的张骞出使西域走的就是这条路。他还在这条路上听到古蜀的布和杖。两千年前的南匈奴人，也是从这条路离开了现今的中国，走成了俄罗斯顿河的哥萨克，走成了东欧的保加尔人、匈牙利人。这条路是佛教进入中国的路，是唐僧取经的路，更是名垂青史的丝绸之路。《纽约时报》1993年3月有报道称，维也纳大学科学家经研究指出，埃及公元前十世纪的木乃伊上面之丝织物来自中国。又有中国的考古发掘简报说，陕西泾阳县戈国墓与铜器同出的有地中海国家的"纸草"。看来古代中国文明和古代的巴比伦文明，在这条丝绸之路上，来来去去，走得够亲密。直到公元5-8世纪，喀什、吐鲁番、库车一线还流通着印欧语系。

我国发现最早的那把距今5000年的青铜刀，就出在这条路上的甘肃河西走廊。我国考古文化中有着这样的现象，在新石器时代晚期到龙山文化时期，在新疆、甘肃、青海、宁夏一线，其经济、文化状况都比中原落后，但青铜器却比中原发现得既早又多。我们不能说古代中国的青铜术来自西方，但古代西方的青铜术早于古代中国青铜术是不争的事实。我们应该看到，古代中国的青铜术是在和古代西方的青铜术相互交流中发展进步的。世界几大古文明没有哪个是在闭塞的环境中自己独创出来的，而是在直接的或间接的互相影响的环境中产生的。青铜历史也应如此。美洲的印第安文明，由于地理环境，不可能和当时的欧、亚、非文明交流，所以当欧洲人在公元16世纪到达那里时，当地的印地安人甚至对冶金术一概不知。

古蜀的青铜术也是在引进外来技术后，不断创新，不断自主化，而登上世界青铜史一个历史高峰的。前面提到三星堆青铜"在原料配方上有较大的随意性"，应该看成是古蜀人对引进技术，是在不断实验，不断创新，所以才发明了"首例含有钙元素的铜锡铅青铜"，所以才"使铜合金具有较高的硬度"。古蜀人冶铸金属时，还善于因地制宜地"开发科研"。《太平寰宇记》说："洛水水性刚，宜淬刀。"指出四川广汉的洛水，适宜对钢材进行淬火处理。为此，我们往前看，看到秦汉时的"蜀刀"，成为当时中国最先进的武器就不足为奇了。

二、古蜀用金与西方用金的差异

三星堆和金沙考古出土的饰金青铜人面、金杖、金箔人面、金箔蛙以及已经作为当下中国文化遗产标志的金太阳鸟，都比中国时尚用金的汉唐时代早出上千年。这或许也是古蜀的氐羌人在"窜三苗于三危"中，从河西走廊带回来的西亚文明元素。古代西方人用金，是作为是时统治者的奢侈品，是执政者的权力张扬。古代蜀人则是以金，包括在当时同样名贵的青铜，来光辉祖先偶像、张扬祖先文化。这或许已经是体现出最初的中西方价值观的差异。

正是由于这样的差异，在中国古代，用金现象只是突显于西南的古蜀。而中原的夏、商、周三代，则是单一的"拜玉"。或者说华夏的主流先民，没有拜金主义的观念意识，只有崇玉尚玉的拜玉主义。对此，有一个历史现象可以佐证。中原的灵宝地区有着丰富的黄金矿藏，可是自仰韶文化到中原龙山文化，再到二里头的夏文化，均未开采当地的金矿资源。目前看到的灵宝的采金开矿遗迹大都是明清以来的现象。整个中国的封建主义时期，金属货币也是以铜和银为主，金币甚少。

三、李白说古蜀"尔来四万八千岁"真的是酒话吗？

这点很有意思。汉朝的成都人扬雄所著《蜀王本纪》说："蜀王之先名蚕丛、柏濩、鱼凫、蒲泽、开明。……从开明上到蚕丛，积三万四千岁。"就是说古蜀有三万四千年的历史。这个说法可把"历史"也吓了一跳。所以后来的常璩在《华阳国志》中说："世俗间横有为《蜀传》者，言蜀王蚕丛之间周回三千岁。"对此，常璩不止一次提及，将古蜀的计年从三万四千年改为三千年。或许意识形态领域认为常璩的信息来自民间，不宜采信，于是，再后来的《御览》干脆将有着官方背景的《本纪》来个腰斩，去其上部的"三万"，保留下边的"四千"，这样古蜀的历史便有"四千年"。对此，现今学者的解读是："古书三、四字原多互误。《文选注》三万四千岁，应是后来附注上去的。"并延伸开："从刘歆《三统历》起，才有三万六千岁之说。这是历法之言，而不是史文，可决其为后人所改。至纬书所说二百七十万年，这些更是与历史无关。"[15]这样的讨论或许过于专业。好在这样的认知也只是局限在极少数的研究者之中。然而李白的诗歌就拥有众多的读者了，他那著名的《蜀道难》，一开篇就说："蚕丛及鱼凫，开国何茫然。尔来四万八千岁，不与秦塞通人烟。"看看，谪仙将古蜀的计年从《本纪》的三万四千年，增加到四万八千年！对此，当今的注家认为那是诗人的夸张。读者或许也以为那是李白喝了酒说的酒话。是的，诗歌允许夸张，但夸张，并不意味着不着边际或者是空穴来风。如果我们翻翻李白的档案，或许就不会认为是他在说酒话了。唐代诗人李白的祖辈曾迁徙西域，郭沫若的考证说迁徙在现今吉尔吉斯斯坦的碎叶城。也有的说法是在甘肃天水的秦安县。李白年幼时随父返回内地，入住四川的江油。应该说，李白的祖、父辈，无论是在碎叶城，还是在秦安县，都处于笔者在前边提到的亚欧草原通道的南线之中，也是一个接受西亚文明的捷足先登之地。笔者猜想，在当年李白家族接触的西方文明之中，应该就有当时还属时尚的巴比伦纪年法。饶宗颐先生对该纪年法的认知是：

我们看巴比伦的古史，曾经遇到一个洪水时代。洪水以前的帝王在位，每人有万年之长，历八王而有二十四万年。及都于Ur之后，一王有的才数十年，有了记录，乃为信史。现在把他和蜀国古史的年代作一比较：

洪水之前	年数
Eridu	
Alutin	28 800 ⎫
Alalgar	36 000 ⎭ 64 800 years
Badtibira	
Enmenluanna	43 200 ⎫
Enmengalanna	28 800 ⎬ 108 000 years
Durnuzi	36 000 ⎭
Larak	
Ensipazianna	28 800 years
Sippar	
Enmeduranna	21 000 years
Shuruppak	
Ubartutu	18 600 years

洪水以前，共5城，8王，共治241 200年。

洪水以后（只举数王为例）

Kish	
Gaur	1 200 years
Gulla-Nidaba	960 years
Palakinatim	900 years
……	
Eanna	
Meskiaggasher	324 years
Erech	
Enmerkar	420 years
……	
Ur	
Mesannepadda	80 years
Meskiagnunna	36 years
……	

据S.W.Kramer，"The Sumerian King List"（页328-329），苏末人是以En、Ensi、Lugal三字定为王者，而Lugal训为大人。这种暗合之处，我们暂时不妨假定，在很早的时代，西亚文化往蜀身毒道传来可能已将近东巴比伦的一些历史神话渗入。故蜀人的古史系统极力夸张他们洪水神话中的人物，以至万年的数字。[16]

这样说来，古蜀"三万六千年"或者"四万八千年"的夸张，不能完全看成是一种空穴来风。

四、西方学者说羌人是以色列人后裔是完全没有道理的

笔者从第三节到第六节，采用散文的叙事手法，漫谈了羌人亦即"羌民"的来龙去脉，或许可以改正西方学者陶伦士先生在20世纪早期确立的学术结论："羌民为一特殊的种族（race）——东迁的以色列人后裔。"这个学术认知有着较深的国际影响，或许是至今还在重弹的"古蜀文化西来说"的始作俑者。笔者以为，如果说古蜀的羌人种族在发展的过程中，开放引进了一些西方文化元素，就此而断定整个种族也是来自西方，那应该是典型的只见流不见源，只见木不见林的主观片面，是一种不成熟的学术认知。陶伦士的两个主要论据，一是羌民尚白，他认为白代表宗教与道德上的洁净，这与古犹太人的信仰习俗相同。二是羌民对天神献羊子，是与古代以色列人的献祭同出一源。笔者看来，这两个论据均不值一驳。古蜀羌人传承的是红山炎帝文化线，崇玉尚玉是该文化线的重要元素。羌人的尚白，不过是崇尚白色玉石习俗的大众化、普及版。向天神献羊子，那是羌人在重申自己的祖源指向羊，与以色列人的献祭，完全是八竿子也打不到一块的事儿！

注释：

[1]戴应新：《陕西神木石峁龙山文化遗址调查》，《考古》1997年第3期；《神木石峁龙山文化玉器》，《考古与文物》1988年第5期。

[2]郭静云：《夏商周：从神话到史实》，上海古籍出版社，2013年。

[3]同[2]。

[4]石兴邦、周星：《试论尧、舜、禹对苗蛮集团的战争——我国国家形成过程史的考察》。

[5]饶宗颐：《西南文化创世纪：殷代陇蜀部族地理与三星堆、金沙文化》，上海世纪出版股份有限公司、上海古籍出版社，2010年。

[6]同[5]。

[7]傅斯年：《夷夏东西说》，见《民族与古代中国史》，上海古籍出版社，2012年。

[8]同[5]。

[9]王明珂：《羌在汉藏之间》，中华书局，2008年。

[10]刊于新华网，2015年2月17日。

[11]《蜀王本纪》云："蜀王之先名曰蚕丛，后代曰柏（伯）濩，又次者名曰鱼凫。三代各数百年，皆神化不死。"

[12]同[5]。

[13]杨永年：《是谁创造了举世闻名的三星堆文化》，四川新闻网，2012年1月9日。

[14]苏荣誉：《三星堆祭祀坑青铜器铸造工艺的初步考察》、《神秘的王国》，巴蜀书社，2003年。

[15]蒙文通：《蜀的古代》、《中国古代民族史讲义》，天津古籍出版社，2008年。

[16]同[5]。

第四章 黄帝开创的五帝时代——
血缘关系的扩容，祖源记忆的创新

"炎黄大战"以炎帝败黄帝胜为结局。向西与向东败走的炎帝族群在中原大地的周边形成"四夷"；得胜的黄帝族群"逐鹿中原"，形成概念上的"诸夏"。这种夷夏对峙的局面，展开了中国史前史中崭新的一页：五帝时代。

司马迁作《史记》，是以《五帝本纪》为开篇的。从此，中国的五千年文明史就有了从"五帝"说起的通例。"五帝"在《史记》里指的是：黄帝、颛顼、帝喾（帝俊）、尧、舜。于是黄帝就顺理成章地当上了中国几千年数不清王朝皇庭的龙头老大，戴上了中国人"人文始祖"的耀眼桂冠。1911年中华民国成立后，黄帝是中华民族共祖的观念得到广泛认同。依据古史记载推算，黄帝时代距今约5000年。因此，出现了"中华文明五千年"的提法，并成为华夏的有力文化依据。

20世纪下半叶，中国学者从考古学文化的视角进行观察后，对"五帝时代"的族群地域关系和历史发展走向，提出了总体把握。徐旭生先生有"三集团"之说。他指出，以中原地区为主要活动地域的华夏集团，以东方为主要活动地域的东夷集团，和以江汉地区为主要活动地域的苗蛮集团。他以为："我国较古的传说总括来看，华夏、夷、蛮三族实为秦汉间所谓的中国人的三个主要来源。"他强调，这三大集团，始而相争，继而相亲，以后相争相亲，参互错综复杂，而归结于完全同化。[1]

郭大顺先生有新"三集团"说，他绘制出"五帝时代三大集团及主导活动方向图解"。

五帝时代三大集团及主导活动方向图解

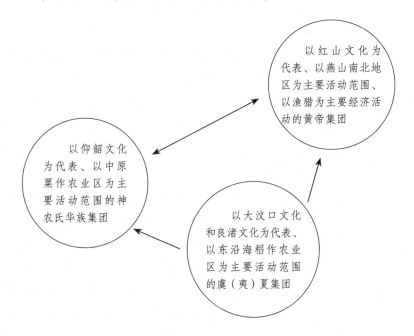

以红山文化为
代表、以燕山南北地
区为主要活动范围、
以渔猎为主要经济活
动的黄帝集团

以仰韶文化
为代表、以中原
粟作农业区为主
要活动范围的神
农氏华族集团

以大汶口文化
和良渚文化为代表、
以东沿海稻作农业
区为主要活动范围
的虞（夷）夏集团

　　郭先生认为："五帝时代，是中国古史上最活跃、内容最为丰富多彩的一
个时期，也是中华文化、中华国家和中华传统的奠基时期，是中国上古史上要
大书特书的一个时期。古史传说由于考古学与历史学的有机结合而成为信史，
一部中华文明史要从五帝写起，已是中国上古史研究的大趋势。"他对五帝时
期历史进程的总体把握是："五帝前期红山文化由北南下，与仰韶文化接触，
促成对历史全局的影响，是由吸收到碰撞的形式，五帝后期在陶寺文化表现出
的由四方向中原汇聚则是以文化的熔合为主的。"[2]

第一节　为什么要警惕司马迁的《史记》？

　　笔者以为，对"五帝时代"的把握，无论是面对司马迁的《史记》，还是
当代的新、老"三集团"说，都得有所"警惕"，不可不信，不可全信也。
　　先谈对《史记》的"警惕"。司马迁在他那本长达130篇的传记性通史
中，将《五帝本纪》定为开篇首卷，而对五帝以前的记载则是只字不提。这无

疑是对《史记》的"终审人"汉武帝表白他司马迁抑"炎"扬"黄"、"独尊正统"的治史准则。当然,表面上他不会这么说,司马迁的理由是"《尚书》独载尧以来"是"缺有间矣,其轶乃时时见于他说",断定"余观《春秋》《国语》,其发明《五帝德》《帝系姓》章矣,顾弟弗深考,其所表见皆不虚"。他之所以抑"炎"扬"黄",是因他"西至空桐、北过涿鹿,东渐于海,南浮江淮"的实地考察中,所到之处"长老皆各往往称黄帝、尧舜之处,风教固殊焉,总之不离古文者近是",所以"余并论次,择其言优雅者,故著为本记书首"。对此,笔者有所浮想联翩。太史公记史的选择,是全然"择其言优雅者"呢?还是刻意要与朝廷意识形态的主旋律保持一致?想来,司马迁不会很快忘记自己因为不与皇上的认知保持一致,去为李陵败降匈奴之事辩解,结果遭受既屈辱又痛苦的"宫刑"。那时,西汉王朝意识形态的主旋律就是中原一统,黄帝体系。在司马迁所处的汉武帝时段之前的汉元帝到汉成帝时段,体制内的学术带头人褚少孙博士就有所定调。褚少孙说:"蜀王,黄帝后世也。至今在汉西南五千里,常来朝降输献于汉。"在此,褚少孙一句话就颠覆了先秦多个文献中关于古蜀氏羌人乃姜姓炎帝后裔的表述,将蜀王的祖源改换门庭为"黄帝后世"。对此,太史公没有坚持原则,他在《史记》中写道:

"黄帝与子昌意娶蜀山氏女,生帝喾,立、封其支庶于蜀。"[3]

如此这般,以"传承有序"的叙事,不仅拥护,更是丰富了褚少孙的蜀系"黄帝后世"的结论。更有甚者,《史记》还说:

"系本蜀无姓,相承云黄帝后。"[4]

进一步将炎帝后裔的"蜀"进行了矮化。

笔者在前面说太史公没有坚持原则,是因为笔者推测司马迁著作前在"西至空桐"的实地考察中,到过蜀地,接触到蜀人。这群炎帝后裔的氏羌人对"龙"是他们远祖的记忆的指认,也曾反映在他的著述之中。但司马迁为了与中央保持一致,还是将本是炎帝后世的"蜀"写成了黄帝后世。

在"主流媒体"这样的带动下,后来"体制内"的《蜀王本记》,甚至"体制外"的《华阳国志》《山海经》,也都传承了蜀乃"黄帝后世"的认知和矮化炎帝的做法。

再来谈对两个"三集团"说的"警惕"

笔者以为徐旭生先生的"三集团"说法,由于没看到红山文化的考古和三星堆祭祀物坑的发掘,所以他的"三集团"说,出现了观察认知的局限。其一，他从古籍考古中得出炎帝、黄帝同为一系，即"华夏"的认知，而没看到田野考古提示红山文化与仰韶文化的交流碰撞而生成的"夷""夏"格局。其二，他将出现在五帝时代晚期的、由蜀地的禹族在西兴东渐过程中，出现的南方"苗蛮集团"这一历史现象，或者将这一"五帝时代"的历史尾声，当成为"五帝时代"的历史主调。但是，笔者是十分推崇徐旭生先生对"五帝时代"历史进程的总体把握的，不仿在此重复一遍："这三大集团，始而相争，继而相亲，以后相争相亲，参互错综复杂，而归结于完全同化。"笔者将在本章稍后的叙述中，谈谈自己理解徐先生指引的体会。

笔者以为郭大顺先生的"三集团"说法，是看到了红山考古学文化，看到了红山文化与仰韶文化的北南交流与碰撞的历史内核。但他将这两种文化与其相对应炎帝族群和黄帝族群倒置了，这不仅影响到对田野考古的解读，也与古籍考古南辕北辙，于是伤害到他的立论基础。再就是他的"五帝时代三大集团及主导活动方向图解"，似乎将"三皇时代"与"五帝时代"混为一谈了。此外，与红山考古发掘几乎是同时出现的三星堆考古发掘，展示出古蜀在五帝时代曾经扮演过十分精彩角色，郭先生在提炼归纳"五帝时代"时，似乎忽略了古蜀的存在。这不能不说是一件遗憾的事情。不过，郭大顺先生对五帝时代历史进程发展趋势的指引，对笔者是有很大启迪的。他所说的"五帝前期红山文化由北南下，与仰韶文化接触，促成对历史全局的影响"，笔者已在第二章做出了表述。他又说："五帝后期在陶寺文化表现出的由四方向中原汇聚则是以文化的融合为主的。"笔者将在接下来的第五章、第六章中以个人的独家理解，向郭先生的学术把握做出呼应。

第二节　黄帝的档案

黄帝翻开了"五帝时代"的历史首页。那么，历史对黄帝的"显影"是个什么模样呢？

关于黄帝的命名，《逸周书·月令解》说："中央土黄，其日戊己，其帝黄帝，其神后土，其虫倮，其音宫，律中黄锺之宫，其数五，其味甘，其臭香，其祀中雷祭先心，天子居太庙太室，乘大辂，驾黄骝，载黄旂，衣黄衣，服黄玉，食稷与牛，其气圉以掩。"对此，孔子有异曲同工的指认，他以为

"五帝"本是水、火、金、木、土五行之神，黄帝配土，所以称为黄帝。可见黄帝的命名与黄土地的黄色有关。

关于黄帝的籍贯，首选是现今甘肃省的天水。郦道元《水经注·渭水》中记载："黄帝生于天水，在上邽城东七十里轩辕谷。"《甘肃通志》载："轩辕谷隘，清水县肥东七十里，黄帝诞此。"《直隶秦州新志》载："帝生于轩辕之丘，丘曰轩辕，今清水县有轩辕谷。"《甘肃省志考异》中载："轩辕谷在上邽城东七十里，轩辕帝生处也。"从考古学文化的视角来看，此地在仰韶文化庙底沟类型的活跃范围。第二种说法是河南新郑，此外还有山东曲阜之说，此后两处的地域亦是仰韶文化庙底沟类型的扩展范围。这可不可说，黄帝"出生"在仰韶文化中富于对外扩张的庙底沟类型时期。

关于黄帝政绩的最新说法，来自1973年湖南长沙马王堆三号汉墓出土帛书中的《黄帝书》。有学者认为即《汉书·艺文志》中著录的《黄帝四经》，是战国时黄老之学的经典文献。篇中说："昔者黄宗（即黄帝），质始好信，自作为象，方四面，傅一心，……践位履参，是以能为天下宗。吾受命于天，定位于地，成名于人，唯余一人，德乃配天，乃立王、三公；立国，置君、三卿。"

关于黄帝的地盘，《史记·五帝本纪》说："东至于海，登丸山，及岱宗。西至于空桐，登鸡头。南至于江，登熊、湘。北逐荤粥，合符釜山，而邑于涿鹿之阿。迁徙往来无常处，以师兵为营卫。"对此，当今学者的解读是：[5]

当时，黄帝部族的东缘到达了今天的东海，丸山与岱宗是黄帝统领区东界的标志。丸山，又称为丹山，《汉书·地理志》曰："丸山在琅琊朱虚县。"《括地志》云："丸山即丹山，在青州临朐县朱虚故县西北二十里，丹水出焉。"朱虚故县，在今天山东临朐县东南。岱宗，就是东岳泰山，在今天山东泰安市境内。东岳泰山在中国古人心目中地位极为尊崇，被称为"万山之宗"。

空桐与鸡头是西部界限的标识。空桐山，或作空同、崆峒。通常认为古文献中空桐在今甘肃岷县境内，其实一种较早解释是比较合乎情理的，即认为空桐山在今天河南的虞城县境内。鸡头山，一名为笄头山，实为空桐山之别名。

黄帝部族的足迹已向南到达了长江流域，熊山与湘山成为其南界的象征。熊山，又名熊耳山。《汉书·地理志》认为湘山在长沙益阳县。西汉益阳县在今湖南益阳市境内。《括地志》又云："熊耳山在商州上洛县西十县，齐桓公登之以望江汉也。湘山，一名艑山，在岳州巴陵县南十八里也。"上洛县在今陕西商州区。巴陵县在今湖南岳阳市境内，与《汉书·地理志》所指方位相差不远。

釜山，黄帝部族所据地域的北界，《括地志》释云："山在妫州怀戎县北三里，山上有舜庙。"唐代怀戎县，大致在今河北怀来县东南，即在涿鹿山以北。荤粥，相传是古代匈奴族人的祖先。

一、黄帝将血缘纽带不断扩容

由此看来，黄帝的形象是十分靓丽的（图4-1）。相信这多是历朝历代的持大一统论者的抹色上彩的缘故。那么，黄帝的原色是什么呢？笔者以为，那便是前面徐旭生先生指出的"始而相争，继而相亲，以后相争相亲，参互错综复杂"。这一点，两千年前的司马迁是有着真知灼见的，那便是《史记》提到的（黄帝）"迁徙往来无常处，以师兵为营卫"。

图4-1　黄帝像（选自明代王圻等编纂《三才图会》，上海古籍出版社）

黄帝好战，传黄帝一生历大小战争共52战，这应是"始而相争"的最佳注脚。好战的黄帝总是战无不胜，黄帝胜了比它文明进程要先走一步的炎帝和蚩尤，看似落后打败了先进。其实不然，应该是更能适应环境把握环境的"迁徙往来无常处"的黄帝，比之囿守于农庄的炎帝更能把握战机。对此，苏秉琦先生似乎也有感觉。他说："渔猎民族天生没有国界概念，却能同赖以生存的自然保持协调一致，这是渔猎民族优于农牧民族的地方。"

"继而相亲"可理解为黄帝在他的扩张区内，大搞民族融合，血缘混化。《史记正义》引《谱记》说："黄帝与子昌意娶蜀山氏女生帝喾，立，封其支庶于蜀。"是一例；《山海经·大荒西经》和《山海经·大荒北经》所说的"黄帝之孙曰始均，始均生白狄"，"黄帝生苗龙，苗龙生融吾，融吾生弄明，弄明生白犬，白犬有牝牡，是为犬戎"，算是二例三例。有古文献说，黄帝有25个儿子，得到姓的史载有14个。

笔者以为，这样的异姓血缘集团之间通过联姻等手段，形成既有血缘关系又有地缘政治的社会格局，是"五帝时代"黄帝体系在中原大地开创的酋邦制"早期国家"，与炎帝后裔在蜀地坚守的部落联盟制"早期国家"的根本不同。黄帝是在将"三皇时代"形成的社会组织的血缘纽带不断进行"扩容"。各异姓政治组织之间只有构成一个更大的血缘集团，才能适应社会的发展和历史的进步。黄帝是这样，后来的颛顼、帝喾也是这样。到后来的商代，商王武丁有妇好等数十名来自不同氏族的妃子，也是出于这样的血缘扩容目的。到再后来的周朝，周王与异姓诸侯之间因联姻关系出现的"舅甥关系"，也是迫于这样的需要。当然，应该看到在这个"更大的血缘集团"中，那种统治与服从关系远不如同姓间稳定。历史的连续剧中，那一场场宫廷政变都多少与此有所关联。

二、黄帝对祖源记忆着手创新

黄帝在创新自己的统治手段、再结构血缘纽带的同时，或许也开始着手建立自己的祖源记忆。这也或许是他的后来政治继承者的有意为之。笔者以为，这种做法也是一种社会进步，只是手段有些不太光彩。黄帝剽窃了炎帝对祖源"龙"的指认。也有可能是黄帝从炎帝"龙"指认的"母本"上，"嫁接"出黄帝创新的祖源概念"龙"。对此，《山海经·大荒北经》有所说："蚩尤作兵伐黄帝，黄帝乃下令应龙攻之冀州之野，应龙畜水，蚩尤请风伯雨师，纵大风雨，黄帝乃下天女曰魃，雨止，遂杀蚩尤。"这条最先与黄帝挂钩的"龙"，已不是炎帝概念中笼统的"龙"，而是已将"龙"划分成高低贵贱中的"高贵"之"应龙"。古籍指"应龙"是长着翅膀的龙，据说一般的龙，要修炼五百年才能变成有角的龙，修炼一千年才能变成有翼的龙（图4-2）。黄帝为自己的"龙"长出翅膀，无疑是黄帝在亮肌肉。笔者以为，黄帝之所以能够与"龙"挂钩，可能与这则《山海经·大荒北经》所说的"黄帝乃下天女曰魃"有关。此"天女"或许就是中国神话中有名的"玄女"。玄女是云雨之神，她的"人首鸟形"表白她是东夷集团的成员，是炎帝后裔，不属黄帝种姓。然而，玄女为什么要听从黄帝的调令呢？极大的可能是黄帝通过异姓血缘集团联姻手段，

图4-2 东汉画像砖上的有翼的"应龙"

已将玄女种群，纳入自己的血缘集团。在此过程，炎帝体系对祖源"龙"的指认，也就进入了黄帝的视野。黄帝对其"嫁接"了，更是"创新"了。于是，就将属土的、居中宫的黄帝，与"黄龙"画等号。《淮南子》说："其帝黄帝，其佐后土，执绳而制四方……其兽黄龙。"由于占据了"中央"的位置，黄龙相比其他的龙，身份要高贵许多。"黄龙者，四龙之长，四方之正色，神灵之精"；"能巨细，能幽明，能短能长，乍存乍亡……德达深渊则应，和气而游于池沼。"黄龙即是高高在上的寡人皇上，"不众行，不群处，必待风雨而游乎青气之上，游乎天外之野"；黄龙更是不可随便出入的，"上下有圣则见，无圣则处"。

黄帝这般的移花接木，从此"真龙天子"成了历代中原一统皇帝的祖源指认。

三、黄帝对龙的概念进行等级划分

上述黄帝对"龙"概念的移植使用，说情绪化一点，叫剽窃；说学术化一点，叫继承。黄帝文化对炎帝文化的继承发扬，可能就是五帝时代的一个主要时代特征，是中国古文化线炎、黄两个源头在炎黄大战后的第二次交汇。史说："庖牺氏作八卦，神农重之为六十四卦。黄帝尧舜引而伸之，分为二易。"[6]对这样的文化传承，连孔夫子也十分敬重。他说："吾闻之，天子失官，学在四夷，犹信。"[7]现代的历史学家甚至指出，在五帝时代，东夷文化对中原文化的影响是主调。

黄帝对他所"创新"的"龙"，是如此美化，但对龙的"母本"，即炎帝所指认的"龙"却是极尽矮化和丑化，将其分为三个档次：一，该杀的；二，该奴役的；三，该丑化的。

古籍所载的"黄帝杀之，取皮以冒鼓，声闻五百里"的"夔龙"是什么样的龙呢？《释文》说："夔，其状如牛。"其状如牛的还有何指呢？炎帝。"牛首人身"是炎帝的招牌形象。

螭龙和盘龙是常见的龙，这是些无角的龙和盘绕成O形的龙。红山文化中的玉祖（猪）龙和C字龙就是无角和盘绕成O形的龙。自从黄帝与"龙"挂上钩后，源自红山文化的螭龙和盘龙就被极大矮化。盘龙被定义为"没有升天的龙"，螭龙被认为是为身份高贵的人做驱使的对象。如《淮南子》说的："前白螭后贲蛇。"《楚辞》说的"驾青虬兮骖白螭，吾与重华游兮瑶之圃"，

105

"乘水车兮荷盖，驾两龙兮骖螭"等等。

古蜀的氐羌人，从殷商的甲骨文起始的历代文献，都将其规范于与黄帝后裔的"诸夏"不同种姓的炎帝后裔"四夷"之人。文献也表述了氐羌人是"龙"的传人，只是四夷的此龙不同于黄帝后裔的彼龙了！氐羌人生前"各自为种"种姓繁多；氐羌人死后施行石棺葬；氐羌人生活在龙门山地震带，古籍说"氐崩闻数百里"，对上述蜀地的生态现象，似乎衍生出另一类"龙"状况。明人谢肇淛在《五杂俎》中说："盖龙性淫，无所不变，故种独多。"沈德符的《万历野获编》将谢氏的"龙淫说"做了进一步的发挥，说这类龙的"苗裔甚夥，不特九种"，"且龙极淫，遇牝必交。如得牛则生麟，得豕则生象，得马则生龙驹，得雉则结卵成蛟，最为大地灾害。其遗体石罅中，数十年后，始裂开飞出，移城郭，夷墟市，所杀不胜计……"

四、黄帝的"文化"向南扩张 大禹的"父亲"向西迁徙

黄帝对血缘关系的扩容，对"龙"的祖源记忆的创新，这些历史现象，目前似乎只能从古籍的只言片语中去依稀发现。如果从考古学文化的视角去观察，笔者以为，似乎大溪文化可与之相对应。笔者早有声明在先，在下是绝对的历史学、考古学门外汉，对大溪文化的资料占有，仅属皮毛，对大溪文化的解读，虽有一点独到之处，也只能算作一种"门外之声"。

网上有文章说，大溪文化是中国长江中游地区的新石器时代文化，因（原）四川省巫山县大溪遗址而得名。其分布东起鄂中南，西至川东，南抵洞庭湖北岸，北达汉水中游沿岸，主要集中在长江中游西段的两岸地区。据放射性碳素断代并经校正的年代，约为公元前4400至前3300年。大溪文化的发现，揭示了长江中游的一种以红陶为主并含彩陶的地区性文化。

彩陶纹饰有横人字形纹，曲线网络纹，有的器形和彩纹，明显受仰韶文化庙底沟类型的影响，是仰韶文化庙底沟类型南下影响所及的实物例证。

白寿彝先生在《中国通史》中指出："在湖北境内的汉水流域及河南境内的淅水沿岸均零散地分布着一些半坡及庙底沟两类型居民的移民点。"

王仁湘先生在《庙底沟文化彩陶向南方两湖地区的传播》一文中说："长江支流汉江是彩陶传播的一个重要通道，上游本来就是半坡与庙底沟文化的分布区。顺江而下，淅川、郧县、枣阳一带都发现了一些典型庙底沟文化风格的彩陶，主要有叶片纹、西阴纹、四瓣式与多瓣式花瓣纹、菱形纹和

双旋纹等。"

陈文武、骆燕燕先生合著的《简析大溪文化彩陶艺术》文章中指出："从大溪文化分布区域考古发现的资料来看，虽说在江汉平原、洞庭湖地区等一些属于大溪文化的诸遗址中，几乎都发现有彩陶，但从出土的彩陶数量，以及图案内容丰富的情况，可知数量多、内容丰富的地区当是在长江西陵峡地区，其他地区的彩陶数量少而且图案单一。""在西陵峡西岸的一些大溪文化遗址，主要是宜昌青水滩、杨家湾、中堡岛、秭归柳林溪等遗址中出土的一些日用陶器上，常可见到一些刻有各种类型的刻画符号。宜昌杨家湾出土最多，200余片，秭归柳林溪遗址有60余片……刻纹符号在仰韶文化半坡类型遗址中的陶器上也有出土，关中地区这类符号共有五十多种。符号的图式特征与三峡地区刻画符号有相似之处，绝大多数也是在陶器烧制之前就刻画在较明显的部位即钵外口沿的黑色宽带纹上，而三峡地区的刻画符号一般都刻画在圈足器底外部。杨家湾大溪文化遗址中出土的这批刻画符号，分8大类：自然类，主要以水波形和闪电形；植物类，酷似谷穗、垂叶、野草、花瓣；动物类，近似水波的动物蛇形符号，其形犹如弯曲、游动、爬行中的长蛇；人体类，似人站立在地上；工具类，以鱼钩形状刻画符号为主；数字刻画符号，一如描绘的劳动生产（叉类）工具……经整理，我们还发现了在发掘出的这些刻画符号中，有的刻画符号竟然多次重复出现，据此可见当时三峡地区的这些原始部落中，某些符号已经成为一种固定的模式。"

还有资料说："在大溪文化遗址中，一直没有发现成批的或数量较多的收割农作物的工具，既无打成缺口的或穿孔的石刀、陶刀，也不见石镰。这种现象表明，大溪氏族部落收割稻谷不是像黄河流域那样用刀掐割粟、黍穗头，也不是连杆割取，而是在田间带茎薅拔，再捆扎成把晾晒。这种收藏方式在长江流域和华南地区比较普遍。长江下游的河姆渡氏族部落、马家浜氏族部落大都如此。"

再有考古显示，在大溪文化遗址的几座墓里发现整条鱼骨和龟甲，有的把鱼摆放在死者身上，或是置于口边，也有的是两条大鱼分别垫压在两臂之下，对此，有学者指出，以鱼随葬的现象，在中国新石器文化中尚属少见。

罗列出这些考古学文化现象后，我们再来看一看古籍文献的记载。《史记·五帝本纪》说："黄帝居轩辕之丘，而娶于西陵之女，是为嫘祖。嫘祖为黄帝正妃，生两子，其后皆有天下，其一曰玄嚣，是为青阳，青阳降居江水。其二曰昌意，降居若水。"该"娶于西陵之女"，是否指黄帝血缘集团与西陵的土著族群血缘集团的联姻，实施了黄帝血缘集团的扩容。该"降居江水""降居若水"是不是意味着，黄帝的血缘关系纽带在向西延伸，他们溯长江而上，最远的来到了今四川省的青衣江流域和雅砻江流域，这样的向西延伸，可能至少分两次进行。笔者以为即便是渺若晨星的古蜀历史，也对这两次血缘关系与地缘关系进行融合混化的历史现象，有所照应。那便是古蜀的鱼凫王朝和丛帝杜宇。笔者还以为，该"黄帝"西进，已不是纯粹的仰韶文化庙底沟类型，而是一种融合了长江中游尚未形成文化线的土著文化，或许还包括向西扩张的早良渚文化的一些元素。代表这种综合性文化西进的主力可能是一支将鱼指认为祖源的族群（图4-3、图4-4）。有学者指出，西陵氏之陵，与鲮鱼之鲮通假，西陵氏或是以鲮鱼为氏族图腾。鲮鱼又称鲮鲤，"似蛇"而四足，

图4-3　民间收藏的将祖源指向鱼的古蜀玉雕作品

图4-4　民间收藏的刻有良渚"族徽"的古蜀玉雕作品

能陆能水。大禹的父亲所化的"黄熊"，也是能陆能水。

古文献还说，大禹的父亲是"鲧"。这个鲧是不是就是那支将鱼指认为祖源的族群呢？鲧的西进在屈原的《天问》中似乎早有涉及："阻穷西征，岩何越焉？""释舟陵行，何以迁之？"对此，傅斯年先生是有所感觉的。[8]饶宗颐先生也指出，叙说中国西南的殷商甲骨文中有"鱼羌"的称谓。[9]在《山海经·海内南经》中有"氐人国，在建木西，其为人，人面鱼身而无足"的说法。四川的考古出土中有鱼凫相连的刻符（图4-5）。

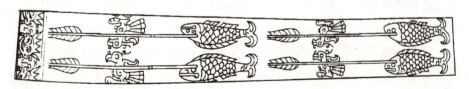

图4-5　三星堆出土的有鱼凫相连刻符的金杖展开图

笔者更为兴奋的是，大溪文化中出现的泥书刻符（文字），可能亦有随着西进的鲧族来到古蜀，并融汇成较为成熟的泥书文字，成为比甲骨文更早的中国文字（图4-6）。这为笔者收藏的数以千计的疑似古蜀泥书文字找到了符合逻辑的一个源头。关于对古蜀文字的解读，笔者将在本书的下篇公布。

图4-6　民间收藏的古蜀泥书文字

第三节　颛顼的功过

排在"五帝时代"第二序列的"帝"是"颛顼"。颛顼到底是黄帝的孙子辈还是重孙，古籍表述不一，当今学人也说法不一，看来一时难有准确答案。不过，历史是很看重颛顼的。中国历史上的第一个皇帝秦始皇，也把颛顼当成自己的祖先。《史记·秦本纪》说："秦之先帝，颛顼之苗裔。"应该说，"颛顼之苗裔"是很多的，宋人罗泌在《路史》中对颛顼的后裔作了总汇，共汇总了125个小国，有92个小国均指其地，其余地望不详。秦始皇家族之所以强调是颛顼之后，想来是看重颛顼的历史地位。《史记·五帝本纪》说颛顼的领地"北至于幽陵，南至于交趾，西至于流沙，东至于蟠木"。幽陵相当于今天河北省北部（包括北京市）地区；交趾，在古文献中通常指今天越南北部地方；流沙相当于今天内蒙古西部与甘肃及宁夏交界的沙漠地带；蟠木应该是在比喻东海。《山海经》说，东海中有座名为度索的高山，山上存活着一株硕大无比的桃树，"屈蟠三千里"，故又称为"蟠木"。如此看来，颛顼着实是开疆拓土，极大地扩张了黄帝的地盘。颛顼的社会影响更不得了，《史记》称"动静之物，大小之神，日月所照，莫不砥属"！

当今的历史学家称颂颛顼，是因为他完成了"绝地天通"的宗教改革。颛顼为什么要推行这样的改革？革新的对象是什么？改革的成效落实到哪里？似乎还没有一个有所针对性的解读。笔者就此献丑了——

一、"共工与颛顼争为帝"的是与非

笔者从颛顼成长的三个节点来进行解读：1、"少昊孺帝颛顼于此。"2、"共工与颛顼争为帝。"3、"颛顼受之，乃命南正重司天以属神，命火正黎司地以属民，使复旧常，不相侵渎，是谓绝地天通。"《山海经·大荒东经》说："东海之外大壑，少昊之国，少昊孺帝颛顼于此。"《绎史》引《帝王世纪》也说："颛顼生十年而佐少昊，二十而登帝。"关于少昊，著名历史学家唐兰先生认为，大汶口文化属东夷族文化，即"少昊"文化。[10]那么，颛顼到底是黄帝之后呢？还是炎帝后裔东夷人？应该说颛顼是黄帝族裔，"少昊孺帝颛顼于此"的解读应该是"颛顼称帝是在东夷少昊的领地"。颛顼有这个资格是因为他有辅佐少昊十年的从政经历。或者他还有着黄帝血缘与东夷（炎帝）血缘联姻的混化血统，有接任东夷少昊帝位的血缘资格。

但是毕竟颛顼不是纯正的炎帝血缘，他的继位遭受到拥有炎帝纯正血缘的共工氏的强烈反对，导致"共工与颛顼争为帝"的战争。《山海经》说，共工为神农后裔，属炎帝一族。因发明筑堤蓄水的办法灌溉农业，被封为共工氏。指认共工为神农后裔，是因为共工也是"人面蛇身朱发"。《左传·昭公十七年》载："共工氏以水纪，故为水师而水名。"当代历史学家评价共工是大禹之前的中国治水大师是有依据的，最早的东夷活跃在山东半岛以及黄河下游，据地理考古资料，在东周春秋之前，黄河下游是不筑河堤的，任由河水泛滥。或许，这样的自然现象就是《禹贡·导水》所说的"北播为九河"。"若非用人工筑堤防，黄河直无水道可言。"共工发明了筑堤防洪，为当地民众生产、生活提供了安全保障。他为人民谋幸福，受到群众拥戴为王。《管子·揆度》说："共工之王，水处什工与颛顼之战。"《国语·鲁语上》也说"共工氏之伯九有"，所谓"伯九有"，就是说共工氏已是九州的伯（霸）主。拥有政绩和王位的共工理所当然应该接传少昊的帝位，想不到"空降"一个颛顼下来抢班夺权，战争是不可避免的了。

《淮南子·天文训》记录了这场战争："昔者，共工与颛顼争为帝，怒而触不周之山，天柱折，地维绝。天倾西北，故日月星辰移焉；地不满东南，故水潦尘埃归焉。"这段文献虽然没明指共工与颛顼谁胜谁负，但隐喻出共工的败北。"天柱折，地维绝"是在暗指共工所依存维系的炎帝血缘体系瓦解了。"天倾西北，故日月星辰移焉"是暗指战败的共工部落向西迁徙，所以才出现了郭沫若先生在解读"共工"时，说共工氏长期生活的地方是今河南西部的伊水和洛水流域。那个地方古代称为九州，可能来源于共工氏的九个姓氏。后来，这里往西的山区中还有九州之戎，大概是共工氏的余部延续下来的。笔者以为，上述郭老将共工部落的后裔所在地，并以共工部落在迁徙中搬家的地名"九州"为证据，指认共工的原籍在河南西部是值得商榷的。笔者以为共工部落的原籍应在鲁西豫东。与之相应的考古学文化可能是山东龙山文化的乐石文化早期。

有当代学者指出，共工与颛顼之战是炎黄大战的继续。笔者是认同的。炎、黄之间的融合与反融合，从新石器时代晚期，贯穿奴隶制社会，甚至包括中国的整个封建社会时期。只是其表现由战争为主发展成以政治为主，由频繁发生减少为时有发生，由中原地区转移到中原四邻。徐旭生先生在"三集团"学说中指出的"而归结于完全同化"，绝不可能在"五帝时代"实现。以共工部落为例，除了与颛顼战争外，古文献披露共工还与颛顼的后代高辛开战（《淮南子·原道训》），与祝融开战（《补史记三皇本记》），直到"五帝时代"都基本结束了，才被开创了新时代的大禹，逐出中原地区。

与颛顼战斗的还有另一支炎帝后裔"刑天"。史称刑天被颛顼砍了头，仍然以双乳为眼，以肚脐为口，继续和颛顼战斗。可见在黄帝体系的血缘关系"扩容"过程中，绝不只是结婚那样的大好事。笔者在本书第二章中强调了一个学术观点，在古代社会，任何战争都是披着宗教的外衣进行的。鉴于此，笔者猜想，颛顼与诸个炎帝后裔东夷族群的战争，都是在扩展和坚守各自的祖源记忆和祖先崇拜仪式为战争动员令和战斗驱动力的。作为战胜方的颛顼，为巩固其胜利，维系好政权，一定会在维系血缘纽带基础的"祖源记忆"上做文章的。于是，便出现了颛顼的宗教改革"绝地天通"。

二、颛顼推行"绝地天通"的来龙去脉

《国语·楚语》载：

"昭王问于观射父，曰：'周书所谓重、黎实使天地不通者，何也？若无然，民将能登天乎？'对曰：'非此之谓也。古者民神不杂。民之精爽不携二者，而又能齐肃衷正，其智能上下比义，其圣能光远宣朗，其明能光照之，其聪能听彻之，如是则明神降之，在男曰觋，在女曰巫。是使制神之处位次主，而为之牲器时服，而后使先圣之后之有光烈，而能知山川之号，高祖之主，宗庙之事，昭穆之世，齐敬之勤，礼节之宜，威仪之则，容貌之崇，忠信之质，禋絜之服，而敬恭明神者，以为之祝。使名姓之后，能知四时之生，牺牲之物，玉帛之类，采服之仪，彝器之量，次主之度，屏摄之位，坛场之所，上下之神，氏姓之出，而心率旧典者为之宗。于是乎有天地神民类物之官，是谓五官，各司其序，不相乱也。民是以能有忠信，神是以能有明德，民神异业，敬而不渎，故神降之嘉生，民以物享，祸灾不至，求用不匮。及少皞之衰也，九黎乱德，民神杂糅，不可方物。夫人作享，家为巫史，无有要质。民匮于祀，而不知其福。烝享无度，民神同位。民渎齐盟，无有严威。神狎民则，不蠲其为。嘉生不降，无物以享。祸灾荐臻，莫尽其气。颛顼受之，乃命南正重司天以属神，命火正黎司地以属民，使复旧常，无相侵渎，是谓绝地天通。"

　　这篇楚语，洋洋洒洒，谈古叙今，说灾道福，由因至果，实在令笔者这样的没得古文根底的现代文化人，须反复读上数遍，才能略知一二。笔者以为，颛顼实施"绝地天通"改革的原因是"九黎乱德，民神杂糅，不可方物"。改革的对象是"家为巫史"、"民神同位"。改革的措施是"命南正重司天以属神，命火正黎司地以属民"。

　　笔者在本书第一章，叙述了炎帝族群在红山文化期形成的祖源指向是，对不曾相见的远祖是想象的龙与鸮，其祭祀手段是墓、坛结合的陵（社）。对有所相见的近祖是祖先偶像，其祭祀手段是将女神塑像置于家中，亦即是古代文献所记载的"家主中霤而国主社"。对此，颛顼的认知是"家为巫史"、"民神同位"。颛顼要对此进行改革，将炎帝后裔的具象祖源指向去掉，改变为抽象的祖源指向"天"和"地"。这样东夷族群的各个支系，就无法以各自的、可用祖先偶像集聚的"家"，去形成一个共同的部落联盟"社"，无法用一个可认知、可把握的祖源记忆去形成一个战斗合力。而颛顼族群的黄帝后裔，却可以用博大的"天"和"地"，去融汇去统辖形形色色的祖先指向和祖源记忆。同时，将重新界定的祖源指认的解释权和使用权牢牢地掌握在帝王手中。使祖源指认成为统治者的一个重要的政治工具。这就为贯穿古代中国历史的"家国同构"国体，注入了全新的概念。

　　从此，以祖先偶像来指认祖源记忆的历史现象，在黄帝体系管制下的地域内逐渐消失了。最终导致出中国近现代史学界"公认"的，在中国古代没有"祖先偶像"的学术结论。应该看到，在炎帝后裔经营的"四夷"领地，"祖

图4-7　民间收藏古蜀玉器中表现男性
生殖器的作品

先偶像"仍然存在了相当长的历史时期，特别是在蜀地。

革新的"绝地天通"是一种历史的进步。它是父系氏族社会在硬逼母系氏族社会早日退出历史舞台，对此，《淮南子·齐俗训》中有段话颇耐人寻味："帝颛顼之法，妇人不辟男子于路者，拂之于四达而衢。"意思是女子若在路上不小心碰撞了男人，便会带来晦气，所以要在通衢举行除凶去垢的被襄仪式。"绝地天通"也是血缘关系的进一步明晰，使得维系社会发展的血缘纽带更加厚实。源于父系家长制氏族社会的宗族制度开始浮出水面。接下来，是服务于父系氏族社会的"文学艺术"开始出现了。"龙"的头上长出了角。有研究者指出，角是男性生殖器的比喻（图4-7）。此外，男性生殖崇拜得以张扬（图4-8）。当代美文大师易中天先生亦有赞叹，他说："勃起的阴茎，是女神的赞美诗。"[11] 或许，黑格尔对此的说法要"理论"一点，他说："在讨论象征艺术时我们早已提到，东方所强调和崇敬的往往不是自然界的普遍生命力，不是思想意识的精神性和威力，而是生殖方面的创造力。"[12]

随着君、神、父三位一体，治国与治家一致，忠孝并行的推广，在社会成员间既注重亲情又强调等级的宗法意识已经萌动了。社会在制度的推动下，迎来了大步发展，这表现在颛顼之后的帝俊时代。

图4-8　民间收藏古蜀玉雕中张扬
男性生殖崇拜的作品

113

第四节　帝俊的辉煌

《帝王世纪》说："帝喾生而神异，自言其名夋（俊）。"这或许是说历史认定帝喾很"俊"，他的政绩很漂亮。笔者以为，在帝俊时期，黄帝体系的血缘关系扩容，不仅进展大而且质量好。古籍说帝俊王朝是"三身之国"，就是说他有三个妻子："常羲浴月居于西，羲和浴日居于东，娥皇则居'天地之中'。"《山海经·大荒东经》也说："大荒之中，有山名曰合虚，日月所出。有中容之国：帝俊生中容。有司幽之国：帝俊生晏龙，晏龙生司幽。有白民之国：帝俊生帝鸿，帝鸿生白民。有黑齿之国。帝俊生黑齿，姜姓。"如此看来，整个天下都有他的丈母娘了！而且基本没发生"婚变"。

西、东、中结合得如同一个人，所以史籍中才说："有人三面，是颛顼之子。"[13]所以在中原大地开始盛行"三首神"，更有"三面之人不死"的说法。

一、开创，开创，还是开创！

优质的生产关系催生出优质的生产力。《山海经·海内经》载："帝俊生三身，三身生义均，义均是始为巧倕，是始作下民百巧，后稷是播百谷。稷之称曰叔均，是始作牛耕。大比（妣）赤阴，是始为国。禹、鲧是始布土，均定九州。"由于可见，帝俊及其后来人，在黄帝体系的中原大地，开创了五大新业。"始为巧倕"可理解为开创了"艺术创作"和"手工业生产"这两大门类，或者说制定出相关的"规矩准绳"。"始作下民百巧"可理解为民间的百业兴起。"始作牛耕"好理解，应该是用牛耕田，或者说扩而大之是生产中畜力的使用。"始为国"可理解为社会进步到部落联盟阶段。"始布土，均定九州"可理解为设立行政区划，分天下为"九州"。即《禹贡》称的冀州、兖州、青州、徐州、扬州、荆州、豫州、梁州、雍州。

笔者是重庆人，古时属"梁州"。在此以梁州为例，看《禹贡》是怎样在记叙"始布土"的：

"华阳、黑水惟梁州，岷、嶓既艺，沱、潜既道，蔡、蒙旅平。和夷厎绩。厥土青黎，厥田惟下上，厥赋下中三错，厥贡璆、铁、银、镂、砮、熊、罴、狐、狸、织皮。西倾因桓是来，浮于潜，逾于沔，入于渭，乱于河。"

由此可见"始布土"不仅有地域的界定、地貌的简介，还有所在"州"田土的肥瘠和生产品的差异，更有该州纳贡的内容。所以说《禹贡》应该是中国最早的地理志和税赋志。

《山海经·海内经》还说，帝俊生了禺号，禺号生了淫梁，淫梁生了番禺，番禺创造了舟。番禺生了奚仲，奚仲生了吉光，吉光创造了木车。针对此话，如果加上前面提及的"始作牛耕"的畜力的使用，可不可以说在距今四千多年左右，我们的华夏大地已经出现了物流的雏形？

帝俊时代血缘纽带的向东和向西的扩张，生产力的创新，物流的出现，使中华大地的夷夏种群之间的文化大交流得以跨越式发展，提升了炎黄子孙的生活、生产水平，导致历史的进步。笔者在此仅举两个例子，试图予以佐证。

二、有了猪才有家

中国字"家"，其象形是居住地内养了猪，其指意是有了猪才有家。对于家畜猪的进入家庭，田野考古的指认是，早在东方的大汶口文化期，墓葬中有多地多处的猪骨头出土，文献考古的指认有《山海经·大荒西径》所载："西有王母之山，壑山、海山。有沃之国，沃民是处。沃之野，凤鸟之卵是食，甘露是饮。凡其所欲，其味尽存。爰有甘华、甘柤、白柳、视肉、三雅、璇瑰、瑶碧、白木、琅玕、白丹、青丹，多银、铁。鸾凤自歌，凤鸟自舞，爰有百兽，相处是处，是谓沃之野。"针对上述"沃民"所喜欢食用的"其味尽存"的"视肉"，古人郭璞的注释是"视肉，聚肉，形如牛肝，有两目也，食之无尽，寻复更生如故"。世上哪有吃不完，可"寻复更生如故"的肉呢？现代神话大师袁珂教授的指认是出自越巂的一种牦牛，割了一块，又会长出来。袁教授的这个解读从生物学上可能很难成立；从神话学上去看，那当然又是一说。今有子德先生主编的《昆仑纪》一书，其"智慧求证为：其实便是腊肉，说得更准确一些，是腌制的猪头肉"。[14]该书对此阐述是："以猪头祭祀先祖或神灵，源头甚为古老，至今也还传承着。可能上古之世更朴质，便将猪头当了陪葬品，其愿望不过是相信去世之人永世都能享用猪头肉罢了，所以才有'食之无尽，寻复更生如故'的传说。"对此，笔者不敢恭维，并认为此求证的"智慧"含量不多。笔者的解读是，之所以

115

能够"食之无尽，寻复更生如故"，是因为这种肉出自家养，可繁育，能延续，即家养的生猪是也。

三、中国可能是世界上又一个钢铁技术的发源地

第二例子是"铁的出现"。本章前文中所摘的《禹贡》关于"梁州"的条文中，梁州须纳贡的物产中有"铁""镂"和"砮"。而且"九州"之内，只有梁州须纳贡铁、镂、砮这样的"钢铁"产品和铁矿石。研究指出，《禹贡》所指的"镂"，应是当时作镂刻工具的、比铁更硬的"钢"。"砮"是可以炼铁的铁矿石。研究还指出，《禹贡》虽成书于先秦时期，但记叙的应该是更早的夏禹时代。"上古之世初兴贡赋之法，相传始于夏禹之时，夏禹将全国区域划为九州。"根据这样的判断，"铁"在中国的出现，可以说是在距今四千多年前后。作为此说的逻辑依据是：1、梁州包括古蜀，古蜀三星堆出土的青铜器，碳14测定为公元前3200年±100年，即距今5200年±100年，可见古蜀具备悠久的金属冶炼技术。2、史籍记载古代巴蜀有三处史前冶金遗址，临邛（今成都市邛崃）、台登（今四川省冕宁县）和华蓥山（今重庆市璧山县）。

中国考古发现年代最早的铁器，出自北京市平谷刘家河的夏家店下层文化墓葬，其年代属商代中期，而墓葬中出土的一柄铁刃铜钺，其形制与纹饰属商代中期偏晚（约公元前1400年至前1300年之间）。以文物材料测定的话，其生产时间应该更为古远。

出土地北京与生产地古蜀能够产生链接吗？北京地区在周朝曾活跃过一个"貊"部落。蒙文通先生的研究指出，这个"貊"最早是居住在"西汉水"，即今天的嘉陵江上游，应属于古蜀地。后来迁徙到今燕山一带。鉴于此，那柄"铁刃铜钺"源自《禹贡》时的梁州是有可能的。

如上述推论成立，中国不仅是世界上少数几个最早掌握冶铁技术的国家，还很可能是世界上又一个钢铁技术的发源地。因为据《古代世界史》载，铁的熔铸和加工的最初遗迹，出现在距今三千五百年前后的小亚细亚。

鉴于上述，本章在解读"帝俊时代"一开始所引的《帝王世纪》所说："帝喾生而神异，自言其名夋"，是准确的，是历史的真实。有着自信心的帝俊，创造了历史的辉煌。笔者以为，这个辉煌就是在帝俊时代，上层建筑得以大幅度兴起，经济基础得以跨越式发展。为后来在中原大地形成的"华夏"概

念提供了坚实基础。这或许便是李学勤先生所指的"喾之纳入五帝，是作为华夏族形成的标志"。[15]

注释：

[1]徐旭生：《中国古史的传说时代》（增订本），科学出版社，1960年。

[2]郭大顺：《追寻五帝》，商务印书馆（香港）有限公司，2000年。

[3][4]司马迁：《史记·三代世表·索隐》。

[5]葛剑雄、安介生：《民族大迁徙》，中华书局（香港）有限公司，2014年。

[6]《太平御览》七十八。

[7]《左传》昭十七。

[8]傅斯年：《民族与古代中国史》第41、42页，上海古籍出版社，2012年。

[9]饶宗颐：《鱼国考》，《西南文化创世纪》，上海古籍出版社，2010年。

[10]唐兰：《从大汶口文化的陶器文字看我国最早文化的年代》，《大汶口文化讨论文集》，齐鲁书社，1979年。

[11]易中天：《祖先》，《易中天中华史》，浙江文艺出版社，2013年。

[12]黑格尔：《美学》第三卷。

[13]饶宗颐：《三首神考》，见《西南文化创世纪》，上海古籍出版社，2010年。

[14]子德主编：《昆仑纪——中华文明起源另说》，四川文艺出版社，2007年。

[15]李学勤主编《中国古代文明与国家形成研究》，云南出版社，1997年。

第五章　东夷：从大汶口、凌家滩到良渚，看"龙的传人"如何形成？

本书第三章，谈到炎黄大战之后，战败的一部分炎帝族群带着他们的祖源指认、祖陵意识和祖先文化，向西迁徙的情况。本章要谈的是，另一部分战败的炎帝族群向东迁徙中的祖先文化线轨迹。

笔者猜想，炎帝族群的东迁是以蚩尤残部为主体的。

蚩尤部落应该是炎黄大战之前，炎帝族群向南扩张中的主力。有研究者指出，蚩尤为九黎部落酋长，有81个兄弟。古籍有载："蚩尤，古天子。"[1]甚至还可以说蚩尤是炎帝族群中，先进文化的拥有者。史料中"三苗九黎之德"的说法，算是一例。史料中又说蚩尤的战士都头戴金属头盔，穿着兽皮铠甲，指出蚩尤部落擅长金属冶炼和制造兵器，算是再例。[2]

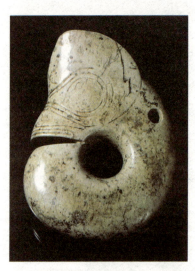

图5-1　河北省阳原县出土的红山文化"玉祖（猪）龙"，应是蚩尤"蛇咬脚"的母本

"蚩尤"的命名，可能是后来的胜利者黄帝体系所为。笔者以为，当然不会是凭空想象，空穴来风。有学者指出，"蚩"字的象形是"蛇咬脚"，即首尾相连（邻）的蛇（龙）。[3]"尤"，有突出特异的意思。笔者以为，这种"蛇咬脚"就是本书第一章所提到的"玉祖（猪）龙"，是炎帝族群的祖源指认。以考古学文化来观察，迄今田野考古发现的仅有的三只玉祖（猪）龙之一，就出土在黄帝大战蚩尤的地域，即现今的河北省阳原县境内（图5-1）。

第一节　蚩尤，最早的"龙的传人"

古籍说，蚩尤战败，被黄帝杀死。对此，笔者的猜想是，战败的蚩尤部落中，以"龙"为祖先指向的那个"半部落"损失最大。因此向东迁徙的蚩尤部落，更多的可能是祖先指向为"鸟"（鹗）的那个"半部落"的人员。也或者这个崇鸟的"半部落"是因为与黄帝合作战胜蚩尤（见第四章），从而获得生存空间。在古代这种一个部落总是由两个"半部落"组成的社会结构形式，本书第一章已有表述。

笔者的上述猜想，没有任何史书在明指。但从传说神话中，可以感觉这段史实的影踪，从古籍文献中可以体会这段史实的脉络，从考古文物中可以观察这段历史的可能。

《山海经·北次三经》说："发鸠之山，其上多柘木。有鸟焉，其状如乌，文首、白喙、赤足，名曰精卫，其鸣自詨。是炎帝之少女曰女娃。女娃游于东海，溺而不返，故为精卫，常衔西山之木石，以堙于东海。"

《山海经·大荒北经》说："大荒之中，有山名曰成都载天。有人珥两黄蛇，把两黄蛇，名曰夸父。后土生信，信生夸父。夸父不量力，欲追日景，逮之于禺谷。将饮河而不足也，将去大泽，未至，死于此。"

《山海经·海外北经》说："夸父与日逐走，入日。渴欲得饮，饮于河渭；河渭不足，北饮大泽。未至，道渴而死，弃其杖，化为邓林。"

一、东夷始祖考

不错，此三说便是流传甚广的神话故事"精卫填海"和"夸父追日"，但历年来解读这两则神话故事，均未提及是对炎帝部族东迁的暗指。笔者在此提出这样的认知，出于以下思考的逻辑：1、无论是精卫还是夸父，都与炎帝符号有关。精卫是指明为"炎帝之少女"，夸父是以"龙"来隐喻其炎帝的祖先指向。2、精卫与夸父的行动方向都是向东，精卫是"游于东海"，夸父是"欲追日景"，即太阳升起的东方。3、精卫与夸父的"下场"都不好，一个被淹死，一个被渴死。这似乎是在为后来的"共工撞山"、"刑天斩头"和"放逐三苗"埋下的伏笔。

关于东迁的成员，是不是以祖先指向为"鸟（鴞）"的那个"半部落"为主体呢？古籍有这样的叙述。

《左传·昭公十七年》："郯子来朝，公与之宴。昭子问焉，曰：'少皞氏鸟名官，何故也。'郯子曰：'吾祖也，我知之。昔者黄帝氏以云纪，故为云师而云名。炎帝氏以火纪，故为火师而火名。共工氏以水纪，故为水师而水名。大皞氏以龙纪，故为龙师而龙名。我高祖少皞挚之立也。凤鸟适至，故纪于鸟，为鸟师而鸟名。'"

注意！此处"大皞氏以龙纪，故为龙师而龙名"，与本章开篇时，笔者提出东徙的先行者"虬龙"的"龙（蛇）"指向，是有所响应的。

《帝王世纪》载："少昊帝，名挚，字青阳，姬姓也。母曰女节。黄帝时，有大星如虹，下流华渚。女节梦接意感，生少昊。"对此，有学者解读"大星"即飞鸟，比喻少昊的祖先指向是"鸟"。当下的学术主流还认为，少昊即少皞，东夷的始祖。傅斯年先生认为："今观太皞、少皞，即同处一地，当是先后有别。且太皞之后今可得而考见者，只风姓三四小国，而少皞之后今可考见者，竟有嬴、己、偃、允四著姓。当是少皞之族代太皞之族而居陈鲁一带。"[4]再看看少皞之后的嬴姓氏族是如何指认祖源的。嬴姓为秦之国姓，这也是历史公认的了。《秦本纪》说："秦之先，帝颛顼之苗裔。孙曰女脩。女脩织，玄鸟陨卵。女脩吞之，生子大业。"可见仍然是将祖源指向"鸟"。

二、大汶口陶尊刻文的新解读

关于此次向东的民族大迁徙，出自山东大汶口文化遗址的文物似乎也在"发言"。在莒县陵阳河墓地中，有陶尊置于墓主人的足下，有意思的是陶尊上有刻纹，而刻纹则是朝向墓主人！刻纹"多为象形和象形字组成的会意字"，有考古学家称之为"日火山"，还有将其释读为"旦"（图5-2）。据陵阳河墓地发掘者观察，"陵阳河遗址东面，为一丘陵起伏的山区，正东五华里，有山五峰并连，中间一峰突起，名曰寺崮山。春秋两季，早晨八九点钟，太阳从正东升起，高悬于主峰之上，由'日'、'火'和五个山峰组成的图像文字，应是人们对这一景象长期观察的摹画。"[5]坦白地说，笔者不同意这样的解读。那种刻纹不可能是大汶口人对居住地的"写生画"。因为"1963—1979，在山东莒县陵阳河、大朱村和诸城前寨大汶口遗址中发现了三个刻符号，三个刻符号的形状极为相近，……诸城前寨距陵阳河有200多里之遥。"[6]试问，在这么大的范围内，会有"极为相近"的场景去形成三个"极为相近"的刻纹符号吗？这于常理是说不通的。笔者的解读是，所谓的"日、火、山"，应该是"日、翅、台"的象形，是用这样的刻符去记述这个族群的向东迁徙。日，太阳，东方的象征；翅，鸟的双翅，是在比喻迁徙；台，是在指向祖陵的圆形三层祭台。这是不是在指明迁徙的核心是以三层祭台为代表的祖先文化和祖源记忆？注[6]提到的刘德增先生的文章还指出，刻有三个符号的陶尊经碳-14测定，其年代为公元前2780±145年。这个距今4800年左右的年代，

图5-2 考古学家称为"日火山"的大汶口陶尊刻文

与传说中的黄帝战胜蚩尤的距今5000年左右年代，是可以构成前后逻辑链接的。此外，大汶口文化的命名地，山东省泰安市的文物局干部苑胜龙、张东珍先生著文说，在海岱地区，曾发现过中国史前时代女神崇拜的遗址，在前人所编写的泰山志书中，曾多次见到泰山地区有圈石的记载，有的说在岱顶的后石坞磨山附近有"五女圈石"。[7]笔者以为，所谓"圈石"，就是红山文化中圆形祭坛的基石。这应该是炎帝族群的一项祖先文化，已经传承到大汶口文化东夷族群中的指证。此外，还有"尚红"的祖先文化，在大汶口文化中也得到充分的继承。前面提及的刻纹陶尊，其刻纹就被"涂朱"。在著名的大汶口第10号墓中，"尚红"的祖先文化表现得更为抢眼。这是目前所知的大汶口文化中规模最大的一座墓。这座墓的墓坑长4.2米，宽3.2米，尸棺的木椁涂成红色。墓主人是一位50多岁的女性，她头拢象牙梳，额头戴玉（石）串珠项链，胸前挂有绿松石佩饰，右臂佩玉镯，手执"獐牙"，右臂外有一制作极精致的墨玉质大钺。这座墓随葬的其他器物也很特殊，如鳄鱼鳞板可能是以鳄鱼皮蒙鼓（即所谓鼍鼓）的遗留。随葬象牙器有5件。陶器分三层摆放，鼎、背水壶、鬶、盉、高柄杯等都是成双配对的出现。其中可属于白陶的就有25件之多，黑陶更达38件。椁内中部对称放置着一对彩绘陶背壶，以红色为地，绘黑白两色相间的三角纹、旋涡纹、连珠纹。色彩对比鲜明，构图和谐完整。

上述对大汶口第10号大墓的叙述，笔者梳理出三项认知：

1、炎帝文化线进入大汶口文化之后，整合了当地可能时限更早的土著文

化，形成了既传承红山文化元素又吸纳了庙底沟文化元素的具有东夷特色的大汶口文化。这种特色大体在4个层面上展开：文化的内核仍然是用玉或玉概念在表述炎帝族群的祖源记忆；文化的载体随着炎、黄种群混化而扩容；文化的艺术含量和技术含量有极大提升；文化的繁荣与经济的发展挂钩，出现了雏形的上层建筑与经济基础关系。

2、炎帝文化线进入大汶口文化之时，是以母系氏族社会为载体的。应该说这个族群并没在黄帝与蚩尤的战争中败得落花流水，或者说在泰山脚下的休养生息，已使他们强胜起来。所以才有本书第四章提到的"共工与颛顼争为帝"的战事。炎帝后裔在山东大地强胜起来的部落联盟，是十分坚持炎帝祖源文化的，比如在这个10号大墓中出现的用玉、尚红和数字"三"体现的祖陵意识，即墓中的陶器分三层摆放。再比如本文前面提到的在泰山地区发现的多处"女神遗址"。或者说多处的"家主中雷"的祖先偶像遗址。所以才导致本书第四章所记述的颛顼实施"绝地天通"宗教改革。

3、这样的女墓主的豪华大墓，在大汶口文化期内，迄今的田野考古仅发现一座，这似乎可以印证颛顼实施的、旨在加速逼迫母系氏群社会退出历史舞台的"绝地天通"，是何其快速与彻底。是的，在大汶口文化的舞台上，我们已清楚地看到古代中国由母系氏族进化到父系家长制社会的一幕。这一幕的主线，就是"龙的传人"这个认知，在东夷的父系社会中开始出现并与日俱增。

三、"龙的传人"认同的形成过程

如果说对"蚩尤"姓氏的解读，即那个由"蛇（龙）咬脚"的具象升华而成的认知，可以指向为"龙的传人"的原初意识的话，那么蚩尤这个龙的传人，只是个别的，属于首领、属于英雄、属于大汶口文化时期的伊始。从此之后，"龙的传人"被越来越多的大汶口人认同，几乎成了这个时代的全民追求。笔者的这个推测，不应属于"天才想象"，是笔者解读田野考古出土物后的感悟。

这个田野考古出土物就是在大汶口文化总体框架中的，即地处泰安、济宁的大汶口类型、地处江苏北部邳州市、连云港的大墩子类型和地处山东胶县的三河里类型，许多男性墓葬中墓主人手握的"獐牙器"。笔者以为，那并不是比鹿还小的雄性獐子露在嘴外的牙，更是谈不上什么"大汶口文化的獐崇拜"。笔者以为，大汶口人手里握着的是"龙"，是一种死而复生、延绵种姓的祈求，是祖源记忆的一种物化形式和外在表现。

祖源记忆是蚩尤部落在败走他乡途中，在异地发奋图强时的种群向心力和凝聚力，这种力量对部落领袖来说，它是对外战争的动员令，是对内管理的约束力。这种力量对部落广大成员来讲，是全民的社会基础和全民的心理准备，是种群的最大利诱和最残酷的强制，或许也可以说是远古中国人"道德观"的萌芽，于是自觉或不自觉地将自己的种姓和所属的部落与先祖蚩尤挂钩，与远祖龙挂钩。手握"龙"是让我这个"龙的传人"死后回到祖先那里，让我这个"龙的传人"的转世后代也是一个龙的传人！

应该说，大汶口的龙是一种简化了龙，它简化了红山玉祖（猪）龙和C字龙头部的五官细节和大耳与鬃毛的表述，但身躯则是保持了红山龙的弯钩形（图5-3）。所以考古发掘报告写的是"牙角钩形器"，并没指明它就是"獐牙"。"牙角钩形器"应该解读为像獐牙那样的牙角状勾形器。或许由于社会需要越来越大，这种"钩形器"有玉制、石制、陶制、泥制，包括以一种弯钩状的兽牙来充数。这种因地制宜地使用崇拜对象的载体，在历史中是常见的。在玉器时

图5-3　百度搜索中的大汶口玉器"玉龙"（左）和民间收藏的相似大汶口文化"玉龙"（右）

代，古蜀人用象牙替代玉石；在青铜时代，中原人用陶鼎充当铜鼎。

遗憾的是当代那些只讲是什么、不求为什么的考古学家，将大汶口的"龙"匆忙地认定为"獐牙"，再经有一定话语权的学者的发酵，比如王永波先生发表在《民俗研究》（1992）的大著《麒麟探源——兼谈大汶口文化的獐崇拜》，更是将"獐牙"现象，"理论"化为一种认知。就连著名考古学家郭大顺先生在介绍前边提到的大汶口第10号墓时，也说女墓主"手执獐牙"！

笔者在韩国首尔，参观国立中央博物馆时，在其"史前·古代馆"中也看到与大汶口"獐牙"极为相似的随葬品"曲玉"和"泥（制）曲玉"。墓主是仰身屈肢，这种丧葬习俗在大汶口遗址中是有所表现的。随葬品还有玉（石）璧和玉珠、玉管等玉（石）器，这种用玉随葬的做法，也是一种大汶口文化对红山文化的继承。笔者无法考证这种大汶口文化是何时远播韩国的。有学者的研究指出，在三里河遗址里发现成堆的鱼鳞和四种特殊的鱼种：鳓鱼、棱鱼、

图5-4 韩国首尔博物馆收藏的"曲玉"　　图5-5 日本东京国立博物馆收藏的"勾玉"

里鲷和兰点马鲛。其中兰点马鲛是游速很快的远海鱼类，可见近海而居的大汶口人已掌握了相当高超的航海和捕捞能力。[8]如果把上述相关所谓"獐牙"的史实串联起来，笔者相信大汶口人是将手中握"龙"（亦即中国的考古发掘报告称为"牙角钩形器"，中国的一些考古学家称为"獐牙"，韩国的中央博物馆称为"曲玉"）当成了"龙的传人"的信物。即便背井离乡，漂洋过海，自己的"祖源记忆"也是要铭记于心的。在日本，这样造型的玉器被称为"勾玉"，也赫赫然出现在其国家博物馆。想必这也是当年东夷那些"龙的传人"远渡日本留下来的一种物化的祖源记忆（图5-4、图5-5）。

第二节　大汶口文化的兴盛与衰败

　　笔者在本书第四章中指出，颛顼的"绝地天通"，加快了母系氏族社会向父系家长社会的转化，帝俊的"一首三身"，扩大了炎、黄子孙的融合混化。生产关系的变革，极大地发展了生产力。帝俊时代的"始为巧倕"、"始作下民百巧"、"始作牛耕"、"始为国"、"始布土"，均是或多或少、或显或隐地在大汶口文化中获得了考古学的支撑。

　　生产力的发展首先体现在粮食的增长，有了余粮。这种现象可能是中国史前史中出现的第一次，在山东省胶县三里河的一处大汶口文化遗址（F201）中，有一个容积达3立方米的窖穴，中间堆满了粟子的朽灰。当今学者折换为新粟，应该有三四千斤。另一个遗址还发现这类窖穴往往成群分布，由此可以推测，当时粮食生产量和储备量是可以用"充足"来认定。有了充足的粮食，所以才可能从农业生产中抽出人力来发展"意识形态"和手工业，才可能"始为巧倕"、"始为国"、"始布土"。正因为"始作下民百巧"了，"骨针磨制之精细，几可与今针比美"。这样的赞叹，或许就是大汶口工匠刊登在众多史说中的招牌广告。大汶口文化中的制陶工艺也获得长足的进展，一种以坩子土为原料的白陶，烧制火候可以高达摄氏1200度，质地极为坚硬。另一种蛋壳黑陶，其薄如鸡蛋壳的胎体，令古今中外的陶瓷业都叹为观止。大汶口文化的陶器在器形的造型艺术上也是前无古人，后少来者的。特别是那些俏形的器物，每一件都可称为艺术精品。

或许由于在烧陶中提升了对温度火候的把握，使源自蚩尤时期的金属冶炼技术更进一步，磨切工具更为锋利了，所以大汶口文化时期的玉器钻孔技术有了较大的提高。细小的深孔明显增多，琢磨的线条更加自如。造型中既有截角又有镂空，纹饰上既可以抽象，又可以写实，为玉器的艺术表现注入了强大的生命力。更有甚者，大汶口人将他们对自然的观察体会，以及那种被今人称为"哲学"的某些意识的萌动，用玉器将其物化，将其外载。或许这可用大汶口玉器中的"玉璇玑"来解读。

一、玉璇玑的玄机

玉学界称"玉璇玑"为"玉圆孔边刃三牙器"，是最先出现在大汶口文化期的玉器，也是中国玉器史上的一个符号型玉器（图5-6）。长期以来玉学界对其功用的解读是古人观天测星的工具。以如此简单的工具要去达到那么艰深的目的，这在常理上是无法成立的！后来，中国玉学界的泰斗级人物杨伯达先生认为是古代巫师的一件礼器。这似乎太笼统了，因为在古代，几乎所有玉器都可归纳在礼器范畴之内。又一个泰斗级人物周南泉先生则指出，玉璇玑是居住在海边的古代中国人，对年复一年季风的重复到来的认知物化。笔者赞同周先生的指认。笔者还推测，这种玉器的具象和其负载的意识，后来传到古蜀。古蜀人将这种重复往返的意识，发展成生死轮回的一种文化。将玉璇玑的具象，符号化为卍图案。或许这个符号的提炼过程，受到羌人的祖先在河西走廊时接触到的马家窑文化的影响（图5-7）。再接下去，是古蜀人将生死轮回的概念和卍字符号，通过

图 5-6　山东省滕县里庄出土的"玉璇玑"（多齿三牙璧）

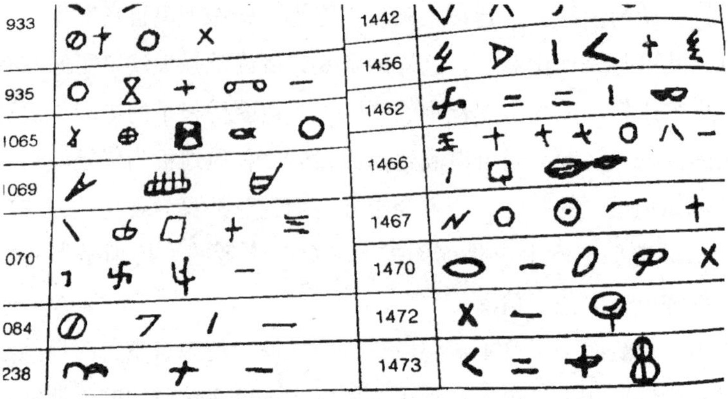

图5-7　马家窑文化字符中的卍字符号（选自尚民杰辑甘肃乐都柳湾陶文）

南方丝绸之路，传播到了喜马拉雅山的南麓，为原始佛教的形成，提供了古蜀文化元素（详见本书下篇）。

二、大汶口文化向西迁徙，最终将"蜀"从山东搬到四川

大汶口人有了余粮，养猪安家。从考古学文化视角来观察，刘林和附近的邳州市大墩子以及山东兖县王因、邹县野店等大汶口墓地，都有成年男女的二人合葬发现，看来在家族内部以夫妻制婚姻为基础的个体家庭已经形成。父系家长制社会的巩固与发展，历史进化的同时也产生了社会分化，贫富现象更为普遍。猪可能已是一种大众化的财富象征。属于大汶口遗址的莒县陵阳河，在38座墓中，共殉猪下颌骨164件，其中的两座大墓分别葬有猪的个体达33和24个。

大汶口文化驱动了历史的进程。或许，"历史"也迫使大汶口文化做出迁徙。

大汶口文化的对外迁徙已是现今主流学界的共识，但至今未究其竟，做出细指深谈。

笔者以为，大汶口文化之所以要背井离乡，既有"天灾"，也有"人祸"。天灾可能是黄河入海处的改道，使大汶口文化的主要生长地，成了一片水乡泽国。大汶口人无法正常生活下去了。这或许反映在本书第四章提及的"共工怒而触不周之山"的史影上。天柱折了，地维绝了，"地不满东南，故水潦尘埃归焉。"是为天灾。所谓人祸，古籍的对应可能就是《吕氏春秋·召

126

内篇》所说的"舜却苗民，更易其俗"。在"炎黄大战"的深度继续中，炎帝体系可以"打不赢就跑"，但不能让黄帝体系去"更易其俗"，让黄帝体系的"祖源记忆"去置换炎帝体系的"祖源记忆"。

大汶口的东夷种群，带着炎帝体系的祖源记忆和祖先文化的对外迁徙（这类迁徙，从不同的历史角度来观察，可叫败逃，也可叫扩张）向西在先，向南在后。

东夷种群的向西迁徙，可能成形于大汶口文化的中期，就是那支与颛顼争为帝而失败的共工部落。他们从现今的大运河以西的鲁西，进入现今郑州以东的豫东，再南下到现今的河南省西南部。这条行军路线的佐证，可用郭沫若对共工"祖籍"的判断，可用乐石文化和史前南阳、淅川用玉的考古学文化来进行。极有可能，这样的迁徙将大汶口文化中的"鼎"文化带到了中原。郭大顺先生指出："大汶口文化以'鼎豆壶'组合为代表的陶礼品制度，为豫西仰韶文化所接受，在仰韶文化高层次的中心聚落，如王湾遗址和大河村遗址表现尤为显著，并使仰韶文化自身特有的西瓶和彩陶逐步走向衰退，形成了仰韶文化以陕县为界，关中与豫西发展不平衡的情况。"

笔者还猜想，这支迁徙大军中的一部分"探索者"，从豫西南横穿陕西南部，到达甘肃南部的那个古称为"瞿"的地方，"蚕丛纵目，王瞿上"，建立了"古蜀"。"玉璇玑"及其负载的意识，也带去了"瞿上"。原生于山东的"蜀"地名，也由东边搬到了西边。这种"地名搬家"同行的可能还有"梁山"、"蒙山"、"蓬莱山"、"崾崍山"、"灵山"等多个地名。[9]

第三节　南迁，将炎帝祖先文化在凌家滩进行大展演

谈完了东夷种群向西扩张，再来看东夷种群的向南扩张。南迁可能出现在大汶口文化晚期。考古学文化中的陶鬶的南迁路线，或许算是一个明确的指引。古籍提及的"徐夷"、"淮夷"，或许是有所关联的记载。笔者以为，保护着"祖先文化"南下的炎帝后裔东夷种群，第一个"大站"是江淮流域，巢湖周边的"凌家滩文化"。

笔者还是坚持先前的认知理念：不能说是大汶口文化（经过山东龙山

文化）去"开创"了凌家滩文化，只能说是大汶口文化所传载的红山文化线，进入到凌家滩文化，使凌家滩文化呈现出炎帝文化线的许多明显的特征。

所以，凌家滩文化还是在用玉（石）表述文化。请看以下数据：1985年春，由凌家滩村民挖出的陶器、玉石、玉器等，大都得到文物部门的征集。其中玉器有26件，分别为玉璧4件、玉玦3件、玉环15件、玉璜1件、虎形玉璜1件、圆条形玉饰2件。石器有石锛13件、石斧（钺）12个。[10]在凌家滩遗址的第一次试掘中，以凌家滩87M4号墓为例，墓内石器27件，有斧、钺、锛、凿等。玉器96件，有镯、璧、玦、璜、玉管、玉笄、玉珰、玉勺、玉龟、刻八角星纹的玉版，以及各种形状的玉饰等。其中八角星纹玉版为长方形，夹在玉龟的腹甲与背甲之间。另在87M1号墓出土了站姿玉人、玉璜、玉玦、玉环、石璧。[11]凌家滩遗址的第二次发掘，清理墓葬11座，出土随葬品614件，分别为玉器259件，石器147件、陶器108件。[12]凌家滩遗址第三次发掘是在1998年11月，揭露面积1825平方米，发现祭坛1座、祭祀坑3个，积石圈4处，红烧土遗址1处，清理史前墓葬26座，出土了大批玉器、石器以及陶器。在玉器种类上，增加了"玉戈"、坐姿玉人、玉鹰、玉龙等。玉龙出现在98M16号墓中，该墓出土随葬品42件。其中玉器19件，器类有玉璜、镯、龙、玦、管、坠饰、喇叭型器、耳珰、玉芯与盲孔件。石器1件为石钺。[13]第四次发掘确认了凌家滩遗址的面积为160万平方米。遗址的平面布局，由南往北依次为面积约3000平方米的用红陶块铺装的大型广场、第一道壕沟、第一处祭坛和墓地。第二道壕沟、第二处祭坛和墓地……岗地两边的平缓滩地为生活居住区。[14]第五次发掘出的2007M23号墓是迄今在凌家滩遗址上发现的规模最大、随葬品最丰富的墓葬，随葬玉器、石器及陶器约200件，其玉、石器有180件，器类以钺、环、镯、璜、玦、锛、凿为主，还有斜口偏圆形器、璧等。另在墓坑填土中发现了一个雕刻有类似猪首形态的玉石料，达到88公斤。[15]

列位看官，请你们细心再细心注意上述凌家滩田野考古发掘报告的内容！不就是一场场红山祖先文化的大演展吗？所有"主角"都上场了：有指向远祖的玉龙和玉鹰（鸮）；有叙说近祖的祖先偶像，即几个"站姿玉人"和"坐姿玉人"以及未曾公布的陶制"祖先偶像"（图5-8，图5-9）；有象征祖陵展示身份的红山马蹄形玉佩，即上述凌家滩遗址中的玉"喇叭形器"和"斜口偏圆形器"；有"尚红"的运用，有"崇玉"的罗列；有红山祭坛与墓地结合的祭祀遗韵，有红山祭台和石圈的史影……现今有研究文章指出，"凌家滩及周边的地区皆非玉产地"。为此，笔者更有信心认为，是大汶口东夷人的一部分，带着他们的祖源记忆，让所传承的红山文化线插入凌家滩文化。

图5-8　凌家滩一号墓出土的站姿玉人像

一、华夏先民原初的哲学思维在凌家滩玉版上闪烁

凌家滩87M4号墓出土的玉龟和玉版，算得上我国史前玉器作品的经典。它的丰富内涵让它在出土之际，便引来注家蜂起，其中不乏学界大家如饶宗颐先生、李学勤先生。

这件玉器应该说是一组玉器，是一张刻纹钻孔的玉版，夹放在一个玉龟的背甲与背腹之间（图5-10、图5-11）。这样的组合似乎在古籍中已有对应：《黄帝出军诀》说的"元龟衔符"，《尚书中候》说的"元龟负书出"，《龙龟河图》说的"大龟负图"，或许指的就是这类玉器组合。而且这样的玉器可能不会是孤品，只不过迄今只有这么一件出来与我们羞答答约会罢了。

图5-9　凌家滩考古发掘的又一玉人的生动面部表情

图5-10　凌家滩四号墓出土的玉龟（鳖）

图5-11　凌家滩出土玉龟中夹放的玉版（玉刻图形长方片）

或许更可以说，这样玉器所负载的原始思维，在大汶口到凌家滩的文化现象中，已是星星点点，多处出现。

让我们再来细细观察这件玉器：长方形的玉版，正面平直，背面略有凹。两短边各通钻5个圆孔。长边的一边对钻9个圆孔，另一边的两端对钻2个圆孔。玉版中部雕刻有一个圆圈，圈内刻有方心八角形。圈外刻画一个椭圆。圈和圆以直线平分为八等分，每一等分中又刻一圭形纹。在椭圆外沿圈边对着长方形玉版的四角，各雕刻一圭形纹饰。考古发掘者认为，这块玉版上雕刻的纹饰，反映了凌家滩先民的原始哲学思维，即圆中心的八角星纹应代表太阳。圈和圆之间的八个圭形纹饰，应该是表现东、西、南、北和东南、东北、西南、西北八方。大圆圈外四角的四个圭形纹饰应是表示"四维"。四维和八方，可能就是《史记·龟策列传》中记载的所谓"四维已定，八卦相望"。玉版应是原始八卦图，是《易经》的最初来源，是华夏先民哲学思维的原始形态。

笔者以为，先民的一些原始思维得以在这个文化期形成，是前面提到的帝俊"始为巧倕"的结果，这样的历史现象，古籍中似乎已经注意到，《御览》七十八说："庖牺氏作八卦。神农重之为六十四卦。黄帝尧舜引而伸之，分作二易。"

从大汶口的"玉璇玑"到凌家滩的"玉龟、玉版"，笔者还以为距今四千多年前，古代中国人就已经能够很好地把握季节时间、方位空间了。炎帝族群的这种能力，或许在牛河梁红山文化遗址群的顺山势定方向、有规划的布局中已产生了萌动。在后来的大迁徙中，出于对方向地势认知的迫切需要，又加快了对这种意识的把握。凌家滩玉版刻纹中的"圈内刻着方心八角形"，笔者以为它还不能仅仅理解为是对太阳的认知，它和出现在彩陶上的相近图案一样，是古人的"上下天地"意识，是"天圆地方"意识的原初反映，是红山文化中祖陵加祭台三维具象的平面化，是由具象到抽象的艺术手段的试验，是远古中国人意识成长中的一大跨步。这种上下意识，与东南西北的方位认知结合，便成了完整的空间概念。至于那些钻孔的数量和位置，是一种实用的装置佩带需要，还是另有其他文化内涵，还需拭目以待。

二、何必硬要指龙为虎？

出土于凌家滩遗址98M16号墓的"玉龙"，呈偏心穿孔的环状，首尾相接，在接近尾部的一侧有一可穿线作佩挂用的钻孔。玉龙的长径4.4厘米，

短径3.9厘米，厚0.2厘米（图5-12）。观其
图，与本书第一章中展示的红山诸多玉龙，
虽有细节的差异，但从整体来看，此龙和彼
龙的形状是一致。只不过，此龙与界定蚩尤
的"蛇咬脚"类龙更加相似，这或许说明它
们是"近亲"。这件玉龙的首次披露是在凌
家滩第三次发掘简报中："吻部突出，阴线
刻出嘴、鼻，阴刻圆点为眼，头部阴刻几条
线呈皱纹和龙须，头雕两角。龙身脊背阴刻
规整的弧线，表现龙为圆体，连着弧线阴刻
17条斜线，表示为鳞片。"后来，作为发掘

图5-12 凌家滩遗址98M16号墓的玉龙

者之一的张敬国先生，与杨竹英合作著文指出："凌家滩玉龙，虽然龙的身
甲、龙爪未有雕作，但作为龙，一望而知，不致误解。……像凌家滩出土的玉
龙和国人心目中的龙的形象这么相似的尚难找到第二例。这说明在凌家滩时
期，龙的形象已臻完美、明晰，龙的观念成为中国史前文明文化同构的特征之
一。"[16]再后来，台湾众志美术出版社出版的《安徽省出土玉器精粹》一书，
对"玉龙"的描述是："吻部突出，侧面以阴刻线勾勒出上下突出的獠牙。头
部雕两只角，微翘。用阴线勾勒出眼、鼻、嘴。在龙体的外缘阴刻一道弧线，
在弧线内阴刻17条短线，表示龙背鳞。"笔者将这个描述与首次披露"玉龙"
的文字做了比较，以为有三处相同和一处更改。相同的是"吻部突出"、"头
雕两角"和"弧线阴刻17条斜线"，更改的是将"头部阴刻几条线呈皱纹和龙
须"指认为"侧面以阴刻线勾勒出上下突出的獠牙"。在笔者看来，这仅仅是
加强了龙的凶狠属性，但对龙的基本形象特征长嘴、双角和圆曲身段是坚持了
的。

　　事不过三，上述三例应该说可以对凌家滩玉龙定版了，可以符合发掘者的
心愿"一望而知，不致误解"了。殊不知事与愿违，偏偏引来误解。当今中国
大陆考古学界著名学者朱乃诚先生，在其大著《中华龙：起源和形成》中就一
口咬定，指"龙"为"虎"。朱先生说："我将凌家滩'玉龙'的首部认作虎
首，主要依据是'玉龙'首部的兽面特征。"但他接着却说："由于受器型较
小、刻线潦草，不易辨认。"对此，笔者颇生纳闷，既然"不易辨认"，如何
可作"主要依据"呢？

图5-13　凌家滩出土的"虎首玉璜"上的虎牙（獠牙）

朱乃诚的认知途径是："与凌家滩出土的其他玉雕动物造型的作品进行对比，可以较易地辨认出来。"笔者想，以不同口径进行比较，当然"较易"，只是结论的真实性如何，可能就不一定会"较易"了。朱乃诚用了三件虎首玉璜来对比"玉龙"，他的视角将"双角"看成"双耳"，聚焦在"獠牙"上。他的学术轨迹是用可认知的虎，去比对不可认知的龙，用具象去图解抽象。在笔者看来，朱先生"依据"的虎牙（獠牙）（图5-13），已不是具象的虎牙了，谁见过老虎的牙齿裸露在闭合的嘴唇外？虎首玉璜的獠牙，已是一种艺术夸张，它在叙述古代中国人对已经抽象了的龙的一个想象出来的细节。

朱乃诚指"龙"为"虎"的第二个依据是"玉龙的身躯表现的是虎身"。其理由是："由于我们已经确认其首部为虎首，那么其脊背上的17条放射斜线应是表现虎背上的或是身躯上的鬣毛，而绝不可能是鳞片。凌家滩'玉龙'的身躯应是虎的身躯。"[17]从这段文字的逻辑来看，先生的偏激似乎近于武断，笔者不知有谁见过圆环形的虎身？亦不知有谁见过长鬣毛的老虎？

为什么朱先生要指龙为虎？他是坦白的："将凌家滩遗址的'玉龙'改定为'玉虎'后……在探索中国'龙'文化意识的起源与形成或'龙'的观念意识的起源与形成中，就目前的发现而言，应排除凌家滩。含山凌家滩遗址所属的安徽江淮地区自然尚不是探索中华龙文化意识起源的主要区域。"[18]如果再问为什么朱先生要如此坚决而急迫去得出上述结论，那得由学术界去观察了，我等凡夫俗子是眼力不济的。

三、祖源记忆的"清洗"导致凌家滩文化的被迫搬迁

炎帝文化线在凌家滩文化中待得不长。从古文献上看，中原五帝时代的晚期尧舜时代战事不绝，仍然是"炎黄大战"的地区性继续。《吕氏春秋》说"尧战于丹水之浦以服南蛮"，"舜却苗民，更易其俗"，舜战死在三苗大战，"葬于苍梧之野"。战事的结局，还是"黄"胜"炎"败。炎帝文化线占主导的凌家滩文化只得迁徙，到更为偏远的野蛮人地区。对此，《左传·文公十八年》说得

颇为具体而形象。它说，上古时代帝鸿氏、少皞氏、颛顼氏、缙云氏各自的后族"浑敦"、"穷奇"、"梼杌"和"饕餮"非常坏。后来舜将这"四凶族"流放到边远四方的野蛮人那里去，用他们来抵抗魑魅。[19]从《左传》文公十八年的原文可推测，那些"四凶族"应该说已经是黄炎种群通婚的后代，但为了彻底清除炎帝文化线的传承，他们均被黄帝体系称为"不才子"。而罗列给"不才子"的罪状，似乎都隐约有一些反"正统"的进步。或许还可以说，拥有当时先进文化的凌家滩人，只因他们是炎帝后裔也被纳入"不才子"，而被驱赶流放。与之对应，那些"考信于《六艺》"的先秦正统文献，则将黄帝体系的纯正血缘后裔，命名为"有才子"而大加肯定大力赞扬。比如《左传》说："世有才子八人：伯奋、仲堪、叔献、季仲、伯虎、仲雄、叔豹、季狸，忠肃恭懿，宣慈惠和，天下之民谓之'八元'。"再比如《潜夫论》说："有才子四人，曰重、曰该、曰修、曰熙，实能金木及水，故重为句芒，该为蓐收，修及熙为玄冥；恪恭厥业，世不失职，遂济穷桑。"

再从考古出土的"物证"上去解读。凌家滩第五次发掘出的2007M23号墓，是至今在凌家滩遗址上发现的规模最大、随葬品最丰富的墓葬，随葬品多达200余件，其中大多为精美玉器，应该说是凌家滩文化发展高峰的一处体现。在该墓的墓坑填土中竟有一个长72厘米、重达88公斤的一件玉雕半成品。有文章称此为"类似猪首形态的玉石料"，笔者的观察是半成品的玉祖（猪）龙巨像。如此巨大的玉器，在史前史中的玉件中，是空前绝后的，是凌家滩人着手建造的一座祖源记忆丰碑。为什么未等完成便匆匆埋于填土之中？最大的可能是敌人已经兵临城下，只好暂藏土中，以待来日。可见，黄帝体系在驱赶挤压那些坚持自家祖源记忆的"不才子"时，是何等的势如破竹。

第四节　良渚文化中为何闪烁红山文化元素？

从凌家滩文化的中心区安徽巢湖，往东南是长江口与杭州湾之间的环太湖地带，是距今五千年的良渚文化中心区，算是远离黄帝体系中心区中原的蛮荒之地。对此，今天的学术主流是认同的。《中华文明史》第一卷指出："伴随良渚时代的开始，还发生了一个重要的事件，即长江下游地区社会文明化的重心从巢湖地区转移到了环太湖附近。"

凌家滩文化中的那些被中原正统文化称为"不才子"的炎帝后裔东夷人，带着他们传承的炎帝祖先文化线，带着他们继承和开发的先进文化，即那些琢玉中的钻孔和线刻缕雕工艺，那些制作薄如蛋壳的黑陶技能，那些设计图案中的抽象表述，那些方位意识和空间认知，那些从"始为国"开始的"古国"社会结构模式，那些发展出后来的《易经》中的原初哲学意识……以强势文化之势，横向进入源远流长的良渚文化，让良渚文化隐现出几许斑斓的红山文化风采。从考古学文化来验证："良渚文化在距今4600年至4400年期间，陶器制作十分精致，出现了乌黑发亮的黑陶、繁缛的细线刻纹和鼎、豆、壶等组成的礼仪用陶器，还出现了多种刻符，出现了'玉殓葬'，社会意识观念、精神文化面貌及社会阶层分化有了进一步的发展。"[20]

当代考古学家指出，凌家滩文化有过两度中断。笔者的猜想是，第一次中断是由巢湖去了杭州湾。第二次中断是随着向北扩张的良渚文化，跨过江淮地区再逆淮河上游而北进，在现今的河南新蔡以东和安徽蚌埠以西地区，与西兴东渐的大禹（治水）文化会合后，再一路北上，在晋中南的襄汾盆地最终形成了夏文化的胚胎——陶寺文化。

一、良渚文化，让祖源记忆具备更大的包容性和传播力

良渚文化的主调也是在用玉表述文化。蜚声中外的良渚玉器已经做出最为精准的注释。良渚文化的核心，笔者以为还是在传承和创新祖先文化，让祖源记忆具备更大的包容性和传播力。

在远离黄帝体系势力的良渚地区，已经被打压追赶数百年的炎帝后裔东夷人，终于有了喘息机会，可以安心数百年了。东夷人在被追赶的迁徙过程中，深感祖源记忆在团结民众、凝聚力量的重要性。所以，用文化来彰显祖先意识摆上了首要的议事日程。良渚文化在陶制礼器鼎、豆、壶上的主要纹饰，就是叙述炎帝族群想象远祖的龙和鹓（鸟）。这样的表述既有繁体版，又有简体版。福泉山M74号墓中饰有龙（蛇）纹和鸟纹的壶，是繁体版（图5-14）。福泉山M101号墓中陶豆的龙（蛇）纹和鸟纹也应是一种繁写（图5-15）。在繁体与简体之间的龙、鹓（鸟）纹，可见于后山遗址出土的两件陶豆、豆盘的内壁和外壁所绘纹饰（图5-16）。庙前遗址H2窖藏出土的龙（蛇）鸟纹陶罐表现得更加明确（图5-17）。简体版的主要代表是1973年在江苏吴县草鞋山M198号墓中出土的一件陶鼎的鼎盖纹饰（图5-18）。它被学界读成了单一的

图5-14　良渚文化中龙纹与
鸟纹的"繁体版"。（福泉
山M74号墓中陶壶图案）

图5-15　良渚文化中龙纹与鸟纹的"繁体
版"。（福泉山M101号墓中陶豆图案）

图5-16　良渚文化中龙纹与鸟纹介于"繁体"与"简体"之间的纹饰。
（后山遗址出土的陶豆）

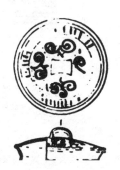

图5-17　良渚文化中龙纹与鸟纹介于
"繁体"与"简体"之间的纹饰。（庙
前遗址H2窖藏出土的陶罐）

图5-18　良渚文化中龙纹与鸟
纹的"简体版"。（吴县草鞋
山M198号墓中出土的陶鼎）

"蛇纹"。笔者以为应是龙（蛇）鸟（鸮）合体表述。该 ⚭ 纹应该是 ꙮ 长角的S形龙和 ꙮ 云气象征的鸟。另外两图应是长角的盘龙和云气的鸟纹。这种S形龙纹和云气纹在后来的先秦两汉的青铜器和玉器中得以大量使用。

祖源记忆意识亦有了发展，将祖源龙"传宗接代繁衍种群"的作为，用龙纹与蝉纹相结合来叙述。笔者以一件良渚陶杯的纹饰，来阐述这一推测。

浙江海盐龙潭港遗址发现一处良渚文化的墓地。清理祭坛一座、墓葬20

座。其中一座较大的墓葬M12号出土了一件宽把陶杯（M12：32），是良渚文化的典型陶杯之一。陶质为夹细砂灰胎黑皮陶，高14.7厘米。箕状口部，带盖，口部长径14厘米，流较宽短，腹部略鼓，呈粗矮筒形；环形把手宽达11.7厘米，与流相对；矮圈足；在腹部、流下和宽把上侧的三个部位以刻画的细线饰三组纹饰。龙形纹饰刻画在这件宽把陶杯的腹部，为上下两条长身动物，围绕宽把陶杯腹部一圈。头部特征较为明显，尖牙利齿，圆目，构图手法是把主体面的双目与牙齿夸张地展示于同一平面上；身体由简洁的线条构成，并布列一些小圆孔，似象征该动物表皮的纹饰；尾部向上弯曲，与头部相对。

宽把陶杯流口下方的纹饰，也是一种动物的面部简化形象。

宽把陶杯的宽把上侧的纹饰以两个蝉形动物为主，中间有模糊的简单刻画（图5-19）。[21]

图5-19　良渚文化中龙纹与蝉纹同存一器的纹饰。
（海盐龙潭港遗址M12号墓出土的宽把陶杯）

笔者从上述考古学者的描述中，依稀看见4000多年前，东夷良渚人的一些意识形态：他们的艺术表现是何其超前，那种将三维的立体，抽象为平面的线绘，比之公元19世纪出现的西方抽象画派，至少早出4000年。良渚人的匠心运用是何其精彩。将祖先形象"咬足蛇"盘龙首尾相连的圆盘体态环绕于杯腹，将龙的鬃毛置于抢眼的杯把上侧，让人很容易联想起龙——祖先——的威武潇洒。更加了不起的是我们中国人的祖先，他们能在距今4000多年前，就用龙纹和可以蜕变再生的蝉纹，将"祖先"与"传承"的意识连贯成"祖源记忆"表达出来，记录下来。这种"蝉"的比喻和"蚕（蝉）丛"的祖先再生概念，在后来的古蜀地，得以大量使用（图5-20、图5-21、图5-22）。

图5-20　民间收藏的古蜀玉雕中纵目人与蝉同存一器的圆雕作品　　图5-21　民间收藏的古蜀玉雕中牛首炎帝与蝉同存一器的圆雕作品　　图5-22　民间收藏的古蜀玉雕中部落首领与蝉同存一器的圆雕作品

如果说大汶口文化中，男人们手握"獠牙"（实为一种简化龙）入葬已是一种大众化的"龙的传人"意识行为，那么这个良渚陶杯上的龙纹与蝉纹连在一起的图案，就是中国人将"龙的传人"作为文化概念的表述与记录。

二、祖源记忆才是玉琮真正的文化内涵

要想用易碎的陶器承载祖先意识流芳百世是很难做到的。或许良渚人便将祖源记忆移植到玉器上，其佼佼者更是玉琮。

玉琮是一种内圆外方的柱形玉器。器身分节不等，器体上大下小（图5-23）。长期以来人们认为玉琮是"周汉之物"，因为古籍称玉琮与玉璧、玉圭、玉璋、玉璜、玉琥为祭祀必备的"六器"。《周礼》也说："以苍璧礼天，以黄琮礼地。"在"礼崩乐毁"的西周晚期，琮曾一度被边缘被忽视。"克己复礼"后，琮更多的已经只是一种概念，以致到南宋时被称为"镇圭"，已与"琮"不甚搭界。到了清朝，其形与实脱节，被指认为："琮，瑞玉，大八寸，似车杠。"所以，连收藏满城、视玉如命的乾隆皇帝，面对进贡来的古董"玉琮"亦不知为何物，而将其改制为案头的文房水盂。

20世纪下半叶，继江苏、安徽、浙江的良渚遗址出土了相当数量的玉琮后，几乎在大半个中国的土地上都有玉琮出土。学术界对玉琮的解读也层出不穷。有的认为琮是烟囱崇拜的礼器；有的认为琮象征地母的女阴，是生殖崇拜的对象；有的认为琮是男根之象征；有的认为琮是织布机上的部件；有的认为琮是沟通天地的媒介，外方象征地，内圆象征天，中孔象征天地之间的贯穿，

图5-23　良渚遗址寺墩四号墓出土的玉琮

图5-24　乾隆不识玉琮，将其改为水盂

琮上的兽面纹是巫师，以此通天人之际；还有的认为良渚玉琮是良渚寺墩遗址的设计底本；更有人认为琮是献给鬼神的猪、猪头、猪下颌的替代品，是神的食物，等等，极尽天才想象之能事。笔者以为，比较"落地"的解读是："以玉琮祭地，满足了以农耕经济为主的人们对田地、对农业的祭祀要求，并逐渐演化成为田地的象征，神化为'土地神'。"[22]坦率地讲，笔者以为这样的指认也是经不住推敲的。中国几千年来都是农业国家，从秦汉到清，皇室年年都要祭祀田地祈盼丰收。如果一直都明确玉琮是祭祀田地的器物，那就不至于不属昏庸之君的乾隆爷，把神器玉琮当成了玩意儿水盂（图5-24）。

　　笔者以为，玉琮也是一种祖源记忆的载体，而且是集祖先文化之大成器物。先看器形，方圆结合，这是红山祭祀文化中方形的"塚"与圆形的"坛"的艺术化表述。图5-25是一张航拍的牛河梁红山文化

图5-25　红山文化牛河梁遗址航拍图显示的方形塚与圆形坛布局

遗址第二地点照片，清晰可见方形的塚与圆形的坛一线铺开。"塚坛结合，坛呈'环状列石'状，并起三层台阶，被誉为中国古建筑三台的鼻祖。"[23]"祭坛前圆后方，左右对称，已是中国古代传统建筑布局的前身。"[24]到了良渚文化期，这种塚的方和坛的圆的结合规范化了，或许已经成了一种认知的概念，图5-26是良渚文化寺墩遗址和墓地的平面图。外方内圆的布局已与玉琮的横切面十分接近了。

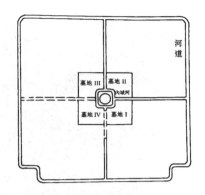

图5-26　良渚文化寺墩遗址平面图上外方内圆的布局与玉琮的横截面已是十分接近了

应该说这种玉琮的祖陵艺术表述存在着"中间环节"的，那便是在红山文化、大汶口文化和凌家滩文化都有出现的所谓的"马蹄形玉器"（凌家滩考古报告称为"喇叭形器"和"斜口偏圆形器"）。以考古学文化为视角去观察，在良渚玉琮出现之前，在中国的玉文化发展轨迹中，没有琮型器；而在良渚玉琮出现之后，就没有所谓的马蹄形玉器的旧型新制了。此外，马蹄形玉器是以体量大小来区别与祖先血缘的远近亲疏。玉琮上分节的多少，也就是与祖先血缘远近亲疏的标志。

玉琮上的刻纹，如同良渚文化的陶纹，有繁有简。对玉琮刻纹的解读，学术界有的认为是"神人兽面纹"，是良渚人崇拜的"神徽"；有的认为是"巫师乘兽跻图"，是良渚的巫师以"跻"去通"天人之际"。笔者以为那不是"人"与"兽（跻）"，那应是良渚人在记述他们传承红山炎帝部族对远祖"龙"和近祖"祖先偶像"的记忆。近祖"人"是具象，远祖"龙"则是一种想象，一种多种动物元素组合的抽象。即便是简化了的图案，也可以让人意识到是在指认抽象的远祖和具象的近祖（图5-27、图5-28）。对笔者这样的解读，最新的学术指认是有所呼应的："在较晚的良渚社会中，宗教内容有明显的变化，雕刻在良渚玉器上的兽面神人徽像，应当是从松泽文化时期一种比较写实具像的玉人形象演变而来的……这种神徽无一例外地被刻画在玉器最为醒目的位置。因此使人有理由相信，良渚宗教基本上属一种神教的范畴。而这位逐渐被神格化的自然人，也许就是良渚人供奉的祖先神。"[25]

图5-27　良渚玉琮上的"分节"
图案

图5-28　玉琮纹饰简化版之一，仍
可意识到抽象的远祖和具象的近祖
（上海市青浦县福泉山40号墓出土）

　　玉琮体量的上大下小，是一种对祖先的崇敬，天大于地，祖宗大于
后人。

　　良渚人用玉琮来记叙祖源记忆，是古代中国人在传播祖源记忆中的一种
大智慧。一方面，将方圆结合的祖陵实体，工艺化为外方内圆的玉琮，让不能
移动的祖陵成了可以迁徙的祖陵，成为一种具象的可把握的祖源记忆。另一方
面，玉琮的纹饰将祖先文化抽象后，使之艺术化，装饰化，作为炎帝后裔的东
夷人，亦即那些遭受黄帝后裔不断驱赶的"不才子"们，才能带着他们的祖源
记忆，以良渚文化玉琮、良渚式玉琮和其他文化玉琮的形式，顺利通过中原黄
帝体系的意识形态检查，走向现今中国版图的半个中国地域。

　　炎帝文化线在良渚文化中的又一个醒目表述，是红山式的塚坛结合的祖陵
建筑的大量运用。良渚文化中寺墩、福泉山和反山等地的大墓，都并不是平地
深埋，而是以人工堆起巨大的土墩，在土墩之上筑墓，有的墓旁还设置祭坛。
这类祖陵的佼佼者应在莫角山。这个人工夯筑的台址，总面积在30万平方米以
上，高达10米，土台以上又营造了三个高台，并发现直径达20米的红烧土遗址
多个。在这里，除了炎帝文化线的祖陵元素外，还出现了数字"三"和"尚
红"的祖先文化元素。

140

良渚文化除传承了用玉表述文化以外，还应该大书一笔的是它的养蚕织丝。古代中国有关丝织方面的实例，以前只见于山西省西阴村仰韶文化遗址里发现的半只蚕茧，后又在河北正定南杨庄仰韶文化遗址地层里出现过两件陶塑蚕蛹，经鉴定属家蚕型，但从人工养蚕到产生丝织业还有一个过程，古代丝绸品的实物本来就很难在地下保存下来，史前时期的丝织品就尤为难得。20世纪60年代在浙江省吴兴县钱山漾良渚文化早期地层里一次就出土了丝线、丝带和绢片共三种丝织品。其中的绢片用平纹织法，密度已与近代丝织物相近。[26]当代考古学家郭大顺先生还说，迄今为止中国最早的丝绸标本在良渚文化遗址里发现并非偶然，在杭州湾距今7000多年的河姆渡遗址就出有以蚕纹作装饰的牙雕小杯，钱山漾附近的梅堰良渚文化遗址也出土过一件饰蚕纹的良渚文化陶壶，说明养蚕在环太湖流域有着古老的传统。对此，笔者以为，后来大禹能够"禹会诸侯涂山，执玉帛者万国"，或许就是因为有良渚文化提供的琢玉和织帛的技术基础。

当代考古证明，良渚文化在距今4300年左右开始向西迁徙了。如今，以出土的玉琮为路标，我们似乎看到了良渚文化西进的两个大方向，一支朝西北，回到安徽的巢湖地区，溯江淮上游，在河南新蔡以东和安徽蚌埠以西地区，与西兴东渐的大禹文化会合后，穿过中原黄帝体系的中心地带登封，再北上到山西南部创造了辉煌的陶寺文化。另一支朝西南，经江西到湖北，有可能沿数百年前大溪文化的鱼（鲧）族入蜀道路，去到炎帝后裔的又一大本营古代巴蜀。迄今在四川的三星堆和金沙遗址中已发掘24件玉琮，成为全国各地出土玉琮最多的地区。对此学术界指认："金沙遗址和三星堆遗址的高层次文化遗存所有者可能与良渚文化后裔有关。"[27]

注释

[1]裴骃撰《史记集解》引应劭注。

[2]龚书铎、刘德麟主编《传说时代：夏、商、西周》，吉林出版集团，2006年。

[3]虫、它、蛇，古为一字，见罗振玉《增订殷墟书契考释》。蚩是"蛇咬脚"，见周策纵《说"尤"与蚩尤》和徐中舒《甲骨文字典》。

[4]傅斯年：《夷夏东西说》，见《民族与古代中国史》，上海古籍出版社，2012年。

[5]王树明：《谈陵阳河与大朱村出土的陶尊"文字"》，《山东史前文化论文集》，齐鲁书社，1986年。邵望平：《远古文明的火花——陶尊上的文字》，《大

汶口文化讨论文集》，齐鲁书社，1979年。

[6]刘德增：《神秘的大汶口文化刻划符号破译》，载于《文史知识》1995年第8期。

[7]苑胜龙、张乐珍：《大汶口社会女神崇拜刍议》，载于《丽水师范专科学校学报》1999年第1期。

[8]中国社会科学院考古研究所编著：《胶县三里河》文物出版社，1988年。

[9]子德主编：《昆仑与海岱文化》，见《昆仑纪——中华文明起源另说》，四川文艺出版社，2007年。

[10]张敬国、杨德标：《安徽含山出土一批新石器时代玉石器》，载于《文物》1989年第4期。

[11]安徽省文物考古研究所：《安徽含山凌家滩新石器时代墓地发掘简报》，载于《文物》1989年第4期。

[12]张敬国：《安徽含山凌家滩新石器时代墓地第二次发掘的主要收获》，载于《文物研究》1991年第7期。

[13]安徽省文物考古研究所、含山县文物管理所：《安徽含山凌家滩遗址第三次发掘简报》，载于《考古》1999年第11期。

[14]张敬国、杨竹英：《含山县凌家滩新石器时代遗址》，载于《中国考古学年鉴（2001）》，文物出版社，2002年。

[15]张敬国、吴卫红：《含山凌家滩遗址最新发掘获重要成果》，载于《中国文物报》2007年7月13日。

[16]杨竹英、张敬国：《论凌家滩玉器与中国史前文明》，见《凌家滩文化研究》，文物出版社，2006年9月。

[17]朱乃诚：《凌家滩"玉龙"为"玉虎"考》，见《中华龙：起源和形成》，生活·读书·新知三联书店，2009年。

[18]注[17]第90页。

[19]《左传·文公十八年》："昔帝鸿氏有不才子，掩义隐贼，好行凶德，丑类恶物，顽嚚不友，是与比周，天下之民谓之'浑敦'。少暤氏有不才子，毁信废忠，崇饰恶言，靖潜庸回，服谗蒐慝，以诬盛德，天下之民谓之'穷奇'。颛顼氏有不才子，不可教训，不可话言，告之则顽，舍之则嚚，傲很明德，以乱天常，天下之民谓之'梼杌'。此三族也，世济其凶，增其恶名，以至于尧，尧不能去。缙云氏有不才子，贪于饮食，冒于货贿，侵欲崇侈，不可盈厌，聚敛积实，不知纪

极，不分孤寡，不恤穷匮，天下之民以比三凶，谓之'饕餮'。舜臣尧，宾于四门，流四凶族浑敦、穷奇、梼杌、饕餮，投诸四裔，以御螭魅。"

[20]朱乃诚：《关于良渚文化研究的若干问题》，见《四川大学考古专业创建三十五周年纪念文集》，四川大学出版社，1998年。

[21]浙江省文物考古研究所、海盐县博物馆：《浙江海盐县龙潭港良渚文化墓地》，《考古》2001年第10期。

[22]殷志强：《良渚文化中心区外出土良渚式玉琮研究——兼论五千年前后中国东南地区文化的扩张》。

[23]郭大顺：《圣地重现——北方古文化的突破》，见《追寻五帝》，商务印书馆（香港）有限公司，2000年。

[24]同[23]。

[25]严文明主编《中华文明史·第一卷》，北京大学出版社，2006年。

[26]浙江省文物管理委员会：《吴兴钱山漾遗址第一、二次发掘报告》，《考古学报》1960年第2期。

[27]朱乃诚：《金沙良渚玉琮研究》。

第六章　我读大禹——
大禹治水：从部落联盟制社会到
酋邦制社会的嬗变
禹会诸侯：屈家岭、石家河文化
与良渚文化的会师

　　直到今天，大禹仍然是中国人精神家园中的一朵永不凋谢的历史奇葩。大禹治水的故事仍然是中国人成长过程中的不可缺少的精神食粮。

　　早在二千多年前的先秦时期，大禹已是国家意识形态的主旋律。讲得最为生动的可能是孟子，他在《孟子·滕文公上》中说："当尧之时，天下犹未平，洪水横流，泛滥于天下。草木畅茂，禽兽繁殖，五谷不登，禽兽逼人，兽蹄鸟迹之道交于中国。尧独忧之，举舜而敷治焉……禹疏九河，瀹济漯而注诸海，决汝汉，排淮泗而注之江，然后中国可得而食也。当是时也，禹八年于外，三过其门而不入。"此外，《尚书》中的《尧典》《皋陶谟》和《禹贡》《诗经》《论语》《墨子》《左传》《国语》《庄子》《荀子》《韩非子》《尸子》和《吕氏春秋》等，也都有关于大禹治水的记载或赞颂之词。比如：《诗》云："洪水芒芒，禹敷下土方。"（《商颂·长发》）"丰水在注，维禹之绩。"（《大雅·文王有声》）《论语·泰伯》云："禹卑宫室，而尽力乎沟洫。"《荀子·成相》说："禹有功，抑下鸿，辟除民害逐共工，北决九河，通十二渚，疏三江。"《韩非子·显学》讲："昔禹决江浚河，而民聚瓦石。"说得更夸张的大概是《左传·昭公元年》："美哉禹功，明德远矣；微禹，吾其鱼乎。"就是说，倘若没有大禹治水，我们大家都变成了水中的鱼儿！

　　文献如此，博物馆展出的文物亦如此。在当今中国大陆的国有和民有

（企业）的博物馆中，已发现三件（组）周代青铜器铭文提到禹和夏。

其一，春秋齐器叔夷钟，该器铭文在追述成汤的功绩时，称汤"尃受天命，剿伐夏祀，……咸有九州，处禹之堵（土）"。

其二，春秋秦器秦公簋和秦公钟等。其中秦公簋铭文颂扬秦之先祖"受天命鼏宅禹迹"，"虩事蛮夏"。秦公钟铭文也有类似内容。

其三，出在民（企业）有的北京保利博物馆从市场中收购来的一件西周中期青铜盨上。其铭文开宗明义就说："天命禹（敷）土，堕山浚川。"此器上的铭文被学术界认为是已知有关夏禹的最早的文字资料。铭文说禹治水乃受天之命。万物之中天属最大，受天之命的禹所以也被尊称为大禹。大禹戴上如此辉煌的桂冠，不仅中原的华夏族群将大禹视为楷模，中原周边甚至偏远的族姓集团，也以能与夏或禹攀上亲缘为荣耀。如地处江南的越人，称其先祖为禹之苗裔，少康庶子所封；[1]地处塞北的匈奴亦称其先祖为夏后氏之苗裔。[2]

在历史学家的眼中，大禹有着多个版本。两千年前的司马迁有鼻子有眼地说大禹是个人，姓姒，名文命，是颛顼的孙子。又说，禹为华夏族首领，建都安邑，以居天下之中，故称中国。还说，禹在位45年，死后葬于会稽山。由于将禹界定为一个自然人，按常理一个人的能力和生命是有限度的，大禹果真能做出那么惊天动地的大事吗？所以屈原就产生了质疑，这位中国历史上第一个伟大的诗人，在其传世之作《天问》中写道："洪泉极深，何以填之？"就此，笔者猜想这是不是导致，20世纪30年代中国的又一个著名的历史学家顾颉刚先生在他掀起的疑古潮中全盘否定大禹，将大禹从"人籍"中开除的原因呢？[3]

第一节　我读他读，有何区别？

两千多年的历史既然已经为大禹营建出那么多的伟岸丰碑，笔者为何要在此班门弄斧，去"再读"一个大禹呢？笔者以为，不能将大禹仅仅定位于一个自然人，哪怕是一个领袖，一个英雄，一个神圣。不能将大禹治水的历史意义局限在一项水利工程的成功，和随之带来的国泰民安。"大禹治水"应该是一个历史进程的符号表述，而它们表述的这个历史进程则是中国史前史中的一个重要节点。大禹去治水，他完成的是古代中国由部落联盟制社会向酋邦制社会的进步。大禹治水的成功，"禹会诸侯于涂山，执玉帛者万国"。从国

图6-1 清朝版本的大禹"手执耒锸，以为民先"参与治水画像

家起源的视角来看，应该是古代中国从前国家形态进入到"早期国家"形态。从文明进程的视角来看，应该是在具体化《中华文明史》书中的所指："从庙底沟二期文化开始，中原地区出现了主要来自长江流域和黄河下游地方的众多文化因素……实际成了来自四面八方各种文化、思想以及政治经验交汇融合的大熔炉。"[4]所以笔者才将本章的标题拟为："禹会诸侯：屈家岭、石家河文化与良渚文化的会师。"从祖源记忆的视角来看，酋邦制社会对以龙为象征的祖先文化元素作了进一步的修正，使之具备更大的包容性。而"禹铸九鼎"，"铸鼎象物"，则是将本根意识变成了一种可以传播，可以传承的文化。

此外，笔者在此解读大禹，还要对当下四川历史学家提出的大禹治水"西兴东渐"的说法，做出一些丰富。比如对大禹的出身籍贯、婚姻状况等"个人"档案提出了一些指证，对大禹治水的行程路线做出一些猜测，对大禹治水的作风和政绩做出一些评估。而这些，似乎都是过往和当代的学人未曾提及或甚少提及的（图6-1）。

第二节 五条视线去锁定"禹兴于西羌"

四川省历史学会会长谭继和先生在其大著《禹文化西兴东渐简论》一文中说：

1、禹兴于西羌，家于西羌，生于西羌，出于西羌。

2、禹生于石纽，本汶山郡广柔县人。

3、禹母吞神珠孕禹，修己背或刻胸、剖腹而生。

4、鲧剖腹而生禹。

5、禹产于琨石，启生于石。

6、禹为西羌之人。禹为石夷。

7、禹字高密，或字文命。

关于大禹的诞生地，各说不一。就全国而论，有四川的广柔，陕西的石泉，安徽的寿春、当涂，浙江的会稽和甘肃的秦川。就四川而论，有汶川县飞沙关山岭、北川县禹里羌族乡南一里之石纽山，理县通化汶山寨石纽山，都江堰市龙池山。见之于《巴蜀文化研究集刊》的最近说法，是北川县地方志办公室的谢兴鹏在2008年发表的《漫谈大禹、大禹治水与巴蜀文明》一文。谢先生说："陕西省石泉县与四川省石泉县在历史上为争大禹故里的'官司'打了几百年，直到20世纪90年代才有了定论：陕西省石泉县地方志办公室主任李佩今在《大禹生于蜀之石泉》中说：'我们花了整整5年的时间，调查了包括你们北川在内的全国所有石泉的来龙去脉。我们认为，大禹出生在四川的石泉县（今北川县），而不是陕西的石泉县。'综上所述，禹生石纽在蜀之石泉（今北川）应当毋庸置疑。"

为了将大禹的出生地西羌蜀地锁定，笔者在此提供五条线索去聚焦：即是父子关系、夫妻关系、遗传基因、学界视野和古文表述。

大禹的父亲是鲧。鲧与禹的父子关系，千百年来在众多的史说中一直未被颠覆。关于这个以鱼为祖先指向的鲧姓种群，笔者在本书第四章中提出过假设，以为那是在大溪文化中的一支实力甚强、扩张力颇大的以"鱼"为祖先指向的种群。他们的一支向西扩张，跨越三峡，向长江上游推进。为此，屈原是既佩服又担忧，他在《天问》中写道："阻穷西征，岩何越焉？"另一部分则向东扩张，在石家河文化遗址中，留下数以百计的"抱鱼跪坐"的陶制祖先偶像。

逆长江西进的鲧族，可能在今日四川的大渡河流域有所居留，从而被后来的司马迁在《史记·西南夷列传》中纳入"皆氐类也"。再后来被出土的甲骨文所佐证，那便是甲骨文表述的"鱼氏"。当代著名历史学家霍巍教授，通过对"石棺葬文化"的观察，指出"在四川西北和滇东西的横断山脉高原地带，包括岷江在内的六条南北向的河流如大渡河、金沙江、澜沧江、青衣江谷地等都可以划为石棺葬文化的分布区，因此有学者认为石棺葬的主人很可能包括了司马迁所记载的西南夷中的整个夷系民族在内。"[5]因此，如果是"鱼氏"的"鲧"，就应该是西羌蜀地之人。

一、大禹的"父亲"鲧是蜀人的证据

再有一个史影，也可以说明鲧曾经在大渡河谷生活过。史载鲧是因治水失败而被诛杀的。其罪名是鲧偷窃了天帝的息壤来堵塞洪水，违背了天帝的命令。天命令祝融在羽郊杀死了鲧。[6]息壤是什么？何以如此珍贵须用领导者的人头去抵偿？有研究者指出，息壤即是女娲补天用的"芦灰"，是用石灰岩所焙烧的石灰，可谓人类最早使用的"三合土"。有了息壤，有了石灰，就可以筑堤坝以挡水。今天，在四川境内的大渡河谷，尚存许多古代的"石灰窑"[7]。此外，鲧与大渡河的关系，在古文献中也有所表述。司马贞《索隐》引《世本》称：鲧娶了有辛氏的女儿，称为女志，生下了高密。"有辛氏"为何指，笔者还未翻检出，但从《山海经》中找出了"流黄辛氏"。笔者以为"有"是"流黄"的快读，流黄辛氏应该就是有辛氏。《山海经·海内经》说，西南有巴国……有国名叫流黄辛氏，地域方圆三百里，四处皆是尘沙扬土。有座巴遂山，绳水在那里发源。[8]这里提到的绳水，亦出现在《汉书·地理志》上，蜀郡旄牛，若水在那里发源，往南在大莋汇入绳水。[9]故而学者指出，绳水即今日的大渡河。

笔者在大渡口流域的四川省荥经县考察，参观县博物馆，所见最多的历史遗存是对"鱼"的记叙。这里的"鱼"可否与大禹父亲的"鲧"和甲骨文的"鱼氏"对接呢？

大禹的父亲鲧既是西羌蜀地之人，《史记》说禹兴于西羌应该是有可信度的。

再从禹的"夫妻关系"来看，《尚书·皋陶谟》说：禹"娶于涂山"。《华阳国志·巴志》也说："禹娶于涂山……今江州涂山是也。"《史记·夏本位·索隐》引《系（世）本》则说："涂山氏名女娲。"对于古籍的如是说，中国近代有两大名人作过解读：历史学家蒙文通先生以严谨的推论证明，"女娲补天"神话源于天府。他还首先指出，禹娶的"涂山氏"便在巴蜀，名为"女娲"。教授闻一多先生通过文献考古，以古籍《华阳国志》和《水经注》为证，指出今日重庆市长江北岸的涂山，就是禹娶女娲氏的地方。

对蒙、闻两位先贤的指认，似乎当今的主流学界并未形成定论。但今天有学者作了一个变通的解读，笔者是十分赞同的。学者将禹妻"涂山氏名女娲"，改定为"大禹的妻子涂山女娲氏"。既是说禹娶的妻，"当然不是'补天'（治水）的女娲，只能是会治水的女娲的后裔。'女娲补天'的神话既不是指上古名叫女娲的神人独力治水，也不是指大禹的妻子涂山女娲氏治水的伟绩，而是展现了涂山女娲氏这一族群在悠悠历史中率领四川盆地先民坚持不懈地与洪水抗争并取得成功的艰辛历程"。[10]从这一认知出发，笔者以为所谓禹娶涂山女娲氏，应是一种暗喻的文学表现手法，暗喻禹从事的治水大业是继承和借鉴了更为古远的，甚至是女性氏族社会的蜀地民众的治水经验。

二、大禹哪会是剖腹产？

接下来，让我们从禹的"遗传基因"来判断禹的出身籍贯。本书第一章梳理出炎帝族群的多个祖先文化元素，其中有对生殖崇拜的物指"尚红"。这种对红色的指认和使用，贯穿在整个炎帝族群的迁徙和混化之中，是我们识别炎帝后裔的一个重要基因。此外，"崇玉"也是一个炎帝后裔的"遗传基因"。本书的第三章，又对入蜀的氐羌人应该是炎帝后裔的理由做出了罗列。在这样的认知前提下，我们来看禹出生地蜀郡汶山的"石纽"和"血石"，可能焦点就会更清晰些。识读的逻辑性和推论的合理性，也会增强。

谯周的《蜀本纪》说："禹本汶山广柔县人也。生于石纽，其名刳儿坪。"对刳儿坪的解读，古往今来有多种多样。《史记正义》引《帝王纪》说："父鲧妻脩己，……胸坼而生禹。"《山海经·海内经》注引《开筮》说："鲧死三岁不腐，剖之以吴刀，化为黄龙"；《初学记》卷二一引《归藏》也说："大副之吴刀，是用出禹。"这后两说，神话成分太重了。于是有研究者透过神话推测大禹的出生是一次难产，所谓"剖之以吴刀"，不过是史前的一次剖腹产而已。"吴刀"，当是外科手术器械。笔者以为这样的说法难以立足。距今四千年前就可以施行剖腹产手术了？这很难找出证据，哪怕是一种符合学术逻辑的推理。笔者以为，还是第一种说法"胸坼而生禹"或许能够成立。坼，坼裂，即绽开的意思。"坼而生禹"，可以理解为禹母的外生殖器阴唇绽开而生下禹。"胸坼"的"胸"，可能是对站立的人体的胸部和腹部的统称。可能是禹母用站姿产下了禹，而不是现今产子的睡姿。所以古人对"坼"的现象更为直观，故而用"胸坼而生禹"来叙述禹的诞生。笔者的这个猜想是受收藏的一尊古蜀玉（石）雕羌女产子像

图6-2　民间收藏古蜀玉器的"羌女产子"圆雕像

的启发（图6-2）。再看刳儿坪的"刳"，也有破开的意思，这与胸坼而生禹的"坼"所含的绽开意思，是可以相通的，即是说"刳儿坪"与"胸坼而生禹"是可以形成逻辑链环的。此外，《山海经》所谈的"剖之以吴刀，化为黄龙"，笔者以为是在明确禹的祖源指向"龙"，属炎帝后裔。

笔者的上述指认，现代和当代的学术界均未涉猎，更无命题。那么为什么将禹的出身地锁定蜀地的第四条线索是"学术视野"呢？苏秉琦先生提出："从全面范围来看，我们可以将现今人口分布密集地区的考古学文化分为六大区系。"其中第五是"以环洞庭湖与四川盆地为中心的西南部"。苏先生在阐述中，对"环洞庭湖"与"四川盆地"之间的联系落笔甚少，更是对大禹治水只字未提。但他强调："我确信，成都及其附近几县从距今5000年前新石器时代晚期至距今3000年前存在着自成一系的古蜀文化区系。""四川也不只一巴一蜀。四川是西南地区的重点，曾是周、秦、楚的同盟者活动地区，四川的古文化与汉中、关中、江汉以至南亚次大陆都有关系，就中国与南亚的关系看，四川可以说是'龙头'。"苏秉琦将四川盆地与环洞庭湖捏成一团，这一团中正是笔者猜想的大禹治水路线图。所以，笔者提出的第四条线索是"学术视野"。

我们若从现代学者的视野中抬起眼来，去看古代学者的著述，也会加强对"禹兴于西羌"的理解。《谶纬》书中，对伏羲、神农、黄帝、颛顼、帝喾、尧、舜、禹、汤、文王、武王这上古中国的关键人物做了简述与比较，特别强调了他们的体态与尚好。这些人中，对尚玉指向的只有二人：神农和禹。说"神农长八尺有七寸，宏身而牛头，龙颜而大唇；怀成钤，戴玉理"。说禹"禹身长九尺有六，虎鼻河目，骈齿鸟喙，耳三漏，戴成钤，襄王斗，玉骹履己"。为此可不可说禹是神农炎帝的后裔之一，是居于蜀地的西羌炎帝后裔？此外，禹的"耳三漏"，耳垂有穿孔。在三星堆出土的青铜人面像上，是有确证的，应是是时西羌蜀人的一项面部特征。

第三节　历史在大禹脚下进步

关于大禹的业绩，众人皆知是"大禹治水"。但若将这一命题细化，则笔者有以下几点特别的看法：

一、大禹治的是什么样的"水"？

大禹治水始于蜀，始于岷江水系。但笔者以为大禹所治的"水"，不是因所谓"西蜀天漏"的雨水而导致的"江河水流不畅，便酿成洪灾"。须知川西江流，多是大江大河的源头，且流向都是由高地向低地，水流只会一泄而过，不会积水成灾，不会像长江、黄河中下游那样，地势平坦，流速缓慢，河床积沙，河面增高，每年的"桃花汛"或"梧桐水"到来之时，总要成灾。那么大禹所治的"水"是何所指呢？是"堰塞湖"，是龙门山系在亿万年中的无数次地震，所形成的成百上千个"堰塞湖"。贯通川北陕南的龙门山系历来就是地震重灾区。《山海经·海内经》说："有国名流黄辛氏，其城中方三百里，其出是尘土。"就是说地震泥灰遮天蔽日三百里。《说文》说："氏，巴蜀名山岸胁之著欲落堕者曰氏，氏崩声闻数百里。"也是在说，氏羌人居住的岷江两岸，地震的堕岩声传播数百里。

近现代有文献记载的堰塞湖危害，以1933年岷江流域叠溪地震为例，仅一处堰塞湖的决堤，便淹死6865人，远比那次地震的瞬间死人更多。治理堰塞湖的迫切和艰辛，以2008年汶川大震为例，"5·12"汶川地震，就生成大小不等的34个堰塞湖。抗震救灾这曲英雄交响乐的最强音，就是治理堰塞湖！

治理堰塞湖，不能筑堤以堵，只能疏浚。这个道理在今天，似乎已是十分浅显了，但在四千年前的大禹能够悟通"决川浚浍"、"尽力于沟洫"等道理，并实践之，就是大大的了不起了！大禹在岷江到汉水这些堰塞湖较多的地域内治水，"岷山导江，东别为沱"，排除了堰塞湖，疏通了河道，所以史称"利于舟楫、灌溉"。史籍还说大禹后来进入中原，将治水"扩及九州"。笔者以为，那样的治水，已不可能是大禹本人的亲历亲为，只能是当地民众在大禹创建的"治水文化"的统领下，因地制宜地开展水利建设。

二、大禹走的是哪条路？

谈了大禹治的是什么样的"水"，再看大禹走的是哪条道的"路"。

或许这样的猜想，首发权也属笔者。大禹治水的路，可能是从四川盆地北部龙门山脉出发，逆嘉陵江上沿而行，经"鸟道"北上，再经"横道"去汉水上游。在湖北的竹山、郧县和相邻的河南淅川一线发展。这一线是屈家岭文化的主要源头。极有可能也是在此之前，共工残部由豫西去瞿时开辟的路线。

大禹治水将炎帝文化线引入了屈家岭文化。后来这支文化再沿汉水南下，在洞庭湖与鄱阳湖之间的长江中游地区，形成石家河文化。然后是石家河文化的向北扩张，在今天的河南新蔡以东至安徽蚌埠以西的地区，与亦是向北扩张的良渚文化会师，上演了中国史前史中"禹会诸侯于涂山，执玉帛者万国"的重头戏。接下来，是"大禹"率领空前壮大的华夏族群挥师北上，在中原的腹心地区，留下了多个既有黄帝体系的仰韶文化元素，又有炎帝体系的大汶口、良渚和石家河文化元素的历史遗址。比如，豫中地区的郑州大河村、临汝北刘庄和禹县谷水河等遗址，都是既有仰韶文化，也有大汶口文化和屈家岭文化。这支再度融合混化、更加声势浩大的华夏族群跨过黄河，在今天山西的晋南临汾盆地，创造了中国文明曙光期中最亮丽的陶寺文化，让中国的国家起源进程，推开了"早期国家"的门扉。

关于上述"行程"，笔者提供的证据链是——

三、"鸟道""横道"是什么道？

唐代诗人李白的诗句"西当太白有鸟道，可以横绝峨眉巅"，可能是有关"鸟道"的最有名表述。所谓鸟道，是指这条道路是根据候鸟往返的路线而开辟的。应该说李白诗句的所指并不全面，这条通道并不止于峨眉。《尚书·禹贡》说："岷山之阳，至于衡山，过九江，至于敷浅原。"有研究者指出，这条鸟道是从岷山之北，顺着龙门山系南下，经过峨眉山，又抵湖南衡山（洞庭湖），再到江西九江至鄱阳湖一带。与此鸟道一脉相连的，既是候鸟往返的路线，也是上古人类最早的一条迁徙路线。因此，鸟道可以被看成是上古文明的传播带。

横道最早见于《山海经·大荒西经》，说的是有十位神人，名叫"女娲之肠"，化为神的样子，居住在"栗广之野"，通过横道到达。[11]此说的"女娲之肠"是意指女娲的后裔；"栗广之野"是据其居住地名。所谓"横道"，郭璞注："横道，断道也。"其实指的是山脉间的断谷，也就是谷道。四川盆地北沿的摩天岭、米仓山、大巴山中，就有无数条山谷河道与汉中、关中地区相连。这样的谷道在冬春枯水季节，沿河道边行走更是如行坦途。当年杨贵妃喜欢吃的荔枝，应该是产自比两广离长安更近的四川。如果处处都是"蜀道难，难于上青天"的话，运到长安的荔枝恐怕早就变味了，哪会有"一骑红尘妃子笑"呢？应该说在四川与关中之间是存在着古代的"高速公路"——谷道。

汉之后的蜀汉三国，有大学者秦宓说"上古三皇出自谷口"。意思是说

"三皇"都是由古蜀四川走出谷口，去了中原，并成就了伟业的。笔者不知道秦宓得出此结论的依据是什么，但三皇之一的炎帝后裔、生于西羌的禹，离开四川去到中原，的确是完成了一番伟业的。这一历史现象应该说正在日渐清晰之中。

四、是谁创造了屈家岭文化？

大禹治水，应该是和古往今来大大小小的民族迁徙一样，总是与自己的祖源文化结伴而行的。笔者将竹山、郧县、淅川指认在大禹的行程之间，就是以当地的考古学文化内容为辨别器的。

竹山、郧县和淅川处在屈家岭文化范围内。学术界认为，屈家岭文化中"朱绘黑陶最具特色"，"明显区别于同时期中原地区的晚期仰韶文化和早期龙山文化"。学术界也指出屈家岭文化中"陶器的主要泥质黑陶和泥质灰陶，与大溪文化以红陶为主判然有别"，即是说屈家岭文化的核心是一种外来文化，这种外来文化应该就是"大禹"带来的炎帝文化，主线是炎帝文化中的祖先文化要素，比如"用玉（石）"。在郧县学堂梁子遗址的300多件出土物中，主要是玉（石）器。在屈家岭文化的多处遗址中，都有玉（石）器，其中的穿孔器被读成"长方形穿孔石刀"、"方形穿孔石铲"。笔者以为，那应是象征权力的"玉（石）钺"。这种玉钺在大禹的祖先红山文化中，在大禹的同辈古蜀文化中早已形成了一种共识。再就是"尚红"。"朱绘陶器"与"朱绘卷云纹石钺"是一例，房屋（或祭祀场所）的基础上所铺撒红烧土又是一例。只是炎帝祖先文化中的"龙"和"祖先偶像"在屈家岭文化中迄今还未发现，但这两个炎帝祖先文化的重要元素，在屈家岭文化的下沿石家河文化中明显出现。这或许因为屈家岭文化只是一种"过路文化"，它将许多重要的文化资料带到了下沿的石家河文化。笔者所说的"过路文化"，乃是我这个界外之人的俗称。对此，学术界的认知是："今天河南西南部一些原来为仰韶文化占据的地区，这时被屈家岭文化所取代……这个势头，一直持续到石家河文化中期。但是，从此以后，一度被屈家岭文化扩张得来的地盘，又重新被中原文化覆盖。"[12]

另一方面，大禹的治水行程，也为屈家岭文化注入了一些早夏文化的元素，比如屈家岭文化中出现的强调父系家长制社会的"陶祖"，比如脱胎于"石棺葬"的"瓮棺葬"。为此，荣获2007年全国十大考古发现之一的"郧县辽瓦店子遗址"的发掘领队之一的王然教授说："考古界过去一直有一种共识，夏文化的范围在秦岭以北，没有翻越秦岭的迹象。辽瓦店子所发掘出的距今4500年的夏代早期文化遗址，打破了夏文化不过秦岭的说法，把夏代早期人类活动范围延伸到汉水中游的郧阳一带。"[13]

此外，考古学文化还指出，屈家岭文化的范围是西越宜昌但未进入四川境内。以此推定，四川的西羌大禹进入环洞庭湖地区，只可能是先北上后横穿，经郧县而南下，而不可能是东进过三峡而抵长江中游。

对此，古籍中记述的一个历史现象，似乎也可以加强笔者将竹山、郧县、淅川指认在大禹行程中说法的逻辑力量。商末周初时，武王伐纣于牧之野，组成统一战线，盟誓庸、蜀、羌、髳、微、卢、彭、濮八个夷人部族参战。据蒙文通先生考证，庸人和卢人都来自竹山地区。笔者推测，这竹山的夷人只可能是大禹这个同属夷人的部族，在路过竹山地区时留下的种姓种子。否则在竹山地区是不会凭空冒出庸、卢这两支夷人部落的。

五、石家河文化使炎帝从北方调包到南方

继承屈家岭文化的是长江中游的石家河文化。石家河文化不仅十分准确地显现出大禹所传承的炎帝部族用玉表述文化，而且也是十分露骨地在展演炎帝祖先文化中的"龙"和"祖先偶像"，指出在距今4300年前后，长江中游地区的祖源崇拜并没受到大约同一时期在鲁豫交界地颛顼所进行的"绝地天通"的改造祖源崇拜的影响。正因为在长江中游有这么一段明目张胆且又大张旗鼓演绎炎帝核心文化的历史，所以后来的历史学家们便将炎帝定为南方之神，将出自北方红山文化的炎帝调包到长江流域的南方。比如晋时的皇甫谧在所撰的《帝王世纪》就说"炎帝人身牛首，长于姜水，有圣德，以火承木，位于南方主夏，故谓之炎帝"。直到今天，还让不少的学者专家在观察我们的老祖宗炎帝、黄帝之时，无法准确聚焦。比如说："到石家河所属的屈家岭文化时期，传说时代的九黎战败后，三苗接着复起。进入石家河文化阶段，九黎、三苗不仅是江汉民族或苗蛮族团的称谓，而且是政治、军事集团的称谓……石家河古城应为九黎、三苗首领所居地，为三苗国都。"类似将"三苗"与长江中游古史挂钩的认知，似乎成了今天史学界的一个共识。

石家河文化是用玉在表述文化，请看下列数据：罗家柏岭遗址的玉器有人头像牌饰10件，人头像坠饰1件、蝉形饰7件、龙形环1件、凤形环1件、璧5件、环形饰2件、棍形饰3件、管形饰10件。[14]孙家岗遗址玉器有27件：龙形

佩、凤形佩各1件，璧3件、璜3件、笄7件、坠6件、纺轮1件、祖形器1件、管2件、小方片1件、圭形片1件。[15]在肖家屋脊的W6号瓮棺中，随葬品有59件，其中玉器56件：人头像6件、虎头像5件、盘龙1件、蝉11件、飞鹰1件、璜2件、管10件、坠1件、珠5件、圆片2件、笄2件、柄形饰5件、碎块5件。[16]在钟祥六合遗址，大多数瓮棺随葬玉石器及石玉料。玉石器均为佩饰，共17件：人头像1件、虎头像1件、兽面牌饰1件、璜1件、玦4件、管2件、蝉3件、圆形佩饰1件、管形佩饰1件，以及圆柱形鹰、小锛等。[17]江陵枣林岗遗址中有43座瓮棺以玉石器随葬，最多随葬14件，最少仅1件，大多数是残件。可辨器形的有133件，玉坯件23件，玉料4件，以及37个不同个体的残片或碎片。有锛39件、凿18件、刀3件、钺1件、钻15件、人头像1件、琥3件、蝉6件、鹰1件、雀1件、笄4件、坠2件、珠3件、端饰2件、牌饰5件、管2件、粒1件、环1件、琮2件、璜8件、璧1件、坯件23件（图6-3，图6-4，图6-5，图6-6，图6-7）。[18]

图6-3 考古出土的石家河文化玉器"玉人头像"（肖家屋脊W7：4）

图6-4 考古出土的石家河文化玉器"玉璧"

图6-5 考古出土的石家河文化玉器"玉蝉"（肖家屋脊W6：12）

图6-6 考古出土的石家河文化玉器"玉鹰"（肖家屋脊W6：7）

图6-7 考古出土的石家河文化玉器"玉虎头像"（肖家屋脊WAT13：1）

石家河文化中的"龙"有4例。1、湖北黄梅焦墩的卵石摆塑龙。对这条龙，学术界认为"焦墩龙遗存至今尚未全面公布资料，有关其形态、年代、含义等的认识，尚待资料公布后再做研究。"2、天门石家河罗家柏岭遗址的玉雕环形龙（图6-8）。此龙身躯卷曲，首尾相接连成环，外径2.38厘米，内径0.9厘米。圆弧头，吻部突出，以穿代眼。从展开图看，此龙头颇相似于石家河文化中大量出现的虎头模样。这或许是石家河人对想象中的龙头无法把握，只能从具象的虎头去借鉴。这样的对龙的解读，在先秦两汉的玉龙上多有反映。

图6-8　天门石家河罗家柏岭遗址的玉雕环形龙

所以有研究者说古代玉器上是龙虎不分的。3、天门石家河肖家屋脊遗址的玉雕盘龙。玉为黄绿色，表面有灰白斑。龙体首尾相卷，成玦形。最大外径3.8厘米，体侧宽1.2厘米，厚0.8厘米。"龙颜"是上颌尖凸，下颌短，口微开，与罗家柏岭龙的面部表述有较大区别。看来，4000多年前，人们对"龙颜"是在"各自表述"。笔者以为，此肖家屋脊龙在细节表述上，对红山C字龙的内涵既有继承又有创新。肖家屋脊龙额上的凸棱可能是继承红山龙外凸的纵目。肖家屋脊龙的顶后部，已由红山龙的长鬣演变成长长的双角。笔者以为这是力量的象征，是英雄的代言，是酋邦制社会对领袖的赞颂。4、湖南澧县孙家岗遗址的透雕佩形玉龙。此龙佩长9.1厘米，宽5.1厘米。乍一看，此龙的形象特征不甚鲜明，但细细读，此龙有全新的内涵。龙体是遵循红山C字龙的造型，但头上已经长了角。不仅如此，还戴了一顶复合型高冠。高冠的前面是?纹，是本书第一章所解读的指示种姓的云气纹。高冠的后面是鸟的羽毛，是对云气纹的烘托与渲染。这样的戴冠之龙，已是将神权与王权合二而一了。

戴冠在石家河文化中大概已经是一种流行色了。龙戴冠、鸟戴冠、兽戴冠、人则是更要戴冠（图6-9，图6-10，图6-11）。

炎帝后裔的大禹部族在石家河文化中，指向近祖祖源记忆的"祖先偶像"，可谓比比皆是。有人头像，也有全身像；有辫发像，也有戴冠像……这一切在前面关于用玉表述文化所罗列的出土玉器中是可以清楚看见的（图6-12、图6-13）。出土物中还有数以百计的陶制"祖先偶像"，所以笔者才说，在距今4300年前后，长江中游地区的祖先偶像崇拜，并没受到大

图6-9 湖南澧县孙家岗遗址的透雕佩形玉凤

图6-10 石家河文化中的龙戴冠像玉器（孙家岗M14：3）

图6-11 石家河文化中的人戴冠像玉器（肖家屋脊W6：32）

约在同一时期的颛顼所推行的"绝地天通"的改造祖源记忆的影响。归纳这样的考古现象，学者认为"是文化面貌上表现出来的文化内部凝聚力的增强"。笔者是赞同这个认知的，因为坚持"祖源记忆"就是增强种群的凝聚力。

笔者提出大禹治水，将炎帝文化线带入了屈家岭文化和石家河文化，这可能是笔者的"创新"。学界对此没有评说。但学界承认石家河文化是一种外来文化："目前在长江中游地区发现的玉器中，不仅仅是龙一种器形不具有当地的文化传统，而且是有一批器形不具有当地的文化传统。它们应是外来的。"[19]这个"外来"是谁？受中原一统惯性思维影响的一些学者，下意识地将"外来"指认为中原文化。笔者以为这也是一种误判。是时的中原，至今几乎也没有发现存在过明显的玉文化现象，何来流传？

图6-12 石家河遗址出土的玉制"祖先偶像"

图6-13 石家河遗址出土的玉制"祖先偶像"

六、石家河文化"走"了，去到"禹会诸侯于涂山"

石家河文化最后还是"走"了。《中华文明史·第一卷》中说："在文明化进程上，石家河文化也是一个未能持续发展下来的社会。考古发现，石家河文化中期以后，长江中游地区发生了沧海桑田式的变化，包括规模巨大的石家河在内的那些城址，几乎无一例外地荒废掉了。存续下来的文化，也发生了很大的变化，融进了大量来自北方的影响。再以后，当地竟连人的踪迹也难觅到了。这种萧条一直持续到商周时期，当地的社会才再度复兴。"为什么走？《文明史》认为是长江水患和"在军事上的不走运"。学界未提石家河文化去向何处，笔者以为，去到了中国史前史中的又一个重要节点："禹会诸侯于涂山，执玉帛者万国。"

当今学界指出，"蚌埠相传是'禹会诸侯'之地"。禹会村遗址在蚌埠市西郊淮河岸边，东邻天河，北依涂山，2007年到2011年对遗址进行了考古发掘。出土器物多样化证实了该地点曾经有来自中原、黄河下游、苏北地区、环太湖地区、长江流域、四川广汉平原等不同地区的人群在此参加过短期的盟会活动，人们在临时居住期间，为祭祀活动专门制作了具有不同地区风格的器物，包括比例较大的仅有500℃的低温陶，烧制后也仅仅达到成型的效果，器物的耐用程度根本达不到应有的实用效果。朱乃诚先生在《禹会随笔》中写道："禹会土台的筑造，由下而上分三层营建，上层用白土覆盖。土著营建独特，应经过精心设计……禹会遗址是淮河中游一处单纯的新石器时代晚期遗存，其文化面貌带有龙山文化晚期的普遍存在特征，与文献传说中所谓的大禹时代基本吻合。"[20]笔者以为，禹会土台的三层营建，应该是红山三层祭台的翻版，之所以这样，是因为大禹盟会的"万国"，都是炎帝的后裔，都是崇玉之人，所以历史才说"禹会诸侯于涂山，执玉帛者万国"。

在古文献中还有一段记述禹会诸侯的事，颇令人思索。《论语·颜渊》中按子夏的说法："舜有天下，选于众，举皋陶。"即是说早在大禹之前的舜时，东夷系统的皋陶已是一位了不起的人物。《史记·夏本纪》说："帝禹立而举皋陶，荐之，且授政焉，而皋陶卒。"说的是在大禹称帝之前，协商诸侯万之时，曾推举皋陶出任领袖，只可惜皋陶英年早逝，未能称帝。这除了例证尧舜禹举贤禅让的传统解读外，笔者更以为，在华夏族形成之初，东夷的炎帝后裔族群代表的是一种更为先进的文化。《夏书》说，是时皋陶之刑有

"昏、墨、贼、杀"数种，已是在"依法治国"了。故而大禹率领的新兴的华夏族自感不如东夷人，亦不能理直气壮地称为领导者。所以要"且授政焉"，交出领导权。

但当华夏族群在挺进中原，将中原变成一个中国早期文明的大熔炉，将多元文化进行大融合大混化之后，亦如著名历史学家田昌五先生所指的那样："汉族的前身华夏族是由古夷人各部、古羌人大部、古戎狄一部、古蛮人一部、巴蜀和一部分古越人共同熔合而成的。"[21]对此，另一位著名历史学家刘式今先生也指出："对屈家岭文化和青莲岗文化分析可知，父系氏族社会中晚期，也即是说尧、舜、禹时代，黄河流域中游与长江流域中游，黄河流域下游与长江流域下游的文化交流达到了一个全面发展的高潮。"这样的中原文化才有可能成一支引导四夷辐射八方的先进文化。于是自夏开始形势变了，不是华夏自感不如夷人，而是四面八方的"九夷"向华夏称臣：

后少康即位，方夷来宾。（《后汉书·东夷传》注引）

后芬（或作"槐"）即位三年，九夷来御。（《太平御览》卷七八〇注引）

后荒即位，元年，以玄珪宾于河，命九东狩于海。（《北堂书钞》八十九引）

后泄二十一年，命畎夷、白夷、赤夷、玄夷、风夷、阳夷。（《后汉书·东夷传》注引）

第四节　大禹治水，为今天的中国留下什么精神财富？

大禹治水的丰功伟绩，早已是流芳百世，传颂万家。最使笔者铭记的是大禹决策的科学性和执行的榜样力。

大禹治水，不是盲目行事，事前他充分地继承了前人治水的成功经验和吸收了前人治水的失败教训。本文前面已提到，禹娶涂山女娲氏，应是一种暗喻，指大禹治水是继承和吸纳了以女娲为代表的前人治水经验。

大洪水是古代世界的通病。中西方古代神话传说的第一英雄，都是在"洪水灭世"之际的治水英雄。中国人是将头功颁发给"女娲补天"。应该说女娲补天的实质是女娲治水。古文献说女娲治水有四大业绩：炼五色石以补苍天，断鳌足以立四极，杀黑龙以济冀州，积芦灰以止淫水。[22]"炼五色石以补苍天"和"积芦灰以止淫水"应是一层意思，意指女娲销炼"息壤"，即原初的石灰，用以聚合石块，上补苍天下堵淫水。"断鳌足以立四极"意指原始的水文坐标，或者指测水标尺。这种上古的测水方法，还传承在今天重庆市涪陵区。在涪陵城北的长江中，纵卧着一道天然石梁"白鹤梁"。这条几乎常年没于水下的1600米石梁可分上中下三段。没于水下的白鹤梁上有雕刻的十多尾大鱼。石梁上有古石刻："问古老：江水退，石鱼见，即年丰稔。"1996年联合国教科文组织授予其"保存完好的世界唯一古代水文站"之美誉。今有研究者指出：《淮南子》中女娲治水提到的"鳌"，很可能又称"龙鱼"。而《山海经》提到的"龙鱼陵"就是白鹤梁。《淮南子》说"即有神圣乘此以行九野"，是表彰女娲治水业绩，在龙鱼陵留有遗迹。"其为鱼也如鲤"，很可能便指女娲在龙鱼陵的"足部"刻出鲤鱼来做水测的史影。"杀黑龙以济冀州"是什么意思呢？笔者以为是中国最早的"南水北调"工程。"黑龙"可能就是嘉陵江上游的黑水河。岷山、龙门山系常发地震，生成了许多堰塞湖。女娲治水就是要寻找或者挖开一条泄洪的河道，将嘉陵江上游黑水或白水（古时称西汉水，夏水），导向东汉水（今日的汉水）。这样既引走了堰塞在四川盆地的洪水，又为中原提供了水源，所以古文献称之为"杀黑龙以济冀州"。

一、大禹父子——建筑材料"石灰"的发明人和推广者

大禹吸取前人治水的失败教训，首先从他老爹鲧开始。鲧用息石息壤去筑堤建坝截堵堰塞湖水。方法错了，结果决堤造成更大的次生灾难，最终以盗用息壤的罪名被砍了头。

应该说大禹在中国最早明晓"失败乃成功之母"的道理。他重用有失败教训的人。共工是一个治水英雄，也是一个失败者英雄。大禹启用共工的后人委以治水重任，《国语·周语》说"共工之从孙四岳佐禹"。大禹如此广泛地征求治水经验，所以传说故事写道，大禹治水，随从有应龙、黄龙、白龙、苍龙。

大禹注重科学性，还体现在他对最新科技成果的坚持和使用。说的是"息壤"，亦即是女娲用的"芦灰"，亦即是在大禹治水的数百年时段中，在

多个遗址中存在的"白灰"。笔者以为从"息壤"到"白灰",便是迄今可指认的全世界最早使用的建筑材料石灰,甚至是萌芽阶段的水泥。

禹的"父亲"鲧是公认的一位治水英雄,一位因治水失败而砍了头的英雄。但公布他的罪名不是因为治水失败而造成了多大多大的损失,而是他违背了天帝的命令,偷窃了天帝的息石息壤。这就为笔者提供了一个想象空间。或许鲧是在用炎帝后裔视为祖源文化载体的玉,即那些美丽的白色石头,去熔烧息壤(石灰)。鲧的这个科研行为犹如将矛头指向整个部落联盟神圣的祖源记忆,成了一种冒天下之大不韪的做法,当然会付出生命代价。这种为科学而献身在西方也有,如挑战教廷地球中心论的哥白尼,如面对矛尖仍然沉醉于几何公式运算的阿基米德。古代中国人为科学献身,则出现在4000年之前。

禹族或者说是残存的鲧族,之所以要去治水,有可能是为了保护这项科学发明而被迫背井离乡。当然也可以解读为禹为了将科学成果石灰为更多的人群享用,而跋山涉水,不惜千辛万苦。笔者在前面的叙述中,已指出这种"息壤"被当今的考古文献认定为"白灰(土)",在屈家岭文化遗址,在禹会村遗址,在陶寺文化遗址中都有出现。

可喜的是,笔者的这个想象已被纳入学术视野。2015年6月5日的《中国社会科学报》刊发了霍文琦先生的文章《陶寺遗址研究向更深更广方面迈进》,文章说:"采用傅里叶变换红外线光谱,对天然石灰石、人工烧制石灰的碳化产物以及采自陶寺遗址和殷墟遗址的白灰面进行检测,了解其在晶体无序度方面的差异,为人工烧制石灰石的判定提供了一种简便、有效的新方法。通过这种方法判别,陶寺和殷墟遗址的白灰面很可能采用人工烧制石灰所制备,表明中国古代先民在距今4000多年的新石器时代晚期已掌握了石灰烧制技术。"

大禹治水,三过家门而不入的故事,早已成了中国人民族精神生生不息、世代相承的一单营养剂。《韩非子·五蠹》说大禹"身执耒臿,以为民先",是说他手拿治水工具,亲自参加劳动,给治水大军做出榜样。传说大禹为了完成治水重任,娶妻涂山女四天便离开家,在外13年没有回过一次家。正是大禹的忘我精神,无穷榜样,感动了民众,教育了民众,甚至连黄河水神都出来帮助他,把记录着水情的"河图"送给了他。

第五节　比较酋邦制与部落联盟制

大禹治水，对历史的贡献是巨大的；历史对大禹作为的梳理也多有定论。笔者在此不必炒冷饭，浪费读者诸公的宝贵时间。

笔者以为，认知历史应该要不断进步创新。我读大禹，除了我继承和消化前人的成果外，还应该有自己独到的感悟。所以在此提出：大禹的出走，走出了古代中国社会形态从部落联盟制社会到酋邦制社会的嬗变；禹会诸侯，是古代中国从前国家形态跨进"早期国家"形态的门槛。

笔者这样的感悟和探索，在王和先生的著作《关于"中国路径"源头问题的新思考》和徐良高先生的著作《中国民族文化源新探》中吸收了很多成果。[23]

什么是酋邦？酋邦是现代人类学关于人类社会和文化分类的一个概念，同时它实际上也含有关于人类早期政治组织演进的阶段性的内涵。从历史学的角度看，简单地说，所谓酋邦，是指一种处于原始社会后期的、非部落联盟形成的部落联合体。而我国学术界过去所熟悉的部落联合体，只有部落联盟这唯一的形式。

近几十年来文化人类学的研究表明，由部落联盟发展到国家，具有普遍性途径的，很可能并不是由部落联盟，而是由另一种既非部落联盟又属于"比典型部落社会更高的一个社会发展阶段"的部落联合体——"酋邦"进入早期国家。

同样都是部落联合体，部落联盟和酋邦的区别究竟在哪里呢？笔者以大禹离开的"古蜀"这个部落联盟制社会为例，进行一些观察。

部落联盟制社会在产生中具有以下特点：其条件是血缘，其手段是自愿，其过程是和平。作为前提的血缘关系，可分为远亲与近亲，远亲含有地缘意识，近亲要看血缘远近，但不管远亲和近亲，祖源指向必须是一致的。关于此，笔者将在本书的下篇具体阐述。

部落联盟制社会在权力机制上的主要表征是：部落联盟没有最高首脑，其最高权力是一种集体的而非属于任何个人的权力。部落联盟会议的议事原则是全体一致通过，任何形式的个人专有的权力是不存在的。参加联盟的各个部落保持各自的独立，相互间地位平等。笔者以为，三星堆祭祀物坑出土的那么多青铜人面像，就是古蜀部落联盟各个部落首领的物指。其中几尊别开生面的人面像，是联盟中的各个种姓近祖的物指。而那尊特大青铜立像则是联盟各部落共同远祖的物指。所以笔者提出除了这尊象征远祖"龙"的大立人外，还应该有一尊象征远祖"鸮鸟"的大立人没有被认知、被还原出来。[24]笔者以为，只有还原出这尊大立人，才能更鲜明地体现出古蜀部落联盟制社会的首要特征：平等。

三星堆祭祀物坑出土的物品数以千计，但迄今未发现一件兵器，这大概可由此认定部落联盟的活动是和平的，没有战争杀戮的。

再看另一种形式的部落联合体酋邦。笔者以大禹治水"走"出来的屈家岭文化和石家河文化为观察点。

部落间的不平等与个人权力的强大，是酋邦模式的两条最基本特征。本文前面已叙述，作为鲧族后代的禹族出走，就是因为不平等，因为被格杀的缘故。在大禹治水的行程中，这种不平等现象日渐加聚。石家河聚落分布着明显的层次等级，由中心聚落、一般聚落和聚落群体组成。中心聚落是一座规模达120万平方米的城池，城市内部有明显的功能分区，包括手工作坊区、居民生活区、祭祀区和墓葬区。在这个中心聚落周围的8平方公里范围内，紧密环绕着二三十个一般聚落，形成一个具有密切关系的聚落群体。中心聚落不仅直接统治着该聚落群体中的各个聚落，而且在一定程度上控制半径约100公里左右的其他聚落，包括对荆门马家院（城）聚落、石首走马岭聚落的控制。

在石家河聚落中，个人财产的贫富悬殊，从墓葬的形制大小和随葬品的数量质量上看得一清二楚。在肖家屋脊遗址发现的77座瓮棺葬中，其中有一座瓮棺的形制特别大，随葬玉器特别多，达56件，其数量几乎相当于其他所有瓮棺内玉器的总和，其质量更比其他瓮棺葬内的玉器要好得多（图6-14）。

关于个人权力强大的案例，古籍文献中有所记载。《国语·鲁语下》载："吴伐越，堕会稽，获骨焉，节

图6-14　石家河文化肖家屋脊遗址中的精美玉器

专车。吴子使来好骋……既彻俎而宴，客执骨而问曰，敢问骨何为大？仲尼曰：丘闻之，昔禹致群神于会稽之山，防风氏后至，禹杀而戮之，其骨节专车，此为大矣。……客曰：防风氏何守也。仲尼曰：汪芒氏之君也，守封、嵎之山者也，为漆姓。在虞、夏、商为汪芒氏。"看看，就因为开会迟到了，会议主持人就将迟到者杀了，况且迟到者并非平民百姓，乃是一个部落首领。可见在酋邦制社会中，最高领袖的权力有多么之大！而且酋邦社会的元首已是六亲不认的了。应该说防风氏也属炎帝后裔，三百年前是一家。但因为酋邦产生的途径主要通过征服，组成这种部落联合体的部落之间就不一定具有血缘渊源。在一个酋邦之内，往往包括许多血缘渊源不同的部落成员，所以大禹杀起防风氏来，就完全没有牵挂。

酋邦既然是通过征服形成并以武力为基础维持的，那么在酋邦社会，战争便成了家常便饭。从考古学文化的视角来看，石家河聚落用修筑城垣的方式建立起自身的防卫体系，而且这种防卫体系比之早先的屈家岭文化有很大进步。所以战争记录在古文献上也就层出不穷了：

禹征有苗。　　　　　　　　（《墨子·兼爱》、《墨子·非攻》）

禹攻曹、魏、屈骜、有扈，以行其数。

（《吕氏春秋·召类》）

启征西河。　　　　　　　　（《古本竹书纪年》）

后相即位，二年，征黄夷。　（同上）

不降即位，六年，伐九苑。　（同上）

桀伐岷山。　　　　　　　　（同上）

"认为中国社会是由酋邦进入早期国家的观点，虽然获得很多史学工作者的赞同，但也有一些学者提出不同意见。从目前的研究状况看，中国前国家时期的政治组织形态究竟是酋邦还是部落联盟？这是一个仍然需要深入探讨并有待于将来更多的考古发现为之提供更加充实的证据才可能最终解决问题。"对此，作为门外汉的笔者真诚地对学术界提个醒，为什么不能够将研究视野向古蜀推开呢？笔者以为中国的前国家时期的政治组织形态，是以古蜀为代表的部落联盟制社会和以中原为地望的酋邦制社会的共存。而中原这个最具有典型性的酋邦制社会，是从部落联盟制社会嬗变出来的。

第六节　我所见到的陶寺文化

禹会诸侯之后，壮大的华夏族群向北扩张，走过河南的淮阳平粮台、登封王城岗、新密古城寨、郾城郝家台、郑州西山古城、辉县孟庄、安阳后冈遗址，在山西襄汾陶寺，叩响了中国"早期国家"的门扉。

关于陶寺文化，多年来学术界已有许多研究成果，有共识有分歧。笔者没有能力亦没有资格去重复评定，本书一开篇就明确笔者是以祖源记忆为指引，去探索中国史前的线性历史的，所以笔者在此只阐述陶寺文化从何而来，其间的祖源记忆是如何行进的。

一、陶寺彩绘"龙"源自良渚文化

笔者以为是禹会诸侯之后，壮大的华夏族带着幼年期的华夏文明，或者说包容着诸多炎帝祖先文化元素的华夏文化进入襄汾盆地，让陶寺文化具备了华夏文化的主线。当代的考古学家多是着眼陶器，指出陶寺出土的陶器造型，仅有少量可以从庙底沟仰韶文化以及山西、河南的龙山文化中找到对比，大部分器形是初次看到。学界将陶寺遗址视为黄河中游龙山文化的另一种新的类型。有学者研究得更加深入翔实，指出"陶寺彩绘龙源自良渚文化"。[25]笔者是赞同的。"彩绘龙陶盘仅发现于大墓中。如陶寺M3072号墓的彩绘龙陶盘，口径37厘米，高8.8厘米，在陶盘内壁以黑衣红彩绘一条龙。龙纹作盘曲状，头在外圈，身向内卷，尾在盘底，体饰弧状片彩，为双股，首部绘出豆状圆目，嘴微启，上下两排尖齿，长舌外伸，舌前部呈树权状分支，在颈部两侧绘对称的鳍或鬣状物（图6-15）。"[26]笔者读图，以为陶寺龙比较良渚龙以及它的源头红山龙，在对"龙"的

图6-15　陶寺M3072号墓陶盘的龙纹

概念把握上是一致的，可谓传承有序。但在细节上有所改观，陶寺龙张嘴、露齿、吐舌，而且长了双角（"颈部两侧绘对称的鳍或鬣状物"或许可读成"双角"，双角横截面图）。这样的细节增加，是在彰显酋邦社会中作为首领的英雄表述。而将红山龙的纵目改为"豆状圆目"，是华夏族群在接受"龙"的祖源指向时的一种修正，与之同时，在中原也出现了有别于古蜀"纵目人"说法的"横目人"。三千年前的古籍《庄子·天地篇》出现"横目之民"一说后，后世的一些学者便将此认定为中原夏部落的特征。

高炜、高天麟、张岱海先生在《关于陶寺墓地的几个问题》文章中，对龙现象作了进一步的阐述："惟龙盘仅发现在几座部落显贵的大型墓中。每墓具只一件，这就证明龙盘的规格很高，蟠龙图案非同一般纹饰，似乎有其特殊的含义。它很可能是氏族、部落的标志，如同后来商周铜器上的族徽一样。龙盘在大型墓中的发现，将有助于证明下述推断，陶寺的龙山文化先民，正是活跃于'夏墟'，以龙为族徽、名号的部落。"[27]

这是不是说，龙也被华夏部落植入了，或接受了，从此夏以融合龙夷文化的神龙，作了国家统一团结的标志与世袭王权至高无上的象征？

禹会诸侯时的长江中游石家河文化是否也进入了陶寺文化？无须用文字去阐述，看一看朱乃诚先生使用过的画页，便可一目了然。图6-16是"兽面玉牌饰"（笔者读为"戴冠人面牌饰"）。该饰从石家河文化中的肖家屋脊到六合再到陶寺的演变过程是十分清楚的。图6-17，是石家河文化中的肖家屋脊出土的玉柄形器与陶寺文化下沿的二里头三期出土的玉柄形器的比较图。相信读者诸公已经明白其"源"与"流"了。

陶寺ⅡM22：135

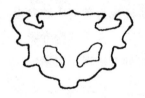

六合W9：1

肖家屋脊W6：60

图6-16 兽面玉牌饰演变图（选自朱乃诚著《中华龙：起源和形成》）

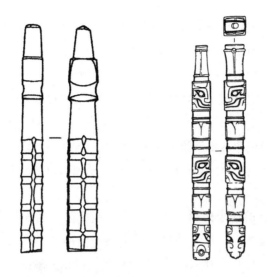

图6-17 石家河文化玉柄形器与二里头文化玉柄形器
比较图（选自朱乃诚著《中华龙：起源和形成》）

二、"陶寺古观象台"可能还会是雏形的"宗"和"祭案"

在陶寺文化中被浓墨重彩描绘的还有"陶寺古观象台"。这座在2003年考古发掘中发现的观象台，由13根柱子组成。柱子与柱子之间形成12道狭缝，每道相隔15-20厘米。考古队在原址复制模型进行模拟实测，从第2个狭缝看到的日出为冬至日，第12个狭缝看到的日出为夏至日，第7个狭缝看到的日出为春、秋分。古籍《尚书·尧典》早有"乃命羲和，钦若昊天，历象日月星辰，敬授民时"一说。故而国家天文台等多个单位的15位天文学家，基本肯定这些柱子组合为天文观测遗迹。不过，考古学界仍有许多学者持怀疑态度。

笔者没有一丝理由反对作为天文观测遗迹的指认，只是在祖源记忆的框架下提出独自的解读。陶寺这个大型建筑物除了观象台的功用外，还是不是一处祭祖的原初宗庙？

这些柱子各自代表酋邦部落联盟体中每一个部落，柱子就是该部落的祖源指向"主"，亦即是从具象的"祖先偶像"中抽象出来的祖宗牌位的雏形。这样的柱子或许后来发展成书写着祖源的"祖先牌位"以及可以摆设祭品的祭案。众多祭案，各祭一祖，就必须为之建造专门建筑，就是"宗"。所谓古观象台是不是也在作原初的"宗"在使用呢？同祭众祖先于一宗，就是同宗族。

由宗族而设立的有关宗族法制就是宗法，作为古代社会的基层组织就是这样建立起来的。每一祭案祭一祖先，祭案形制基本一样，用以区别每一位具体祖先的就是"主"，即后来称呼的"神位"或者"祖牌"。

柱与柱之间的狭缝作用是什么呢？笔者以为是通过透光时间的先后，来表示柱子所代表的每位"主"，其血缘关系与始祖（阳光的）远近亲疏，从而确认其在由血缘网络编织起来的政治社会中的地位和作为。这样的身份标志，本书已叙述了多种多样，可见远古的中国人对此是何其在乎，可见中国人的面子观点是何其遥远。

笔者以为自己的这个猜想不属于"天才想象"。笔者的自信来自这座古观象台附近的一座大墓。陶寺遗址中的大墓十分稀少，不足发掘墓葬总数的10%，但随葬品却汇集了90%以上的文物精华，可见大墓主人在当时所拥有的社会地位是何等高级。古观象台附近的这座大墓中有一件罕见之物，竖立的一根长25厘米的木杆，木杆上涂有黑、绿色和红色标记的漆，旁边放有玉钺（一说玉戚）。笔者以为墓主是一个握有兵权的大首领，那根木杆就是"主"，古观象台的柱子就是这根木杆的放大品。木杆上的颜色表明他生前在部落联盟体中的地位。他死了，要把这份"职务职称"的档案带到另一个世界去继续享用。这种对颜色的使用，或许来自良渚文化的遗承。考古资料显示，在良渚那些集墓葬与祭坛功用为一体的土筑高台，其土坛上从里往外分别用红色土、灰色土、黄褐色土筑成祭坛。[28]无独有偶，在陶寺遗址先期考古中，也曾在墓葬中发现过一处也有圆木杆的情况。

对此，当代有考古学家指认那木杆是测日影定历法的"圭表"，那有圆孔的玉钺，是"后世天文学家用于精确测量日影的'景符'"。笔者以为将荣耀带到另一个世界去继续享用还说得过去，但将观天测日的工具带到那个暗无天日的世界中去，能发挥作用吗？

注释：

[1]司马迁《史记·越王勾践世家》："越王勾践，其先禹之苗裔，而夏后帝少康之庶子也，封于会稽，以奉守禹之祀。"

[2]《史记·匈奴列传》："匈奴，其先祖夏后氏之苗裔也，曰淳维。"

[3]顾颉刚说："我以为禹或者是九鼎上铸的一种动物……后人追溯禹出自夏鼎，就以为禹是最古的人，应该作为夏人的始祖了。"后来，他又说："因为九鼎

不铸于夏，禹说才起于西周中叶。""禹是南方神话中的人物。"民国三十七年又说："禹的传说产生于西方戎族，后演化为全土共戴的神禹。""在《诗》《书》中禹的地位是独立的，事迹是神化的，禹夏本无关系，直到战国的书里，禹才成为夏代的第一位君主。"顾颉刚认为禹是动物是神与夏无关，但并不怀疑夏的存在。

[4]严文明主编：《走向文明的不同道路》，《中华文明史·第一卷》，北京大学出版社2006年。

[5]霍巍：《如何从考古学来研究古代民族》，见其所著《西南天地间——中国西南的考古、民族与文化》，香港城市大学出版社。

[6]司马贞《补史记三皇本纪》："鲧窃帝之息壤以湮洪水，不待帝令。帝令祝融杀鲧于羽郊。"

[7]子德主编：《昆仑记——中华文明起源另说》之《女娲治水》，四川文艺出版社，2007年。

[8]唐·司马贞《索隐》引《世本》："鲧取有辛氏女，谓之女志，是生高密。"

[9]《山海经·海内经》："西南有巴国……有国名曰流黄辛氏，其域中方三百里，其出是尘土。有巴遂山，绳水出焉。"

[10]同[7]。

[11]《山海经·大荒西经》："有神十人，名曰女娲之肠，化为神，处栗广之野，横道而处。"

[12]严文明主编：《中华文明的曙光》，《中华文明史·第一卷》，北京大学出版社，2006年。

[13]《十堰日报》2010年1月27日第8版。

[14]湖北省文物考古研究所、中国社会科学院考古研究所《湖北石家河罗家柏岭新石器时代遗址》，载于《考古学报》1994年第2期。

[15]湖南省文物考古研究所、澧县文物管理处《澧县孙家岗新石器时代墓群发掘简报》，载于《文物》2000年第12期。

[16]湖北省荆州博物馆、湖北省文物考古研究所、北京大学考古学系、石家河考古队：《肖家屋脊》，文物出版社，1999年。

[17]荆州地区博物馆、钟祥县博物馆著《钟祥六合遗址》，载于《江汉考古》1987年第2期。张绪球著《长江中游新石器时代文化概论》，湖北科学技术出版社，1992年。

[18]湖北省荆州博物馆编《枣林岗与堆金台——荆江大堤荆州马山段考古发掘报告》，科学出版社，1999年。

[19]朱乃诚《长江中游地区早期龙文化遗存的来源与炎帝的传说》，见其所著《中华龙：起源和形成》，生活·读书·新知三联书店，2009年。

[20]朱乃诚《禹会随笔》，《古代文明研究中心通讯》第26期。

[21]田昌五著《古代社会形成研究》。

[22]见《淮南子·览冥篇》。

[23]王和著《关于"中国路径"源头问题的新思考》，刊于《历史学评论·第一卷》；徐良高著《中国民族文化源新探》，社会科学文献出版社，1999年。

[24]杨永年《是谁创造了举世闻名的三星堆文化？》，四川新闻网，2012年1月9日。

[25]朱乃诚《陶寺彩绘龙的来源与中原地区"王室文化"的形成》，见《中华龙：起源和形成》，生活·读书·新知三联书店，2009年。

[26]中国社会科学院考古研究所山西工作队、临汾地区文化局《1978–1980年山西襄汾陶寺墓地发掘简报》，载于《考古》1983年第1期。

[27]见《考古》1983年第6期。

[28]丁金龙、何凤英《良渚文化土筑高台遗址探析》，载于《东南文化》1997年第3期。

第七章 周公制礼，祖源记忆"国有化"

当代中国著名历史学家叶舒宪教授发表在《河南社会科学》第22卷第9期上的新作，文章的标题一下子便拉扯住笔者眼球：《东亚玉文化的发生与玉器时代分期》。"玉器时代"这个命题，在20世纪80年代末90年代初再一次被重提。国内和海外的学者，你唱我和，颇为热闹。殊不知就那么几个来回，便戛然而止，无疾而终的场面留下许多的猜想。20年后的今天，"玉器时代"的角儿又再度登上学术舞台，带来几分"春风吹又生"的喜悦。

话说2000多年前，中国东周时代有个叫风胡子的博学之士回禀楚王说："轩辕、神龙、赫胥之时，以石为兵，断树木为宫室，死而龙藏。夫神，圣主使然。至黄帝之时，以玉为兵，以伐树木为宫室，凿地；夫玉亦神物也，又遭圣主使然，死而龙藏。禹穴之时，以铜为兵，以凿伊厥，通龙门，决江导河，东注于海，天下通平，治为宫室，岂非圣主之力哉。当此之时，作铁兵，威服三军，天下闻之，莫敢不服，此亦铁兵之神。"风胡子提到的"以玉为兵"，是不是说在中国文明的发展史中，应该有一个"玉器时代"？有别于西方文明史中只有石器时代、铜器时代和铁器时代的历史分段，早在20世纪30年代，中国学人便提出了"玉器时代"的命题，进行了相关的学术思考，但在西方文明史论的强大惯性下，特别是马克思主义的经典作家也为这样的惯性注入了力量，因此，近百年来，关于"玉器时代"的探索总是断断续续，上坡下坎，甚为吃力。然而，对"玉器时代"的忽略，就会忽略古代中国许多用玉表现文化、叙述历史的情节，就会忽略中国文明发展中有别于西方文明的一些独特性甚至是先进性。就会在中、西方文明史的比较中，由于中方文明史的缺环而失去应有的历史高度。明明中国有5000多年的连续文明史，却被误读为不到4000年。

所以当笔者看见叶教授将"玉器时代"嵌入大著的标题之中时，便油然产生了"春风吹又生"的喜悦，也为笔者在本书的谋篇布局中多是以玉为证据，增添了信心。叶教授的文章内容甚为丰富，其中提到一个考古学文化现象，在年代约为距今4000–3000年的"玉器时代"第三期，"在此期间，神话含义隐秘不彰的玉玦，逐渐失去礼器体系中的核心器形地位，逐步走向边缘化和衰微"。叶教授虽没有对此指认提供理由，但也给笔者提供了一个探索的空间。

第一节　玉玦，私有的"祖先意识"物指

玉玦是什么？古代中国文献仅仅是说"玦，环之不周也"，"玦如环而有缺"。玦的功用是什么？迄今不见古代文献的相关表述。现代的考古发掘，见"玦"多处于死者的头部，便认定玦是"耳饰"。香港中文大学教授邓聪先生和日本学者伊东美奈子，对"玦"研究得深一些。笔者以为他俩的认知集中在以下6个方面：

1、玦是一种有缺口的饰物，通常用作耳饰，表现出蒙古人种对人体耳部特殊的癖好，有别于非洲原始民族的唇癖好等。

2、玦饰起源是单元或多元的问题，目前还没有足够的资料说明。

3、玦饰很可能是起源于东亚的北部，其后在大陆由北而南徐徐扩散，又由大陆西而东向沿海的岛屿流传。内蒙古兴隆洼遗址出土约距今8000年软玉制的玦耳饰。辽宁阜新查海出土的属于兴隆洼文化的玦饰，年代距今约7600年，都是东亚地区所知最早的玉玦。兴隆洼的玉玦制作技术及形制相当成熟，估计玦饰的起源还有一段更长远的发展历程（图7-1）。

4、可能在7000年前或更早的阶段，东北亚大陆至日本北海道的范围，已存在着相当发达的玦文化。另一方面东亚大陆南部的长江流域一带，玦饰出现的年代亦相当古远。浙江河姆渡遗址第四层出土的玦饰，碳14测定年代为距今7000年左右，其后长江流域的大溪、北阴阳营、崧泽、马家浜等文化遗址，也出土数量很多的玦饰。

5、华南珠江水系一带，迄今已知最早的玦饰出于广东石峡、香港涌浪和珠海宝镜湾等遗址，年代距今4000–4500年前。珠江水系的玦饰，估计

图7-1　中国兴隆洼文化玉玦

172

来源于长江流域。在印支半岛方面，越南北部地区均出土玉石饰物。越北玦饰很可能起源在距今4000年前（图7-2，图7-3，图7-4）。[1]

6、日本绳纹时代玉玦拥有者基本上为成年女性。[2]

一、不能望形生义，将玉玦视为古人的"耳饰"

坦率地讲，对于上述主流学者解读玉玦的第一项，即指玉玦用作耳饰，表现出蒙古人种对人体耳部特殊的癖好，笔者是不认同的，以为有再斟酌讨论之必要。试问作为一种"耳饰"，能够征服纵横数万里、上下几千年这样一个博大时空范围内的多种人群吗？且不说穿衣戴帽，各有所好，什么样的王法君令拥有如此魔力能使之统一行动？再说玦的断口处没有穿孔，无法用绳索系于耳垂，又如何"饰"之？所以，笔者以为，最初出现的玉玦，一定是隐含着人类共同祈求的某个观念信息的核心符号物，玉玦才能在如此博大的时空框架中流行传承。对我的这个猜测，似乎中国台湾地区的现代玉学大家那志良先生也有所感触。他认为："有人以为耳上佩玦，不见于古籍中的记载，是由出土情形研究得来的。但是，在玉的人纹佩上，所琢的耳饰，看不出它有缺口来，是一个'环'形。认为活人耳饰是用'环'，死人殉葬才用'玦'。玦与'诀''绝'音同，为了要表示与死者永别，才用玦来殉葬，而生人所戴，是环，并不是玦。这也是一个可供参考的意见。"[3]那先生指出了玦的流向是面对死者。笔者以为，玦的功用还不仅止于活人对死人的诀别怀念，应该还有着更深层次的祈求。笔者将在后面加以阐述。

叶舒宪似乎也有类似的考虑，他在文章中说：

图7-2 中国河姆渡文化玉玦

图7-3 中国台湾卑南文化人兽形玉玦（《中国玉器全集（上）》，河北美术出版社）

图7-4 越南出土玉玦（摘自香港中文大学出版社出版的《东亚玉器》）

"玉玦和玉璜都不是随意为之和毫无深意的纯粹装饰，需要从发生背景中透析其原初的意义和功能，追问如下问题：史前东亚不同地域不同族群为什么会共同拥有制作和佩戴玉玦等玉器的传统？"他还进一步指出，"这样的问法已经能够体现出'东亚玉器时代'概念的统一性内涵。"叶舒宪引用了中国台湾学者黄翠梅新近的学术研究，来佐证他的观察和思考方法。黄翠梅指出，考古学分类法则以形制和功能为准的做法，在陶器和青铜器的分类方面成绩斐然，而用到玉器分类上则存在一定的问题。"由于对功能的认定涉及相当程度上的主观诠释，而诠释又往往是'后设'的，因此以功能为第一顺位的分类标准不仅容易流于'望形生义'——亦即对特定形制之器物派任特定之功能——这种过分简单化的推论，也容易因忽略器物功能在时空递嬗的过程中可能产生的流变，而无法有效联系种类器物之间的横向联系。"

所以，笔者以为将玉玦的功用望形生义而后设为"饰物，用作耳饰"，可能会堵塞研究玉玦起源的通道。叶舒宪没有重复玉玦耳饰说，他指认玉玦"神话含义隐秘不彰"，他"希望能够通过初始期东亚玉器的两种最基本的器形——玉玦与玉璜——的神话学分析研究，找出促使玉器生产日益普及流行的动力要素"。笔者以为，神话可能会"虚"一点，可以无尽想象，实难有效把握。叶教授在他那篇万言文章中，提出了众多概念，比如"玉教"、"拜玉主义"、"玉石神话信仰"、"玉教的神话观念"、"玉石神话传统"、"玉器的神话叙事作用"、"玉玦玉璜的神话学分析"等等。笔者着实担心，叶教授与"神"为伴踏上征程，会不会上去容易落地难？须当谨防最终的"六神无主"！

二、玉玦，最早的祖源记忆核心符号物

笔者对玉玦的思考，从人文学入门，将其纳入祖先文化。或者说，是为原始的祖先意识、祖先观念。为了种群的生生不息，就得祈求族人的死而复生。"玦"应是这个诉求死而复生的"观念信息"的核心符号物。将"玦"与死人同时置于墓中，祈求死而复生的逻辑推理是成立的。东西南北中、上下几千年，有人的地方，有家庭的地方，有宗族的地方都会接受这种观念信息的，所以玉玦才有如此大的"流通量"。

或许随着时代的推移思维进步，人们将不可能实现的个人"复生"观念，变为进步的"祖先转世"观念，祈求家族的生生不息。玉玦也就成了这个家族绝对私有的祖源记忆核心符号物，起着各地的、各自的祖源指向叙事作用。而且这样的叙事，一说就是几千近万年，早就将玉玦这种家族祖源的核心符号物，升华为宗族共有的核心价值观。祖源记忆成了本族群认知的最大公约数，成了本族群成长的最大凝聚力，成了本族群发展的最大"动力要素"。这些"私有"性质的祖源记忆，成了各地宗族割据的战斗动员令和战争原动力。玉玦拥有如此功用，所以才得以在上述的博大长远的时空范围内得以存在和发展。

三、玉玦被边缘化的原因

当历史跨进西周王朝的门槛，周公制礼作乐，要将祖源记忆"国有化"，各地形形色色"私有制"祖源记忆成了消灭目标。作为那些"私有制"祖源记忆的始作俑者和卫道士的玉玦，其命运便是可是想而知了。然而，要边缘化近而排除玉玦的叙事作用也非易事。玉玦在古代中国的商晚周初，不仅仍在起着各自的"私有化"祖源记忆的叙事作用，而且在用玉时尚中被娇惯成一种人见人爱、物不离身的艺术品。图7-5的商代玉玦可见一斑。坚持祖源记

图7-5　商朝妇好墓出土玉玦

忆"国有化"，坚持大一统的周、秦、汉统治者是聪明的，他们知道意识形态的消灭靠的是意识形态，他们用玉玦的形制谐音来消解玉玦的积极意义，来彰显玉玦的消极功能。笔者曾在拙作《慧眼识玉》一书中写道：[4]

　　　刘邦、项羽争取天下的时候，有过一场"鸿门宴"，席间，范增曾三次举起身上佩带的玉玦，暗示项羽要"果决"、"决断"地杀掉刘邦。可惜项羽不做回应，致使刘邦生还，不断壮大。项羽不按玉玦的意思办事，不但使历史拐了个弯，自己最后自刎乌江（"……范增数目项王，举所佩玉玦以示之者三，项王默然不应……"，见《史记·项羽本纪》）。这一史实，也印证了笔者在前文所叙述的东周时代，玉玦开始作为意愿表示的替代品，产生了玉的形制谐音。"赐玦则绝，义取玦"（《文韵》）。君王若送玉玦，则表示决绝。接受玉玦的人当然不会认为是件光彩事，而是有辱家族的"耻辱记录"，相信他是不会将玉玦陪葬入土的，入土的玉玦少，出土的玉玦当然更少。

或许，上述状况就是玉玦"逐步走向边缘化和衰微"的比较符合逻辑的原因。笔者在此借来作为《周公制礼，祖源记忆"国有化"》命题的一件考古学文化"证据"，算来也有几分"理由"。

第二节 "祖先意识源头"说法的考古证据

笔者以为，"玉玦"是祖先意识源头的物指，是包括远古中国人在内的东亚蒙古人种祈求"死而复生"观念信息的核心符号物，到底有无道理？有多大的道理？笔者首先从考古学文化中去寻找证据。

迄今为止的考古资料显示，古代中国最早的玉玦，发生在距今8000年以上的，比兴隆洼文化稍早的小河西文化遗址之中。迄今的发现表明最早玉玦流行的区域小且比较集中，在现今内蒙古自治区的林西县、克什克腾旗和巴林右旗之间的三角形地区。林西县白音长汗遗址的墓葬中，发现玉玦、玉管、玉蝉、穿孔贝壳、亚腰形贝饰、仿贝石臂钏、贝钏、石珠、石质螺纹棒饰、小型动物头饰、锥形石核等。该遗址分布在山坡的坡顶上，多数为单人葬，葬式为仰身竖膝，一般死者头向东北，个别向北。随葬品未见日用陶器。克什克腾旗南台子遗址墓葬M7中，有玉玦两件，大小不一，标本M7：2一侧有缺口。M7亦是一较大规模的积石墓。单人葬，葬式为仰身直肢，头向正北。玉玦发现于头骨两耳畔。M7所处的地势较高。巴林右旗洪格力图遗址墓葬中出土有：玉玦8件、玉匕1件，上端有两面对穿孔的玉斧1件（调查清理中采集）、玉石料1件。洪格力图遗址处在巴彦和硕自然村北面较高的小丘即洪格力图敖包顶部，为若干座用红色状岩石垒成的大小不等的积石冢，具有红山文化墓葬典型特征。[5]

笔者梳理上述资料，归纳出5点认知：1、小河西文化所处的红山文化早期，其代表性人物的墓地均选择在高地或坡顶。2、墓主的头向或墓地的朝向均为东北方或者北方。3、墓式多为仰身竖膝（或大致一样的"直肢"）。4、陪葬品都有玉玦，亦出现了玉蝉。其他陪葬玉器造型简单、制作原始，均不见在红山文化后期遗址中才出现的玉祖（猪）龙、勾云形玉佩、玉鸮（鸟）、双龙首玉璜、玉马蹄形器（玉箍形器）等承载着鲜明内涵的红山玉器。5、墓葬中均不见陶器陪葬品。

一、小河西文化展演出8000年前中国人的祖先意识

在这样的认知下，笔者形成了两条"理由"，以回应本节开篇时所提出的质问。

其一，小河西人，若按叙事习惯可称之为早期红山人或者远古中国人的一支，他们认定自己的祖先来自北方（东北方），所以墓主的头向和墓地的朝向都是指向北方。这或许可算作一项中国人最早最早的祖先意识。新近的考古学文化研究结论似乎可以做出一些旁证。新华网2015年9月9日披露一条消息说："德国柏林考古研究所的考古学家鉴定发现，100多年前在（俄罗斯）西伯利亚发现的希吉尔木雕人像历史比先前认为的还要悠久，年龄达到1.1万年，是迄今为止发现的最古老的木质雕像。埃及最早的胡夫金字塔建于大约4700年前，希吉尔木雕人像的年龄是其两倍多。希吉尔木雕人像1890年发现于（苏联）西伯利亚基洛夫格勒地区的希吉尔泥炭田，专家判定其年龄为9500年。希吉尔木雕人像表面雕着神秘的花纹，至今未破解。专家认为可能描绘了蛇、危险和不同世界的神灵。"针对这条消息，笔者以为将人物雕像和建筑物金字塔做比较，不是同口径比较，容易授人以柄。

那么，将巴格达博物馆于1981年寄存于巴黎卢浮宫的《新石器时代女偶像》，去和希吉尔木雕人像比较，出自西亚两河流域的仅高5.4厘米的雪花石膏质"女偶像"，比出自北亚的木雕像晚出2000年左右（图7-6）。两河流域的女偶像与中国的小河西玉玦可能是处在同一历史时段。

小河西人已经拥有的祖先意识和他们以墓葬的方位来认定自己的祖先来自北方（东北方），还有一项新近的考古资料或许能够为之产生链接。2015年9月15日，黑龙江省文物局公布，自2012年以来，由黑龙江省文物局、黑龙江省文物考古研究所、大兴安岭地委宣传部联合开展了大兴安岭岩画考古调查工作，已发现33处岩画点，1850余幅彩绘岩画。这些史前岩

图7-6　巴黎卢浮宫展出的"新石器时代女偶像"

画全部为红褐色彩绘。岩画内容分三类，第一类是人物，有些人物可以分辨出性别，有的人物形象头插翅羽冠饰。岩画中也出现〜纹饰。经过对大兴安岭地区呼中区的北山洞穴作炭14测年，可以确定其文化层堆积至迟从距今8000年开始。大兴安岭正是在小河西文化遗址的东北方向。

远古中国人最原始的祖先意识是人而不是神，更不是其他动植物。小河西地区虽然迄今未发现有希吉尔式的祖先偶像，但小河西人一定是接受了"祖先"这个意识，有着现世人是祖先"转世"的认知，有着希望自己死后也能"转世"给下一代的强烈祈求，故而玉玦成了他们首领的陪葬品。

二、祖先意识从一开始便具备"私有"属性

第二个"理由"是，寻找"转世"的管道，或者说为了传承，必须物化这样的"转世"认知。这样一代代传承下来的认知，才能在家族中形成一种集体无意识，最终发展成一种"祖源记忆"的概念。就这样，远古的中国人将"玉玦"物化为祖先传宗接代"转世"的核心符号物。

玉玦的造型参考是什么？是蛇，是首尾相望，盘绕如圆环的蛇。为什么要选择蛇呢？因为蛇有蜕变"再生"的生理现象，蛇老年到一定程度，就会"蛇蜕"老化坏死的皮壳，重新长出幼嫩健康的皮壳。这种可看见的生理过程，被拥有思维观念的人类感触，生成"死而复生"的意识，然后用"如环而有缺"的"玉玦"去物化这种意识，使之成为一种"核心符号物"。这样的认识进程，应是一个不难理解的逻辑。或者说，就是笔者猜测并认同的那个"理由"。

小河西文化中出现的"玉玦"，也许是一种"创新"，是远古中国北方的那个聚落种姓，通过上述的认知过程而"自主创新"的。也可能是接受更加北方的希吉尔木雕人的祖先意识而"传承创新"的，因为如前所述，希吉尔木雕人的纹饰中已经出现了"蛇"。

"死而复生"的目的是为了实现自己的种姓宗族的"生生不息"。这样的祖先意识从一开始便是具备"私有"属性。我是由我的祖先"复生"的，我只祭祀我的祖先。这种祖源私有的概念不难理解，应该是远古人类的一项集体无意识。

相信这样的意识一形成，便很快被周边的人群所接受，最早的玉玦在小河西文化时段中现身于三地，便是一个佐证。祖源意识因其已被"玉玦"物化，传承之中也就有了"抓手"。那个手执玉玦说教祖先死而转世的人便是最早的"巫"。

或许巫在说教"转世"时，还用了亦是可以蜕变的蝉。玉蝉在8000年前的小河西文化遗址中出现，也就顺理成章了（图7-7）。

图7-7　红山文化遗址出土的玉蝉

第三节　"龙"与"祖先偶像"的造型依据从哪里来的？

历史走了2000来年时间，从小河西文化来到了红山文化晚期。北方那支远古中国人的祖先意识，也已发展成根深蒂固的祖先文化。

那支在小河西文化中率先使用玉玦的种群，或许也跨过古代中国传说历史的伏羲时代、神农时代，来到炎帝时代。在这个漫长的岁月中，隐含祖源意识的玉玦，将其拥有的文化内涵一分为三。玉玦被放大成最初的"龙"，成了炎帝种群对不曾见面的"远祖"的指向与畅想。第二，玉玦的"形"被具象化，成了母体腹中的早期婴儿形象。玉玦在被变态艺术化之后，获得了一个新称呼"玉祖（猪）龙"。对此，笔者在本书第一章的"'玉猪龙'的命名为什么是错的？"一节已有阐述。其三，保持旧貌，仍然作玉玦。但是由于原先所单一载负的祖先意识已经被上述的分流，玉玦的功能性已经不是从前那么强烈，玉玦开始从"礼器"向"饰物"转变。然而，万变不离其宗，龙和玉祖（猪）龙的象征内核只不过由祖先意识嬗变为祖源记忆。而且变化之后，随着其意识载体的扩容和形象表述的具体，由玉玦生就的祖先文化元素是更加丰富了。比如出现了双龙首玉璜、玉鸮、勾云形玉佩、玉箍形器（玉马蹄形器）等大型的精致玉器。然而，在这些祖先文化元素中，亮点还得算是考古学文化已经证明了的，与玉祖（猪）龙同期出现的"祖先偶像"。

笔者将那些"祖先偶像"，亦即是被称为"女神塑像"的泥塑或石（玉）雕的踞坐像，界定为炎帝部族对自己有所记忆的"近祖"指认。这样的认知除了遵循学术逻辑的"阐释"外，在考古资料中或许也存在着"实证"的标本。笔者在本书第一章"'祖先偶像'是炎帝部族对'近祖'的指认"小

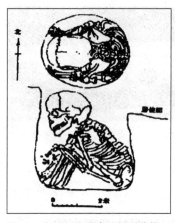

图7-8 小河西文化中"圆形墓坑、蹲踞下葬"图（乌兰《西辽河地区小河西文化聚落的微观分析》）

段中，介绍了田广林先生对多处"祖先偶像"体姿做出的4种归纳。笔者以为这4类体姿的共同点就是上身直立，下体曲踞。笔者还看到，这样的体姿恰好就是始自小河西文化期的掩埋死者的葬姿。图7-8来自于乌兰先生所著的《西辽河地区小河西文化聚落的微观分析》一文。[6]配合该图例的文字说明是："圆形墓坑、蹲踞下葬的方式说明对死去亲人的处理仍显原始。"乌兰的文章比较了小河西文化期敖汉旗榆树山和西梁这两处遗址中的墓葬情况，相同的是两地墓葬都是"圆形墓坑，人以蹲踞式下葬。"不同的是榆树山遗址有居室墓和室外墓两种，西梁遗址是墓跨室内外。文章还指出，这种墓地的选择，"也许暗示着生者对死者的崇拜，将其仍安葬在具有居住功能的房址内，还仍和众人一起生产与生活"。笔者想，这是否就是古人的那种"再生""转生"祈求的现实表达？

笔者以为，或许小河西文化后来的早红山文化期的那支北方的"中国人"，便将那种"蹲踞式下葬"的早亡人，转换为祖先的概念，并发展到将其以泥、石塑造成一种"踞坐人像"的"祖先偶像"而记忆之。踞坐体姿的祖先偶像使祖源记忆成了一种"文化"。从此踞坐的祖先偶像在后来的三四千年中，在炎帝部群主宰的红山文化后期，在炎帝后裔的东夷、西戎、南蛮和北狄地域内，一直流传，经久不衰。而在炎帝后裔经营的最后据点古蜀，这样踞坐的祖先偶像几乎作为"最后的疯狂"而大量出现，所以才一度频繁出现在今天的以四川西部和北部地区为主的古玩市场上。

笔者还认为，小河西人埋葬祖先的"圆形墓坑"，也从意识发展到概念，从记忆升华为文化。那便是红山文化晚期普遍出现的"圆形祭坛"以及祭坛周边的"环状列石"。对"祖先"最早记忆的"圆形墓坑"，成了后人祭祀祖先的"祭坛"和"列石"造型的"依据"，似乎可以算成顺理成章的事情。此外，小河西人将祖先葬于现世人的居房，表示其对祖先的崇拜，这样的祖源记忆方式，也是流传了几千年的。始建于公元七世纪初，虽经多次维修但至今仍然屹立在西藏高原的拉萨布达拉宫，便是一处最明白的证据。今天的布达拉宫仍分白宫和红宫，白宫存放去世的高僧，红宫居住现世的僧人。

第四节　远远近近、大大小小的"萨满"代言着
祖源记忆的私有性

文化的重要一翼是宗教。笔者以为，表现在小河西文化中的祖先意识，以及传播这样意识的"巫"的生成与发展，导致了古代萨满教的出现。

学术界对萨满教的指认是：通古斯语称巫师为萨满，故得此称谓。通常泛指东起的白令海峡、西迄斯堪的纳维亚拉普兰地区之间，整个亚、欧两洲北部乌拉尔——阿尔泰语系各族人民信仰的该类宗教，也有广义地指萨满教是今天世界各地原始社会土著民族信仰的原始宗教。

在中国，通古斯语族的满、鄂温克、鄂伦春、赫哲、锡伯，突厥语族的维吾尔、哈萨克、柯尔克孜，以及蒙古语族的蒙古、达斡尔等民族都流行萨满教。

研究者认为，萨满教"初期是单纯崇拜祖先，到后来逐渐变成崇拜翁衮。'翁衮'这一概念包括我们所说的偶像、天地、鬼神、自然、先祖、图腾等一切崇拜对象"。萨满教信奉"灵魂不灭观念"和由此派生出的"灵魂观念、神灵观念、三界观念"。对此，民俗学家提供了佐证：赫哲人相信人有三个灵魂：1、生命之魂；2、思想之魂；3、转世之魂。转世之魂系转生之神所赐，人死后按其生前品行或转世为人，或投生动植物。妇女不育、流产，被认为是她们没有转世之魂或该魂被摄所致。此外，赫哲族以为宇宙分为上、中、下三界。上层为天堂，众神所居，又分七层，最权威的神居最上层。中层是人和动植物所在。下层是阴间，也分若干层，分别为神灵、一般亡灵和大小鬼魂所在。人类夹在中间，受着神灵福佑和鬼魂作祟的影响。只有巫师萨满能通达上下，疏通三界之事。

所以，力量是萨满教的核心意识。萨满的力量最初不是权力而是能"疏通三界之事"的力量，即是说萨满的力量不是自身的，而是借来的。最初是从单一的祖先处借来力量，发展到从包括祖先的多元神灵中借助力量。氏族萨满是被自己的祖先看中而充当"萨满"的某个本族之人。她（他）所宗领的只能是本族的主体祖神。举行宗教仪式时，要恭请祖神降临附体；同鬼神交战时，须凭借本族祖神的力量战胜对方。萨满是各个氏族大众对本族祖源的认知和祈求

的现世对象。这样的取之本族、用之本族的"私有"前提，或许应是古代各地萨满的共同特征。基于此，我们在观察一些考古学文化现象时，似乎就可以看出其中的一些"门道"。比如，石峁人将玉器和玉人筑进抗御侵略的"城墙"中，是否就是因为他们看见"萨满"是凭借这些玉器从"祖先"那里获得力量的，故而希冀这些玉器在城墙中也发挥祖先的威力？再比如，三星堆人要捣毁那些金属面具，是否就是因为他们深信的那些由"萨满"代言的万能的祖先，在突然而至的强大地震面前依然一样是无能为力，无法护佑后代生灵免遭涂炭，神话破灭了，怒火油生了，于是迁怒于那些失灵灵物，将其一一捣毁掩埋之？笔者的这种推测将在本书下篇的《三星堆文明"突然"消失的新假设》一章中有进一步阐释。

鉴于围绕萨满意识出现的这些文化现象，有研究者指出："萨满教是一种现象的通称，没有教条或是特定的信仰体系，不同传统的萨满教有不同的实行方法与特征，一般对萨满教的定义也是来自其经验与技术。""萨满教应看作以信仰观念和崇拜对象为核心，以萨满和一般信众的习俗性的宗教体验，以规范化的信仰和崇拜行为，以血缘或地域关系为活动形式，三方面表现统一的社会文化体系。"笔者十分赞同这个"社会文化体系"的界定，认为这个体系的核心文化就是祖先崇拜和祖源观念。回过头来，我们在解读红山文化的诸多文化现象时，不能一味总是认为那些现象是受萨满教的影响而创生的，而应站在线性历史的层面上，去总体把握在红山文化历史时期中，由古代中国人的祖先意识和祖源记忆，铸成了萨满文化这一世界性的文化现象。对此，笔者的理解是，距今8000年的小河西人，将玉玦认定为原始祖先崇拜的核心符号物后，玉玦被"巫"在祭祀中法器化进而神格化，又被后来逐步形成的祖先文化"神话化"，导致广大群体的极度迷信化。这样的迷信又不断地反哺其神话，发展出由祖先文化的神话叙事构建的"萨满教"。可见，有"巫"才有"萨满"，是巫的行为编织出萨满的"教义"。在萨满意识中，巫不是神明的仆人，而是神明的替身。这或许是以远古中国人的祖先崇拜为信仰主体的东方的"萨满"，有别于西方宗教的鲜明特征，也或许是学术界至今有人不承认萨满是一种宗教的原因。笔者以为，正因为巫的这种"替身"作为，才能手握萨满文化核心价值祖先文化这根接力棒，在历史的接力赛中，将中国人的祖源记忆一代一代传承下来。这个认知过程，可不可以算作是萨满教的"源"？

萨满教的"流"，其上游是随玉玦到达的长江中下游，到达朝鲜、日本，到达岭南和更南边的印支半岛北部。萨满教流传的下游，以笔者能够把握的中国视角来看，汉族的巫、蒙古族的黑教、回民的毛拉、苗人的鬼师、瑶人畲民的巫师、彝族的毕摩、藏族的苯，羌族的端公，等等，都有着鲜明的萨满遗韵。虽然有着地缘之别，血缘之差，但都是在各自的种姓大院中，推演着一场以自家私有的祖先为主角的连续剧。

第五节　为什么周公要实施祖源记忆的"国有化"？

说了祖源记忆的"私有制"，就该说祖源记忆的"国有化"了。

笔者说周公"制礼作乐"，实施祖源记忆的"国有化"，指的是西周早期，身为周文王的儿子、周武王的弟弟、周成王的叔叔的"周公"，在他临危授命、监国摄政的七年之中，对业已流传至周朝的远古中国人的"祖先文化"所进行的一场具有里程碑意义的重大改革。

一、周公对"祖先文化"改革的深远意义

周公姓姬名旦。因为这个姬姓种族的发祥地在"周"，即今日的陕西省岐山县，后来姬姓种族强大起来并最终战胜殷商的纣王，便将新建的王朝命名为"周"。而这位姬旦虽与三个周王有血脉渊源，但一直不得称王，故而降称为"公"，即是史称的"周公"。

笔者以为，周公对祖先文化的改革，核心是将殷商王朝那个联邦国体中共存的若干个以识别具象或姓氏为指认的祖源记忆，统筹为单一的、特定的，抽象但却可以包罗多元的"天"。再经过"封建"、"井田"、"宗法"、"礼乐"等行政手段，将这种新建的、以"群体本位"的思维方式和价值取向为核心的祖源记忆新体系，贯彻到上至国君、下到臣民的文化认同和行为准则中去。新建的祖源记忆更加强固紧密地形成了全国人民的精神凝聚力量，形成了一种民族意识。举国上下有了共同的文化观念，并随之建立起用制度约束的同一性思想，从而，也就拥有了不断向更高社会阶段发展的现实基础。可以说，周公的改革，不仅在当时划清了华夏与四夷的思想界限，彻底摈弃了具有很大局限性的部落联盟制社会的意识形态。而且，从历史的视角去看，"殷周之际发生的伟大变革是人类历史进程中的异数，它造就了世界上唯一一个延续数千

年始终未曾中断的灿烂文明，造就了世界上唯一长期共存的、以大文化民族为核心的多民族统一体与统一的多民族国家、也造就了人类历史上于文明时代早期便成功突破部落结构桎梏的辉煌范例，其深远意义和伟大影响在整个人类的历史上无与伦比"。[7]

周公被冠以中国文明发展史中的"文化始祖"应该是理所当然。本书在前几章中已经提到的"共同始祖"炎帝，"人文始祖"黄帝，此时提到的"文化始祖"周公，从这三个人的作为上，大概也可以观察到远古中国人的祖先文化、祖源记忆，其产生与发展的源与流。

周公的父亲周文王，乘殷纣王在平叛东夷大伤元气以及"国军"尚未返回京城的难得之机，仅用了30余天时间，便让殷商王朝用600多年构建起的国家大厦轰然倒地。周家天下来得如此之快捷，不仅历史吃了一惊，就连打下"天下"的人也缺乏思想准备，对这个"天上掉下来的林妹妹"有些措手不及。你这个过去的"小邦周"凭什么要去革"大邦殷"的命？你这个今天的周王朝又凭什么要坐镇天下？"天下"各地的民众都有各自的祖先，凭什么要跟着你周王朝去祭祀你那个姬姓祖先！？谁能回答？或许周公以前的诸王诸公加众诸侯都无法回答。

二、私有的祖源记忆让武庚凝聚出复辟的力量

另一方面，政权来得如此之突然，管理者没有自己的管理国家的办法，只好沿袭前朝旧制。夏商以来，战胜国对于战败国只要求归顺服从而已，并不是灭国须灭族。这似乎已是一种惯例。如今周灭殷商之后，仅仅是让战败的殷人降作为新立的邦国联合体之一员，服从于周。周人对商人及各地土著人的统治是充分利用了他们原来的血缘组织结构，使之为新立的周朝服务。周朝给殷人以高度自治，并允许"来去自由"。史载，周王"封纣子武庚禄父，以续殷记，令修盘庚之政"。殷商的贵族，仍然保留自己的领地和臣属，包括各种作坊的手工匠人。殷商的子民，照样可以对酒当歌，狂喝滥饮。而新立国的周人，若要聚众饮酒，是要格杀勿论的。更要命的是，殷商遗民可以有自己的祭坛，大张旗鼓地追忆祖源，凝聚民心，而且付诸文化，将其广为传播。至今我们读《诗经》，不是仍然在高诵"天命玄鸟，降而生商"吗！

对那些坚决不从周的殷商遗民，周王朝则是任其远走高飞。一些人去了辽东半岛和朝鲜半岛，据说还有一些人跨过白令海峡到达美洲，成了印第安人的

祖先。玛雅文化在叙述祖先时，出现那么多的殷商文化符号，或许便是一个注释。

亡国的殷人坚守自己的祖源记忆，从考古学文化的视角去观察，似乎也是有据可证的。研究玉文化的学者指出，叙述商人祖源"天命玄鸟，降而生商"的鸟纹，在商人执政时的玉器上反映并不突出亦不众多，而在商人失去政权后的西周初期的玉器上，却是大量出现（图7-9、图7-10）。这说明什么？这说明不甘心亡国的商人，高举祖源记忆去凝聚复辟的希望和力量。历史居然给出了机会：周武王死后，继位的周成王年幼，监国的周公虽然大权在握，但却处在"主少臣疑"的巨大精神压力之中，使他"一沐三捉发，一饭三吐哺"。连洗头吃饭都会常常中断，如此心事重重，哪能当机立断？商纣王的儿子武庚以为机会来了，联合本来是派来监视他的管叔和蔡叔造反。管叔和蔡叔是周王朝的"皇亲国戚"，因为对周公摄政不满，所以协助武庚共谋起事。

武庚对周公的判断错了，周公于国家生死存亡的关键时刻，爆发出他作为历史杰出人物的素质，毅然出师东征，再次打败殷人。东征胜利之后，周公不得不思索，早已是家破国亡的殷人，居然能够聚集起一支统一的反叛力量，靠的是什么？周公意识到，殷人靠的是"上帝"，是他们林林总总的祖源记忆。周公在诗中写道："殷之未丧师，克配上帝，宜鉴于殷，骏命不易。"[9]

问题的症结找出后，周公要对症下药了。他要在全国的祖源认同上做大文章，要将散布国内形形色色的"私有制"祖源记忆进行"国有化"，全国只能有一个祖源记忆，那就是"天"。

图7-9 中国社会科学院考古所藏的西周玉器上的鸟纹

图7-10 笔者收藏的西周初期玉器上的鸟纹（摘自杨永年著《奥运奖牌上的中国文化：中国印和玉璧》，浙江大学出版社。）

三、周公对症下药，以"天"一统全国的祖源记忆

应该说周人在立国之前，也早就有了祖先意识。《逸周书·世俘解》说，周武王战胜殷纣王之后，来不及脱下战袍，就借用商人的宗庙向周家的列祖列宗报告改朝换代的大喜事，并宣告"中国"诞生了，周朝当以"中国"自居。面对这条史料，笔者有两个感觉。其一，周朝伊始其祖先文化还处在初级阶段，比之殷商要为滞后。武王出征并未带祖庙同行，故而他向祖先报喜，用的竟是商人的庙堂！或许那时的周人，宗庙的意识还未形成，因为周人的祖源指认较为复杂，庙中的神位牌主较难表述。周以夏族自居，故姓姬。但周人从始祖起，便与姜（羌）族通婚。弃的母亲，是羌族女子姜嫄。亶父之妻是太姜，武王之妻是邑姜……说世俗一点，周人是"杂种"。说历史一点，周是炎黄民族融合的第一个高峰期。

祖源是越单一越好指向，越清楚越好形成记忆，越好记忆才越好表述。传说历史讲周人从哪里来？说周人始祖弃，是因为他的妈姜嫄，踩到一个巨大的脚印，怀孕生下来的。多大的脚印？什么样的脚印？谁的脚印？——说不清楚。比之商人的始祖是"天命玄鸟，降而生商"，周人的祖源的确不好指认，不便表述，没有抓手。

周公对祖源文化的重大改革，就是为周人祖源记忆提供一个抓手，给出一个明确的指示。或许周公的执政理念已经是"软的更软，硬的更硬"。你说我周人的祖源指向大脚印虚无吗？好，那就让它更虚一点，虚无到"无声无息"的"天"。你虽然听不到"天"的声音，闻不到"天"的气味，但一生一世它都在你的头顶，普照着世间的万民。"天"就是周朝的"祖先"。天是祖先，周王就是"天之骄子"。天子办事是依"天命"，是去"奉天承运"。所以从前的"小邦周"才可能用三十几天的时间就打垮了如今的"大邦殷"。周人既然是头顶"中天"，当然就要领居"中国"。以周代殷，一切都是正宗、正统、正规，统统符合"天"意。

图7-11是四例甲骨文和金文关于"天"的象形。易中天先生的解读是："天，原本指人的脑袋，也就是'天灵盖'，后来才引申为'苍天'，再后来才引申为'天老爷'。天，就是人。"[11]笔者赞同"天，就是人"的说法，但笔者以为，那个"人"不是现世人，是去世的人，是死去的祖先。那个"人"头顶的"盖"，不是活人脑壳顶的"天灵盖"，而是死人入葬封顶的那个

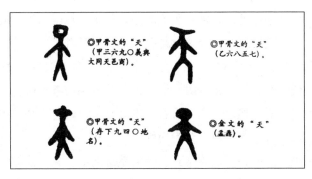

图7-11　四例甲骨文和金文关于"天"的象形（选自易中天《奠基者》）

"盖"，亦即本文前面提到的小河西文化遗迹中那些埋葬"祖先"的"圆形墓坑"的盖。"天"是对"祖先"人的指认，所以才可能"再后来才引申为'天老爷'"。

第六节　周公的祖源记忆"国有化"，是一项文化系统工程

上面讲的是文字，文字还不能等同于文化。应该说周公（及其拥戴者）实施祖源记忆"国有化"的过程，就是一项文化的系统工程。不然，怎么可以称周公为"文化始祖"呢？

对此，迄今还未发现西周文献上的相关记载。但西周以后的春秋、战国、秦汉文献中，关于祖源文化和祖源记忆的叙述一直是若隐若现地存在着。因为立志要"克己复礼"的儒家，是一定要对制礼作乐，实施祖源记忆"国有化"的源与流做出指认的。

笔者以有限的学术视野和微弱的学术能力进行个体户单干，从文献中梳理出相关祖源记忆的变革脉络，认为周公（及其拥戴者）祖源记忆"国有化"，是在"破"和"立"两大层面上开展的。

一、"破"，破除祖源记忆多元化的众多姓氏

所谓"破"，就是破除祖源记忆的多元化。或许，经过一两千年的祖源记忆演变，那种以"祖先偶像"来表述祖源的状况，在西周之时主要存在于负隅

西南的古蜀了。而中原地区，甚至东夷故地，各个种族的祖源指向是在用姓氏来表述了。周公要破的对象，应该就是存在的多个种姓了。于是——

"凡黄帝之子二十五宗，其得姓者十四人，为十二姓：姬、酉、祁、己、滕、箴、任、荀、僖、姞、儇、依是也。唯青阳与苍林氏同于黄帝，故皆为姬姓。"（《国语·晋语》四）看看，本来是一个姓有一个始祖的，到这里十二个姓合起来只有一个始祖"皆为姬姓"了！

《国语》里虽想把许多民族合到黄帝的系统之下，它还是把黄帝和炎帝一起提的。如：

昔少典娶于有蟜氏，生黄帝、炎帝。黄帝以姬水成，炎帝以姜水成。成而异德，故黄帝为姬，炎帝为姜。

（《晋语》四）

看它的意思，似乎把那时的许多民族分成两大系统：夏、周等为黄帝系，齐、许等为炎帝系；又把黄帝、炎帝都算作少典之子。如是，纷纷扰扰的许多诸夏和四夷的天然的界限都给打破，大家是一家人了。

但这种学说到了被《史记》所采用的《帝系姓》，又变成另一副面目了，它是只认识黄帝，不记得炎帝了。[12]

所谓"立"，周公"们"就颇费心机了。笔者以为，他们走了四步棋，一是改造过去，二是重塑现在，三是文化规范，四是体制保障。

二、四步棋去先"破"后"立"

读《诗经》可知，商、周两族都认为"禹"是比他们各自种族更古远的人。《诗经》讴歌赞颂最多的是禹。这是不是在说最早的上古史文献中，指认禹是唯一的主要人物？追溯祖源甚为古远的《史记·秦本纪》也说："大业娶少典子曰女华生伯益。女华生大费，与禹平水土。……大费生子二人：一曰大廉，实鸟俗氏；二曰若木，实费氏。其玄孙曰费昌。子孙或在中国，或在夷狄。"与这段话颇有点异曲同工的是前面提到的《晋语·四》。这两种说法，相同之处是说炎帝、黄帝都是一个"妈妈"的儿女，还指明在"禹时代"，拥有一个共同祖源指向的"炎黄子孙"的意识已形成，并有了明确的属地，即：中原的"中国"和周边的"夷狄"。不同的是在一个妈妈的儿女中，一个暗示老大是炎帝，一是明指老大是黄帝。

到了战国中期，先秦文献出现了一个名词"帝"。应该说孟子新创的这个"帝"，在一千多年前的甲骨文字上已有出现。但殷商甲骨文的"帝"，是上帝，是"神"，是"帝立子生商"之帝，是"履帝武敏歆"之帝，是祖源感生说的第一指证。而孟子在战国中期重提的"帝"，已不是虚无缥缈的神，而是作人王解了。

孟子设置了"帝"这个至高无上的座位，让谁去坐呢？他把尧、舜推上神坛。且看《公孙丑上》的记载："大舜有大焉，……自耕稼陶渔以至为帝，无非取于人者。"至于从前那个万众拥戴一致公认的禹却被挤到冷板凳上去了。"它称尧，称舜，都为帝，可见帝是他们的阶位。至于尧、舜称帝，何以禹不称帝呢？可惜它没有提起。"[13]

笔者以为，作为儒家亚圣的孟子之所以要这样做，可能是出于两个考虑。其一，他要为"文化始祖"周公，提供祖源记忆"国有化"的合法性与合理性的阐释，将民众认定的先贤圣人封为"帝"推上"天"。这样作为"天子"的周王，既有"优质"祖源的指认，又是优秀品质的传承。其二，儒家的灵魂是"仁"，而"仁"的行为解释便是战国以来极流行的"禅让说"。当时可能流行着一种社会舆论，说"至于禹而德衰，不传于贤而传于子"。或许儒家为了推广儒学，向持有"禹不仁"的那部分认知群体妥协了，从而将"禹"排除"帝"之外。笔者以为，这是在中国上古史中，对祖源指认的又一次断层。或者从出于统治者意识形态的需要，对祖源记忆做出阉割后再造的重建。这种做法被后来者继承，成为一种统治艺术。

既然对如何解读祖源记忆已被纳入一种统治艺术，孟子学说又对"禹"的行为做了又一种解读：

> 万章问曰："人有言，'至于禹而德衰，不传于贤而传于子'，有诸？"
>
> 孟子曰："否，不然也。天与贤，则与贤；天与子，则与子。昔者，舜荐禹于天，十有七年，舜崩。三年之丧毕，禹避舜之子于阳城，天下之民从之，若尧崩之后不从尧之子而从舜也。禹荐益于天，七年，禹崩。三年之丧毕，益避禹之子于箕山之阴。朝觐讼狱者不之益而之启，曰：'吾君之子也！'讴歌者不讴歌益而讴歌启，曰：'吾君之子也！'"

（《孟子·万章》上）

笔者以为，这并非是孟子在为"禹"正名，而是在为"天"立规，在为周天子的权力合法性做出肯定。"天与贤则与贤，天与子则与子。"在此后，两千年的中国封建社会中，始终是传子的历朝历代，皇帝一开口便是"奉天承运"了。看看，他们就是这样在"改造过去"的。

关于第二步棋"重塑现在"，他们重塑的周朝的祖源记忆是两个所指，将远祖指认为"天"，将近祖指认为"方"。

将远祖指认为"天"，是周公对中国祖先文化里程碑性质的创新。20世纪上半叶中国最有影响的诗人之一和最有独到之处的历史学家陈梦家先生指出："殷代的帝是上帝，和上天之上不同，卜辞的天，没有作为上天之义的，天之观念是周人提出来的。"他的考证是："天之观念的发生，而有'天命''天子'，它们之兴起约在西周初稍晚时，西周初期金文，多称'王'而没有'天子'、'天令'，帝还存在。西周初期稍晚，才有了'天令'，即'天命'、王与天子并称。'大盂鼎''丕显文王受天有（佑）大命……故天临翼子，法保先王、畏天畏……盂用对王休'。此器作为惟王又廿又三，约为康王二十三年，此虽仍称王，但已有天子观念，已有天佑之大命和畏天的观念。"

应该说殷商时的"帝"与西周时的"天"，最大的不同是，殷人并没有将"帝"指认为自己的祖先，卜辞上虽有帝令、宾帝、在帝左右等等表述，但殷人和帝没有血缘确认，帝也不是殷人自己的神。而在西周，周人是帝天并称，周王认定自己是"天子"，天的儿子，和"天"确立了父子关系，将天嫁接到种族的血缘纽带之中，成为周人祖源记忆的全新指认。

将近祖指认为"方"，就是用地理方位来虚设各地的祖先，借此来掐断以前各地用"祖先偶像"或者姓氏具体的祖先认定。《淮南子·时则训》对东西南北中这五方作出界定，而且是说得有板有眼——

> 东方之极，自碣石山过朝鲜，贯大人之国，东至日出之次，榑木之地，青土、树木之野，太皞、句芒之所司者万二千里。……
>
> 南方之极，自北户孙之外，贯颛顼之国，南至委火、炎风之野，赤帝、祝融之所司者万二千里。……
>
> 中央之极，自昆仑东绝两恒山，日月之所道，江、汉之所出，众民之野，五谷之所宜，龙门、河济相贯以息壤堙洪水之州，东至于碣石，黄帝、后土之所司者万二千里。……

西方之极，自昆仑绝流沙、沈羽，西至三危之国，石城、金室、饮气之民、不死之野，少皞、蓐收之所司者万二千里。……

北方之极，自九泽穷夏晦之极，北至令正之谷，有冻寒、积冰、雪雹、霜霰、漂润、群水之野，颛顼、玄冥所有制司者万二千里。

对此，善于讲炎帝后裔故事的《山海经》出来唱反调了，它将被儒家以方位虚幻化的、除黄帝"中央之极"以外的东、西、南、北四方的炎帝后裔祖源记忆提醒。炎帝后裔的第一祖源指向是龙（蛇），第二祖源指向是鹗（鸟）。于是，《山海经》中的《海外经》说：

南方祝融，兽身人面，乘两龙。
西方蓐收，左耳有蛇，乘两龙。
北方禺强，人面鸟身，珥两青蛇，践两青蛇。
东方句芒，鸟身人面，乘两龙。

拥有祖源记忆元素的"方"概念的确立，随之是一些传播祖先文化的意识出现了，比如"方以类聚，物以群分"。接踵而来的便是以"方物""方技""方术"承载的"方技文化"。此外，"方"还是一种法则，至今我们还在经常使用的名词"方法"，即出于此。远古中国，各方人氏由于各自的崇拜对象不同，产生了不同的祭祀礼仪与生活习俗。随着时间的推移，这一切形成了一种生活法则。各方人氏拥有的各自生活法则，便称之为"方法"。各自的"方法"是各方民众经久不变的传统。故而《易·恒卦》说："君子以立，不易其方。"不易其方就是不忘其本，不忘自己的老祖宗，不忘自己的祖源记忆，所以才出现了上述《山海经·海外经》的四项提醒。就这层意思而论，周公制礼实施祖源记忆的"国有化"，只能说是开篇，是破冰之旅。完成祖源记忆最终"一统"的，留在本书下一章去叙述。

第三步棋"文化规范"。上述所讲的应该说都是一种文化规范。笔者撰写本书有一个预设前提，就是要以"玉"为证据，所以将文化规范着墨在玉文化上。

《周礼·春官·大宗伯》说："以玉作六器，以礼天地四方，以苍璧礼天，以黄琮礼地，以青圭礼东方，以赤璋礼南方，以白琥礼西方，以玄璜礼北方。"可见"天"已被物指为"璧"。这个"璧"的造型，是传承了以前"璧"的圆形和"天圆"的意识，又强调了现今对天"无声无臭"的界定，所以西周的玉璧，多为无纹饰的。到了东周，由于礼崩乐毁，玉璧上才大量出现纹饰。也可见周朝祭祀中是以礼天为第一的，祭祀祖先的概念已发生了质的变化。一，再没有各地方各种姓的祖先偶像或祖先符号了，代之以天、地、东、西、南、北六个方位抽象的祖先认知。二，这六个方向的祖先认知之中，以天、以周人的祖先为首要。其次才是周王朝"野人"们祖先，即以黄琮所礼的"地"。研究者指出："西周的劳动者可分为'国人'和'野人'。国人是周人殖民统治集团的成员和王朝的平民、自由民。野人似乎是被征服的殷人和各地土著血缘集团的一般成员，他们虽然要向周人统治者提供剩余劳动，但他们仍保持自己的原有血缘组织集团方式，以集体劳动的形式为周人统治者服务，有一定的公有土地等财产，他们的身份更像是农奴，而不是奴隶。"[14]接下来祭祀对象东、南、西、北四个方位，可能那是与周国相邻的东夷、南蛮、西戎、北狄的祖先指认。笔者在前面已指出，周是炎黄民族大融合的第一个高峰期。西周时期，姬姓与非姬姓之间的联姻的记载很多，周王与异姓诸侯之间因联姻关系形成"舅甥关系"，周王为甥、异姓诸侯为舅。《国语·郑语》载：

> 史伯对曰，王室将卑，戎狄必昌，不可偪也。当成周者，南有荆蛮、申、吕、应、邓、陈、蔡、随、唐；北有卫、燕、狄、鲜虞、潞、洛、泉、徐、蒲；西有虞、虢、晋、隗、霍、杨、魏、芮；东有齐、鲁、曹、宋、滕、薛、邹、莒。是非王之支子母弟甥舅也，则皆蛮荆戎狄之人也。

此外，有研究者还指出，周王室与一些周边方国等还通过某些仪式构成虚拟的血缘关系。周原甲骨卜辞H11：83上刻："曰今秋，楚子来告，父后□"其中"楚子"与"父后"相对，这里的楚子并非楚国君为"五等爵"制中的子爵，而是周人的养子部落的首领或酋豪。此卜辞的意思是作为养子部落的酋豪——"楚子"来拜会父后周王，有所告请。研究者认为，异姓宗族、方国通过收养关系同宗主国周朝建立起一种虚拟的血缘关系。[15]

笔者以为，以玉所作的六器体现了周公和他的政治继承者的精彩政治智慧。其一，在提出周王朝的祖源指认"天"以后，及时明确"天"的第一地

192

位。天大过地，更大过四面八方。要彰显"天子"的地位，首先得明确"天"的伟大。这一认知几乎贯穿了周以后中国的整个封建社会。即便是封建社会晚期的明清两朝，京城中的天坛，其占地面积为皇宫紫禁城的数倍。而早在唐朝，长安的天坛更是皇宫的四倍。其二，对周朝的四邻，即那些与周朝王室血统有着间接或虚拟血缘关系的潜在的对抗势力，首先是缴他们的"械"，将他们可以激聚力量的有象征可指认的祖源记忆，虚无化为方向，让其失去可操作性。然后，让各方各路顺其自然地归纳于被意识化了的"天"之下，依理服法地接受"天子"的统治。

最后谈第四步棋"体制保障"，就是说用一定形式将周公革新后的祖源记忆认知，固定下来，传承下去。笔者以为这样的"保障"是在两个层面上开展的。

第一层面是"封禅说"。君王既然是受命于天，为此天当有符瑞出现，受命的王应当去泰山筑坛而祭以答谢上天。《尚书大传注》云："封，亦坛也。"《风俗通义》讲："禅，谓坛墠。"由此可见，封禅二字之义都是祭坛。

随着"天命"认知的深入，天位已定，不必去希望有什么新受命的天子出来了，于是封禅的意义也随之改变。

> 少君言上曰："祠灶则致物；致物而丹砂可化为黄金；黄金成，以为饮食器，则益寿；益寿，而海中蓬莱仙者乃可见；见之，以封禅，则不死，黄帝是也。
>
> （《史记·封禅书》）

可见，封禅已成为皇帝君王为求长生不老的一种手段。秦始皇也好，汉武帝也罢，都是打着"封禅"的旗号，去寻仙人指点，去觅灵丹妙药，以求自己儿孙满堂，江山永固；以求自己长生不死，羽化成仙。生育和长寿成了历代君王的生命必修课。

第二个层面便是建设周王朝的宗庙体系。

祖源记忆的指向明确了，关系理顺了，就应该固定下来。周王朝的宗庙体系出现了，再不能去借别人的宗庙来告慰自己的先人了。"宗"，《说文》曰："尊，祖庙也。""宀"是屋宇的形象，"示"则是神主的象征。应该说宗庙在周以前已出现并流行着。周朝的宗庙是带有周公对祖源记忆"国有化"改造印记的。宗庙这个展演祖先的舞台上，其主角祖先已不是以前可界别可辨认的祖先偶像或祖先符号物，主角已换成由文字表达的概念化祖先牌位，而且这个宗庙是要随时服务于当朝执政者的。京城有国家性质的宗庙，《周礼》说，宗庙的排列及神主的排列均有一定的规定及次序，始祖庙或始神主居最北正中，自始祖以下，左昭右穆，依次对称排列下去。除此之外，天子国君巡狩出征时，须有"便携式"宗庙同行，以便祖先随时享受祭祀，并给时王以福佑。所以，20世纪的日本著名考古学家林巳奈夫指出，青铜器一类为放于宗庙内不动的重器，一类为旅器，即巡狩出征时祭祀祖先神祇所用。

第七节　祖源记忆"国有化"反哺出西周治国的制度创新

当今的学术界对周公的改革有共识。西周早期治国的制度创新，体现在四个层面：即封建、井田、宗法和礼乐。不少学人专家对此做了精辟的阐释。但笔者站在界外看来，在那些因果的表述中似乎很少看见，西周贯彻创新的祖源记忆对这四大建制的反哺作用。本书的主题是"祖源记忆"，因此本节从这个角度去观察，西周政治是如何以"祖源记忆"为纲，去举目抓纲，进而纲举目张的。

一、整合祖源，封建亲戚，以蕃屏周

封建的"封"，就是封邦；封建的"建"，就是建国。《左传·僖公二十四年》载："昔周公吊二叔之不成，故封建亲戚，以蕃屏周。"就是说封建的对象是皇亲国戚，封建的目的是为周朝设立屏障以御外族的侵犯。

封的前提是要有地盘，"封"你领地，就是给你地盘，封给的地盘大小，靠疆界来明确。疆界的物指，现在是国界线上的界碑。以前或许是垒一堆土或种一株树。所以古籍上有"封土"、"封树"的名词。

先"封"后"建"出来的政治实体叫作"邦"。图7-12是甲骨文的"邦"，其象形是十分准确的，有封的地盘"田"，有边界上的封树"ᵜ"。笔者收藏的古玉上，其文图表述，应该说与甲骨文"邦"是异曲同工，在细节的丰富上则强过甲骨文。这个细节就是"邦"中有了"人"（图7-13）。

图7-12　甲骨文上关于"邦"
的象形与指示

图7-13　笔者收藏古玉器上"邦"
中有"人"的图像

　　封建的过程分三大步完成：授土、授民、授爵。授土已讲了。授民是什么呢？就是封建出来的邦国治下的是些什么人。是受封诸侯本族的臣僚及族人，再就是随诸侯迁移到新封地的殷商遗民，还有的应该是封地的原住民。前者被统治者称为"国人"，后两者被国人称为"野人"。对外，则通通称为"周人"。直到"礼崩乐毁"的东周，这些邦国的臣民，才分别称为宋国人、鲁国人、齐国人、赵国人等等。

　　回头再看看当初随从封建的诸侯，背井离乡来到新邦国的殷商遗民，他们的具象祖源指认凤鸟纹，不仅被西周王朝行政指定的抽象祖源"天"所替代了，这些殷商遗民遗存的故地祖源指认，比如祖坟祖迹，也留在千里之外，被断层割裂而任其遗忘。而那些封建地的土著民呢？他们曾经清楚的祖先指认，已在用"方"的祭祀中被渐渐模糊，他们曾经明确的种姓名称，也被"周人"这个统一称谓所替代。

　　第三步"授爵"，那只是封地最高统治者诸侯个人的事了。授爵是授予封建地的国号，授予相对应的象征物，如冠冕、礼器、仪仗。授爵是对封建的诸侯权力合法性的明确与彰显，是授予诸侯有"父死子继"或"兄亡弟续"的世袭权，是法定对新设立的祖源记忆的皇族垄断。

　　二、"井田制"不是农田使用的地图，而是彰显祖源的告示

　　关于"井田制"的解读，笔者以为易中天先生的叙述实在是言简意赅。他说："先把一大片土地分成均等的九块，中间一块是'公田'，周边八块是'私田'。私田由按照血缘关系重出编组的农民'包产到户'，但八户农民必

须先耕种中间的公田，才能再耕种私田。公田的收入，用于公共事务，这就叫'井田制'。"易中天还用最简练的文字讲出了井田制的内核："从象征的意义讲，井田制甚至也是一种'封建'。或者反过来把封建看作井田，天下之中的周王，封建之中的诸侯，就是当中那块公田。"[16]

笔者依从易中天的指示沿着祖源记忆的道路探索，看见：作为祖源记忆的最高拥有者，周王就是"公田"。他位居其中，高高在上。他要向祖先赐予的"天下"——全国公有制的国土承担责任，他必须祈求祖先护佑，让封建制下的所有"公田"和"私田"都风调雨顺五谷丰登。既宣扬祖先那个头顶上的"天"的伟大，又显示"天子"作为土地最高所有者的权力和神圣地位。从这样的层面上看，"井田制"不是一幅农田使用的地图，而是一张彰显祖源的公告。

研究者指出，血缘集团组织土地公有制在中国古代，自新石器时代至夏商周三代时期实际上基本没什么变化。它们是团结、控制社会成员的重要手段，强化了各个个体社会成员对血缘组织的依赖。这些就是祖先崇拜得以盛行的社会组织和经济基础。反之，祖先崇拜又从人们的思想观念上赋予了这种社会组织结构和经济基础以神圣性和合法性，强化了集团成员之间的彼此认同和凝聚力。宗族之所以能长期稳定，相当程度上依赖了全体族人对共同祖先的尊崇这一心理。[17]

在学术界，关于井田制历来有争议，有人认为确有其事，有人认为纯属想象。笔者属于"确有其事"派。以祖先崇拜为表述的上层建筑，和与以井田制为体制的经济基础，其相成与反哺关系在逻辑上是站得住脚的。另外，请仔细看看前面图7-13最下方的那个（字）符号，▒▒ 象形的或许就是井田，它所表达出的会意至少有两点，其一居中者为公田。其二，四布的为私田。它是具备家族符号的，它也是平均的。

三、"宗法"为的是区分嫡庶，建立一种社会秩序

宗法制度是依据血缘关系去确立人际关系的规章制度，宗法制好比一部车子，承载着从传说历史中下载下来的炎黄子孙的祖源记忆，行进在两三千年的中国封建史中。这部车子的两个轮子，一个叫"开宗立派"，一个叫"传宗接代"。历朝历代，祖源记忆在开宗立派中苏醒，祖源记忆在传宗接代中轮回。

宗法制度完善于西周，或许说法也始于西周。西周的社会婚姻制度是一夫一妻多妾制。西周的贵族男子都可以娶妻纳妾。妻只能是一个，妾则视其地位

高低可多可少。夫与妻生的儿子，叫嫡子。嫡子中的第一个叫嫡长子。夫与妾生的儿子，叫庶子。如果将这样的血缘谱系上溯到皇室，周王与诸侯都有一个共祖"天"，周王是天的嫡长子，故为天子。诸侯是"天"的嫡次子，只能成为封国的邦主。周王成天子，次子为诸侯，由此而建制各自的血缘谱系，这就叫开宗。由嫡长子开的宗叫"大宗"，由嫡次子和庶子开的宗叫"小宗"。这或许就叫立派。应该说大宗和小宗不是绝对的孤立的。血缘层面的不同，大宗可转变为小宗，小宗可进化为大宗。比如在皇室血缘层面，诸侯是小宗，但在封国血缘层面，诸侯则是大宗。再比如，在封国的血缘层面，大夫是小宗，但在氏族血缘层面，大夫则是大宗。

血缘关系在多个层面上的开宗立派，使祖源记忆由以前的网状平面呈现，成长为多层次的树枝状延伸发展。在西周，国家结构首先表现为一种多层次的血缘宗族亲属组织，每一个社会成员都在这个血缘关系的体系中，并因自己与祖先和时王的血缘关系的远近而处于相应的等级地位上。周王与诸侯，诸侯与大夫，大夫与士之间，一方面是政治关系，另一方面又是宗法血缘关系，从政治关系来看，王是天子，其余全都是下属。从宗法血缘关系看，王与诸侯，诸侯与大夫，又是大宗与小宗关系，宗主族长与族众的关系。一句话，都是一种秩序关系。

更为可喜的是，从前面提到的西周天子每隔一代就有一位姜姓的王后、姬周与姜亲如一家的史实推测，西周王朝在组织顶层血缘纽带时，一定纳入了炎帝后裔的血缘，这或许是炎黄子孙血缘大混化的国家行为。这样的国家行为，一定会促进炎黄子孙的祖源记忆趋于一统。在这个大融和的交流中，西周的礼文化也一定会"礼尚往来"传递到炎帝后裔主要居住四夷之地。否则，在东周"礼崩乐毁"之后，"克己复礼"的孔夫子，就不会提出"天子失官，学在四夷"了。

传宗接代，就是把自己的血缘地位传下去，把由此而拥有的社会地位传下去，把统辖这一切的祖源记忆传下去。是由谁来传，或者说谁的传递才算正统，继承的血脉才算正宗？宗法规定嫡传，准确地说是嫡长子传。周人立的规矩，叫"嫡长子继承制"，这是宗法制的核心和关键。父亲的职位和权力，以及父系家族的血统，都只能由嫡长子来继承。其余的嫡次子以及庶子是不能继承父亲的职权和血统的。西周宗法的这个规定上达皇室下抵大夫。封到大夫就不能再封了。大夫的儿子如果没有继承权，就只有贵族的身份，没有贵族的爵位。这些无爵可袭的大夫之子，加上家道破落的公子王孙，以及皇族和诸侯国族的旁支远亲，便构成了西周社会最低一级的贵族"士"。

就这样，宗法制依据血缘关系确立出千差万别又名正言顺的人际关系。这样的关系又确立出各类人在社会中的政治、经济地位，并由嫡长子将这种地位世代传承下去，将这样的祖源记忆世代表述下去。在这样的过程中，单纯的血缘组织关系附加出复杂的政治等级关系，而政治等级和各种经济利益的分配关系，又得借助祖源记忆中的血统远近、世系长幼等关系来维系和巩固。所以，"宗法制度实际是一种宗族制度，源于父系家长制氏族社会。宗法制的理论依据和信仰背景就是祖先崇拜。两者相辅相成，故三代社会才会对祖先进行频繁的祭祀。通过这种频繁的祭祀，各级宗子——家长、族长、国君贵族的绝对权威和神圣地位得以不断地重申和强化，整个血缘组织得以整合"。[18]

四、礼是法规，乐是教化。礼乐就是祭祀过程，为的是做好祖源记忆大文章

周公实施祖源记忆"国有化"是一个系统工程。"封建"为的是区分君臣，建立一种政治秩序，"井田"为的是区分公私，建立一种经济秩序。"宗法"为的是区分嫡庶，建立一种社会秩序。如何宣传、推广、贯彻这些秩序呢？靠的是实施"礼乐"制。

所谓礼，就是礼器；所谓乐，就是乐器。就内涵来看，礼是法规，乐是教化。就外表来看，礼乐就是祭礼和乐舞。

古代中国人老早就萌生出"礼"的意识。"仁"是"礼"的最高境界。《庄子》说"自虞氏招仁义以挠天下"，《孟子》说虞舜是东夷之人，以笔者的推测，东夷人是红山文化期中炎帝的后裔。所以笔者说最早的礼器可能早就在红山文化期中出现了，那就是笔者在本书中指出的"玉马蹄形器"（玉箍形器）。它的体量大小不同，就是在规定它的主人与祖先血缘的亲疏远近。它器上的穿孔是便利它的主人可将这个规定随身携带以彰显于人。笔者还以为，红山文化之后的良渚文化的玉琮，二里头文化的玉柄，商文化的玉勺，都是在表达使用者与祖源亲疏远近关系的器物。

西周之前的礼，即古礼，与西周的礼有什么不同呢？笔者以为之前的礼仅是一种仪式，只是一群人朦胧意识的展演，或者说是地区性的物化的习俗。周礼则是以器去明确法规，是由那个时代的国家机器，去保障执行的国家制度。

《周礼·大宗伯》载，礼包括吉礼、凶礼、军礼、宾礼、嘉礼等五个方面，涉及祭祀、征伐、田猎、朝聘、成丁、燕飨、丧葬等社会生活多方面。这些礼基本上是在宗庙内举行，同祖先祭祀活动密切相关，各种礼的活动都依据当事人的等级身份进行。

研究者指出，在诸礼中，最频繁、最重要的是祭祖之礼，这也是最能确定和重申包括皇族在内的贵族特权以及拥有的地位合法性的祭祀。祭祖礼实际上是根据祭祀者与种姓祖先血缘关系的远近，制定出他在祭祀活动中应该享有的不同规格的准则。

可见，"礼"的核心作为，仍然是在做好祖源记忆这篇宏大文章。

说乐是一种教化，就是通过人的感官，对"礼"进行潜移默化，西周的统治者对这一政治目的是开诚布公的。《礼记·礼运》写得十分明白："故玄酒在室，醴盏在户，粢醍在堂，澄酒在下，陈其牺牲，备其鼎俎，列其琴瑟，管磬钟鼓，修其祝嘏，以降上神及其先祖，以正君臣，以笃父子，以睦兄弟，以齐上下，夫妇有所，是谓承天之佑。"

西周统治者尚"德"。古籍说："昆夷侵周，一月三至周之东门，文王闭门修德而不与战。"在推行包括上述内容的"以德治国"过程中，周王朝将那个看不见摸不着的"德"，用一种人见人爱的美丽石头"玉"，来借喻打比方，甚至用来归纳统筹，以"文化"之。

"借玉器材质的物理性，把抽象的道德伦理观念融入其中，使人凭借对玉器的视觉、触觉、听觉等反应，幻化成道德、伦理的意念，强调了玉的可贵不在外表美丽，而在其内涵能与人的精神世界彼此相通并息息相关！儒家不仅赋予玉以德行化、人格化的内涵，使玉成为君子的化身，而且还将这些说法著述于我国古代的辉煌巨著《周礼》《仪礼》《礼记》中，使之发扬光大，流传千古。"[19]

"到了西周一朝，最高的政治地位，是用玉器作代表，最高的艺术成就，是用玉器作代表，最高的物质价值，也是用玉器作代表。为了玉，周穆王驾乘'可日行三万里'的'八骏'马，历经'去时用三百日，回时三百日'，前往西方'玉山'拜访'西王母'。这趟'玉行'启发后世墨客骚人展开了许多华章艳词，想象力最丰富的李商隐居然将周穆王与西王母的相会视为恋人的约会，为这段'玉缘'写下千古绝唱：'瑶池阿母绮窗开，黄竹歌声动地哀，八骏日行三千里，穆王何事不重来。'"[20]

图7-14 博物馆藏的西周玉组佩

应该说用玉比德是件相当高难度的国事："一般士、大夫也是无法达到'玉德'要求的高度的，只好佩玉以自勉，佩玉以敬身，借玉来砥砺君子的道德行为。所以，有了'君子无故，玉不离身'之说，也开始了'以玉养性'的用玉行为。《礼记·玉藻》中论述道：'古之君子必佩玉，右徵角，左宫羽。''进则揖之，退则扬之，然后玉锵鸣也。故君子在车，则闻鸾禾之声。行则鸣佩玉，是以非辟之心，无自人也。'其中所指的'揖'，即是指人体上身向前微倾，成俯视之姿。'仰'是指人体的上身向后稍仰，成仰视之态。就是说周人佩玉行走时，左腿起步则身体前倾，右腿跟进须在身体后仰之后，方才可行进。如此连贯行走，就形成了连续的前倾后仰的动作。这样的动作必然牵动身上的佩玉，佩玉与佩玉会发出相互碰撞，随着行进的节奏发出美妙的音响，一如乐曲中的'徵角宫羽'之声。周人就是这样，以美玉、美音来自诩美德。周人这般木偶式的行进动作，照今天看来颇有些滑稽。应该说如此动作还是非常严格，非常劳累的，因为只有连贯、均匀、协调的步伐，才能使悬挂在身上的一套玉佩发出和谐的悦耳声音。一乱，便成杂音了！然而，周人对此都是乐此不疲的，因为佩鸣之声是作为一个君子行为规范的反应，用今天的话来说，是君子的招牌。更为重要的是，君子借助此种佩鸣之声，向天帝人君的周王表示自己绝无以'杂音'表示的'非辟之心'，是向统治者表示尽忠尽节的一种形式（图7-14）。"[21]

纵观以上历史现象，可不可说周公在推行祖源记忆"国有化"的系统工程中，都是在以一种物化运载一种文化。或许，这就是有学者提出的殷尚质而周

200

尚文的说法。但笔者以为，说"殷周的文质之分，体现的恰恰是文化的高下之别"，似乎过于笼统。殷之质，是指对祖源的认知，还是一种传袭的质朴的祖源识别。而周之文，是指对祖源认知已升华为一种全民的文化心理认同。"国有化"后的祖源记忆，"祖源"被定位为国人的文化认同。"记忆"则是全民心理凝聚力的发动机。全新的祖源记忆概念，使一个来源多样、由多个古老的"血缘民族"构成的华夏中国，逐渐培养出具有共同的心理与文化的牢固的认同感和归属感，创造出有别于西方的"群体本位"的思维方式和价值取向。周公对祖源记忆的革新，突破了以祖先偶像（符号）所标示的血缘组织的桎梏，建立起一支以语言文字、道德伦理和风俗习惯等文化认同为纽带的、强固紧密的精神凝聚力量，使已经传承了两三千年的华夏文明得以加固，使随后继续传承的两三千年华夏文明拥有动力，使炎黄子孙五千多年延续文明形成保障。这便是为何笔者面对有祖源记忆表述的夏商周三代，而只落笔于周的理由。

可惜，周公和周公的追随者们花了九牛二虎之力，围绕祖源记忆"国有化"的构建做出的大量文化建设，却被日后的历史动荡，将那些车载船装的大量著述，撕咬得七零八落。据史学家统计，秦始皇时的焚书坑儒，造成古代史料的一次不可计数的大损失。如果说在这次浩劫中，还有一份《诗》《书》百家语保留在皇宫，可是随后的项羽入关，烧秦宫室，三月不灭的大火，把仅存的这一份也烧掉了。到了西汉，皇室用了二百年的力量，搜罗天下，把许多古代文籍和近代著作合在一起，总共达到三万三千余卷。谁知赤眉攻破长安，又是一把火，烧掉了三万卷图书。对此顾颉刚先生感叹道："战国的书给秦始皇烧了，我们只能空发嗟叹，不能知道实在的损失有多少。西汉的书给赤眉烧了，刘向父子所编的目录唐以后也失传了，但我们还有一部根据《七略》而作的《汉书·艺文志》在手里。"顾先生接下来生发出一个疑问："我真不解，为什么古圣人的著作从太古传到西汉经历千年万年会得这样的完整，而西汉到今日只有二千年却除了《黄帝内经》和《山海经》两部书之外已全失了？又为什么古圣人所注意研究的大都是些术数方技，他们对于治国平天下的大道理反而不及对于采阴补阳的房中术的注意？"[22]

在此，笔者又要班门弄斧去回答顾先生的疑问了，因为"术数方技"和"房中术"都与传承和发展祖源有关。试问，哪一朝哪一代的统治者不去关注自己的祖先指认和多生儿子好传宗接代呢？

注释：

[1]邓聪：《东亚玉器》，香港中文大学中国考古艺术研究中心，1998年。

[2]《中国玉文化玉学论丛（三编下）》，紫禁城出版社，2005年。

[3]那志良：《中国古玉图释》，中国台北市南天书局有限公司，1990年。

[4]杨永年：《漫话玉玦》，《慧眼识玉》，上海科技文献出版社，2008年。

[5]孙永刚：《红山文化玉器与原初形态萨满教》，《赤峰学院学报（汉文哲学社会科学版）》第35卷第1期。

[6]乌兰：《西辽河地区小河西文化聚落的微观分析》，《赤峰学院学报（汉文哲学社会科学版）》第35卷第3期。

[7]王和：《关于"中国路经"源头问题的新思考》，《历史学评论》第一卷，社会科学文献出版社，2013年。

[8]执政合法性的说法，见易中天中华史《奠基者》中的"天命与授权"一节。

[9]周公创作的《文王》一诗，见《诗·大雅·文王》："侯服于周，天命靡常。殷士肤敏，裸将于京。厥作裸将，常服黼冔。王之荩臣，无念尔祖。无念尔祖，聿修厥德。永言配命，自求多福。殷之未丧师，克配上帝。宜鉴于殷，骏命不易。命之不易，无遏尔躬。宣昭义问，有虞殷自天。上天之载，无声无臭。仪刑文王，万邦作孚。"

[10]见[9]。

[11]易中天：《奠基者》第40页，浙江文艺出版社，2013年。

[12]顾颉刚：《中国上古史研究讲义》，中华书局1998年。

[13]同[12]。

[14]徐良高：《中国民族文化新探》第十章，社会科学文献出版社，2002年。

[15]同[14]。

[16]易中天：《奠基者》第78页，浙江文艺出版社，2013年。

[17]同[14]。

[18]同[14]。

[19]杨永年：《从顶礼膜拜到玉德崇尚》，见《慧眼识玉》，上海科学技术文献出版社，2008年。

[20]杨永年：《玉：中国人不老的情结》，见《奥运奖牌上的中国文化：中国印和玉璧》，浙江大学出版社，2008年。

[21]杨永年：《玉与养性》，见《时尚玩玉》，上海科学技术文献出版社，2008年。

[22]同[12]。

第八章　秦灭蜀，各自表述的祖源记忆
在血腥中开始趋向一统

周公实施的祖源记忆"国有化"并不彻底。

炎黄子孙的文化大融合、血缘大混化、祖源大统一仍然是在反复中发展。可能直到西周的中晚期，炎帝后裔的"四夷"，对黄帝后裔"诸夏"的认同，最多是从"我蛮夷也，不与中国之号谥"（《史记·楚世家》），进步到"中国曰大原，夷狄曰大卤，号从中国，名从主人。"（《谷梁传》）。然而，"号从中国"是虚，而"名从主人"则是实。蒙文通先生就明确指出："族姓异而文野亦因之不同也。"这是不是说，与中原诸夏相邻的东、西、南、北方的"四夷"之人，仍然在高举各自的祖源记忆，占山为王？对此，《后汉书》说："及平王之末，周遂陵迟，戎逼诸夏。"

第一节　祖源记忆"国有化"的反复，夷与夏仅仅是
"号从中国，名从主人"

西周晚期，夷、夏割据的形势在西北方最为严峻。《毛诗·出车·序》言："西有昆夷之患，北有猃狁之难。"早在周文王受命之四年（约为公元前1052年），"昆夷侵周，一日三至周之东门，文王闭门修德而不与战"。此昆夷即犬戎。周穆王西征犬戎，俘其五王，西逐戎到太原（今甘肃省的平凉）。夷王在此集合太原地区的夷人，获战马千余匹，再次重整旗鼓。到周宣王，朝廷派秦仲（庄公）伐西戎，在公元前824年，反被戎人所杀。

一、"夏"不容"夷"，逼西戎成了西周的掘墓人

公元前791年，西周王朝又发兵讨伐太原戎，还是损兵折将，无法攻克。五年后，王朝又出兵伐戎，再次吃败仗。西周王朝对西方的戎，是累战累败，累败累战。两年后，又伐戎，又败于戎。看来西周王朝的气数已尽，终于在公元前771年，犬戎与申侯、缯侯共杀周幽王于骊山，致使西周灭亡。对此，《史记·秦本纪》的说法是："西戎，犬戎，与申侯伐周，杀幽王。""正史"将戎摆到了灭亡西周的罪魁祸首地位。而《郑语》史伯则说："申、缯、西戎方强，王室方骚。"又说："缯与西戎方将德申，申、吕方强。"就是说，灭西周者实为申、吕与缯，而犬戎只是附从。[1] 由此可见，维护"一统"的《史记》是何其偏心眼。明明是"夏"不容"戎"，数次点燃战火，急于"一统"。殊不知，玩火者则必自焚。诸夏的代言人在西周灭亡后，竟让"历史"将被侵略的"四夷"成员西戎、犬戎指为亡周的罪魁祸首。

二、秦晋对猃狁，以打逼和用夏变夷，继续祖源记忆"国有化"

谈了本节开篇时引用《毛诗》所言的"西有昆夷之患"，再看何谓"北有猃狁之难"。

先看猃狁的"出身成分"。《诗经》有明指："赫赫南仲，猃狁于夷。"界定"猃狁"种姓属夷人，也就是笔者认知的炎帝后裔。《诗经》又说"猃狁匪茹，整居焦获，侵镐及方，至于泾阳。"指出猃狁在焦获（今陕西泾阳县西北）建立根据地，发展壮大，足以发兵逼近西周王朝的京城。

追溯猃狁的祖源，蒙文通先生认为："周之中叶而猃允西来，商之中叶而鬼方西来。"提示出"鬼方"与"猃允"的祖源传承关系。《山海经·西山经》有载："又西二百里曰騩山。"对此《地理今释》的说法是："今玉门县西南巴颜大山。"蒙文通先生释读为："是在酒泉、敦煌间。山南即汉先零羌地，则騩山即鬼方之居也。三危在敦煌，此騩山在玉门，则居三危之东。"[2] 鉴于本书在第三章中笔者对"窜三苗于三危"的认知，所以在此将猃狁纳入炎帝后裔的一个种姓。

炎帝后裔在三危"分北三苗"中所创建的"鬼方"，有着相当的实力。《后汉书》记载："武丁征西戎鬼方，三年乃克……及季历遂伐西落鬼戎。"

说明商王率中央军讨伐鬼方，也历经三年苦战方获其胜。对这段历史的后续，蒙文通先生通过解读《小盂鼎》的铭文，以为"盖自是鬼方散而犬戎、猃狁、代兴。鬼方仅为之属，故'追貊为猃允所逼，稍稍东迁'；然继貊种之后者实隗姓之狄，此鬼方之服于猃允而冒其名也"。

猃狁东迁来到秦、晋之间，带来了"北有猃狁之难"。猃狁人乃游牧之族，逐水草而居。分散则各自为种，神出鬼没。合则一呼百应，并为一只铁拳，坚不可摧，攻无不克。晋人对此"惧之而已，无速众狄"，甚至为了"求成于众狄"，不得已"晋侯躬往狄地以成会，此犹见狄之势，而晋之卑牧"，故曰："使疾其民，以盈其贯，将可殄也。"

秦、晋面对如此形势，没有像他们的宗主西周王朝对待犬戎那样，只知一味地穷追猛打，欲置之死地而后快。结果不但没有斩尽杀绝犬戎，还把犬戎逼到为西周王朝掘墓的统战阵营之中，导致"西戎、犬戎，与申侯伐周，杀幽王"。秦、晋对猃狁采用战、和两手，着眼于落实周公对祖源记忆"国有化"的大国策，推进炎黄子孙的进一步融合与混化。

晋人对猃狁先是付之以武力。"晋文公攘戎狄，居于河西圁、洛之间，号曰赤狄、白狄。"（《史记·匈奴列传》）宣十五年，晋师灭赤狄潞氏；宣十六年灭赤狄甲氏及留吁、铎辰；成三年晋伐廧咎如，讨赤狄余焉。《公羊传》对此总结说："潞子之为善也，躬足以亡尔。离于夷狄，而未能合于中国，晋师伐之，中国不救，狄人不有，是以亡也。"晋侯将这些虏获的戎狄之民赏赐给属下，在国民层次上促成戎狄祖源的异化。

另一个层面上，即在戎狄统治者层面上，在戎狄血缘关系的顶层，晋人则是以和亲的手段，形成"夏"与"夷"的血缘交流，推进炎黄子孙的祖源指认由分异到一统。这方面有史记载的就有晋献公两次娶戎狄之女为夫人，晋文公与其大臣赵衰也娶狄女为妻，晋景公的姐姐也出嫁给赤狄潞子婴为夫人，赵襄子也以其姊为代（戎）王夫人。应该说，不为史载的夏、夷和亲现象会是更多。"戎狄之民在这样的君臣统领下，与华夏人民生活在一个共同家园里，当然也就逐步接近、互相学习、互助吸收、彼此通婚姻，民族融合便是不可阻挡的历史潮流了。"

晋人对猃狁诸戎的软硬兼施，在政治上不仅收获了战术的胜利，也夺取了战略的成功。晋利用戎人，西可捍秦，南可捍楚。秦、晋的殽之战，就是"晋御其上，戎亢其下，秦师不复，我诸戎实然"。而且，"自是以来，晋之百

图8-1 猃狁的后裔匈奴人画像（选自明代王圻等编纂《三才图会》，上海古籍出版社1988年版）

役，与我诸戎相继于时，以从执政，犹殽之志也"。晋国拉拢戎人是得到了相当大的好处的。不仅可以捍御秦楚，而且又可以利用戎人侵鲁、侵宋，甚至侵王畿（图8-1）。[3]

说到战略成功更是明显的。晋与戎，亦即是夏与夷，或者说是黄帝后裔与炎帝后裔的融合混化，使之夷狄"进于中国则中国之"。对此，晋悼公无不感慨地说："和诸戎以正诸华，八年之中，九合诸侯，如乐之和，无所不谐。"晋的做法虽然当初曾引来非议，以为"逼我诸姬，入我

郊甸，……戎有中国，谁之咎也"。但从"用夏变夷"这一历史发展总趋势来看，后进文化在先进文化的感召下，向先进文化靠拢，转移自己的祖源认同，使其炎黄子孙的祖源记忆进一步走向一统。晋的后期，分为了韩、赵、魏三大家。这三家的远祖都是"夷"人，韩是羌，赵是北唐之戎，魏是武羌。但他们在作"家史"时，都承认自己的祖先是"夏"人，"与周同姓"。或者说他们的地为周王所封，他们的姓为周王所赐[4]，为统一的多民族"中国"写下了第一笔。

秦对猃狁虽然也是两手，但措施上与晋的方法有所不同。秦人对土地十分贪婪，秦对猃狁等诸戎的征战，主要是掠夺土地。

《左传·襄十四年》载：晋将执戎子驹支，范宣子亲数诸朝，曰：来，姜戎氏！秦人迫逐乃祖吾离于瓜州，乃祖吾离被苫盖，蒙荆棘，以来归我先君。我先君惠公有不腆之田，与汝剖分而食之。……对曰：昔秦人负恃其众，贪于土地，逐我诸戎。

《史记·匈奴列传》言：当是之时秦晋为强国，晋文公攘戎狄居于河西圁洛之间，号曰赤狄、白狄。秦穆公得由余，西戎八国服于秦。故

> 自陇以西有绵诸、绲戎、翟獂之戎，岐梁山、泾漆之北有义渠、大荔、乌氏、朐衍之戎。

秦"伐义渠，取徒、泾二十五城"。秦如此暴发之后，政治上的两手玩弄得十分高明。一方面秦将从猃狁等诸戎中掠夺的大片土地中，把那些"狐狸所居，豺狼所嗥"的不毛之地，再赏赐给失去土地的诸戎，换取戎人对秦人"大恩大德"的感激。

《左传·襄十四年》载：戎子驹支就十分感激地说："惠公蠲其大德，谓我诸戎是四岳之裔胄也，毋是剪弃，赐我南鄙之田，狐狸所居，豺狼所嗥。我诸戎剪除其荆棘，驱其狐狸豺狼，以为先君不侵不叛之臣。至于今不贰。"

秦在获得周边戎狄对其称臣并誓言旦旦"不侵不叛"之后，另一方面则开始移植历史，篡改被征服者的祖源指向，以一种武断的方式统一征服者与被征服者的祖源记忆。查相关史料记载，秦自文公襄公以上，所与战伐者统统称之为"戎"；文公以下，宁公武公之世，所与战伐者，不再称戎的名号，而称其别名，如称荡氏、称彭戏、称邽、称冀、称小虢等等。为什么？笔者的猜想是，秦在襄公时，已被周朝封为诸侯，其祖源指认已不是以前的夷戎，而是已纳入黄帝体系的周姓了。如果说襄公以前与戎的征战，只能是同一血缘关系的内部种姓之争，而襄公以后则是宗主血缘与非宗主血缘间的"外部战争"，必须在战争对象的称谓上有所区分。

这是秦的祖源认同的里程碑式的标志，是秦必须改变被征服者祖源记忆的认知原则，秦灭巴蜀后在蜀地即是按此原则进行了坚决的贯彻。

第二节　秦是推行祖源记忆"国有化"的成功者

应该说秦是推广周公实施祖源记忆"国有化"的成功者。

秦人与周公姬姓不是同一血缘传承。秦人流淌的是夷戎的血。但秦人率先成系统地实现了炎黄子孙的血缘大混化和祖源大统一，所以才创造出那个时代的先进文化，才在历史上首次统一了中国。评说秦人历史的著述已是成果颇丰，笔者哪有资格去班门弄斧？笔者在此只是将自己对秦的感悟，梳理成几条，以便去推测秦灭蜀后，古蜀历史被断层两千余年的必然。

一、秦为夷种戎族，但积极主动转换祖源记忆，率先成种族实现炎黄子孙的大混化、大融合

《史记·秦本纪》有载："昔我郦山之女，为戎胥轩妻，生中潏……保西垂。"对此，《史记》说"仲潏在西戎"。关于"郦山之女为戎胥轩妻"，《正义》的说法是："胥轩，仲衍曾孙也。"所以，蒙文通先生作出结论："知胥轩为名，胥轩曰戎，自非夏族，此秦之父系为戎也。"蒙文通先生考据《汲冢书纪年》《竹书纪年》，又给出结论："郦山之女，亦当为戎，此秦之母系亦为戎也。"

父母都是戎，秦人应是百分之百的纯种炎帝后裔夷人了。但秦人的首领在还未被周王朝封为诸侯之前，即是还未纳入"周姓"的"夏族"祖源体系之内时，便迫不及待地转换了自己夷人的祖源记忆，去祭拜夏人的先祖"上帝"，对此，《史记·晋世家》有载：

> 缪公壮士冒败晋军，晋军败，遂失秦缪公，反获晋公以归。秦将以祀上帝。

须知，当时"祭天"祀上帝是大祭。一切祭仪中，可以说是"莫在乎郊"了。一般来说，仅天子才能郊天，诸侯祭天要特批。当时，鲁国有祭上帝的特准，但周王朝并未特准秦国也可以祭祀上帝。秦独断而行了。所以笔者说秦是积极主动转换祖源记忆。

再须知，祭祀乃古代中国的头等大事，规矩得很。错乱了，于个人，要杀头；于国家（种族），要战争。是时晋伐潞氏的战争宣言便是："必伐之，狄有五罪：……不祀一也，耆酒二也，弃仲章而夺黎氏地三也，虐我伯姬四也，伤其君目五也。"

二、多位君王给力，秦国由小到大

1、《史记·秦本纪》说："秦之先，帝颛顼之苗裔。"

颛顼是上古中国传说历史"五帝"中，排在黄帝之后的第二位"帝"。本书第四章中将颛顼与考古学文化中的大汶口文化相对应，指出地望在现山东省。傅斯年先生对"所有少皥诸姓国之地望"有所表述，其中殷商时段的

"嬴"姓秦人的地望多在现今的山东，周朝时段的"嬴"姓秦人的地望才在晋地和陇西。[5]

本书第四章以为，颛顼非炎帝后裔东夷人，而是黄帝后裔的中原政权派到东夷去的统治者，是夏人血统。那么明明是夷戎血缘的秦人，为什么要称是夏人血缘的颛顼的"苗裔"呢？笔者以为，或者是汉朝的司马迁在为秦立传时，秦人在之前的东周时期所改换的祖源记忆已被社会承认，完成了"用夏变夷"。故而司马迁说"秦之先，帝颛顼之苗裔"。这可能是对太史公此说的正面理解。对司马迁此说有负面理解吗？蒙文通先生认为："太史公徒以秦之嬴姓，遂以为伯翳、仲衍之后，乃于仲衍至仲潏之世系不能言，又不记戎胥轩事。于是秦为西戎之说，遂由史迁而泯。"[6]笔者赞同蒙文通先生的认知，是司马迁在《史记》中更改了秦原初的出身籍贯。

2、嬴姓秦人有能力，得以君王赏识

秦人到"五帝"时代末期，已是大展拳足，业绩显赫了。秦人为舜帝调驯鸟兽，将鸟兽调驯得服服帖帖。舜帝的奖赏便是赐姓"嬴"氏给秦人，所以后来的秦始皇名叫"嬴政"。

到了大禹时代，嬴姓秦人参加大禹治水。治水成功，大禹赏赐秦人地盘，应在今日山东曲阜附近。

有了姓氏，又有地盘，而且均是帝王所赐。秦人当然要将这样的荣耀记录在册：

> 女华生大费，与禹平水土。已成，帝锡玄圭。禹受曰："非予能成，亦大费为辅。"帝舜曰："咨尔费，赞禹功，其赐尔皂游。尔后嗣将大出。"乃妻之姚姓之玉女，大费拜受。佐舜调驯鸟兽，鸟兽多驯服。是为柏翳，舜赐姓嬴氏。（《秦本纪》）

3、嬴姓秦人长期服侍"正统"君王，养成"正统"观念和"一统"追求

《秦本纪》接着说：

> 大费生二子，一曰大廉，实鸟俗氏；二曰若木，实费氏。其玄孙曰费昌，子孙或在中国，或在夷狄。费昌当夏桀之时，去夏归商，为汤御，以败桀于鸣条……自太戊以下，中衍之后，遂世有功，以佐殷国，

故嬴姓多显，遂为诸侯。其玄孙中潏，在西戎，保西垂。生蜚廉，蜚廉生恶来，恶来有力，蜚廉善走，父子俱以材力事殷纣。周武王之伐纣，并杀恶来。……蜚廉复有子曰季胜。季胜生孟增，孟增幸于周成王，是为宅皋狼。皋狼生衡父，衡父生造父。造父以善御幸于周缪王，得骥温骊骅骝騄耳之驷。西巡狩，乐而忘归。徐偃王作乱，造父为缪王御，长驱归周以救乱。缪王以赵城封造父，造父族由此为赵氏。

秦人能在周王朝国家兴亡的关键时刻，发挥善于驾驭的一技之长，"长驱归周以救乱"，甚为周王室赏识，直到周孝王还在感叹不已：

孝王曰：昔伯翳为舜主畜，畜多息，故有土，赐姓嬴。今其后世亦为朕息马，朕其分土为附庸。邑之秦，使复续嬴氏祀。号曰秦嬴，亦不废申侯之女子为骆适者，以和西戎。（《秦本纪》）

从这些史实中，我们似乎可以梳理出秦人的主要性格特征：秦人总是与时俱进，总是踏着历史的进步脚印，引领自己的民族前进，它弃夏随商，再舍商从周，从不做前朝的殉葬者，而是为自己氏族的生存发展，勇于翻开历史的新篇章。秦人的前进，不但有胆识而且还有襟怀。即便是周朝的开国之君杀了秦人的血亲，秦人仍然服从历史的大局，从属于历史的趋势，全力投入新兴的、正统的周王朝建设。秦人这样的作为并不是投机。秦人深知接受先进文化对本民族成长的关键作用。历史是这样证实的：《春秋穀梁传》说："狄秦也，……乱人子女之教，无男女之别。"这是野蛮的秦。后来商君（鞅）亦说："始秦狄之教，父子无别，同室而居，今我更制其教，而为其男女之别。"这是先进文化的指引下，开始走向文明的秦。因此秦人的骨子里很早就植入了追求"正统"的信念。

可以说秦是在地域大迁徙、种姓大混化中成长壮大的。它"子孙或在中国，或在夷狄"，它"昔我先郦山之女，为戎胥轩妻，生中潏。以亲故，归周，保西垂。西垂以其故和睦。今我复与大骆妻，生适子成。申骆重婚，西戎皆服，所以为王。"这一切，让秦人尝到了"用夏变夷"的甜头，从而为秦人对"一统"的追求奠定了认识基础。

三、秦人有勇有谋，驾驭"法"与"术"的双轮战车，先灭巴蜀，后灭六国，一统华夏

笔者所指的"法"，是以"商鞅变法"体现的"法家思想"。或者说，是道德思想在行政管理方面的具体化。

战国初期，东周王朝所封的中、东部诸侯国率先改革"变法"。西部的秦国处在落后地位。到秦孝公执政时，开始了引进人才、图强变法。商鞅从魏国入秦后，在公元前356年至前350年间，两次实行以"废井田、开阡陌；实行郡县制，奖励耕织和战斗，实行连坐之法"为主要内容的"商鞅变法"。

《论衡·书解篇》说："商鞅相孝公，为秦开帝业。"这个"开"是艰难的。针对守旧利益集团提出的"法古无过，循礼无邪"，商鞅指出："治世不一道，便国不法古。汤、武之王也，不循古而兴；殷夏之灭也，不易礼而亡。然则反古者未必可非，循礼者未足多是也。"[7]

变法的"废井田、开阡陌"，看似一种土地的再分配，实则是在打击并瓦解旧的血缘世袭的同时，建立起按军功授爵的新的宗法体制，是一次"祖源记忆"的重组，或者说是重组祖源记忆的一次试点，为日后大秦帝国的中央集权制度画出了草图。

商鞅在吸取李悝、吴起等法家在魏、楚实行变法的经验，在秦国移风易俗、编制户口，变法革新秦地残留的戎狄风俗，禁止父母、兄妹同室居住，执行小家庭政策，规定凡一户之中有两个以上儿子到立户年龄而不分居的，加倍征收户口税。在推广小家庭社会结构的过程中，编制"五家为伍，十家为什"。在此基础上实施"连坐法"。《春秋繁露·王道》说："使民比地为伍，一家亡，五家杀。"就是说一家犯法，五家受惩！

商鞅的法制内容是十分严酷的，从出土的竹简《秦律》中可见一斑。《秦律》规定：偷采别人桑叶不满一钱的也要"赀徭三旬"（即罚处徭役三十天）。法制的执行力是十分强劲的。秦孝公去世，秦惠王执政。变法改革的对象秦旧贵族势力告发商鞅谋反。秦惠王派兵捉拿商鞅。商鞅逃亡到边关欲宿客店，客店主人不知他是商鞅，见他未带身份证明文书，拒绝入住，说"商君之法"规定，留宿无凭证的客人是要"连坐"治罪的！这应该就是成语"作法自毙"的由来。

秦惠王决定捉拿商鞅，有个说法是秦惠王为太子时曾一次犯法。商鞅坚

持要处罚，但又不能罚在太子身上，就处黥刑（在脸上刺字）于太子的老师。如今惠王捉拿商鞅，是报之前受辱之仇。更多的说法则是，秦惠王担心商鞅的功高盖主会危害国家社稷的存在。商鞅被追兵杀死于逃亡途中，尸体运回京城施以"车裂"之刑。但"变法"未被废除，秦惠王在位期间，任用贤能，延续变法，推行法制，富国强兵，不断向外拓展秦国领土。

杀（鞅）一人而强（秦）一国，这是秦人的一种"术"。

如果说"法"是政策，"术"则是策略。

秦人玩弄投其所好、以夷制夷的"术"，实可谓可圈可点。

《秦本纪》说："戎王使由余于秦，……（秦）缪公与由余曲席而坐，传器而食，问其地形，与其兵势尽訾，而后令内史廖以女乐二八遗戎王。戎王受而说（悦）之，……由余数谏不听……遂去降秦。缪公以客礼礼之，问伐戎之形。三十七年，秦国用由余谋伐戎王，益国十二，开地千里。"

《吕氏春秋·壅塞》更有情节描述："秦缪公时戎强大，缪公遗之女乐二八与良宰焉。戎王大喜，数饮食，日夜不休。左右有言秦寇之至者，因扜弓而射之。秦寇果至，戎主醉而卧于樽下，卒生缚而擒之。"

《战国策·秦策》有记："义渠君之魏，公孙衍谓义渠君曰：'中国无事于秦，则秦且烧焫获君之国；中国如有事于秦，则秦且轻使重币而事君之国也。'义渠君曰：'谨闻令！'居无几何，五国伐秦，……秦王……因以文绣千匹，好女百人，遗义渠君。'"

《后汉书》的说法是："廪君死，魂魄世为白虎……及秦惠王并巴中，以巴氏为蛮夷君长，世尚秦女。"好一个"世尚秦女"，看来秦人以女色为诱饵，已是纳入了它的战略考虑。故而在秦伐巴蜀之前，秦以黄金美女贿赂蜀王，蜀王竟然派出力士，劈山开路为秦修起了入侵的大通道。

更有甚者，秦人为达目的，已到了不择手段的田地。据《西羌传》载："昭王立，义渠王朝秦，遂与昭王母宣太后通，生二子。至赧王四十三年，诱杀义渠王于甘泉宫，因起兵灭之，始置陇西、北地、上郡焉。"秦人使用色诱的角色，竟然发展到秦王的母亲皇太后！

秦"在西戎，保西垂"时，戎国义渠是秦国最大的敌人。《后汉书》说"义渠、大荔最强，筑城数十，皆自称王。"秦与义渠，地，犬牙交错；人，摩擦不绝。一百多年来，双方胜胜败败，或"义渠败秦师于洛"，或"义渠遂臣于秦"。秦不灭义渠，永远都是心头大患。最终导致秦献出皇太后为色诱多年之后，一举诱杀义渠王于甘泉宫。《史记·匈奴列传》也有记录："义渠之戎筑城郭以自守，而秦稍蚕食。……秦昭王时，义渠戎王与宣太后乱，有二子，宣太后诈而杀义渠戎王于甘泉，遂起兵伐残义渠，于是秦有陇西、北地、上郡。"

此事的原委，《秦本纪》不记，只说昭王四十二年宣太后薨。或许，把自己的皇太后也拿出去作色诱诱耳，毕竟不是一件可以光宗耀祖的事。

秦人的另一个重要谋略是拿来主义，借力打力，以夷治夷。或许，它的初试牛刀是对戎王史节由余的使用。如前《秦本纪》所记，秦缪公对戎王派往秦国的使臣由余，很是礼贤下士，与他"曲席而坐，传器而食"。世上哪有白吃的午餐呢？在吃吃喝喝之中，刺探情报进行着，"问其地形，与其兵势"。由余当时或许并未透露多少机密。虽然由余并不是戎人，是投戎的晋人，戎王对他有知遇之恩，所以他曾数次劝说戎王要修明政治，可惜戎王当成耳边风。这次也是如此，《史记》说，当戎王被秦王"以女乐二八遗戎王。戎王说（悦）之"的糖衣炮弹击中后，由余对戎王曾有"数谏"，只是戎王"不听"，致使由余"遂去降秦"。随后，"三十七年，秦用由余谋伐戎王，益国十二，开地千里"。

秦国灭赵国，则是它以夷治夷的伟大胜利。

赵国在秦国之东。赵与秦的先祖有着兄弟情谊血缘关系。或许是赵的先祖更有能力、更有机遇效忠周王朝，周穆王对其封赵城，赐赵姓。

赵国在历史上有两个亮点，至今还在拉扯众多眼球。

赵实施了"胡服骑射"，将中原人"宽衣博带"的装着，改为胡服的"短衣窄袖长裤"，使之能轻装上阵。将原先的兵车与步兵的混合编阵，发展出一个独立兵种骑兵，开创了古代中国军事史上的里程碑意义的革新。

赵国强调政、军和睦。《将相和》的大戏，两千多年来字正腔圆，不绝喝彩。

秦要并吞这样的国家，其难度可想而知。秦昭襄王伐赵，遇上的便是实现了"将相和"的赵国名将廉颇。廉老将军老马识途，对秦兵以逸待劳。秦王耗不起这进退两难的胶着战局，使用"反间计"，以夷制夷。赵孝成王很快中计，用只会"纸上谈兵"的赵括，换下了身经百战的廉颇。结果40万赵军被秦将白起杀得干干净净，只释放240名未成年的赵军，回朝报丧。这一道道历史的刀伤，至今还在先秦古籍名篇《过秦论》的字里行间滴血。

30年后，秦王政又用以夷制夷的反间计，导致赵王杀了赵国名将李牧。秦军乘机而进，捉了赵王，灭了赵国。两千年过去了，这段历史还挂在《史记·李牧传》上，让岁月触目惊心。

后来，秦最终击败六国，统一中国，根本原因是将"术"发挥到登峰造极的地步，以"合纵"之术，化解了六国的"连横"之计。

秦人这般"法"与"术"的两手抓，远未达到"两手都要硬"的境界。商鞅变法是有法无术，没有用"术"去调节"法"，不会合理变通。不仅逼着旧势力的誓死反扑，也弄得广大百姓怨声载道。秦国的暴政，则是搞错了"法"的目的。法家最反对暴政。真正的法家思想其根本目的是通过"法"与"术"来保证国家机器的高速运转，而不是以"法"和"术"去强制"提升"民众的"道德水平"。

秦灭蜀后，秦也是玩起以夷制夷之术，用蜀王之后去管理蜀地。秦三次建立"蜀侯"，又三次杀死蜀侯，皆因蜀人坚守自己的祖源记忆，不遵从秦人的祭祀对象与方式，用现在的话来说，就是不去认知秦的道德标准和价值观念，结果被秦以"谋反"罪名而杀之。

第三节　秦灭蜀的序幕是亡巴，巴是什么样的国家？

秦灭蜀的序幕是由巴国拉开的。战国时代中期，"巴与蜀雠"（《华阳国志·蜀志》），"世战争"（《华阳国志·巴志》），各来"告急于秦"（《史记·张仪列传》）。结果是引狼入室，公元前316年，秦应邀而来，一举灭了巴和蜀。

距今1600余年前的东晋人常璩，在所著的《华阳国志》中引《洛书》而指出"巴蜀同囿"。这或者是在说，巴与蜀的住地曾经共为一地。这"囿"可能是早期巴蜀的地理概念，即"华阳之壤，梁岷之域，是其一囿，囿中之国则巴、蜀矣"。后来巴的地望，形成了两处较为明显的视点，一是蜀的北部的"宗姬之巴"，即《华阳国志·巴志》所指的"武王既克殷，以其宗姬封于巴，爵之以子"。另一个或许是扬雄在《蜀都赋》说的："东有巴賨，绵亘百濮。"当初之所以说"巴蜀同囿"，或许是因为巴与蜀的远祖相同，都是炎帝后裔的夷戎之人。当今博物馆中陈列的巴式青铜剑上那巴人的发型也是"椎

图8-2 巴式青铜剑上的巴人
"椎髻"发式

图8-3 民间收藏的古蜀玉雕中巴人与虎的
图像

髻",不正是将巴蜀之人指向同一祖源记忆吗(图8-2)？到了20世纪中叶，著名历史学家蒙文通先生有了深入研究，认为古代的巴蜀地区内，前后存在了数十以至百数十个小王侯。巴、蜀只是一种联盟，巴国、蜀国不过是两个霸君，是这些诸侯中的雄长。

关于古代巴人的由来，最老的古籍《世本》也无可奈何地说："廪君种不知何代。"廪君是现今公认的古代巴人的祖先。《世本》的说法，就是说远在战国秦汉时代，廪君史迹已是渺茫难证了。近现代的史学家虽对巴人先世来源做出了多个推测，但多是在对古籍的梳理，难以与考古证据产生共鸣，进而指明巴人先世迁徙入川的脚步声。

笔者推测，拥有巴文化的巴人，是在大溪文化中沿长江上游西进的那支将祖源指向为鱼的鲧氏部落的一部分。巴人先世没有继续西进到大渡河流域，而是留居在长江三峡南北的清江流域和大宁河宽谷的鲧种巴人。继续西进到大渡河流域的那部分鲧氏部落，则与蜀地羌人融合，发展出大禹"父亲"的鲧种蜀人，形成"氐人半身为鱼"的说法，所以说这部分的巴人和蜀人的祖源指向是相同的，"巴蜀同囿"绝非空穴来风。笔者的这个推测，似乎有所印证，古籍《世本》说廪君有"乃乘土船，从夷水至盐阳"，就是说巴人先世是从湖北利川市一带"出发"的，而现代考古则在那一带出土了许多"鱼"的"偶像"。当今学者张勋燎先生就认为，巴的含义应当是鱼。[8]笔者在此也提供三个考古证据以说明之：

一、"巴蜀同囿"本是一家的考古学看点

其一，看祖源指向。1955年在位于长江巫峡和瞿塘峡之间的"大溪遗址"考古发掘中，不少的随葬物是鱼，有的鱼曾衔在墓主口中，放置于身体上或分别垫在双臂下……历史学家任乃强先生在他的《说盐》一书中认为：这些鱼类都曾被用盐腌制过。否则，极易腐烂的鱼类无法用于殉葬，以致经历5000余年鱼骨仍然保存完整。

其二，看人的体格特征。在对三峡和武陵地区巴墓的发掘中，找到过非常高大的人骨架。一个佩剑武士的骨架长达1.93米，一具长达2米，还有1.80米的。[9] 蜀人的体格又如何呢？常璩著的《华阳国志》说："蜀有五丁力士能移山，举万钧。每王薨，辄立大石，长三丈，重千钧，为墓志。"可见蜀人也一样是五大三粗的伟丈夫，与巴人拥有相同的遗传基因。这样的"五丁力士"蜀人在古籍中有多处出现："（秦）许嫁王女于蜀，蜀遣五丁迎之"、"蜀王哀之，乃遗五丁三武都担土为妃作冢"等等。

其三，看丧葬习俗。"船棺葬"是巴人丧葬习俗的考古结论。古代巴人的船棺很特别，大多用巨大的圆木削砍制成，这些船棺直径都在1米以上，长度在5米以上，中部挖空成船舱，底部和两端削成船形。有的船舱内置有内棺，由6幅木板以穿榫结构而成，在周墙下内边起槽，以镶合底板。这样的"船棺"大量是葬在土中。早在1954年，考古人员在长江和嘉陵江流域就发掘出船棺葬26座。据参与的考古学家王家佑先生回忆，因为多种原因，当时还有大量的船棺未能掘出。这样的船棺也有一部分被安放在长江三峡及其支流中的悬崖峭壁上，至今还是一个谜挂在那里，岁月将其铸成为一道景观，比如长江三峡中的风箱峡，就给古今中外的游人以无限惊叹。无独有偶，2000年在蜀地的中心成都市内，也出土了船棺群。这些船棺与巴地发现的船棺甚为相似，但体积却大了许多，最长的一具长达18米。船棺中的死者经考证为蜀国贵族。鉴于上述，今天人们习惯将巴与蜀并称，考古学界也长期将巴蜀文明视为一体。

二、巴蜀存异的原委

巴人在长江三峡流域中的穷山恶水中生活，长年的跳石跨涧养成了巴人的动作习惯。或许这样的习惯创造出巴人的舞蹈爱好和对节奏的追求。笔者的这个猜测似乎还是有点科学依据的。在长阳县的博物馆中，保存着较完整的巴人遗骨。这些腿骨和臂骨上都有穿孔和增生现象，一段脊柱中间的一节骨头有明显的压缩变形现象。专家认为这并非负重所致，只能因跳跃而形成，创伤也许源自一次山间追猎或一次逃逸。[10]

巴人要在长江三峡流域中的峻岭丛林中生存，必须和豺狼虎豹争斗。在弱肉强食的环境中，或许新建出巴人的祖源指认。一如蜀地羌人将羊指认为新的祖源记忆，巴人将虎指认为新的祖源记忆。对此，《后汉书·南蛮夷列传》说："廪君死，魂魄世为白虎，巴氏以虎饮人血，遂以人祠焉。"对此，今天的学者饶宗颐先生的研究指出："关于巴蜀传说的描述，最主要的有三项应该注意：1、开明兽为虎身人面；2、开明西的神鸟皆戴蛇践蛇，成都仙人亦珥双蛇，巴地又有许多蛇的故事；3、氐人半身为鱼，所有神话的动物，似乎集中在虎、蛇、鱼三者。我们看川东船棺葬出土的遗物，兵器上的纹饰，最普遍的正是虎形、鱼形及手操蛇三事，正相吻合（图8-3）。"[11]

三、巴人"前歌后舞""克殷"到底是怎么回事

距今3100年前，周武王"统战"夷狄人的庸、蜀、羌、髳、微、卢、彭、濮八国（地）之力，进攻殷商王朝的首都。殷王的"国军"虽远在东夷，但这个拥有600年历史的王朝，仍然是很快组织起70万大军，来抵御周武王的数万名联军。出乎意外的是周武王的联军仅用了30余天就瓦解了殷商王朝的70万大军，一举推翻了庞大的殷商王朝。

史籍是如何来解读这个历史奇迹的呢？《白虎通·礼乐》说："武王起兵，前歌后舞，克殷之后，民人大喜，故中作'大武'所以节喜盛。"就是说周武王的兵士，一阵"前歌后舞"载歌载舞之后，就"克殷"了，打垮殷商王朝了。这样"前歌后舞"的战争你能相信吗？有人信！古人有信，今人有的还在信。

湖北省社会科学院历史研究所研究员、华中师范大学历史文化学院教授张正明说："刘邦也看过巴人的歌舞，他说：'此武王伐纣之舞也。'就是武王讨伐商纣王的舞蹈。'巴渝舞'在汉朝宫廷里也有表演，就是因为刘邦下了一道命令，让宫廷的舞人和乐师学习巴人的舞蹈。"

武汉音乐学院舞蹈系教师李涛的说法更专业："简单、单纯、统一、力度，简单的节奏，还有一直朝着一个方向的这样一种特征，我想这些就是当时

巴人在运用舞蹈来辅佐战争时的最基本的特点。它可能综合了我们今天看到的土家舞蹈的某些动作，作为阵列的战舞，动作或许不会超过4-5个。"

曾任重庆市文化局副局长、三峡博物馆馆长的诗人王川平认为："勇猛刚健的巴人善于跳舞，善于打仗，在战争中最亮的两点结合在一起，而被武王伐纣的指挥官发现，用这样的舞来威慑敌人。"看来，诗人的联想为周武王的兵"前歌后舞"而"克殷"，注入逻辑，为这段一直不太平顺的史说押上韵脚。

台湾的学者似乎不着眼"前歌后舞"、"克殷"，罗香林先生指出，《史记》述周武王伐商纣王的情形是："武王徧告诸侯曰'殷有重罪，不可以不毕伐。'乃遵文王，遂率戎车三百乘，虎贲三千人，甲士四万五千人，以东伐纣。十一年十二月戊午，师毕渡盟津，诸侯咸会。曰：'孳孳无怠。'武王乃作《太誓》……誓已，诸侯兵会者，车四千乘，陈师牧野。帝纣闻武王来，亦发兵七十万人拒武王。武王使师尚父与百夫致师，以大卒驰帝纣师。……纣兵皆崩，畔纣。"所谓"大卒"，据张守节《史记正义》谓："戎车三百五十乘，士卒三万六千二百五十人，有虎贲三千人。""可见武王伐纣，所以成功，全在于决战时曾配有虎贲与甲士的战车，作战的力量，远非商人所及。"[12] 这样的解读，看似有古籍为据，用数字说话。但笔者以为与常理不合，还是难以服众。试问纵有勇士三千战车数百，在远古的初级冷兵器时代，能得以在三十天内征服七十万大军吗？！

笔者的理解是，面对殷商王朝的这七十万匆匆由历次伐羌中虏获的巴、蜀地区的夷戎人组建的大军，周武王的三千"大卒"，即前文所述的身材高大威猛的巴、蜀士兵，在巫师"尚父"的指挥下（"武王使师尚父与百夫致师"），"百夫"，即那3000名虎贲之士，高唱祭祀先祖的歌，跳起祭祀祖陵的"舞"，唤醒了那七十万大军的"祖源记忆"，让他们意识到自家人是不能打自家人的。在同一"祖源记忆"的召唤下，那七十万巴、蜀籍的殷商大军阵前反戈，才使得周武王的不足五万人的联军仅用三十天时间便推翻了六百年的商王朝。或许笔者这样的解读才可使史载的"前歌后舞"、"克殷"更符合常规与情理。何况笔者这样的解读在史籍中能够找到呼应。《华阳国志·巴志》载："周武王伐纣，实得巴蜀之师，巴师勇锐，歌舞以凌之，殷人倒戈，故世称武王伐纣前歌后舞也。"《史记》也说是："纣师皆倒兵以战，以开武王。"

这或许是中外战争史中，最早出现的、最为精彩的"心理战"。应该说周武王还不能称为这种心理战的发明人。在这之前，远古的中国人早就有所使用。《尚书·大禹谟》就说，大禹曾对不臣服的苗人采取攻心策略，让人拿着干（盾牌）和羽（羽毛）跳舞，就使苗民俯首称臣了。

这样的舞蹈，这样的战阵，抑或说这样的祭祀祖先的礼仪仪式，在考古学文化中似有出现。1960年，在湖北荆门东桥大坝的考古发掘中出土了一座墓葬，墓主身边有一把巴式柳叶青铜剑，而另一件"兵器"颇为奇特，考古学家将命名为"戚"，戚上的人有着明显的舞蹈体姿。他头饰翎羽，身披鳞甲。一手握着鱼，一手握着虎（有学人解读为四足蜥蜴），双脚踏着太阳和月亮（图8-4）。笔者对此的解读是这件青铜戚图示着当年"大卒"巴人"前歌后舞"、"克殷"的情况，"大卒"克殷的兵器不是利刃，而是手中握着的祖源指引。鱼是巴人远祖鲧氏人的神格祖源记忆，虎是巴人近祖的神格祖先指向。或者当年在战场上领舞的那个"大巫"，亦即古籍所记的那个"武王使师尚父"，便是巴人在后来的祖源意识中的人格化始祖"廪君"的传人。对于笔者的这个猜想，当今的学界中，已有不少研究者从巫、灵、廪音意相通的角度对"廪君"一词也做出他们的推测。从这个意义上讲，"廪君"一词也许具有"巨巫"的含义。[13]

图8-4　荆门考古出土的"戚"上的图案

或许，前歌后舞克殷的那段情绪化历史，被文化为神话，而艺术又将这个神话定格，于是便出现了上述的考古出土物青铜戚，以及民间收藏中的玉戚（图8-5）。这样的以祖先文化为利器，在前歌后舞中克殷的战术，并不是只存在于"戚"的艺术品中，在"克殷"900年之后的楚汉之争中，又被活学活用得立竿见影。如前所述，刘邦是知道"此武王伐纣之舞"的，应该说刘邦更明白那段前歌后舞克殷历史的内核。当他与楚王项羽决胜命运于垓下之战时，刘邦便是效法

图8-5　民间收藏的玉戚

周武王克殷，以祖先文化这个软实力为利器。刘邦命汉军高歌楚军的故乡歌谣，在遍地"四面楚歌"之中，汉军瓦解了楚军的士气，迫使曾经是"力拔山兮"的楚霸王几乎成了光杆司令，不得已在乌江边拔剑自刎。历史在又一次"前歌后舞"之后，把华夏河山交付给刘邦的汉朝。

四、巴蜀生发出原初的"生死轮回"意识的考古证据

古代巴人的"舞"与"巫"又产生出什么样的链接呢？

诗人王川平说："'巫'在中国造字里面是一个字根，是造字的一个依据。灵魂的'灵'的繁写，也是一个'巫'字；医生医药的那个'医'，字根也是一个'巫'；舞蹈舞者的'舞'，字根也是'巫'。也就是说，管灵魂的、管生命的甚至生育的，管舞蹈艺术的，它的最原始的东西都是从'巫'演化而来的。"王川平把巫、舞、灵魂连成一线，然后延伸到生命、到生育。连得好，延得妙。

所以，3000多年前的"前歌后舞"才能跳到今天土家族的踏歌阵舞。其中又以"跳丧"最广流传也最耐寻味。"跳丧"这种歌舞被用于祭祀死者。每逢土家丧礼，成群的祭祀者便会和着鼓点歌舞，歌声高亢尖锐，舞姿狂放不羁。跳跃、穿行、翻滚，都充满了力量和野性。在歌词之中，死者被尊为转世的白虎家神。歌舞者对老虎动作的模仿也逼真而生动。

这样的场景，这样的"跳丧"称谓，与其说是对死者的悲戚，不如说是对由死而生，对转世的新生即将来到的庆幸与欢呼。生命的转世轮回，是远古巴人的生死观，学界亦有这样的感触，但未能如笔者那样大胆地提升到对佛家轮回教义的指认。华中师范大学历史文化学院的张正明教授就认为："人死了是可悲的事情，可是巴人及其后代像他们的祖宗一样认为，这是一件可喜的事情。用他们的话讲，生贺喜，喜贺死。生和死都是可喜可贺的，生是死的开始，死是生的开始，如同春、夏、秋、冬四季更替一样。这种文化在历史上恐怕是绝无仅有的。希腊也好，罗马也好，现在都没有保留这么一种古代的舞蹈或丧俗，而巴人的后裔土家族一直保留着。3000多年，难能可贵。"

感谢张教授的研究指出在远古世界，这种生死轮回的意识，中国人是唯一的。笔者在本书下篇，就会提及古蜀文化元素的输出与原始佛教的起源。

对于这种生死轮回意识的指认，笔者以为还可以从一件巴地考古出土物上

做出解读。1987年，在重庆市的万州区，出土了一件巴人的虎钮錞于，上面刻着许多神秘的象形"图语"。学术界最为注意的是"船、树和鸟的形象，它们被奇异地组合在一起"（图8-6）。考证者认为它可能是古代巴人和死亡有关的祭祀符号。船头符号中"中"字的形象可能是神树和祭台的合体，而上端的"十"，被普遍认为是太阳符号。

图8-6　1987年万州出土虎纽錞于上的"图语"

笔者以为，将这个字符的含意与巴人的死亡挂钩，是找对了解读的方向。可惜学界人士下意识地将"十"符号与西方考古界认同的"太阳"符号划上等号，便将原本是对远古中国文化中的一项独有解读，并入到西方关于文明起源的认知轨道："关于船的秘密，被埋在古埃及的金字塔中，这个秘密与太阳连在一起。古埃及人认为'死者要是能够搭上太阳的大舟，便可避免妖魔的侵害和神明的盘阻，而得安抵乐土'。这是古埃及著名的关于'太阳船'的传说。"接下去我们的学者认为这只出土于重庆市万州区的"船"的船底"无边的大水，这是源自于他们生存史中对洪水的记忆。""只要用船渡过黑暗的水域，就可以抵达理想中的世界。"看看，这哪里还有一点古代中国的巴人味道？分明是西方《圣经》故事关于挪亚方舟的重庆万州翻版！

笔者以为，上述学界人士做出的是一种"误读"。之所以出现误读，一方面是他们对西方文明史惯性式的生搬硬套，另一方面是没有去完整地思考这个字符的全部符号内涵，只看到左边的那株死亡了的、僵直为"神"的树，忽略了右边那株新生的、活鲜得随风起舞的幼苗。对这个（组）字符，笔者的认知是：那是3000多年前，巴人对轮回转世意识的因地制宜叙述，是迄今发现的在全球视野中最早的转世轮回的文化型表达。笔者希望学术界三思再三思，为什么以"转世轮回"为根本教义的原始佛教在诞生之前的四五百年，在佛教开始传入中国之前的近千年时间，中国就有了"转世轮回"概念的表述和传播？而在同一历史时段，这样的用字符表述的转世轮回概念，迄今未在原始佛教的发源地出现过！

笔者以为，巴地这样的转世轮回意识，可能因"巴蜀同囿"传入蜀地，经由那些在河西走廊时接触过马家窑文化的蜀地羌文化的消化发展后，将"转

图8-7　岩画中的卍字刻文

图8-8　法国巴黎吉美博物馆展出的马家窑文化期陶器上的十字纹和卍字纹

图8-9　三星堆出土青铜人像（K2③：296）上的卍字符号

图8-10　印度博物馆藏足印石碑上的卍字符号

世轮回"意识概念化为"卍"符号，再翻山越岭伴随古蜀与中亚的贸易，将这种概念和符号带到了喜马拉雅山南麓。图8-7是岩画中的"卍"字刻文，图8-8是藏于巴黎博物馆的马家窑器上的卍字符号，图8-9是古蜀三星堆出土物上的卍字符号，图8-10是藏于印度博物馆的卍字符号。当佛教进入传播期，卍字符号成了各地佛像的招牌表述。另一方面，这种"转世轮回"意识在巴地被文化成艺术，成了前面提到的那种歌唱"生是死的开始，死是生的开始"的土家族"跳丧"歌舞，脉动中国大地几千年。

笔者指认这个（组）字符是"巴人对转世轮回意识的因地制宜叙述"的看点有三。

其一，用树来比喻生命的生与死。左边的树是死去的生命，是已登上祭台的业已僵直了的生命；右边的树是萌发出新芽的体态婀娜的转活的生命。而且这样的生命，不是自然界"树"的生命，它是有隐喻指向的生命。这个"树"在古代巴蜀人的认知中，它叫"扶桑"，是东方的树。如前所说，巴人既是由东西进的夷人的一支，那么这样的东方树便有了祖源指向的内核。此外，古代巴蜀人，还认为树是通往上天，通往祖宗居住地的阶梯。这或许也是他们以树作"船棺"的理由。对此，笔者将在本书下篇的第十二章中做更多的解读。

其二，字符中的"十"符号，不应是对太阳的指认，它应是"转变"、"再生"意识的符号化。从图8-8中，可见十字符号在器底，卍字符号在器身。这是在指向符号的进程吗？或许更能说明问题的是，本文前面提到的2000年在成都市中心区发掘的船棺群中，其船头都刻有一个十字交叉，两边分叉的图案。船头的"十"字和此字符中的"十"字，应该都是在表述由死到生的转变再生意识。船头的"十"字的两边分叉，或许就是此字符中右边"幼苗"新生的另一种表述。鉴于此，

图8-11　美国沙可乐博物馆所藏玉尺上的卍字符号

字符中的"十"字符号应该是后来的卍符号的简体或者原始形态。当"十"发展成"卍"符号后，其"转变"的指认就更加明确了。图8-11是现藏于美国哈佛沙可乐博物馆的一件玉尺，被确认为早于殷墟之物。量尺中部的卍所标示的"转变"概念真可谓一目了然。

其三，字符中的船，是在指向轮回再生的转变载体，或者说转变的途径是用行驶的船来完成。这即是笔者指出的"因地制宜"的叙述。成长于长江三峡两岸的古代巴人，船是他们必不可少的行走工具。或者这就形成了古代巴人意识中，船行是完成由"死"到"生"的必由之路。在后来的佛教教义中，不就是在普遍使用"苦渡"这个词吗？原始佛教的发源地，处在喜马拉雅山系南坡的山野之中，行走不用船，更多的是靠双足。所以，到了佛教发展期，为了推广轮回转世的教义，便将字符号与赤足联系在一起，转世如行走。从前面的图8-10上，是一目了然的。

照此看来，现今学术界认为古代巴蜀文化在中国上古史中的某个时期，可能代表了不少"主流的东西"，是有道理的。笔者以为，所指的"主流"或许就是古代中国人独有的对祖先文化的把握与运用。

第四节　秦灭蜀后，蜀文化彻底断层的根本原因和系统措施

秦对并吞巴、蜀，垂涎已久。

蜀有资源优势。天府之国，盛产米谷；蜀刀蜀布，天下闻名。巴有地域优势，巴是楚的屏障。得了巴，秦兵可直捣楚地，加快实现秦灭六国，一统中国。《华阳国志》说得好："水通于楚，有巴之劲卒，浮大舶船以东向楚，楚

地可得。得蜀则得楚……"

奈何秦与巴、蜀，隔阻着秦岭和大巴山。李白对此感慨万千："危乎高哉！蜀道之难，难于上青天！"故而，巴蜀"尔来四万八千岁，不与秦塞通人烟"。秦人哪里等得急？周显王二十二年（公元前347年），秦王赠送五个美女给蜀王，蜀派"五丁"，即前边提到的那些牛高马大、腰粗臂圆的"大卒"，前往迎接护卫。当他们来到大巴山境内的梓潼时，看见一条大蛇钻进山洞，一个壮士抓住蛇的尾巴往外拽，却纹丝不动。于是"五丁"一齐上阵，全力以赴往外拉大蛇。只听得一声巨响，山崩地裂，把"五丁"们全部掩埋了。"地崩山摧壮士死，然后天梯石栈相钩连。"李白一针见血地指出，是蜀的"五丁"用生命开辟了秦地通蜀的大道。道路开通了，秦国灭巴蜀的条件成熟了。秦在等待机会，公元前316年，巴国又一次向蜀国开战。巴的进攻力量不够，向秦国借兵。蜀的防御力量不强，也向秦国借力。于是秦军沿着已开通的金牛道，南驱而入，先灭了巴，顺势亡了蜀。

一、秦为何三立蜀侯又三杀蜀侯

秦灭蜀后，特准在蜀实行"一国两制"。秦对蜀仅仅是将蜀王降格为侯，在行政管理中，破例设侯、相、守三个长官。侯、相都是秦王分封的蜀王后代，守才是从秦国派来的。说这是"一国两制"，是因为在秦是不实行分封制的。《史记·李斯列传》说："秦无尺土之封，不立子弟为王、功臣为诸侯。"在管理上，秦既置蜀相，又置蜀守，在当时制度上也很特殊。

拥有虎狼之师的秦，似乎对被征服的夷戎，也很是温和仁慈。与秦军胜韩、魏于伊阙，斩首敌军二十四万，胜赵国于长平，消灭赵军四十五万相比，"夷犯秦，输清酒一钟"的惩罚，算是超过了"天上人间"的差距。《后汉书》说："秦昭襄王时，有一白虎，常从群虎，数游秦汉巴蜀之境，伤害千余人。昭王乃重募国中有能杀虎者，赏邑万家，金百镒。时有巴郡阆中夷人，能作白竹之弩。乃登楼射杀白虎。昭王嘉之，而以其夷人，不欲加封，乃刻石盟要，复夷人顷田不租；十妻不算；伤人者论，杀人者得以倓钱赎死。盟曰：'秦犯夷，输黄龙一双；夷犯秦，输清酒一钟。'夷人安之。"

待遇如此优厚，政策如此宽松，为什么秦灭蜀后，三封蜀侯，三个蜀侯又都被杀？对此，"《史记》和《常志》记蜀侯事都不明白"。研究巴蜀史迹的泰斗级学者蒙文通先生也只是提出"这事最是可疑"。[14] 他终其一生也未能

224

说出个所以然。

其实，如果我们推开祖先文化这个视角，沿着本书上篇第二章《炎黄大战的前因后果，祖源认知的你死我活》的思路看下去，或许就会看出些门道来。笔者以为，秦三封蜀侯，又不得已三杀蜀侯，其根本原因是蜀人不接受秦强加给蜀的秦人的祖源指认和祭祀方式。

其实，这个原因在《华阳国志》等古文献中早有披露，只是近现代的研究者对《华阳国志》缺乏辩证分析，对它出现的一些对人事和时间的短程误差缺乏理解，便一言以蔽之认为它是"根据民间传说之误，而收了一些不足信的材料入史籍"。

《华阳国志》说：

> 蜀侯恽祭山川，献馈于孝文王。恽后母害其宠，加毒以进王。……王大怒，遣司马错赐恽使自裁……秦诛其臣郎中令婴等二十七人。蜀人……为蜀侯恽立祠……水旱祷之。

《史记·秦本纪·索隐》引《华阳国志》也说：

> 秦封王子煇为蜀侯，蜀侯祭，归胙于王。后母疾之，加毒以进。王大怒，使司马错赐煇剑。

笔者对上述文献的解读是：新封的蜀侯已经接受秦的祭祀对象"山川"了，也承认了秦的祭祀方式，杀牲煮熟为"胙"，献给先祖享用。但蜀侯的"母"，或者说老一辈的蜀人，担心由此而来，新一代蜀人忘记了自己的祖源记忆，或者说改变了自己的祖源记忆，便冒天下之大不韪，在献给秦王祖先的"胙"中下毒，警戒蜀人不可食之，或者说蜀人不能接受秦人的祖先指认。

当然秦王要大怒！须知在祭祀诸礼中，最频繁、最重要的是祭祖之祀，这是最能够确立王室地位合法性的祭祀。不祭秦人之祖，就意味着不接受秦的统治，当然秦王要杀蜀侯。

如前所提到的，秦人是早就转换了自己作为夷人的祖源记忆，在还没有资格去祭拜夏人的祖先"上帝"时，就提前祭祀了。到秦襄公立国，秦正式进入诸侯之列时，便即刻建起了祭祀祖先的"西畤"，因秦人的近祖是在西方发展壮大的，所以秦人的首座祭祀场地是指向西方的。后来秦国将这样的"畤"发展成四个，依然是只有祭祀的方位而没有祭祀的具象。或者蜀人对此是知其然而不知其所以然，于是便出现了"蜀侯恽祭山川"。

秦人的祭祀场地为"畤"，祭祀的仪式大概就是杀牲烹熟奉献祖先后，再分而食之，是在一阵大鱼大肉中完成，所以才导致出"归胙于王"、"加毒以进"的行动。

笔者在此对"畤"与"胙"的解读，可从文献中找到线索。《史记·秦本纪》载：

> 襄公于是始国，与诸侯通使聘享之礼，乃用骝驹、黄牛、羝羊各三，祠上帝西畤。

对此，《史记·封禅书》除用牲制度记载略异，其余与《秦本纪》大致相仿，也将西畤的建立与襄公立国、秦进入诸侯之列相联系。

蜀人的祭祀与秦人截然不同。蜀人祭祀祖先是有具象的，是要面对祖先偶像，三星堆出土的青铜人像和面具或许可以作证。蜀人祭祀是不杀牲，不用奉献肉食的。其仪式可能是戴上有着各自祖源指向的面具，在大量饮酒或者吸食大麻之后，产生迷幻，在"惚兮恍兮"的意识中，手握或佩带玉石，去拜见祖先。这个面具，或许最早就是"眼罩"。现今科学分析，遮住双眼是产生意识幻觉的最快途径。而饮酒的证据，可采用三星堆出土的大量勺器。吸食大麻的可能，也已经在新疆的出土墓葬中被发现。在民间收藏的古蜀玉（石）雕中也有这样的场景，图8-12是表述古蜀人头戴牛、羊面具在举行仪式。

图8-12 民间收藏的古蜀玉件中氐羌人戴牛、羊面具举行仪式的画面

226

对蜀人这种头戴面具的祭祀行为，《山海经·中次九经》的披露，比我们从三星堆青铜面具上获得的认知，早了近两千年：

> 凡岷山之首，自女几山至于贾超之山，凡十六山，三千五百里。其神状皆马身而龙首。其祠：毛用一雄鸡瘗，糈用稌。文山、勾檷、风雨、騩之山，是皆冢也，其祠之：羞酒、少牢具，婴毛一吉玉。熊山，席也，其祠：羞酒，太牢具，婴毛一璧。干舞，用兵以禳；祈，璆冕舞。

可惜，对上述古籍的解读，现今的学人虽然注意到古蜀人祭祀时的饮酒、用玉，但忽略了"少牢具"和"太牢具"中的"具"字，将古蜀人头戴面具误读为食用羊（少牢）牛（太牢）肉，混淆了夷戎人与华夏人、古蜀地与中原地在祭祀中的根本分野。

二、"昆仑"命名的由来以及为何由蜀地拆迁到新疆

史载，秦王赐蜀侯恽死后，"蜀人……为蜀恽立祠，……水旱祷之"。对此，秦国的统治层不能不深思熟虑，一味地"斩首"是不能彻底解决对蜀的统治，必须让蜀人忘记自己的历史，改变蜀人的祖源记忆，才能让蜀人心悦诚服于"同一祖先"并"受命于天"的秦王的统治。

先秦将祖先文化提炼为一种统治术。2000年以来，形形色色的上层建筑对此都做出过反、正的论述。清朝晚期的大儒龚自珍指出："灭人之国，必先去其史；隳人之枋，败人之纲纪，必先去其史；绝人之才，湮塞人之教，必先去其史，夷人之祖宗，必先去其史。"[15]20世纪三四十年代，当中国人必须激发更大的爱国热情，同仇敌忾去抗击日本侵略者时，国学大师钱穆先生强调："欲其国民对国家有深厚之爱情，必先使国民对国家已往历史有深厚的认识。欲其国民对国家当前有真实之改进，必先使其国民对国家已往历史有真实之了解。我人今日所需之历史智识，其要在此。"[16]

秦对亡国的蜀，是如何"先去其史"的呢？笔者选取了三个视角。

一、模糊蜀人的祖源记忆，让蜀人没有了姓氏。《三代世表·索隐》引《世本》说"蜀无姓"。

二、将蜀人祖先的生活地从地理文献删出，让蜀人的祖源记忆成了无源之水，无法寻找！蜀在梁州。中国第一部地理文献《禹贡》上有着对梁州的明确

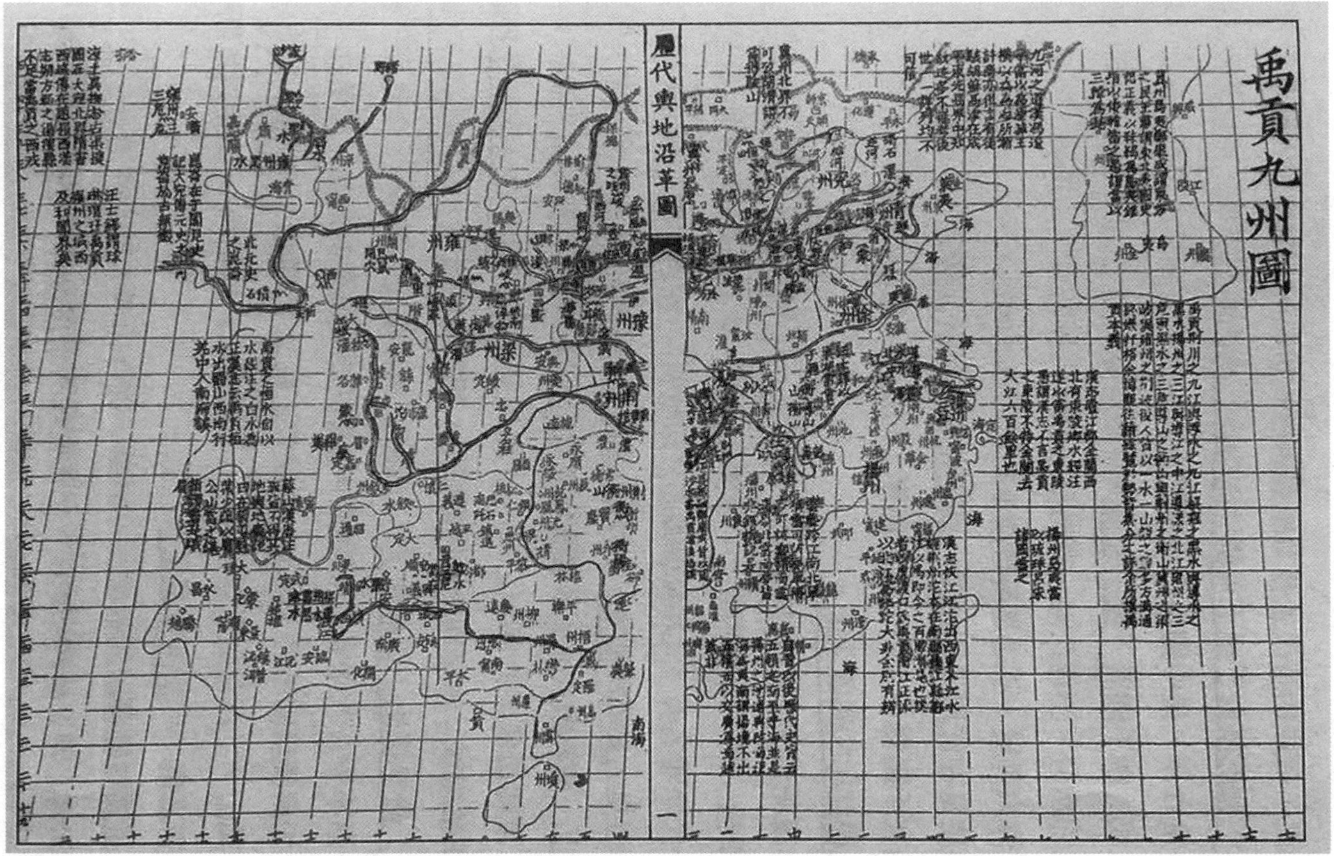

图 8-13 《禹贡》上有"梁州"的明确记载。（摘自杨守敬《历史舆地沿革（险要）图》1906年重校本）

记载，如图8-13，但在秦灭了巴、蜀之后出现的地理文献《吕览》中，虽也有九州的说法，但在具体的地域表述中没有蜀人的故土梁州了。后来汉朝的《淮南子》书中，也不见梁州。《地理志》也不去介绍蜀地的民俗情况。

三、把蜀人埋祖坟的圣地"昆仑"，从今日的四川腹地搬到今日青海与新疆相邻的万里边陲，使蜀人的祖源记忆成了无根之木，无法记忆。

"昆仑"这个地名在中国的多篇古文献中都有出现。比较经典的说法有两处。《史记·大宛列传》说："而汉使穷河源，河源出于寘，其山多玉石，采来，天子案古图书，名河所出山曰昆仑云。"《山海经·海内西经》说："海内昆仑之虚，在西北，帝之下都。"可见这两说是有区别的。《史记》所指昆仑是汉朝使者去过的黄河源头，在远离"中国"的地方，出产玉。由皇帝按图索骥而命名的。《山海经》指的昆仑，在"海内"，在内地，是天上祖先"帝"的地下都。所以21世纪初始，四川有学人指出："昆仑山脉的得名是汉武帝的御赐，是距今两千多年前的事。《禹本纪》和《山海经》所记载的却是五千年前的历史，这即是说汉武帝将《山海经》上的'昆仑'张冠李戴在另外一座山上，并误传至今！"[17]

笔者对上述提出"误传至今"的《昆仑记》一书中的一些推论，以为尚有再推敲的必要，但对其"昆仑"起源的解读，在视角指向上是认同的。笔者以为，"昆仑"命名来自古蜀的两个视点。

一、昆与鲧同音。鲧这个以鱼为祖源指向的种姓，应该是蜀地最早的部落之一，亦是最强的种姓之一。历史读出了鲧与大禹的故事，记住了"鱼凫"王朝的足迹。昆（鲧）应该是蜀人祖源记忆的一根标杆。

二、仑即睔。睔的字意是大眼睛。蜀人对大眼睛的认同与敬畏，起始于"蜀"国的建立，"蚕丛纵目，王瞿上"，记录在"蜀"字的结构中，表达在三星堆的青铜上。仑（睔）也应该是蜀人祖源记忆的一根标杆。

顺着这一南一北的标杆望去，南边是从大溪文化中走来的，沿长江西进在大渡河支流进入蜀地的鲧（昆）姓种群氏人的原初居住地。北边有的是从"三危"中走来的，有的是从东夷中走来的。北边的无论哪一方，都是炎帝后裔，都有对红山龙的大眼睛"纵目"的祖源记忆，是"睔"亦即"仑"的原初居住地。这一南一北间的山脉，就是现今四川省境内的峨眉山、青城山、鎣华山和岷山。在"昆"与"仑"之间的空间内，埋着古代蜀人祖先的坟陵，亦即《山海经·中次九经》所说的"文山勾檷、风雨、騩之山，是皆冢也"，所以被认为是"帝之下都"。连接这一南一北,便是"昆仑",完全可以应和古籍所言"海内昆仑之虚,在西北,帝之下都"。应该说最早的"昆仑"在蜀地。

三、在文化领域对蜀的外科手术,使蜀成了"不晓文字,未有礼乐"

秦国亡蜀后给古蜀历史造成的断层,笔者以为,其深层次的措施应是在文化领域中进行的。主要表现在两个方面:

一是大力向蜀地移民。移民的主体是"知识分子"。秦国试图用中原的黄帝体系文化去置换蜀地的炎帝体系文化。《汉书·高帝纪·颜师古注》引如淳说:"秦法:有罪,迁徙之于蜀汉。"或许,商鞅变法失败后,商鞅的门生是最先入蜀的中原知识分子。《史记·孟子荀卿列传·裴骃集解》引用刘向《别录》说:"商君被刑,(尸)佼恐诛,乃逃亡入蜀,自为造此二十篇六万余言。卒,因葬蜀。"《史记·吕不韦列传》说:"诸嫪毐舍人皆没其家,而迁之蜀。"《华阳国志》说:"秦惠文、始皇克六国,辄徙其豪侠于蜀。"《项羽本纪》说得更肯定:"秦之迁人皆居蜀。"这个过程中甚至秦始皇还有手令给信侯:"其与家属徙处蜀。"《始皇本纪》也载:"不韦死,其舍人临者,六百石以上夺爵,迁。五百石以下不临,迁,勿夺爵。"这类被迁的舍人中,知识分子的比例是很大的。《吕不韦列传》称:"亦招致士,至食客三千人……不韦乃使其客人人著所闻,集论以为八览、六论、十二纪,二十余万言。"《李斯列传》讲:"斯乃求为吕不韦舍人。"《始皇本纪》也说嫪毐"舍人夺爵迁蜀四千余家"。

《货殖列传》说:"秦末世迁不轨之民于南阳。"《平准书》说:"不轨逐利之民,蓄积余业,以稽市场。"对此,蒙文通先生的认知是:"所迁的不轨之民,豪侠之徒,正是卓氏、程郑一流工商业者。"《汉书·货殖传》说:"蜀卓氏之先,赵人也,用铁冶富。秦破赵,迁卓氏之蜀……卓氏曰……吾闻岷山之下沃野,民工作布,易贾。乃求远迁,致之临邛,大喜。即铁山鼓铸。"这或许指明入蜀的知识阶层中那些工商业者还不一定全是"被入蜀"。这里所指的卓文君的老爹或许算得上中国第一批参与"西部开发"的人。这样的投资人应该说已经具备了市场观念,对蜀地的良好投资环境心中有数:"吾闻岷山之下沃野,民工作布,易贾"有劳动力,又有极佳的市场环节,所以卓氏很快成了蜀中的大富翁。

第二个方面是干净彻底地消化了古蜀源远流长并业已成熟的文字。说它

"干净彻底"，是因为典籍结论说蜀人"不晓文字"，已铁板钉钉般地肯定了2000年，至今学界还不敢去质疑。说它"干净彻底"，还因为世间迄今也没见到一本蜀文书籍传世，迄今官方的考古未获得可以称为"文字"的"古蜀文字"。

笔者坚信古蜀是曾经存在着文字的，而且是比甲骨文更早、更成熟的文字。理由有三。

其一，笔者近年来在由文物单位监管的成都等地古玩市场上，收集到数以千计的疑似古蜀泥书文字和成百近千的铭刻在兽骨、龟甲、玉器，以及书写在竹简、麻布上的疑似古蜀文字。

其二，从逻辑分析上来讲，古蜀出现了以三星堆为代表的文化高度，不可能没有为这样的高度而配套的文字存在。

其三，从古籍记载的只言片语来推测。蒙文通先生等的研究指出，秦统一七国文字，以李斯制作《仓颉篇》为"字典"之后，蜀中的司马相如作《凡将篇》，史游作《急就篇》，李长作《元尚篇》。《急就篇》《元尚篇》"皆《仓颉》中正字，《凡将篇》则颇有出矣"。这里反映诸字书的文字都从《仓颉篇》来，但《凡将篇》虽同出《仓颉篇》，却别有些蜀地的新字。笔者以为，从逻辑上看，此处不应是"有些蜀地的新字"，可能应该是"有些蜀地的旧字"。试想，"仓颉篇"这个由中央颁布并严厉执法的文字标准刚出台，怎么能允许地方又去创造并使用"新字"呢？只可能是地方的文化人在使用中央新字时，下意识地写出业已习惯的地方旧字。司马相如作为蜀中首富卓氏的女婿，后来又与爱妻卓文君私奔到邛崃开酒馆，对古蜀的文字和语言应是烂熟在心的。这位大作家在用新文字创作新篇时，笔下不经然地冒出一些熟习的旧文字来是再自然不过的了。

关于古蜀文字，笔者将在本书的下篇，用更多的理由和大量的图例来加以阐述。

四、汉博士代表中央表态："蜀王，黄帝后世也。"最终完成祖源记忆的全国统一

秦在灭巴蜀95年之后，由秦始皇嬴政建立了中国历史上第一个统一的中央帝国。嬴政原以为他创立的帝国将万世长存，可惜历史不买他的账，只让大秦帝国活了15年。

汉从秦制。汉在治蜀中更是从属秦国的办法，而且深知一定要把蜀地治好，牢牢掌握在中央政权的控制之下。因为中央离不了蜀，当年秦得巴蜀之后，富饶的巴蜀一下子就让秦人丰衣足食，兵强马壮。统军灭巴蜀的秦将司马错说："其国（指蜀）富饶，得其布帛金银，足给军用。"于是秦昭王二十七年，"司马错率巴蜀众十万，大舶船万艘，米六百万斛，浮江伐楚"。（见《华阳国志》）所以《秦策》才说："蜀既属秦，（秦）益富厚轻诸侯。"

汉在立国之前，刘邦和项羽在你死我活争夺天下之时，刘邦就开始受益于巴蜀。《汉书·高帝纪》说："元年……汉王至南郑……听（韩）信诸将，留萧何收巴蜀租，给军食。"《汉书·郦食其传》载："汉五起蜀汉之兵击三秦。""诸侯之兵四面而至，蜀汉之粟方船而下。"《华阳国志》强调："汉祖自汉中出三秦伐楚，萧何发蜀汉米万船而给助军粮，收其精锐以补伤疾。"

汉立国之后，富饶的巴蜀既是汉的钱袋子，又是汉的脸面子。《史记·平准书》说："山东被河灾，及岁不登，天子（武帝）诏下巴蜀粟以赈之。"西汉的大都市是首都长安，有八万户人口。而蜀地的成都，当时是七万六千户人家，算是给足了大汉的面子。所以汉要把蜀牢牢置于掌控之中，怎么办？继续让古蜀处于历史失忆状态，彻底改变蜀人的祖源记忆，让其归宗做大汉的正宗臣民。

儒家"尊王攘夷"的主张，为汉初讨伐匈奴、拓展疆土的国策提供了理论基础。于是，汉王朝"罢黜百家，独尊儒术"，设立学官（博士），制定和执行全国的意识形态准则。汉元帝至汉成帝时担任博士的褚少孙宣称："蜀王，黄帝后世也。至今在汉西南五千里，常来朝降输献于汉。"[18] 就这么一句"蜀王，黄帝后世也"，从此改变了蜀地氐羌人的祖源指向。或许这样的"中央表态"也出现在其他的一些文案中，才导致出前面提到的（汉）"天子案古图书，名河所出山曰昆仑云"，将昆仑从今日的四川盆地"搬"到青藏高原。

褚少孙博士做出定性之后，后来的司马迁、扬雄等等"历史学家"均不敢越雷池一步。经典《史记》《蜀王本纪》《世本》《帝系姓》一系列文献都赫赫然将古蜀人规范为黄帝子孙。包括相信"蜀之为国肇于人皇"的《华阳国志》和为炎帝后裔立传写史的《山海经》，有的地方也不得不贴上这样的标签。或许紧跟着，是先将有着先进而灿烂的古蜀文明虚无化，接着将蜀地文明拉扯进中原文化的框架内。其精彩视角，莫过于关于"文翁兴学"的表述了。

五、"文翁始知书学"本质是实施意识形态管理，防止祖源记忆"国有化"的再次反复

时至今日，四川省成都市的重点中学石室中学校园内的文翁塑像仍在说，蜀地的文化，是由这位汉朝的蜀太守文翁兴盛起来的。说错了吗？有《汉书》为考："郡、国之有文学，因文翁始。"有"舆论"为证，《华阳国志》记载："世俗间横有为蜀传者，'言蜀椎髻左衽，未知书，文翁始知书学'。"就连汉时成都本土的大学者扬雄也著书立说，肯定："蜀王之先名蚕丛、柏濩、鱼凫、蒲泽、开明。是时人萌椎髻左言，不晓文字，未有礼乐。"[19]所以才有文翁在蜀兴学的可能和必要。

果真如此吗？距今1600余年前的晋人常璩就对"蜀未知书，文翁始知书学"的"始"表示质疑，他在《华阳国志》中指出："彭祖本生蜀，为殷太守。夫人为国史，作为圣则……至于汉兴，反当荒服而无书学乎？《汉书》曰：'郡、国之有文字，因文翁始。'若然，翁以前齐、鲁当无文字哉？"应该说常璩的论据是鲜明有力的。蜀在汉朝文翁守蜀之前，早就登上过中国乃至世界的文明高地。三星堆出土物是力证。然而，随着秦、汉统治者给古蜀历史造成的断层，古蜀已经出现的先进文化，被错位地置于历史的时空框架。蜀地的道家思想，被移植到楚地；蜀地的天文学识，被拆迁到东汉王朝。

让我们仔细推敲一下《汉书·文翁传》："（文翁）景帝末为蜀郡守……至武帝时乃令天下郡国皆立学官，自文翁为之始云。"应该说汉武帝在全国各省市（天下郡国）设立的"学官"，不是学校或者其他传道授业解惑的文化事业单位，而是管理意识形态的国家职能部门。这样的部门是从蜀地（文翁）开始的。这种对意识形态的管理，一方面是强制蜀人的后代接受齐鲁的中原文化，另一方面是选派蜀人后代的精英，去京城接受正统的儒家教育，其目的都是为中央定调的"蜀王，黄帝后世也"的祖源转换服务的。之所以要从蜀开始，《汉书·地理志》做了一针见血的解读："文翁为蜀守，教民读书法令，未能笃信道德，反以好文刺讥。"就是说，文翁来蜀传播贯彻中原的黄帝体系夏文化，蜀地成熟的炎帝体系夷文化不但不接受，反而讥讽之。汉王朝只好动用国家机器，在意识形态领域对蜀文化实施专政，彻底铲除蜀文化，使古蜀历史全面失忆，让蜀人的祖源记忆彻底转移，从而一统整个华夏的祖源记忆。

第五节　立宗与归宗，祖源记忆是炎黄子孙五千年延续文明的根本

祖源记忆的一统，意味着中原诸夏和周边的四夷，在血缘与文化上经过不断的相互融合，将原有的分散的血缘纽带，升华为一个共同的祖源记忆，集合成一种全民的文化认同与心理凝聚力。在中华民族的文明发展表述中，这叫作"立宗"，或者说是由"多元"走向"一体"，再由"一体"走向"多元"的门槛。笔者以为，所谓华夏文明的"多元一体"，是"和"的过程，是分散的祖源认同的终结，是各地种姓祖源的最大公约数。所谓"一体多元"，是"和而不同"的存在，是中庸理念的实践，是地域文化、种姓习俗的长期保存、世代传承。

多元一体是国家民族概念的认知，是中华民族的外载；一体多元是各地习俗概念的共存，是56个兄弟民族的内实。多元一体是"立宗"，一体多元是"归宗"。

有了"立宗"，接下来的历史演绎便是不断地、反复地表现为"四夷"向"华夏"的"归宗"，地方对中央的认同，多元的民族认知转向为一统的民族认同。在这种不断地、反复地实践摔打中，"炎黄子孙"共有的祖源记忆集合起民族文化的认同感和民族自信的凝聚力，成了不断进步的华夏文明的脊梁骨，"认祖归宗"成了各民族中国人的行为准则和道德底线。我是"龙的传人"是全球华人永恒的记忆。归根、守根和寻根，成了华人世界万劫不移的一种本根意识。历史证明，这是维系中华文明使之延绵不断的一个根本原因。与祖先崇拜关联的以家庭和宗族为基本单位的社会模式，家庭、宗族与国家的同构性，以及宗族作为国与家的中介，一起发挥出协调关系、维系国家、延续历史的作用。

让我们从一个节点上，看一种历史现象：在蜀汉三国时期，与早已亡国的古蜀同俗的牂柯、益州、越嶲三郡的孟获、高定反蜀降吴，于是才有诸葛亮南征。在孟获造反的同时，唯独永昌郡的吴凯是反吴附蜀与三郡对抗的。为什么这个远离蜀汉政治中心的小郡却要死心塌地去"附蜀"呢？笔者没见到文献或学界的解读。笔者以为，那是"正宗"的凝聚力和"归宗"的向心力在

起作用。史载，永昌郡在先秦之时，随庄蹻"王滇"而"内附"归了"宗"。永昌人的习俗也改变为"编发之民"。所以当三国蜀汉的刘备刘皇叔，打着正宗正统的皇室旗号时，即便是远离蜀地中心的永昌郡，也一样认祖归宗去"附蜀"。而诸葛亮采用以融合为主旨的政治伎俩，在七擒孟获之中灌输其儒家文化，最终使孟获这些"椎髻之民"也内附归宗了。

如果再用历史的长焦镜头看过去，无论是晋时的五胡乱华还是唐代的突厥侵扰，或者是宋朝从辽金割据发展到元朝入主中原，或者是女真人入关，清朝统治华夏三百年，但最终都是在强大的祖源记忆的感召下，统统趋于融合，归宗于中华民族。

当今有研究者指出，以汉民族为例，其历史发展曾经经历过大起大落、兴衰交替的过程。由于天灾人祸的摧残，中国多次出现在广阔的地域内"十室九空，赤地千里"的惨状。例如，在西汉王朝的兴盛时期，人口已达5000多万；但是到了三国时代，经过长期战乱消耗，人口竟然下降到700余万。重新恢复到商代晚期的数目，已经明显低于古代西方的玛雅人口。但就是在这样极其衰微的时期，汉民族仍然是一个具有强国的文化认同与心理凝聚力的整体，她作为一个在广大地域生存发展的复合的"文化民族"，其共有的经济形态、语言文字、政治制度、文化精神乃至风俗习惯的纽带依然强劲，所以，才理所当然地在后来出现了引领世界的唐、宋盛世。

尽管在中国历史上多次出现过时间不算短暂的割据状态，还多次出现过北方的戎狄纷纷"入主中原"的局面，但生活于广大地域内的龙的传人在文化传统与心理归属上对于民族共同体的执着认同却从未动摇。这决定了中华民族的主体绝不可能倒退回夏商时期"万邦林立"的状态去。而玛雅文化则不然。玛雅文明的文化与科技成果显然未能超越族邦的范畴，而成为美洲印第安人的共同财富。所以，随着玛雅文明的衰落，玛雅的文字、科技与文化全部消亡了。当今天的人们面对着玛雅神庙中遗留下来的长达2500字却无法完全解读的铭文时，便自然会既惊叹当年玛雅人文明发展的高度，又充满着无可奈何的遗憾与惋惜。[20]

注释：

[1]蒙文通：《中国古代民族史讲义》，天津古籍出版社2008年。

[2]同上。

[3]蒙默：《中国古代民族史讲义·前言》，天津古籍出版社2008年。

[4]见《韩世家》、《魏世家》、《赵世家》。

[5]傅斯年：《民族与古代中国史》，上海古籍出版社2012年，第57–59页。

[6]蒙文通：《中国古代民族史讲义》，天津古籍出版社2008年。

[7]见《史记·商君列传》。

[8]张勋燎：《古代巴人的起源及其与蜀人·僚人的关系》，见《南方民族考古》第1辑，四川大学出版社1987年。

[9]丁松、王影：《关于〈巴人之谜〉的对话》，见《巴人之谜》，华夏出版社2004年。

[10]《虎》，见《巴人之谜》，华夏出版社，2004年。

[11]饶宗颐：《蜀古史年代传说与人皇》，见《西南文化创世纪》，上海古籍出版社2010年。

[12]罗香林：《重要武器的发明》，见《中国民族史》（增订本），中华书局香港有限公司2010年。

[13]同[11]。

[14]蒙文通：《中国古代民族史讲义》，天津古籍出版社2008年。

[15]龚自珍：《评校足本龚定庵全集》，新文来出版社，1975年。

[16]钱穆：《国史大纲》，商务印书馆，1939年。

[17]子德主编：《昆仑记——中华文明起源另说》，四川文艺出版社2007年。

[18]《史记·三代世表》。

[19]刘渊林注《蜀都赋》引扬雄《蜀王本纪》。

[20]王和：《关于"中国路径"源头问题的新思考》，见《历史学评论》第一卷。

下篇

第九章 从古玉上看"蜀"字和古蜀

图9-1 商朝甲骨文"蜀"字   图9-2 周朝金文"蜀"字

"蜀"字在商朝的殷墟卜辞（即甲骨文）和周朝的周原卜辞（即金文）中就已有出现。殷墟甲骨文字中的"蜀"，据中国学者董作宾在20世纪40年代统计，有11字条。20世纪70年代日本学者岛邦男统计则是两个数字，42字条（之前岛邦男的统计是31字条）。除去重复与不能属读者，共有10种不同的记载（图9-1）。周原卜辞中，目前已知有"蜀"字的仅两例（图9-2）。四川学者林向教授指出："由于残破过甚，第一片只知'伐蜀'相属为辞，而与'兹'字词意不联；第二片'蜀'与'克'两字互不相连，难解其意，或释作'克蜀'为一辞，则误。"

第一节 对二千年前的无知，误导出一百年前
解读"蜀"字的错位

商朝甲骨文中的"蜀"字，是一百年前晚清学人孙诒让于1904年首先解读的。他的依据是二千年前东汉人许慎编著的《说文解字》（下皆省称《说文》）一书中的"蜀"字条文："蜀，葵中虫也，从虫。上目象蜀头形，中象

其身蜎蜎。"不知何故孙诒让忽视了《说文》中"从虫"的内容，而武断认为殷商甲骨文"蜀"字的"此省虫，于字例得通"（《契文举例·下》）。孙诒让的"得通"论，无异乎将商代甲骨文上"省虫"的"蜀"，与周代金文上"从虫"的"蜀"画上等号，或者说是合二为一。从此他的这个结论竟然成了铁定，中国学界"自此一百年来，诸家大都从而无疑"。笔者却以为，这其实是一个由于"对二千年前的无知，误导出一百年前解读'蜀'字的错位"！

考古文字学认为，殷墟甲骨文在1899年前后被发现，这之后的百余年间是被逐步解读的。距此近二千年前的许慎在著作《说文》时，可能是压根儿没见过甲骨文，更不用说甲骨文中的"蜀"字。许慎说"蜀"当然也不会是空穴来风，他的参照可能是在东汉时期传世品上看到的周朝青铜器上的周原卜辞（金文）"蜀"字。金文的"蜀"字在"蜀头"下有"虫"纹，所以《说文》释"蜀"才说："蜀，葵中虫也，从虫。"

可是，二千年后发掘的甲骨文资料显示，商代的"蜀"字多数"不从虫"。即前面提到的孙诒让所以为的"此省虫"。据1965年版的《甲骨文编》披露，在收编的殷墟卜辞的20个"蜀"字中，除前4字另当别议外，其余16字均不从虫。大概孙诒让在注释甲骨文"蜀"字时也纳闷过，甲骨文的"蜀"字多数不见"从虫"呀？但是，许慎这个老祖宗在《说文》中说的是"蜀""从虫"呀！可能孙诒让又想，老祖宗说"蜀"时还有两个标准："上目象蜀头形，中象其身蜎蜎。"这两条在甲骨文的"蜀"字上都是有的。这么说来赞同票也达三分之二了，"得通"了，便将西周金文"蜀"字上的从虫"象形"内容，安在殷商甲骨文省虫的"蜀"字上了。对此孙诒让给自己挖了一个"防空洞"，说什么"此省虫，于字例得通"，意思是说甲骨文的"蜀"字不从虫，也符合《说文》中关于"蜀"字"从虫"的标准。我们不能因此指责孙先生，须知他发表《契文举例》时为1904年，离甲骨文的发现才5年，离甲骨文的发表则只有1年！而且今天看来，《契文举例》的研究判断仍然基本准确。

孙诒让乱点鸳鸯对"蜀"的解读，苦了现今学者，在解读西周金文"蜀"字时他们左右为难。本属西周"蜀"字的"从虫"特征，被殷商的"蜀"字拿去了，那该给货真价实的西周"蜀"的"从虫"安个什么名分呢？四川本土的学者煞费苦心，一是说殷商的"蜀""从虫"，而西周的"蜀""从目"。但这个"从目"是没得到老祖宗许慎的认可的。于是便又说殷商的"蜀"是"葵中虫也"，西周的"蜀"是"葵中蚕也"，把许慎的《说文》搞出两个版本来，反正许慎已无能力来追究版权了。在这样的认知逻辑下，学术界得出"所谓'早期蜀文化'，并不是只与某一个族、某一国直接对应的考古学文化"的结论。这样一来，古蜀文明这台戏一开锣，登台的主角就不清楚了，无法自报家门，讲出个来龙去脉。老一辈的学者如徐中舒、郭沫若、李学勤诸公似乎就要精灵许多，不去究其两朝"蜀"字的区别，只是研究周原卜辞的"蜀"字，究竟出自西周的哪个王朝。

第二节　笔者全新理解的"蜀"字与古蜀玉器对此的映照

笔者认为，商、周两朝的"蜀"字，都是既象形又指事。两个"蜀"字是对同一对象的反映，但在指事功能上又有所相异。商、周两朝"蜀"字的同一性，表现在《说文》所指的"上目象蜀头形"，即都是有纵目（$\mathscr{O}$）的"蜀头"特征。两朝的相异性，一方面表现在商、周两朝"蜀"字的指事上，即在那两朝，中原的黄帝后裔"诸夏"对蜀地的炎帝后裔"四夷"中的氐羌人的行为观察上；另一方面也是商、周两朝中，蜀人对其"祖源记忆"的不同表述。甲骨文中指事蜀人的"其身蜎蜎"，笔者以为，这不是说那时的蜀人的身躯是虫、是蛇或者是鱼。笔者推测商人指蜀人"其身蜎蜎"，是指蜀地氐羌人的那种"跽坐"的形体习俗。此外笔者的另一猜测是，商人眼中的"其身蜎蜎"的"蜀"，可能是指蜀地的氐羌人，随身佩带或者集体供奉的那个生自红山文化期的玉器C字龙的外形。将红山玉龙颈后扬起的长鬣"$\mathcal{S}$"，发展成象形的"蜀头"，不就是甲骨文的"$\mathcal{B}$"（蜀）字吗！

西周金文"蜀"中的"虫"是什么？笔者未看到古籍解读，但能够感受到西周的"蜀"字，可能已具备了汉字表达方式中的转注和假借功能。四川大学教授林向先生说是抱着一个以"虫"为图腾的族徽。这大概是他当时没见过民间收藏的古蜀玉器上图语的表述，仅从金文"蜀"字的文字构成中做的推测。笔者以为这个"虫"不是族徽，是古蜀人一种意识的物指。从《云窝楼》收藏的大量古蜀玉器上展现的具象来看，是"抱着"一个"蝉"。笔者猜测，这个"蝉"可能是在表达"蜀"字的字意转注。蝉的"蝉脱"与蚕的"破茧"，都是人类可以目睹的自然界中的一种再生现象。抱着一个蝉，是指现世人由祖先像"蝉蜕"那样而来，是古人"死而再生"意识的物化表达，是族群"祖源记

241

忆"的形象化展示。

　　周朝金文的"蜀"字在商朝甲骨文的"蜀"字内增加这样"虫"的内容,从字的象来看,是蝉、蚕的死而再生的字意转注和蝉、蚕的虫体的形象统一。从字的指事来说,是否在表达西周的蜀地氏羌人是前朝商代的蜀地氏羌人的后代?是否在记录后代的氏羌人像"蝉脱""破茧"那样,是一代代"蚕丛"祖先?是否在强调古蜀的氏羌人出自以红山龙为祖源指向的炎帝后裔的祖源记忆?是否在渲染古蜀的诸个种姓都是各种形式的"龙的传人"?基于此,可不可以说,商、周两朝的"蜀"字,在文字指向上,是同一祖源记忆框架下同源异流的"一个古蜀,各自表述";在历史演绎中是同一文化线延伸的"一个族群,多朝'国体'"。口说无凭,笔者还是引用《云窝楼》所藏的古蜀玉器,来试图佐证笔者提出的关于"蜀"字所指的假设。

　　图9-3是一个踞坐的玉人。头部五器齐全,头部有玉祖(猪)龙首造型的遗韵。踞坐的姿势,使身躯呈圆弧弯曲状,与人体通常的站立姿势和秦汉以后出现的以桌椅为依托的端坐姿势区别很大。这种弯曲状的体姿,给人直观的印象大概就是"其身娟娟"。该器的玉可能是产自汶川地区的岷玉,呈青绿色,有蜡状光泽。旧化现象十分明显,有乳黄色沁和蚀孔。器高7.4厘米,背部有"牛鼻穿"孔,可佩带。

　　图9-4是一个踞坐玉人。线刻的眼部亦有纵目特征。头戴卷筒冠,其造型与考古发掘的殷商妇好所收藏的"卷冠踞坐玉人"所戴的帽冠类同。在手势、坐姿、服型、衣纹、鞋履等表现上也是大致一样。体量、玉质、光泽、沁色方面两器也相当。不同的是妇好器做工更为精细,穿孔为"天地穿"。云窝楼器为"牛鼻穿",可见两器都有佩带的作为。

　　图9-5还是一件踞坐造型玉"人"。额顶有一向前弯曲成"ʔ"形的装饰,与三星堆出土的"额龙神人面像"有相近的造型(标本K2②:142)。尖耳。眼为果核形,横置,不是"纵目"之斜扬,但有"纵目"之氛围。身为半人半鸟,踞坐,但无双手伏膝的表述。黄绿色玉,蜡状光泽,有少量褐红色沁,"灰皮"浸状明显。器高8厘米,亦有"牛鼻穿"供佩带。以上三器中,其踞坐造型完全一致。

　　以上图9-3、图9-4为人面人身,其纵目表现也基本一致。图9-5的鸟身人肢,应是一种人的异化、神化,所以仍是踞坐的形体。在上述"物证"基础上,让

图9-3　民间收藏踞坐玉人，"其身蜎蜎"一目了然

图9-4　民间收藏戴卷筒冠踞坐玉人

图9-5　民间收藏鸟身人面踞坐玉人

我们再来剖析殷商甲骨文"蜀"字的象形、指事等内涵：图9-3、图9-4的人像头部，"上目象蜀头形"，即有"纵目"或戴有纵目面具的人头，尚可直观，容易理解。而且可见纵目式"蜀头形"已成为一个符号，这个符号当时在华夏大地，在炎黄子孙中是"唯一"，或者说是后来的文献中唯一有所记载的。

　　难于解读的是"中象其身蜎蜎"。若只以字面去理解，不与相关的"像"去对照，要么不解，要么曲解。笔者推测，东汉许慎是个严肃的学者，不会相信物质世界中有"人头虫身"的这种人群。他在著作《说文》时所用的"中象其身蜎蜎"，或许是受了在他之前的东周的《诗经》的影响，诗曰"蜎蜎者蜀，蒸在桑野"，说的是蜀地桑叶中的蚕虫，圆曲着身躯。《诗经》是中国现存最早的诗歌总集，文字中隐喻、比喻的手法较为丰富。笔者以为"蜎蜎者蜀"即是一种借喻。且看《说文》对"蜎"字的界定：蜎的初文为肙，从肉从口，口即圆，表示其虫肉质，曲如圆环。笔者以为，"蜎"不是一个名词，应是一个形容词。若以蚕虫为象，则形容其"曲如圆环"；若以古蜀人为象，则形容其踞坐时身体弯曲近似如圆环的形象。或许古蜀人以这样的曲身踞坐形体，展演着一种特殊的礼仪，受到中原殷商王朝的强烈关注。所以在许慎不曾见到的甲骨文"蜀"字上，其结构已是由纵目的蜀头和踞坐的曲环体线组成。当许慎从金文中观察蜀字时，他看到了蜀头和曲环的体线，以及体线怀抱的"虫"。于是《说文》才既有"从虫"，又有"中象其身蜎蜎"的解读。许慎是用"其身蜎蜎"去比喻古蜀人踞坐的体态。比如前面提到的图9-3、图9-4

图9-6 民间收藏戴
"钺"式冠踞坐玉人

图9-7 民间收藏抱蝉
踞坐玉人

图9-8 民间收藏脑后有
蝉踞坐玉人

的古蜀玉雕作品，说他的踞坐体姿为"其身蜎蜎"是基本可信的。

再来看看《云窝楼》藏的古蜀玉器中，是如何在表述周朝"蜀"字中抱蝉的理解：那只蝉是蚕的字意转注，那只蝉是虫的形象提炼，那只蝉是金文蜀字中的"从虫"母题，那只蝉象征着西周时代蜀地的氏羌人，是前朝蜀地氏羌人的"蝉（蚕）从"再生。

图9-6是件有明显踞坐体态的圆雕玉人。虽然"纵目"的象形元素不鲜明，但"踞坐"的指事作为是一目了然的。高18.6厘米，通体生灰皮，但也间显出泛蜡光的青色玉色。这是一个戴高冠的人，冠形是代表权势的"钺"，表示他是一个族群或者一个地域的首领级人物。其人的颈下是用双手搂抱的一只形象准确的"蝉"，表示这个首领的族属是祖先族属的"蚕从"再生，这个首领的权力是前世首领的"蚕从"再现。

图9-7这件圆雕玉人的踞坐体姿更鲜明。高14厘米，青绿色玉呈半透明状，通体泛蜡光，间杂灰皮。此人的头部是鸟的造型，抱在颈下的蝉十分形象，从而清晰表达了这个踞坐的蜀人，是以鸟为祖先指向的那个种群的先人再生。

图9-8踞坐人的形象清晰完整。圆雕，高13.2厘米，青色玉有半透明感。泛生坑玻璃光泽，间有土沁和灰皮。此人不仅有人的五官面目，而且表情生动。他的额顶是鸟的造型、鸟的尖喙和双翅，虽然抽象，但能看懂，让人明白他属于以鸟为祖先指向的种群。他那"先祖再生"的"蚕（蝉）从"意象的载体，是脑后的一只十分形象的蝉。

第三节　对古蜀起源的新思维和对蜀字源流的新认知

距今三千多年的商、周两朝，既然已对"蜀"有明确认知并形成概念，那么，当时的"蜀地"又在何处呢？20世纪的多位中外学者对其有所考证，归纳起来大致有以下七种：

1、胡厚宣认为"自今之（山东）泰安南至汶上皆蜀疆土"。

2、陈梦家认为"在今（山西）新绛西"。

3、岛邦男认为"在河曲西南"。

4、董作宾认为"当在今陕南或四川境"。

5、蒙文通认为"初居川西高原后入成都平原"。

6、李伯谦认为"在汉水上游，只是到西周时期，才转移到成都平原"。

7、林向认为"蜀非自称，也非一族，只是商周王室及其卜人集团对这一大片'华阳之地'的称呼"。

笔者认为，上述七种说法看似分散其实统一。这七种说法既道出了"蜀"的产生地，也指出了"蜀"在地名搬家中的大概路线图。关于"蜀"出自山东的胡厚宣说，后来的主流学者是有所认同的，《古蜀的辉煌》一书载：李学勤先生认为周原卜辞中的蜀也在鲁地。林向先生指出，关于蜀地在鲁地的说法，清人朱右曾《逸周书集校释》即倡此说。《左传·宣公十八年》杜预注："蜀，鲁地，泰山博县西北有蜀亭。"《嘉庆一统志》："蜀亭在泰安县西。"说明今之山东确有地名蜀亭者。

有了以上认知基础，笔者进一步推测，炎黄大战之后，向东败走的那部分人群，其主体应该是北方炎帝集团中以红山鸮（鸟）为祖源指向的那部分种群，亦即是那个英勇善战、已经是"铜头铁额"、可用金属"作五兵"的蚩尤族群。他们来到今日的山东，在鲁中地区衍生出部族的新种群"蜀山氏"，生成了以对太阳和鸟鸮认同的"蜀意识"，甚至可能在大汶口古字符的基础上创造了"蜀"字。

山东龙山文化主要分布在山东省中部、东部和江苏省的淮北地区，古籍所指的"泰安南至汶上皆蜀疆土"即在此地域内。山东龙山文化上承大汶口文化，在大汶口文化的陶文上，有"⊻"和"⊻"这类文字符号。学术界认为前者是在表示太阳与云气，后者是在表示太阳、云气（火焰）与山。对此，笔者生成了两个推测：其一，大汶口文化上沿可以链接到中国北方炎帝种群的萨满教崇拜，即对太阳的崇拜。这种崇拜符号应该就是"O"。其二，山东的"蜀山氏"可能在前面提到的"太阳与云气"的刻文符号中受到启示，太阳是他们传承下来的崇拜对象；云气与飞鸟是很容易联想到一起的，而鸟（鹗）正是他们的祖先指向，是一种祖源记忆。而且云气的符号"〜"也与鹗鸟展翅飞翔的符号相似。如果把云气簇拥太阳的"象物"用于"事物"，表现"蜀山氏"的祖源符号——太阳与飞鸟，那便是"◁oᴅ"或者"⌀"。如此这般是不是就生成了"蜀头"？成了"蜀"字的表意根本？笔者对"蜀头"生成的推测，在中国社科院考古所研究员王仁湘先生的学术论文中找到"知音"：他在《三星堆青铜立人冠式的解读与复原》一文中说，"蜀"字的本意，"原本就是飞翔着的大眼睛"！他在该文中也认为"太阳为天眼"。因此他的"飞翔的大眼睛"可理解为民族迁徙中的"太阳与飞鸟"意识。

随着"地名搬迁"，山东龙山文化的"蜀"字被甲骨文接纳和被金文转意，但其表意之根本的"蜀头"则万变不离其宗。在三星堆的青铜器中，那些被学者命名为"眼形器"的，笔者以为其实是对蜀头的物语表达，是在广泛地物语化地表现着一种祖源记忆，故而仅此坑中"眼形器"就多达71件。

笔者以为，在"四夷"地区的古蜀文字中，"蜀"字与在"诸夏"地区的甲骨文、金文的"蜀"字有相同之处，也有不同之处。相同之处是"蜀头"，不同之处是蜀头下部的构成。在《云窝楼》古蜀玉器中有数十件可基本称为古蜀文字的，其中近十件有这样的"𤉡"文字。笔者认为它是古蜀文字中的"蜀"字，它有蜀头，也有"蜀"是由"羌"和"氏"这两个主要种姓组成

图9-9　民间收藏有"𤉡"字纹玉件

的"指事"表述。这符合古人有"象物以事物"的习俗以及他们创造文字的思维模式。笔者以为图9-9的这个"𤉡"（蜀）字或许才是蜀地流通的"蜀"字。而殷商甲骨文的"蜀"可能是商人保留了蜀地"蜀"字的蜀头，再从蜀人敬重的红山C字龙或玉祖（猪）龙的形象上，或者从蜀人进行祭祀仪式时

踑坐如弯曲的体姿上，"象物"为"蜎蜎"，构成了甲骨文的"蜀"字。周朝金文的"蜀"字可能是周人保留了蜀地"蜀"字的蜀头，再从蜀人创造的怀抱蝉（蚕）虫的玉器形象上，"象物"为"从虫"，构成了金文上的"蜀"字。

公元前316年，古蜀被秦灭，古蜀文化也被征服者抹杀。古蜀文字的"𢀖"（蜀）字也随之消失。此后，金文上的"蜀"字被秦始皇在统一文字中所接纳和规范，成为"正统"而流传至今。

第四节　古蜀诸种"祖源记忆"的考古证据

这样看来，炎帝种群蚩尤后裔之一的"蜀"，当年在山东"东夷"地盘中，它既有"铜头铁额"、"作五兵"的技术传承，又有对文化的创新实践，算得上是"先进文化"的代表。可惜山东的"蜀"好景不长。很可能是中原黄帝族群的继续打压、围剿山东的炎帝后裔东夷人，东夷在山东的这支"蜀"族群只得再往西南方迁徙，经鲁西到豫东，经南阳进汉水流域上游地区，再跨越今陕西南部，沿嘉陵江支流而上，在现今甘肃省礼县与西和县之南的"瞿上"，立蜀"国"称王，即《路史·前记》所记的"蚕丛纵目，王瞿上"。或许在这一地域的东夷人与早先来到这里的那些"窜三苗于三危"的羌人交汇。或许这两支有着不同祖源指认、不同丧葬习俗的种群发生摩擦，为流传至今的羌族传说《羌戈大战》留下了母本。

来自山东的"蜀山氏"在向西再向南推进中，也将原"蜀"的地理一并带到新蜀地。这种"地名搬家"现象是民族迁徙中的一般规律，不但历史学家认同，在历史表述中也比比皆是。关于从山东"搬"到四川的地名，有学者进行了统计：蜀地有梁山（今秦岭）、岷山、蒙山、大蓬山、蓬莱山、邛崃山、崌崃山、灵山等；齐鲁有梁山、泰山、蒙山、蓬莱山、徂徕山、灵山等。

外地迁来的"蜀"立"国"之本靠什么？靠他们的"祖源记忆"和"根基感情"。

对此，古籍中多有暗示："鱼凫田于湔山，忽得仙道。""其民亦颇随王化去。""帝升西山隐焉。""后有王曰杜宇，教民务农。""化民往往复出。"……笔者的解读是，在古蜀，一个王朝覆灭后，国民若是看不到希望了，在氐羌人"各自为种，任随所之"习俗驱使下，民众四散开始新的游牧，

"化去"了。当新的王朝形成，如果有"他为人民谋幸福"的领袖，游走四方的各个种群就会又"复出"迁回王都。为什么古蜀的这些族群迁走而不消失，四散仍可凝聚，如同书中记载那样"皆神化不死"？笔者以为其间的向心力便是"祖源记忆"！如果我们把这个现象拉长放大来看，在距今五六千年前的世界古文明史中，有古巴比伦文明、古埃及文明、古印度文明、古中华文明。五六千年过去了，时至今日，只有中华文明是环环相扣，步步前进，代代传承，族族昌盛。中华民族的链条从未出现过根本意义上的断缺。华夏大地之所以出现这样的历史现象，笔者以为根本原因是万劫不移的"祖源记忆"。在古蜀，这个由"共祖记忆"凝聚的国民，由"血缘关系"搭建的国体，由"根基情感"维系的国运，它生存和发展的保障更是如此。

在今天的考古学文化中可以找出"祖源记忆"的多处指证。比如古蜀建筑物的"向北崇阳"表现，三星堆遗址房屋的布局朝向，学者认为"古蜀王都的中轴线布局与接受太阳光关系颇大"，"中轴线房屋基址的东北西南向，大体上可以视作坐北朝南"，即是说背靠北边，一种由北向南迁徙的指示。三星堆祭祀物坑的摆布，学者指出也是东北-西南向，朝向是遥指北方，遥指祖先的。民俗学家也指出，直到20世纪上半叶，川内，特别是四川周边的民族地区，丧葬过程中的"引灵"线路也是由南向北的。古蜀的这些抹不去的向北情结，是否都可以理解为一种"祖源记忆"呢？

炎帝种群在红山文化期中生成的那些祖先文化元素，也"随军"来到现今的蜀地，比如对数字"三"的认同：三星堆青铜树的层、枝和枝上鸟均是3或者3的倍数；三星堆青铜尊上的三道弦纹，三个浮雕羊头间有三个立鸟；甚至三星堆得名的三个土堆等等都与"三"数有关。在那些以祖源记忆为主旨的神话故事中，"三"几乎成了常数。《山海经·海外南经》说："三首国在其东，其为人一身三首。"《大荒西经》说"有人三面……三面之人不死"。此"不死"绝非人的生命不死，而是"三面人"的种群不死，祖源不死。除了人、种姓族群以外，在关于祖先丧葬的记录中也多用"三"，比如《尔雅·释丘》说："丘一成为敦丘，再成为陶丘，再成锐上为融丘，三成为昆仑丘。"《水经注·河水》载："《昆仑说》曰：'昆仑之山三级，下曰樊桐，一曰板桐；二曰玄圃，一名阆风；上曰层城，一名天庭，是谓太帝之居。'"

比如对红色的使用，笔者曾经猜想，早红山文化和红山文化期中出现的尚红现象，是炎帝种群崇尚人类生殖意识的一种物指，是母亲生小孩时出现脐血现象的一种集体无意识认知，由生殖崇拜发展成为一种祖源意识，一种祖先崇拜。早红山文化的先民用红色的石块堆砌出八千年前的龙，红山文化的先民用红色涂料装饰五千年前的母祖偶像，所以，笔者将"尚红"列为炎帝种群的一种祖先文化元素。考古学文化似乎也在指认，大凡华夏中原周边"四夷"之地的考古出土物中，都或多或少地能找到尚红的现象。当然在古蜀地域也不例外，在营盘山遗址中有，在三星堆的出土物中更为抢眼，三星堆青铜面具在出土时，许多尚能看见口鼻涂朱的情况。在后来的金沙、十二桥遗址中也能看见一些尚红的情景。再后来的20世纪上半叶，《川北县志·古迹》乃在说："血石。在禹穴附近，溪石上俱有殷红血点，像生禹时所遗之溅血也。"直到今天，在藏族、彝族地区，他们的面具文化中，也是将眼圈、口唇、鼻子都涂成朱红色，脸上也有朱红色的横条。只是现今的学术界还没有对这种尚红现象做深层次的解读，没有将它作为一种族属的、文化的遗传基因去思前想后。

再来看在现今的四川岷江上游地区考古发现的大量石棺葬。自1988年以来，在岷江上游相继发现了一批石棺葬。直至21世纪伊始，四川的媒体还不时有这类的报道。比如2013年2月3日的《成都商报》就报道说："记者从四川省文物考古研究院获悉，四川省文物考古研究院、日本九州大学、甘孜藏族自治州博物馆、炉霍县旅游文化局联合组成发掘队，对位于甘孜藏族自治州炉霍县雅德乡石棺葬墓地的考古发掘取得重大成果。清理发掘晚商至西周时期石棺葬，与北方青铜文化有着较为紧密的联系，从而证实了早在春秋以前，川西地区便成为南北民族迁徙及文化传播的通道。"

蜀中的石棺葬与蜀人的"祖先"算是一种"无缝对接"，甚至做了认祖的一种"参照物"。《华阳国志·蜀志》就说："有蜀侯蚕丛，其目纵，始称王。死，作石棺、石椁。国人从之，故俗以石棺椁为纵目人塚也。"而这样的石棺葬的上沿，笔者在本书第一章就提出，石棺葬习俗是炎帝种群早在五千年前就已形成。

最值得大书一笔的是，在红山文化、山东龙山文化中生成的祖先"死而复生"、"轮回转世"意识，在古蜀已经发展成为一种文化，甚至可能已成为一种全民认同。本书上篇中有关章节中提到的例证之外，或许十二桥文化中的羊子山祭台可再算一例。坐落在现今成都市区的羊子山祭台，学术界认为是商周时期蜀地的祭台。这个三级四方形高达10米以上，用土总量估计在7万立方米以上的土台，其规模之大堪称历史上的亚洲第一。20世纪50年代拆除时，祭台中的一个结构可能从未被学术界认真思考过。古蜀以祭台进行祭祀，主题是祭祖，这已逐渐成为公论。祭祖就是希望伟大的祖先能够"轮回转世"，让今生也一直昌盛繁荣下去。所以在这个祭台的底部用石条砌成方框，在这个方框的对角中又用石条砌成连线。即为"⊠"。这是一个符号了。笔者以为，这就是本书第八章提到的"+"字形和"ㄅ"字形符号的一种变形表述，仍然是一种祖先"转世轮回"的祈求！

上述提及的羊子山祭台基础内的（变形）+字构成，在古蜀应该不会是孤例。《考古》2002年第11期刊发的《四川崇州市双河古城址试掘简报》说，位于双河古城址中部的一处面积70余平方米的建筑基址中，垫土层由卵石、炭屑和红烧土混合筑成，厚达25厘米。其中有14个柱洞，布局呈十字形。附近还出土一件制作精致且未有使用痕迹的三孔石钺。对此，当代我国著名的研究先秦历史的专家沈长云教授指出："此房屋乃是一处高等级的活动场所，此石钺则带有礼器性质。"沈教授治学严谨，此"高等级的活动场所"未指明。笔者以为那就是一处古蜀的祭祀场所，重温祖源记忆的场所。"红烧土"是"尚红"的祖先文化表述，"+字形"还是企盼祖先的"轮回转世"。

第五节　古蜀用玉表述自身最初历史文化的多个物象

从古代巴蜀地区已经出土的文物来观察，它们和本书上篇所叙述的红山文化、石峁文化、齐家文化、石家河文化、大汶口文化、凌家滩文化、良渚文化似乎都有一个共同点，即用玉去承载和表述一种文化。古蜀出土的玉器在数量上大大超过青铜器，只是三星堆的青铜器太奇特了，它的光芒让许多观察者顿时眩目，之后便是目不转睛，只盯青铜器，从而忽视了古蜀的玉器。笔者认为，古蜀也是主要用玉去承载和表述自身的历史文化，其核心也一样是祖源记忆。这在今日四川的多个博物馆的陈列中是可以找出佐证的。此外，笔者从民间收藏中看到的以下古蜀玉器，在述说古蜀先民的祖先意识、转世意识和本根意识时似乎更加形象、更多直观、更易理解。

图9-10表现的是直观祖源记忆。这件浅浮雕作品玉片，呈不规则正方形，四边为11.5×9.2×9×9.5厘米。厚薄不均，边棱上存留"打制"工艺，平面上

存留"线割"和"磨制"工艺。整器受沁显栗红色，已难辨原来玉色。泛蜡状光泽，玉表有局部灰皮。

图案是一个披发的古蜀人在驱赶一只老虎，他的上方是太阳和红山文化中的鸮鸟。图像直观地展示出这样的史实：这支古蜀人部族到达蜀地后，是在太阳的照耀下，在鸮（鸟）图腾祖先的护佑下，驱赶猛兽，获取生存的。在玉片（版）上刻图记（叙）事，迄今中国最早的考古出土物可能是距今4500年左右的安徽含山凌家滩玉版。它是以玉版（片）作为历史（文化）载体的最早考古学物证。比之古代西方用泥版为历史（文化）载体，材质上要贵重许多，工艺上要艰难许多，因此其玉版记事的数量是不可能有泥版记事那么多。

图9-11，刻鸮鸟纹玉琮。器高6.9厘米，宽8.9厘米。射径6.9厘米，射孔径2.1厘米，豆青色玉呈微透明，泛生坑玻璃光。通体生灰黄色点状沁。

玉琮是良渚文化的典型器，随着良渚文化的扩散，我国多个省份的考古发现中都有玉琮，其中以川西的古蜀地最多。蜀地玉琮有的是辗转来自良渚文化区的，更多的则是蜀地制造。本器属后者，四角为圆角，外形特征与1934年3月在广汉发掘出的那只玉琮相近。

本器的看点是，以四角线为中轴，线刻出对称的四只红山鸮鸟纹。应该说这样的图语在叙述、陈设此玉琮古蜀人的先祖，是来自红山文化期的以鸟（鸮）为远祖指认的炎帝集团之一族。笔者通过对更多的古蜀玉器观察，认为鸟是古蜀人的第二祖源记忆。

图9-10　民间收藏驱虎图玉片

图9-11　民间收藏刻鸮鸟纹玉琮

图9-12 民间收藏蝉背负玉祖（猪）龙玉件

图9-12是一件绿松石圆雕器。造型是一只蝉背负着一个红山文化的玉祖龙（玉猪龙）。笔者在本书上篇第一章就指出，红山文化的玉祖龙（玉猪龙）决非崇猪部落的图腾，而是红山文化时期炎帝集团对自己先祖的又一造像，是祖先化"天帝崇拜"的物化和具象。蝉的造像在红山文化期已经出现，是先民们对生命死而再生的借喻符号物。若将玉祖龙和蝉这两个符号融合一起，产生的"图像"指事便是祖先生命的再生和延续。有了这样的延续，族群发展壮大就有了保障。这件绿松石器小巧玲珑。玉祖龙仅高3.8厘米，蝉体长4.6厘米，但造型却十分准确，做工却十分精致。玉祖龙的背部有双面洞穿的"牛鼻孔"，使此器成了一件佩饰。

图9-13，玉祖（猪）龙首踞坐人。圆雕，高13.8厘米。深豆青色玉泛蜡光。表层有暗红色沁斑和局部灰皮。造型是踞坐的人身和标准的红山玉祖（猪）龙首。

本器的图语来得更直接，开门见山地讲着习俗踞坐的古蜀人的"头"——种群上源，是来自红山文化期的"龙"的祖源指向。

图9-14，头生羊角的踞坐人。圆雕，高15.1厘米。通体色沁，难识原本玉色。玉表有光泽，凹槽底部和孔壁有土沁。造型是踞坐的纵目人，头顶上有一对大羊角。

本器的图语内容很清楚，古蜀羌人的祖先是以羊为祖先指认的种群。这与古籍之说，与现代学者的研究，也许构成了呼应。中国古籍有称羌为"西戎牧羊人也"之记载，羌字由羊、人所构成，与姜姓有关之"大岳"也被认为与羊神信仰有关。中国的顾颉刚先生和日本白川静先生也不约而同地指出，羌姓和羌人被认为是一古代民族集团，他们的文化特征是一种与羊有关的岳神信仰。随着羌人的迁徙，羌人的岳神信仰也散布四方，这便是中国四方"五岳"之说的由来。

图9-15是一件圆雕的玉祖（猪）龙首踞坐人像。器高14.2厘米。"龙"首

图9-13 民间收藏玉祖（猪）龙首踞坐人像

图9-14　民间收藏羊首踞坐人像

下是仰视的作为人身的蝉。龙（人）的双眼与蝉的双眼四目对视，产生出强烈的艺术感染力，传递出一种生命传接、血缘继承的暗示。三千年前古蜀已出现如此艺术构思，如此艺术表现的玉器，实可叫人拍案称绝。该器玉色墨绿，有蜡状光泽。背部有局部紫红色沁。通体有多处灰皮。

图9-16是在图语一种祖源记忆，这件圆雕玉器是一个踞坐的牛首人。踞坐是古蜀人的符号性动作，牛首是古蜀人对先祖炎帝的认同（另一说是对炎帝集团中的英雄蚩尤的认同）。在拼合成等腰三角形的两支牛角的背后，有一个造型十分准确的蝉。上述踞坐人、牛首和蝉三个符号构成了这样的"祖源记

图9-15　民间收藏羊蝉四目对视

图9-16　民间收藏踞坐人、牛首和蝉三位一体玉作

忆"：习俗跪坐的古蜀人来自红山血缘地的牛首炎帝种群。古蜀人是像"蚕（蝉）从"那样生成的。

图9-17是双头重首跪坐人像。圆雕，高62.8厘米。灰黑玉色，杂有灰白色沁点和蚀斑。玉质不够纯，石质感较重，有光泽。构图是一跪坐的纵目男子，头顶上又生出个人头，纵目大眼招风耳，噘嘴紧闭。长长的披发呈钩状扬起，既让人看到古羌人的"披发"头像，又让人联想到红山C字龙的扬鬣。应该说，这也是一种轮回转世的物语。或许可以说这是后来的，佛像造型中头部顶上也再有一个佛像的母本。

图9-18是红山玉祖龙（玉猪龙）融合玉钺的珮饰。器高5.1厘米，玉祖龙厚1.6厘米，玉钺外端呈刃状。钺体中部有双面钻的"蜂腰"穿孔。青玉质，泛蜡光，有白色沁点和少许蚀孔。

图9-19是玉钺融合玉鱼的珮饰。器高7.5厘米，上为鱼头下为钺。钺体中部有双面钻通的圆孔。钺体底部呈刃状。鱼头整器为圆雕，其间用粗刀阴刻和剔地起凸工艺对嘴、眼、鳃、背脊进行塑造。

这件玉器似在图语，将祖源指向为鱼的大溪文化中的"鲧"姓种群，西进入蜀，在建木西已创立了"氏人国"。钺是政权的象征，鱼是祖源的象征。

鱼背上有实心钻孔，应是佩带系绳之用。玉色难辨，整器呈现鸡骨白沁，有绺裂纹。

图9-20是纵目人跪坐像融合玉钺的佩饰。圆雕，器高9.6厘米。跪坐的纵目人造型生动准确。本器是"蚕从纵目，王瞿上"的图说吗？器的后颈部有"牛鼻穿"孔供系绳佩带。玉钺中心有双面钻的圆形穿孔，钺身接近方形的底部呈刃状。通体鸡骨白沁，有浅裂纹。

以上三例是在图语古蜀人祖源记忆中各自的本根意识。玉钺是兵权的表征，更是权力的代言。玉钺与各自的祖先指认符号一起呈现，或许在图说古蜀的社会结构和政治地位。

图9-17 民间收藏头上
重头的象征"转世重
生"的踞坐人圆雕像

图9-18 民间收藏玉祖
（猪）龙首与钺的玉佩

图9-19 民间收藏鱼与
钺的玉佩

图9-20 民间收藏纵目人
与钺的玉佩

257

第十章　蜀为氐羌国，阐释"纵目人"，看"龙的传人"的接力再接力

"蜀为氐羌国"之说，是四川历史学界在20世纪下半叶提出的。然而这一说法至今也没见大张旗鼓地引申开、专题化。有的仅是在文章中一笔带过，好像多少有点儿底气不足。

20世纪60年代初，历史学家胡昭曦先生指出："我国西北地区有不少地方是氐人和羌人错居在一起，因此历史文献上就出现了氐羌并提的现象，而其实氐人和羌人是两个不同的民族。""氐与羌的图腾崇拜不同。"[1]民族学家李绍明先生对此写作了《关于羌族古代史的几个问题》，明确指出："氐人和羌人是两个不同的民族，这一点是作者不能同意的。"[2]

李绍明先生认为，在汉魏以前的众多史籍中，氐和羌是并称的。《诗·商颂》谓武丁征的羌方，"自彼氐羌，莫敢不来享，莫敢不来王"。又《逸周书·王会》："氐羌以鸾鸟。"《史记·匈奴列传》亦云："西接氐羌。"可见氐和羌的关系密切。不过，李绍明又说，"氐和羌也是混用的"，"常见于同一书中，此处称氐，彼处呼羌"，"以羌为氐"了。关于胡昭曦提出的"氐与羌的图腾崇拜不同"，李绍明认为"这是由于图腾本是氏族集团崇拜的象征，在同一族或同源的族中有着众多的图腾崇拜乃自然现象，是不足为奇的"。

胡、李学术观点的针锋相对，没见继续下去，似乎也未见到更多的学人参与发展开来。这或许是因为当时在历史研究方面，无论是以文献考古还是以田野考古为视角，都是只重视了"点"，而忽略了"线"，只求是什么，而不问为什么，缺乏对线性历史的思考，故而对点上历史的阐释，免不了有时会出现要么读不下去，要么"瞎子摸象"的误读。

第一节　用"氐与羌"和"蜀为国"两条线去解构
"蜀为氐羌国"

笔者以为，推开线性历史的视角去观察，胡昭曦先生的认知和李绍明先生的认知都是有道理的。只是一个看到的是历史的上游，一个看到的是历史的下游。

笔者在本书第三章"从'炎居生节并'到'窜三苗于三危'，回答创造三星堆文化的人从何而来？"中指出，古蜀的羌人是炎帝部族的一支后裔，他们在"窜三苗于三危"的时空中，出于对从西亚来的"羊"的新奇和食用，产生了对羊的崇敬，从而将自身族团的祖先指向新设定为"羊"。这支"羌出于苗"、"从羊从人"的新种姓"羌"，在现今的甘肃、青海的黄河和湟水流域壮大之后，开始向南迁徙，进入岷江上游。

一、羌与氐各自的种源在哪里

羌人将祖先指向为羊，氐人的祖先指向则是鱼。《山海经·海内南经》说："氐人国，在建木西，其为人，人面鱼身而无足。"《山海经·大荒西经》讲："炎帝之孙，名曰灵恝，生百互人，是能上下于天。"可以说，古籍将氐人的远祖、近祖，立国的地理和祭祀的礼仪，都提示清楚了。笔者在本书的第三章、第六章、第八章中还对蜀中的氐人，以及他们入蜀之前，作为来自大溪文化的鲧姓族群的一部分，沿长江三峡西迁的情况做出推测和求证。

应该说氐人从他们的先辈那里继承了智慧和勇气。设想一下，要在长江三峡的悬崖峭壁和激流险滩中开辟前进的道路是需要多大的勇气和智慧。所以，屈原在他那包罗万象的不朽诗章《天问》中也提出，"阻穷西征，岩何越焉"。

穿越长江三峡西进的以鱼为祖先指认的鲧种氐人，其主体可能是在大渡河下游登岸的。他们立"国"大概在古蜀的政治经济文化中心的西部，所以古籍说"氐人国，在建木西"。氐人国是个多灾多难之地，这个灾难是地震。《山海经·海内经》说："西南有巴国……有国民曰流黄辛氏，其域中方三百里，其出是尘土。有巴遂山，渑水出焉。"笔者以为这里说的"其出是尘土"是指域中常有地震，尘土飞扬已成一种地理特征。而"渑水出焉"则是指明"域中"这"三百里"处在大渡河水系的金沙江流域。在这里，千百年来地震形成的堰塞湖如一支支悬挂在氐人国民头顶上的达摩克利斯之剑。所以氐人国鲧姓领袖的首要任务是领导国民治水，预防堰塞湖决堤后突发的水淹，于是要筑堤坝以挡水患。在现今的考古发现中，蜀地的一些古民居群外围似都筑有"城墙"，但这类的城墙又绝无"城门洞"供居民出入。因此有学者质疑这样的建筑并非城墙，极可能是防水的堤坝。

堤坝要牢固关键在泥与石的凝结。或许鲧种氐人，为此发明了石灰，甚至合成出一种原始的水泥。他们用白色的石灰岩大量烧治这种新型的建筑材料，供大量的治水工程使用。对此的田野考古证据是，在大渡河流域，发现了多座古代的石灰窑址[3]。对此的文献证据是，《山海经·海内经》说："洪水滔天。鲧窃帝之息壤以堙洪水，不待帝命。帝命祝融杀鲧于羽郊。鲧复生禹。帝乃命禹卒布土以定九州。"这就是说氐人国的领袖"鲧"之所以被帝判了死刑，不在于他治水无力，而是在于他"窃帝之息壤以堙洪水，不待帝命"。笔者在前面的章节中对"息壤"做了阐释，指出那是用白色的石炭岩石烧出的石灰。而白色的石头，是源自红山文化期的炎帝体系对玉石崇敬的延续化与大众化。几千年来，白色的石头都是古羌人和今羌人心目中的神物，是不可亵渎的祖源记忆的一种物指。胡鉴民先生在《羌民的信仰与习为》一文中说："据说远古时，羌人的祖先曾有一次由北向南的大迁徙，其后一支始定居于岷江上游，但他们又遇到一种叫'戈基'的人（即石棺葬文化的居民）。其人自强善战，羌人与之斗争屡遭失败，准备弃地而走；幸在梦中得到神的启示，乃至颈上悬羊毛做标志，以坚硬的白云石及木棍为武器，在一次战斗中，终于战胜戈基人，从此羌人得以安居乐业。为报答神恩，羌民乃以白云石代表最高的天神，供祀于屋顶，朝夕膜拜，这一习俗相沿至今。"[4]氐国人在鲧的带领下动用这样的白石头，"窃帝之息壤"，当然必杀无疑。

基于上述，羌与氐的祖源指向不同，应是不同的种姓。羌与氐的原驻地不同，应有不同的习俗。羌与氐的迁徙环境不同，应有不同的秉性。所以蜀中最初的羌人和氐人应是"两个不同的民族"。对此，古文献是早有指认的，说羌"被发为俗"，"产牧为业"，"不立君长，无相长一"，说氐"氐人有王，所从来久矣"，"俗能织布，善田种，畜养豕、牛、马、驴、骡。……皆编发。其嫁娶有似于羌"。

二、氐羌合称的形成与发展

天帝不赞成的事，不一定老百姓就一定不喜欢。治水，救民众于灭顶之间，何时何地何人，谁不支持？

氐人治水由南向北贯通古蜀大地，一路上氐与羌不断文化融合血缘混化，不断地你中有我，我中有你。所以古籍中有了氐与羌的混用，甚至在同一书中，此处称氐，彼处呼羌。比如《后汉书》中的《西羌传》说："或为白马种，广汉羌是也，或为参狼种，武都羌是也。"而《后汉书·南蛮西南夷列传》却说："白马氐者武帝元鼎六年开，分广汉西部合以为武都。"[5]可见将"氐"与"羌"合称为"氐羌"已是水到渠成。于是，《史记·五帝本纪》有了"西戎、析支、渠搜、氐、羌"的说法，《汉书·武帝纪》有了"北发渠搜，氐羌来服"的记载。

氐人治水，在当时代表的是一种先进文化。笔者推测，这或许是"氐羌"组词时，为什么将曾经是远离古蜀政治经济文化中心"建木"之西的氐，置于羌之前面的道理。氐羌古蜀下沿的史说，似乎证明了笔者的推测。在那些古籍的字里行间，有意无意地在拔高氐人，矮化羌人，《晋书》记姚苌求传国玉玺于苻坚，虽然苻坚的祖母也是羌人，但"坚嗔目叱之曰：'小羌乃敢逼天子，岂以传国玺援汝羌也，五胡次序无汝羌名'"。《华阳国志·汉中志》："武都郡有氐叟，多羌戎之民，共人半秦，多勇戆，有瞿堆百顷险势，氐叟常依之为叛。"该书对阴平郡的人文地理描述也说："土地山险，人民刚勇，多氐叟。"

关于"氐与羌"，经以上文字的编织，似乎已轮廓初显。或许有人会说，这些都是笔者的无中生有。且慢，笔者从历史中请出一幅壁画，听它是如何在讲述"氐与羌"的。图10-1是现存四川省珙县"僰人悬棺"壁画中的一个场景。有研究者指出："僰，为一族称。《说文》谓'僰，犍为蜀夷地'。秦汉时，主要居于今川南宜宾一带，即《汉书·地理志》所谓'僰道'，应劭曰：'故僰侯国也。'今云南白族的先民为僰。僰人在汉晋史籍中往往与羌并称，可知僰属氐羌系民族。"[6]笔者对此图的解读是，蜀人的祖先，是由氐、羌两大种姓组成。一支是从（图的左上方所示）山中来的，是将祖先指认为"羊"的羌种，在他们的人形表达中可以看见头上长有角。另一支是从（图的右上方所示）水中来的，是将祖先指认为"鱼"的氐种，在他们人形表达中可

图10-1　"僰人悬棺"壁画

以感觉到在水中游走。这两大祖先通过"轮回转世"，繁衍后代，形成了人畜两旺的"蜀国"，所以说"蜀为氏羌国"。这个轮回转世的表述，便是图中纵向的"⊕"符号和图案化的"卐"符号。蜀国的君臣子民若要与祖先沟通祈求福佑，则通过巫师的"上下于天"。最下面那个符号应该就是巫，它与甲骨文"巫"的结构相近，只是更加复杂。

第二节　蚕丛纵目，立国称蜀，"龙的传人"由东向西的接力

《路史·前记》说："蚕丛纵目，王瞿上。"笔者的理解是，古蜀国最早的立国之地是在"瞿"（瞿堆或瞿上）。"瞿"的称谓，饶宗颐先生认为在夏朝已出现，地理位置在现今甘肃省礼县与西和县之南[7]。笔者沿饶老指引思考，以为"瞿"概念的下限在夏，有可能蜀立国之地的"瞿"在夏之前已形成。对此，本书第三章已有阐释。建"蜀"国的族属是将祖源指向为"红山龙"的炎帝后裔。"蚕丛纵目"就是说立蜀的人像蚕蜕那样，从"纵目"的红山龙祖先那里从属再生而来。说具体一点，笔者推测，最先建立蜀国的种姓，可能是在山东大汶口文化中形成的"龙的传人"之中的、蚩尤集团之一的共工

262

族群后裔。所以笔者在此提出"蚕丛纵目，立国称蜀"之后，又加了一句，指出这是"龙的传人"由东向西的接力。

一、蜀的立国地望及建国族属的推测

笔者的上述推测是大胆的，因为20世纪下半叶，四川研究巴蜀民族史的领军学者指出"关于蜀国统治者蜀王及蜀国主体民族的来源，史籍未曾言明，而在仅有的史籍中亦将史实与神话杂糅，难成信史"。之后，学术界便很少在这个话题中深入下去。笔者七旬，要在这个话题上"无中生有"了！

笔者以为关于这个话题的"信史"本是有的。之所以被误以为"难成"，皆因当初写史的体制内史家将古蜀的祖源记忆断层后再嫁接上黄帝体系。而体制外史家则力图保留真相，便杂糅进一些神话以曲笔记之。这样一来，真真假假，是真又假。现今之人，若照书直观，当然只会越读越糊涂。笔者在此用多视线去聚焦，以祖源记忆为显影剂，去构建东夷人共工部族后裔建立的最早的"蜀"的认识——

（一）距现代学者的指认只有一步之遥

笔者在本书第四章和第五章，推测"共工与颛顼争为帝"，共工失败朝西南方向退走，经鲁西过豫东，再前往汉水上游流域。郭沫若先生的研究是，共工氏长期生活的地方是今河南西部的伊水和洛水流域。如若是，共工的后裔再往西行，经汉水上游穿过陕西南部，再逆嘉陵江流域上沿，到达甘肃南部现今的礼县和西和县之间的"瞿"，只是一步之遥。因此，说是共工的后裔在"瞿"建立最早的蜀国，逻辑推理应该成立。这与学者的研究也有所呼应，本书第九章提到关于蜀地的指认，其中李伯谦先生认为蜀"在汉水上游，只是到西周时期才转移到成都平原"。董作宾先生对"蜀"的指认是："当在今陕南或四川境。"

图10-2 民间收藏古蜀"龙的传人"玉（石）园雕像

（二）古籍的明指

《华阳国志·蜀志》说："蜀之为国，肇于人皇。"《世本》讲："蜀之先，肇于人皇之际。"可见无论是体制外史家常璩，还是体制内史家司马迁，都承认"蜀"的远祖指向"人皇"炎帝。共工是炎帝后裔，"蜀之为国，肇于人皇"。应该说共工部落的后裔在迁徙之中，是较好地传承了完整的祖源记忆，传承了"太皞"意识，即对远祖炎帝的红山龙和牛首人的物指意识。同时也传承了"少皞"概念，即对在大汶口文化期强化的先祖概念，那个将祖源指向为鹗鸟的天人合一的祖源认知。所以在后来的蜀地，在蚕丛王朝之后，才有将祖源指向为鹗鸟的百灌王朝。

体制内和体制外史家认知不同的是，《世本》明确指出蜀，"相承云，黄帝后"，表明了司马迁是在贯彻主管西汉王朝意识形态的褚少孙博士所定的"蜀王，黄帝后世也"的论调。司马迁之后的晋人常璩，或许是体制之外人，或许西汉的政策张力到了魏晋经时光稀释，导致常璩的认知就要策略一些。《蜀志》说："蜀之为国，肇于人皇，与巴同囿。至黄帝，为其子昌意娶蜀山氏之女，生子高阳是为帝喾；封其子庶于蜀，世为侯伯。"笔者以为，这里的"至黄帝"就比那个"黄帝后"，有了更大的模糊空间。是不是《蜀志》所言"至"的含义，应是只有到了黄帝时代才开始，或者是只在黄帝的地盘之内，才讲"其子昌意娶蜀山氏之女"？此外，《蜀志》所指的"封其子庶（一说'支庶'）于蜀"，是不是在暗示创建蜀国的种姓族群，即便摆在"黄帝后"的血缘框架内，也并非黄帝的血缘"嫡亲"，乃是一种"庶"支？

（三）古史的暗合

《夏本纪》依《世本》说："禹之父曰鲧，鲧之父曰帝颛顼，颛顼之父曰昌意。"《史记》说："昌意娶蜀山氏女生颛顼。"《蜀志》说："昌意娶蜀山氏之女，生子高阳是为帝喾；封其子庶于蜀，世为侯伯。"笔者对以上三处记载的解读是，昌意的子女中，嫡子是颛顼，能够堂而皇之地进入正史。或许与颛顼"争为帝"的共工，在史家眼中，被视为"庶子"，才能符合礼制。庶子是不可能立为帝，所以共工必须败走他乡。同样根据礼制，共工的后裔也只能属于"子庶"。这与"封其子庶于蜀"是一种暗合。共工的后裔"于蜀"立国，也是与颛顼时代有时间差的。"于蜀"的共工后裔已是颛顼的"孙子辈"了，是颛顼"儿子"帝喾的"儿子"那一代的事了。看来即便是一二千年前，史家写史也是基本考虑到时空逻辑的。共工的后裔是经过"三代人"的漫长时间，才完成了由东向西的种群迁徙，才创造了"蚕丛纵目，王瞿上"的历史。

暗合之二是，《国语·鲁语上》说"共工氏之伯有九"，即是说共工氏已是九州的伯（霸）主。换言之，共工部落具有建立"古国"的历史和经验。当共工部落的后裔迁徙到"瞿"，在这个有博大地盘居住生息、有峭崖险阻可抵御入侵的地方，将其祖源记忆中的"蜀山氏"、"蜀"概念找出来，建立蜀国，是件顺理成章的事，水到渠成。

与古史暗合之三是，《国语·周语》说："共工之从孙四岳佐禹。"就是说大禹治水，得到了共工后代的帮助，吸收了当年"共工氏以水纪，故为水师而水名"的治水经验。试问，若共工的后代不在蜀，蜀地的大禹又如何去与共工的后代"合作"呢？

（四）古物的呼应

在本书后面的第十四章"古蜀的字，早于甲骨文的华夏古文字"中，披露了古蜀玉琮上的刻字符"🖫"，指证共工的后裔确实是进入了蜀地。此外，在第十四章中提到的东夷大汶口文化中丁公遗址文字的"盘绕曲回"运笔，与古蜀陶文的运笔状况十分接近。或许这也可算是一种东夷人后裔入蜀的指证。其实，在三星堆的考古发掘物中，在民间收藏的古蜀器物中，出现的多个带有红山文化遗韵的炎帝文化元素，都应视为是古蜀人与羌人，与东夷人的一种祖源呼应，有着"龙的传人"的直观，是一种"龙的传人"的艺术表达。

二、建国艰辛与蜀国发展的考证

初创古蜀国的东夷共工部落后裔，与南迁的羌人族群处在同一地域，他们的相遇融合是必然的，他们的矛盾争斗更是必然的！虽说"五百年前是一家"，毕竟东西有异，各有不同。蜀国的东夷人一直没有更新祖源记忆，将祖先指向"牛首"的炎帝。岷山的羌人虽然也传承了炎帝文化，但已将祖源指向更新为羊。这牛首和羊首的祖源记忆一直保留到20世纪中晚期，所以才留给本书第三章所述的王明珂教授在岷山羌地相关"牛脑壳"（羌）和"羊脑壳"（羌）的调查报告。

除了祖源指向不同外，社会状况大概也不相同，古蜀国或许已进入初级的农耕社会，并有相应的管理阶层出现。而羌人则是牧渔社会，过着"所居无常，居随水草"的游牧生活，处在"不立君臣，无相长一，强则分种为豪酋，弱则为人附落"的原始氏族社会。此外，丧葬习俗也不相同，羌人是火葬，而立蜀的东夷人和后来的蜀人祖祖辈辈都是石棺葬，一如史籍所载："死作石棺、石椁。国人从之，故俗以石棺椁为纵目人冢也。"

矛盾激化后便是战争。"羌戈大战"说是最终羌人胜了，从此羌人得以在岷山地区安居乐业。笔者看来，这"羌戈大战"的描写多少有些羌人的"民族主义"色彩。羌人的胜利，是他们留在岷山地区继续保留氏族社会过着渔牧生活。而戈基人，应该就是建"蜀"的东夷人，则是顺应农耕社会的发展，沿着江河一期期从岷山山系走向成都平原。或许这样的与部分羌人已产生了血缘混化的戈基人（"戈基"是否是"共工"的转音？早在晋时就有学者指出，"峨眉山"，古音为"牙门山"。有音韵研究专长之人，可做一番验证），可以称之为"蜀人"或"蜀族"了。

"蜀"的南行，"瞿"也是跟进的。在郫县有"瞿上"，在双流也有"瞿上"，甚至今天又有说三星堆也是"瞿上"。"蜀"这样向南发展的结果是什么呢？李绍明先生说："事实上，蜀族进入成都平原并与当地及附近民族发生密切交往后，已发展成为另一种新型民族了。"是"源于西北的氐羌族系，但他们又非简单的氐羌人"了[8]。《广汉县三星堆遗址一号祭祀坑发掘简报》也指出，从川西北山区逐渐徙居到成都平原的事实，并不排斥三星堆文化是"川西平原自成体系的一支新文化"[9]。笔者十分赞成"自成体系"、"新文化"的界定。应该看到三星堆文化的上源古蜀文化，是融合混化了当时华夏最先进的文化：红山文化、齐家文化、大溪文化、大汶口文化、良渚文化等。由此方才形成"自成体系的一支新文化"。古蜀国是当时华夏远古文明的一个大熔炉，方才浇铸出领先世界、举世无双的三星堆文化。这同后来的中原地区作为首次诸夏与四夷的大融合，华人与夷人的大混化的大熔炉作用是一样的，都是在为中国文明的升高，垒起一级又一级的台阶。

第三节　古蜀氐羌人的主要特征

四川的资深历史学家徐中舒先生在为《羌族史》作序中指出，古蜀曾经经历漫长的母权制时代，各种母系崇拜的习俗在古蜀延续期久，分布广，有的习俗至今还存在于四川的少数民族地区。徐先生的这个观点，大概可以在古籍中找到对应。《说文》说："蜀人谓母曰姐。"段玉裁认为此字为方言，乃蜀人所制。《广韵》认为"姐"是羌人对母的称呼。四川省历史学会会长谭继和研究员做了进一步阐述，他指出："直到近代，称母为'姐'还保留在四川的方言里。从蜀人此语的古义看，'姐'字是蜀人从'且'字衍生创造出来的。据郭沫若释证，'且'字为男根形象，是生殖神，表示祖先崇拜之意。在殷周文字里，祭祀男性祖先用'祖'字，祭祀女祖先用'妣'字。而蜀人则不同，创造出一个'姐'字代表女性祖先。'姐'字读如'左'音，'祖'字读如'达'的第一声。'姐'与'祖'两个不同性别祖先的代表字，象征着牝神和牡神两种崇拜，这是巴蜀古文化特有的用法，且来源于古羌人。"[10]

一、氐羌是尊崇母系张扬生殖的族群

下面的一件《云窝楼》藏古蜀玉器，大概可图示古蜀"姐"字内涵。图10-3是一件圆雕的裸体女人，乳头突出的丰乳和肥大的阴部略显夸张，展示着性的亢奋。

谭继和先生还说："从三千年前的三星堆遗物到二千年前的彭山县画像石，作为牝神崇拜的对象是一脉相承的，其共同特点是张大乳形。这与欧洲生殖女神'奶孚'和辽西牛河梁红山女神庙的女神，均张大其乳是相类的，表现了女性生殖崇拜的共同特征。甲骨文、金文中的母、夹、爽、奭诸字，均像两乳特大之形。不过，殷周中原地区尚未发现与上述文字相类的艺术形象。将这种两乳形象艺术实物化的，是巴蜀。这是其他地区罕见的。""生殖崇拜是原始文化的源头。崇拜男神，就突出男性生殖形象，崇拜女神，就突出双乳或者女性生殖器形象。这两类崇拜，在西蜀古代都曾广泛存在过。"

上述谭先生立论的依据，大概是他所言的"至今发掘者尚未著录的（三星堆二号坑内）一尊突出双乳的青铜女人像饰件"和四川彭山县东汉岸墓画像。这种丰乳的裸女雕像笔者在民间收藏中也看见过多尊，所以绝

图10-3　民间收藏丰乳踞坐裸女玉像

图10-4 民间收藏男根玉像

非是"不证"的"孤例"。

再看古蜀的男神（牡神）崇拜的艺术表现。

图10-4，古蜀男神像，圆雕，高15.8厘米。通体黑漆古沁，已难辨原有玉色，散布土黄色蚀点，有光泽。

造型为一跽坐男子，峥嵘骨架，爆突肌肉。头部十分夸张，体量大过身躯。张鼻息、闭嘴唇、竖尖耳，戴纵目面具。高冠赫赫，是神更是王！双手握上翘的硕大男性生殖器。一副傲视天下自鸣得意的神态。

除此之外还有没有做爱的玉雕呢？有的。杨天佑《万古奇珍》一书中披露了他收藏的多件"男女交媾""人神交媾""人兽交媾"的圆雕玉器，其做爱的情况，用"多姿多态""五花八门"来形容是一点不过分的。那些造像，看似很怪，其实不怪，因为"古蜀的高禖象征物，与中原的庄严肃穆风格不同，表现为诡异、夸张、怪诞。对男女生殖之事则表现得极其放荡和生动"。

古蜀氐羌人的尊崇母系张扬生殖，对中华民族的繁衍壮大是做出巨大贡献的。著名学者费孝通先生指出："汉人以'接纳'（他族）为主而日益壮大，而羌人却以'供应'为主而壮大别的民族。"

二、氐羌是包容开放又依重血缘的族群

古蜀氐羌人在种属组织上是和谐宽松的，实践着血缘种姓的融合混化。

前面已提到，立蜀之初，东夷共工后裔，或许就是转音的戈基人，已有与羌人的血缘混化与文化融合。这种融合混化程度深的变种为以农耕为主的蜀人，一步步向成都平原推进。融合混化程度浅的仍留在岷山地区，但是也有种姓的变化，即牛脑壳的羌人和羊脑壳的羌人。另一方面，也有一部分原本是将祖先指认为鱼的氐人，后来也改变了祖先认知，指向"纵目"的蜀，甚至"精准"到"瞿堆"的"仇池山"。如果说"纵目"的物指体现在三星堆出土的青铜面像上的话，那么"纵目"的民间传说则流行在"二郎神的三

只眼"面相特征上，即一眼纵立于双眼之间。这则民间故事不是出自先秦，而是出于两汉之后。现今的研究者推论二郎神的原型，"所依托的是氏族的英雄人物仇池白马氏杨氏的领袖杨难当"。也有民族学家观察到这三只眼的猎神，其坐骑是神牛而非神马。对此，虽有专家指出将二郎神原型依托仇池氏人尚有商榷之处，但笔者以为仇池、纵目、神牛的符号一齐指向白马氏，是耐人寻味的。

《西羌传》还对秦献公时（前384—前362）河湟地区一支首领名忍的羌人种群的发展情况做出了详细介绍："忍季父卬，畏秦之威，将其种人附落，而南出赐支河曲西数千里，与众羌绝远，不复交通。其后子孙分别各自为种，任随所之。"他们星散各地，"或为牦牛种，越巂羌是也；或为白马种，广汉羌是也；或为参狼种，武都羌是也"。这仅是离开河湟迁往华阳古蜀一部的情况，而仍然留居河湟地区的，亦是"忍及弟舞独留湟中，忍生九子为九种，舞生十七子为十七种，羌之兴盛，从此始矣"。羌人族群在构建团队、形成组织时是宽松的。上述仅兄弟二人，一代人下来就组建了二十六个"种"。每个种群在发展过程中，至少都有一件祖源记忆和祖先崇拜的信物。图10-5、图10-6、图10-7、图10-8为民间收藏品，均为身高7.5厘米左右的圆雕玉人，其面容、体态衣着基本一样，但其头饰各不相同，分别为牛、犬、鹰、鹤。这可不可以说是"各自为种"的反映呢？

古蜀氏羌人虽然是那么的"各自为种，任随所之"，"不立君臣，无相长一"，但对他们遥远的共祖炎帝，却是长记于心的。对各自的祖源记忆，则是铭勒于器。笔者在此借用民间收藏的一些古蜀玉雕来加以佐证。

图10-9是一件融合了多种文化元素的玉制"蜀龙"。器高18.8厘米，宽10厘米。透雕。玉色墨黑，泛生坑玻璃光，有灰皮和极少褐红色沁。器顶是一个"蜀龙"造型，即红山文化三星他拉龙的头形加上一对大羊角。器身呈倒梯形，上下起弧，边缘有刃，中部有长方形（已近似条形）穿孔。器身的背部有三片尖顶扉牙（也像三张玉璋），使器形一侧呈缺口状。器底有二个锃钻的圆孔。笔者以为，这件器物呈现出两个融合层面：一是红山文化"龙"的符号，与古蜀羌人"羊"的符号相叠加，既表达了羌族远祖的"祖源记忆"，又表达了羌族经融合发展后出现的近祖"祖源记忆"，讲述出羌人祖先的源与流。二是有山东龙山文化遗韵的岳石文化方孔器造型，与古蜀玉璋的扉牙造型相组合，产生的全新艺术形象，讲述出蜀地民族迁徙的途径。

图10-5　民间收藏戴牛冠圆雕　　图10-6　民间收藏戴犬冠圆雕
玉人像　　　　　　　　　　玉人像

图10-7　民间收藏戴鹰冠圆　图10-8　民间收藏戴鹤冠　图10-9　民间收藏"蜀龙"玉件
雕玉人像　　　　　　　　圆雕玉人像

笔者要强调一下本器上的（长）方孔器造型。北大教授孙华先生针对三星堆器物也指出："方孔的石器极其少见，夏代及商代初期以山东为中心的岳石文化有一种很具特色的长方形穿孔石器，其平面呈梯形或长方形，体态较扁平，中部偏上有对面琢打而成的长方形穿孔，四周边缘有刃（有的仅下边及两侧有刃），有的两侧还有缺口。……岳石文化这些方孔石器，其基本形态与三星堆文化这种梯形方孔铜器颇为相像，二者间可能存在着源流关系。值得注意的是，在商代前期偏晚阶段的河南郑州市小双桥遗址中，也出土了这种岳石文化因素的长方形或梯形方孔石铲……从岳石文化到小双桥遗址，再到三星堆器物坑，随着年代从早到晚、地域由东向西的推移，长方形或梯形方孔石器也逐渐从实用的石农具演变为非实用性质的铜礼器……三星堆与二里头文化……它不像是通常文化交流的遗留，更像是两地人群间具有亲缘关系的印迹。"[11]专家学者这样的解读，是否可增加笔者在前面提到的，东夷人的共工后裔由山东"由东向西的推移"最终入蜀的推测的可信度呢？

笔者还从本器的制作构思、主题深化和艺术表现上，管窥到古蜀人所具有的一种特异的文化心理。古蜀人用浪漫性、发散性的"球形思维"培植出来的文化想象力，是古蜀文化心理的核心。古蜀人正是在这样的文化心理驱使下，创造出了举世无双的三星堆艺术品。这样，表达祖源记忆为主题的艺术品不仅在三星堆的青铜人（面）像上让人叹为观止，在民间收藏的玉雕造像上也一样令人拍案叫绝！

图10-10　民间收藏额际有网格纹的炎帝玉像

图10-10，炎帝像。圆雕，高4.8厘米。通体已布满鸡骨白沁，难辨原有玉色。背部有牛鼻穿孔，锃钻工艺明显，此器应是佩饰。造型规整，内涵丰富。牛头踞坐像，纵目、噘嘴、闭唇，额际有网格纹，这些都是有着祖源指向的红山文化玉龙的造型元素。双角耸立，两耳招风，平肩平首，抚膝端坐，一派王者风范。

图10-11，炎帝像。圆雕，高15.5厘米，黑色玉，杂米灰色沁点，沁点处已生蚀坑。泛较强生坑玻璃光。玉质缜密，手感突出。

图10-11　民间收藏牛角尖下折
的炎帝玉像

图10-12　民间收藏
戴冠炎帝玉像

　　本器还是牛头踞坐像。踞坐体姿与前像一样端庄平稳，呈正方形，只是图像既有牛的写实，又有人的表情。粗线条与小块面的组合，勾勒出带几何图案味的牛面孔，给人以全新感觉。牛角的处理，更是别具匠心，将角尖下折，既有新奇神秘的形态，又正好形成两个对穿孔，系绳穿棍，既可佩挂又可陈设。

　　图10-12，炎帝像。圆雕，高16.4厘米。通体栗红色沁，难辨原有玉色。有较多灰皮和较明显蚀坑。泛蜡状光泽。

　　本器牛头踞坐像的明显不同是头戴高冠，而且高冠的体量比较夸张，强调出作为"帝"的尊严。牛头也十分写实，刻画细微的角与五官，与简约表现的块状高冠构成反差，突显出作为"帝"的表征的高冠的庄重尊严。

三、氐羌是能歌善舞又剽悍愚勇的族群

　　古蜀氐羌人的祭祀，总是在狂歌劲舞中进行，这在本书披露的古蜀玉器上可以看到。古蜀的乐器，如铜錞于、铜铃、陶埙等，或在三星堆有所出土，或在古籍中有所记载。这些资讯表现得最完整、最直观的，是成都出土的那把刻有"宴乐水陆攻战"图的错金铜壶。这只战国早期的蜀国铜壶上的画面有三部分：1、狩猎习射和采桑；2、宴乐、武舞；3、水陆攻战。宴乐武舞图左侧为一完整的演奏图，奏乐者9人，其中4人，两两一组。站立，双手挥槌打击编钟与编磬。编钟计4枚，编磬有5只，均挂在同一支架上。另有4人跪着，分两组吹

奏竹笙与排箫。剩下1人正挥双槌猛击镈于。四川学者屈小强先生解读了此壶：
"战国'宴乐水陆攻战'错金铜壶大致属于杜宇——开明氏时期的文物，比大
约是蚕丛——鱼凫族主蜀的三星堆文明时期大约晚了六七百年或者七八百年。
尽管如此，由于地域文化的连续性、继承性，这成都战国'宴乐水陆攻战'图
上的那些形态逼真的精细画面，仍可折射出三星堆先民的音乐艺术风采。"

　　氐羌人骁勇，具有叛逆精神，这方面笔者虽然至今未在古蜀玉器上见到
"物证"，但古籍中的记载却是屡见不鲜。早在三千年前，周武王就联合羌、
蜀、微、卢等部族组成军事联盟，一举推翻了殷商王朝。氐羌兵彪悍骁勇，战
功显赫，有的功臣被西周王朝封官，这样的部落后来发展成东周时期的申、
吕、齐、许四国。有的则退回蜀地耀祖光宗，立姜姓，建"西申"国。做大之
后与犬戎结盟生就动乱，逼使周王东迁而结束历史上的西周。反叛无常的氐羌
人为西周王朝演了一出"成也萧何，败也萧何"的历史闹剧。到了秦汉时期，
甘肃东部与青海东部的河湟羌人，发动了大规模的、旷日持久的"羌乱"。
汉王朝以进剿、移民、屯兵等种种手段对付羌人。然而，由于将部分受降的羌
人部落迁往汉朝的内地郡县，使得"羌祸"延烧到汉朝的政治、经济中心地
域——渭水流域。所以，历史学家指出："对羌人的战争军费付出过巨，西北
诸郡又因战祸凋敝，此为造成汉帝国衰亡的重要原因之一。"后来的魏、蜀、
吴三国纷战的数十年中，氐羌人更是一件重要的战争工具被政客玩弄于股掌之
中。《华阳国志》说："益州大姓阎……益州夷复不从阎，阎遣使晋宁孟获说
夷叟。"《三国志·蜀志》说，蜀汉时常征调叟人为兵（叟人又称为羌人），
这些"叟兵"后来成为蜀汉武装力量中的"劲卒"。《华阳国志》又说，诸葛
亮"移南中劲卒青羌万余家于蜀，所当无前，号为飞军"。在唐朝，那次让唐
太宗都南逃，还被迫赐心上人杨贵妃自尽的"安史之乱"，也少不了氐羌人
的兴风作浪。另一方面，勇敢善战的氐羌兵又常常成为唐王朝对外战争中的打
头军、敢死队。现今汶县内还存有一座唐代建造的摩崖石碑，碑文说："朝散
大夫检校维州刺史上柱国焦淑，为吐蕃贼候坝，并董敦义投蕃，聚结逆徒数千
骑。淑领羌、汉兵及健儿三千余人讨除，其贼应时败散。开元十五年九月十九
日记。典施恩书。"在宋朝，党项羌已强大到立国"西夏"，与宋、辽形成三
足鼎立之势。正因为氐羌人有这样的禀性这样的实力，历史才发出感慨："天
下未乱蜀先乱，天下已治蜀未治。"

第四节 "纵目人"解

图10-13 红山文化三星他拉龙（C字龙）的"纵目"形象

笔者对纵目人的解读是对当代多位学者认知的反动。笔者猜想：

纵目人的双目纵扬，不是古蜀氏羌人的生理特征，是他们用玉雕面具或金属面具，将神格化祖先"龙"创作为人格化祖先"祖先偶像"的一种特定艺术符号。是"祖源记忆"的物化。

这个"纵目"的造型，来自炎帝集团在红山文化时期创作的三星他拉龙（C字龙）眼睛的纵目形象（图10-13）。

而当代学者的表述是，据1985年发表在《考古与文物》第6期上的《周原卜辞中的"蜀"》一文中所说："所谓纵目，或释为'雕题'。《礼记·王制》孔颖达疏：'雕，谓刻也；题，谓额也，谓以丹青刻其额。'据说清末光绪二十年（1904）左右，有自藏区途经成都去北京的二十余人，为人围观，其人额上均有一直孔，内含黑珠，酷似三眼。额上一目，乃幼时刻额嵌石所致。近代灌县二王庙的二郎神像亦为三眼，据李思纯考释，二郎本氏人猎神，助李冰治水有功而入祠焉（见《江村十论》）。最近又有报道，在川西北今阿坝藏族自治州的巴郎山等地，尚有以艾青灸额头眉心为'眼疤'的人，自称是嘉戎人中的'哥邻'之一部。我们认为上述种种可能都是蚕丛'纵目'遗俗的流变。最初把纵目——这种雕题记载下来，不过是周人为了表现这种'西土之人'的蚕丛氏与渭水流域人们不同的面容特征，写成了那个纵目而视的'蜀'。据《羌戈大战》传说，戈基人眼睛不能平视，平视须埋头纵目，即把眼睛'竖起来看东西'。另外，川滇交界处的纳西族有《人类迁徙记》的传说，讲到'眼睛直生的天女美，眼睛横生的天女好'。纳西文字也是象形文字，直眼作𐄷，横眼作᠍᠍。这'直眼'可能就是'纵目'的象形，殆即我国西北人中间所反映的蒙古人种北方支系的体征。这两者均备一说。"

笔者以为，那篇文章关于"纵目"的解读虽然纵横豁达，但似乎主观见解多了一点，科学的含量少了一点。2009年3月中国中央电视台四套的一次"国宝档案"节日中，对三星堆铜人的纵目作了"纯科学"的解读，认为那是因长期食用缺碘的盐，患甲亢病而造成眼球外突的原因。并引用地质学家的解读说，岷江沿岸主要是古生代至中生代的浅变质岩，以千枚岩为最常见，用这样的土石煎煮出来的盐，必定严重缺碘。对此解读，笔者是不敢恭维的。这缺碘患甲亢是有理，但这缺碘的盐不可能只在三星堆时代才有，从新石器时代晚期到新中国成立之前，这四千来年之中，蜀地的人都在吃这样缺碘之盐。因此，这就没有理由说"纵目"的蜀人只在三星堆时代才出现！所以笔者对纵目人的思索才另辟蹊径，才有了本文一开始就表述的对纵目人的猜想。

一、古籍中关于"纵目人"的叙述

这个古蜀的"纵目"形象以及它与北方的"炎帝"的挂钩，在《山海经》中是有所影射的。《山海经·大荒北经》中提到北方钟山有条巨龙——"烛龙"。它有以下特点：1、它在北方，在章尾山，身躯极长，一伸腰就能达到千里之外。2、它不吃不喝，不睡觉不呼吸，一动不动整年整年蜷伏在章尾山下，已是神了。3、它是蛇身，通体赤红，长着人面。眼睛不是横的而是直的。4、它的眼睛又大又亮。一睁眼，天外就变成了白天；一闭眼，天外就是一片黑暗。5、它只要吹口气，天外就变成了寒冷的冬天；它只要一吸气，天外又变成了炎热的夏天[12]。看来《大荒北经》讲的这条龙当然是神，而且比神还"神"！当然《山海经》不是新闻特写，也不是报告文学，它是百分之百的"神话传说"，但是"无论多么小的传说，也必有核心"（日本·柳田国男著《传说论》），另一个日本学者岩漱博在《传说学探索》中对传说的"核"做了进一步阐述："……除掉具体事物，就意味着传说的不存在，所以也可以说只有具体的事物才是传说的核心。""对于核来说，是人类心理状态的表现，作为口头文字的传说虽然是完成了，但对核里所表现的以往的心理状态是紧密结合在结构里。"基于此，我们从"烛龙"的传说中来解读它的"核"，来观察形成这个"核"的具体事物。笔者以为，构成"烛龙"传说的具体事物，就是在族群迁徙中携带的，形成于红山文化期的蛇形的玉玦和玉祖（猪）龙，或者是C字龙。上述传说的第一点，暗示这样蛇形的龙出自北方。更早的祖先在北方。但祖先在迁徙在移动，即所谓的身长千里。第二点暗示这个龙已经是条物质的龙，是用美丽的石头制成的龙。所以才不吃不喝，不睡觉不呼吸。第三点指出这个龙，既是部落种群对不曾见过的远祖的想象，又是"天人合一"意识中的祖先形象，其主要特征是"纵目"，即"直目正乘"。第四点指出祖先对"眼睛"的理解。世间的万事万物都与眼睛有关系，睁眼万物出现，闭眼万事消除。或许这便是古人对眼崇拜的认知基础。

后来的注家郭璞在注释《山海经·大荒北经》中的"直目正乘"时，将"直目"释为"目纵"之意。笔者理解，这"目纵"和"纵目"是可互解的。然而现今有学者将三星堆青铜人像标本K2②148那样的有圆柱形瞳孔的眼纹指认为"纵目"，并用那样的十分独特的眼纹来笼统代指众多平面的"纵目"，一定程度上又造成了概念的混乱。笔者以为，"横"与"纵"是二维空间的认知，"凸"与"凹"则是三维空间的认知。这中间是有很大差别的。

《山海经·海内经》说："炎帝之妻，赤水之子听訞生炎居，炎居生节并，节并生戏器，戏器生祝融，祝融降处于江水。"对此，有学者认为"祝融"的音读与"烛龙"相近，就是说传说历史中炎帝后裔的"祝融"，即是传说神话中的"烛龙"。换言之，是在说前面提到的北方的"烛龙"，已经来到西方的江水，被称为祝融，被明确为炎帝后裔。既然那条红山C字龙来到西方，红山C字龙的眼睛"纵目"也一定进入西方，所以才可能在西方的瞿堆，蚕丛纵目，称王建蜀。鉴于此，《楚辞·大招》才说："西方流沙，漭洋洋只。豕首纵目，披发鬤只。"到汉代，更是说纵目人来自西方。这或许也是和"蚕丛纵目，王瞿上"的瞿上在西方有关。

二、考古出土与民间收藏的纵目人形象

（一）出土文物展示的"纵目人"

殷墟甲骨文和西周金文中"蜀"字上部，即《说文》所指的"上目象蜀头形"。对此，可不可以认为，早在三千年前的商代，纵目的"蜀头"，或者说蜀人的纵目，或者说纵目人的纵目已定性为一种认知符号？

殷商至西周时段中，三星堆祭祀物坑中有多个以青铜或黄金制作的人像、人面具中的"纵目"的眼睛造型（图10-15）。

民间也收藏了多个玉（石）制作的有"纵目"的踞坐人像（图10-14）。

殷商妇好墓出土的"梳短辫玉人"，其双眼的"纵目"特征十分鲜明（图10-16）。

图10-14 民间收藏
古蜀玉器上蜀头的
"纵目"形象

图10-15 三星堆青铜人像
的"纵目"形象

（二）品牌博物馆展陈的"纵目人"

中国台湾的震旦艺术博物馆藏有一尊青黄色玉质圆雕的"玉神人兽像"，高15.5厘米，宽6.5厘米，厚3.2厘米。其双眼纵目表现十分鲜明。图10-17台北财团法人震旦文教基金会出版的《红山玉器》一书，以此纵目的"玉神人兽像"为封面。2010年的上海世博会上，这个纵目人被放大为巨人，置于中国台湾馆的屋顶，煞是被世界注目了一番。除此之外据资料介绍，这类纵目踞坐的玉雕像，在北京故宫博物院、台北故宫博物院、美国克利夫兰美术馆、瑞典斯德哥尔摩远东博物馆、英国剑桥大学费滋威廉博物馆都有所典藏。

（三）一流拍卖公司公开拍卖的"纵目人"

北京翰海拍卖有限公司于1996年公开拍卖了一件名为"玉雕太阳神"的红山文化玉器，器高7.7厘米，黄绿色玉质，少量褐红色沁。面部为双角牛首，招风耳，纵目眼。体态为人姿踞坐。图10-18估价200万—300

图10-16 殷商妇好墓中"梳短辫玉人"的"纵目"形象

图10-17 中国台湾出版《红山玉器》的纵目人形象

图10-18　北京翰海拍卖的"纵目人"

万人民币，成交价242万元人民币。若以体量与价位为比较口径，这件"玉雕太阳神"至今仍是全世界中国玉的最高价格！这件民间藏品攀上如此高的价位，大概因为它曾被一位名气颇大的学者收藏，并曾刊登在一本20世纪中叶的出版物上。笔者看来，该件玉器是否出自距今五千年的红山文化期还可推敲。这件玉器虽有红山玉作的工艺遗韵，但鲜明的是有着古蜀纵目人的造型特征。因此说它是件距今三四千年的古蜀玉器，争论性可能会少一点。

（四）民间收藏的"纵目人"

图10-19是《云窝楼》收藏的、以蜀地产的岷玉和外来的绿松石制作的十数件纵目人之一。这些纵目人，最大的高超过20厘米，最小的仅高2.8厘米，多数在七八厘米左右。其创作都恪守三个艺术原则：一，都是圆雕完成。但大小不一，造型有别。二，双眼都是纵目。三，体态都是踞坐，但面部表情和体姿细节无一雷同。而且每件作品的颈背部都有双向贯穿的"牛鼻穿"孔，部分台阶痕仍存，应该都是可作随身佩带之物。

图10-20选自上海市炎黄文化研究会、上海市收藏鉴赏家协会合编的《上海民间收藏集锦（第一辑）》。这件刊于该书第13页的"纵目人"被解读为："玉立雕神人，地方玉，红山文化。高13.8厘米，宽6.5厘米，厚4.4厘米。玉色呈浅湖绿，质甚佳，有淡褐色沁斑。颈后有穿。此器可佩可摆。"

图10-21选自钱益中、韩连国著的《红山古玉》一书，其文字说明是："玉神人，高12.8厘米，淡绿色玉，带黄白色土沁及蚀斑。头顶有四角，斜眼上挑，头部似猪又似牛，巨腹隆起。"

图10-22选自杨天佑著的《万古奇珍——泛红山文化玉群》书中图8-2。杨氏出自一个收藏世家，曾在哈尔滨军事工程学院从教二十多年，现定居美国。他"有幸有机会收藏一批极具价值的古玉器"，认为"古玉是与中华文明密切相关的，世界上只有中国有一部远古至今连续的玉器制作史，也即是一部玉制的中华文明史。古玉器给出了各个历史时代的许多文明信息，这是其他文物所不可比拟的"。笔者是十分赞同他的上述认知的。但不知何故，也许是杨天佑先生常居美国，天外来客的资讯太多太易获悉，竟然对这件有着古蜀文化元素的

图10-19　《云窝楼》收藏"纵目人"

图10-20　《上海民间收藏集锦（第一辑）》书中的"纵目人"

图10-21　《红山古玉》书中的"纵目人"

图10-22　《万古奇珍——泛红山文化玉群》书中的"纵目人"

纵目人做出如下解读："长角外星人。高7厘米，宽2.3厘米，厚2厘米。青玉，有灰皮，褐色沁色。此造型为一大头小身之外星人。屈蹲状，双手扶膝。头型略似牛，一双水滴状环眼凸起，眼角高挑。鼻前噘，口未饰出，一双大耳似猪耳，贴于两侧，头顶生一双锥状直立长角。颈后有一对钻牛鼻穿。"

　　柏岳著的《玉海拾珍》第82页也有一件纵目人像。曾任民建中央常委、中国收藏家协会玉器专委会副主任的柏岳先生对这件纵目人做出如下解读："牛面人身佩，红山文化玉器。高7厘米，宽3.5厘米，厚2.5厘米。淡黄绿色贝加尔玉，质地细腻坚硬。牛面人身，头上有四角，两耳上翘，足三趾，背面头后雕×形纹，背至臀浅雕葫芦形纹饰，琢磨极精细，应是红山文化此类玉器中之极品。红山玉器中对此类造型多称为太阳神，在形制上变化多端，最明显的一是四角，一是二角；一是梭形眼，一是圆眼；双足有的向前有趾，有的外撇无足趾，等等。其造型之怪异、神秘，令人不理解，不知最初命名为太阳神出自何人，有何根据。在《黄帝·黄帝陵》一书中，见到有一则与太阳神有关的论述，即三皇五帝中的炎帝（神龙氏），其母女登在采集野果中与飞龙接触，怀孕三年生下炎帝。炎帝出生后牛头人身，长大后天资聪明，智力过人，被拥戴为部落首领。据史书记载，炎帝一生的最大贡献是'尝味草本，宜药疗疾，救夭伤之命……，后世人尊称炎帝为'太阳神'、'农业神'。但炎帝生于陕西峪沟，死后葬于宝鸡天台山老君台。而红山文化起源于距今八千年至六千年的东北及内蒙辽河地区，发展于五千年至六千年的红山文化区域，把此类造型玉器称为'太阳神'似乎没有切实联系。其形象与光芒四射，为万人企盼崇拜的太阳也相差甚远。在当前无法追根探源破译其神秘内涵之时，不如也姑且以形命名称之为牛面人身玉佩更切实际一些。此类玉器不见考古实物，是民族图腾的可能性较大。"

笔者在此不遗余力去东拉西扯，无非是企图去堵住当今的一些体制内学者的嘴，恳请他们不要信口去说民间收藏中出现的纵目人全部是新货、仿品、臆造物。当然要让那些学者心服口服，还得从学术的层面上进行逻辑表述。

第五节　由"纵目"面相发展出的面具文化

古蜀表达独特祖源记忆的形式是什么呢？是它的"面具文化"和以面具为鲜明道具的祭祖仪式。

古蜀的"纵目人"，应该就是戴纵目面具的人。笔者理解这应该有两层意思：一是纵目面具是祖源记忆的物化，二是戴上纵目面具便能够与先祖沟通。关于此，中外学者早已做出指引，说："原始人类通常都会在图腾祭祀中广泛地使用面具，以赋予自己进入图腾或神的世界中去的精神，并由此来沟通人与图腾或神的世界。""巫师的面具不仅可以使自己'进入灵魂世界'，而且也可以使人感到他们已进入灵魂世界。"笔者以为，这样的解读已"学术"得近乎"玄"了。因为这样的"学术"不能激发出受众的联想，不能引导受众进入自身体验的层面，所以说有点玄。笔者以一个不是"学者"的理解去认知，以为只有戴上能遮挡瞳孔的面具，才能阻挡客观物象产生的兴奋，才能更快生成主观物象的"幻觉"去与祖先沟通。为了生成幻觉，不仅要遮挡视觉，还要喝酒，还要高唱狂舞，产生麻醉，产生疲倦，来促使尽早生成幻觉。应该说，能够生成幻觉是古蜀人的一种荣耀，且看三星堆出土的人像人面中，只有笔者称为"祭祀主持人"和参与者中的"正式代表"，才有戴纵目面具的特权。其他那些虽戴面具却露出瞳孔的，或根本没戴面具的，当是无法产生幻觉，不能与祖先沟通的另类。

面具代表神灵，借助面具与神灵对话交往，是中国一个古老的习俗，古蜀则是开创这个习俗的先声。在中国的商周和商周之前的考古学文化中，古蜀面具是迄今认定的唯一，所以说是"独特"的。三星堆出土的众多青铜人像，可以清晰看出他们几乎是都戴有面具。笔者从《云窝楼》所藏古蜀玉器中的多件纵目人雕像中，选出三件去对古蜀的面具文化进行观察。

图10-23，戴纵目面具人面像。半圆筒形，高3.3厘米，筒形上端直径3.4厘米，下端直径2.7厘米，壁厚0.4厘米。新疆白玉，泛生坑玻璃光，间有灰黄色土沁斑。上大下小的半圆面上，高浮雕出一个五官齐全的人面。一副无瞳孔的纵目面具架在额头下鼻梁上。面具上的双眼外凸，由三个拱立的块面组成。立体感强烈，工艺十分精准。那是一副架在鼻梁上的纵目面具，而非脸面上的一块纵目长相。现代仿制品上出现的"纵目"便是后者，是脸上的"纵目"样刻线纹。

图10-24，戴纵目面具的跽坐人。圆雕玉器，高17.5厘米。几乎通体生棕红色沁，开窗处可见豆青玉色。泛蜡光。表层部分已蚀为橘皮状，部分生灰皮。造型为一跽坐人（但腔与足掌不在同一平面，亦可称为下蹲人），双膝上的双手，托起一张倒梯形的，有纵目、有鼻、有嘴，并且吐舌的面具，罩在跽坐人的面部。为了表现跽坐人自身也有面目，便在跽坐人双耳的上方，刻画出自身的双眼和鼻息。

本器造型有几处特别：1、面具呈倒梯形，有眼、鼻、嘴。不像三星堆青铜人的大多数面具那样呈蝶状纵目。2、面具上有吐舌的表现，这是否代表着当时的一种习惯？至今在藏民生活区，藏民见到敬畏之人还会有吐舌的表情。3、持面具者不是标准的跽坐，这样的形体动作和所持的这样的面具，是

图10-23　民间收藏戴纵
目面具的人头像

图10-24　民间收藏戴吐
舌面具的踞坐人像

图10-25　民间收藏后脑
系面具的踞坐人像

一种当时蜀地的习俗，还是因琢玉工艺不到位的一种偶然？

图10-25，后脑系面具的踞坐人。圆雕，器高11厘米，通体生棕褐色沁，难识原有玉色，泛生坑玻璃光，器上的沟底和孔壁生灰皮。造型为标准体形踞坐之人，五官俱全，表情肃穆。他的后脑背系着一张面具，其额上的皱纹表示这是一副长者之面孔；双目已是骷髅般的圆孔，应当是一张死者的面孔，祖先的面孔。

本器的造型，是否在叙述古蜀人在举行戴面具祭祀之前，是将面具系于脑后的，在祭祀时，由主祭人发令，全体参加者一齐将系套在脑后的面具拉下来罩在面部呢？

以上三例是用玉文化的语言，表述古蜀独有的面具文化和独有的祭祀形式。它与三星堆青铜文化表述的面具文化、祭祀形式应该是一致的。或许玉面具在古蜀当年是气象万千，十分流行的。时至今日，有缘之人还可能在古玩市场与之谋面。有学者研究，20世纪二三十年代就有一批玉面具流散海外，其造型与刻纹独特、玄秘。针对此，1937年刘大年刊文认为，玉"鬼面，余疑为玉方相，系以铜制，蒙于面上，以驱厉鬼，后因蒙面不便于行动，铜制又过于笨重，逐改用玉制，而钉于冠上以替代之"。笔者对上述"刘说"是既相信又不全相信。相信的是，玉面具和铜面具都是古人可随身戴佩的祭祀之器。不全信的是，面具的功能是"以驱厉鬼"，还是怀念先祖？玉面具出现在铜面具之前，还是之后？是在同时使用还是在分场合使用？

图10-26　民间收藏玉方相氏。左图戴面具的方相氏，右图取下面具的方相氏

　　笔者以为，铜（金）面具可能是在大型祭祀场合中集体使用的道具，玉面具则是供个人随身之物。铜（金）面具的造型可能比较定式，玉面具则相对多样。

　　图10-26，玉方相氏。前边提到的刘大年在1937年所言的"玉鬼面，余疑为玉方相"应是指本器。本器为圆雕之立人造像，高15.5厘米。绿黄色玉，有较强的透明感，泛生坑玻璃光，杂有水沁痕和褐色沁斑。立人双手叉腰，头戴鸟冠。上身着羽装，下体穿齐地筒裙而不现双足。腰束宽带，带有纹饰。立人戴有面具，面具可剥离。面具上五官奇特诡秘，一对鸟翅形招风大耳，两只圆柱形大眼外突，长长的嘴唇紧闭，其形态与三星堆祭祀物坑中的青铜面器K2②：142如出一辙！

　　笔者以为，此器可能已不是蜀玉而是中原玉作，制作时限在东周到西汉，可能在蜀灭之后。《周礼》中有"方相氏"的职称，当今学者解读方相氏说："其职能是戴黄金面具驱鬼疫，抑或者方相氏曾由氏人担任？"

　　笔者认为，本器还有一种解读，该戴面具的玉立人，是周朝祭祀活动中的"尸"。"尸"是由活人装扮的受祭人，即祭祀人的祖先。或者说在祭祀活动中代表祖先，接受祭祀人的膜拜和祭祀。"尸"在整个活动中是必须穿戴先王先公的衣物，面相亦要如祖先。笔者在本书第十五章中解读三星堆出土的那三具被学界称为"青铜半圆雕大型神人面像"、"铜兽面像"等等青铜面具的内涵时认为，那三张面目（K2②：142、K2②148、144标本）便是古蜀人在祭祀先祖活动的"被祭祀对象"，即古蜀人的祖先形象。

如若上述解读成立，笔者大胆推测《周礼》祭祀活动中的"尸"和宗庙内庙主关系的安排，其中原祭祀文化有可能嫁接搭借了古蜀的面具文化。

第六节 从"纵目"体现的龙的人格化看"龙的传人"在藏缅语系中的再接力

亦如前边提到的，笔者"相信的是，玉面具和铜面具都是古人可随身戴佩的礼神之器"。即是说，面具之类的器物可戴于头面，亦可佩于身上。下面展示的两件《云窝楼》所藏古蜀玉面具应该就是属于可佩于身的。

图10-27是件玉面罩，半球形，一面圆突，一面挖空。顶部有穿孔可供悬挂和佩带。高15.7厘米，宽13.5厘米。高浮雕的眉、鼻和颧骨，镂空的纵目和撅翘的嘴唇。五官端庄，表情肃穆；造型准确，工艺精湛。青白玉质，泛生坑玻璃光，局部蚀化。应是古蜀晚期作品，其艺术水准可与春秋战国时中原诸国的玉作匹敌。

图10-28是件圆弧形面具纹玉片。长5厘米，高3.3厘米，弧璧厚0.2厘米，起弧的正面上有厚1.5厘米、球冠形的人面像。玉片四角有穿孔，此器应是可

图10-27 民间收藏半球形玉面罩　　　图10-28 民间收藏圆弧面具玉片

钉（缀）在帽冠之上。青玉，有透明感，泛生坑玻璃光。玉表局部生灰皮。此器看似简单，实则工艺难度极大，应是古蜀晚期作品。或许本器的构成，就是前面提到的刘大年先生所言的"逐改用玉制，而钉于冠上以替代之"。

行文至此，我们可不可以产生这样一个猜想：古蜀的符号化了的纵目人是中国龙文化中，龙的人格化的一次大爆发；是中国本土哲学"天人合一"思想的明晰显现；是中国玉文化进程中"人化玉器"的最集中最典型的代表？我们甚至还可以说，古蜀面具文化中的主角纵目人，举起了中华民族"龙的传人"的又一程"接力棒"。公元前316年，以氏羌种姓为主的古蜀国被秦灭亡了，追求大一统帝制的秦对蜀人大力挤压，着力更改其祖源记忆。蜀人向更加西南方的地域逃窜，在又一次较大规模的种群大迁徙中，蜀人与现今中国西南地区的多处土著种族，发生了种群大混化，文化大交流，生成了当今包括藏族、彝族在内的藏缅语系中的中国西南的多个少数民族。在这样的迁徙、融合中，或许什么都丢了，唯独面具上那个纵目、那个作为"龙的传人"的祖源记忆一直保留至今！

一、且看藏族

迄今为止的科学考古指出，虽然在西藏雅鲁藏布江中上游地区发现了新石器遗存，但其出土物无法证明那个地区的先民种群已萌生或者进入"文明时代"或"方国时代"。西藏的"早期金属时代"的考古发现，也无法证明已达到古蜀文明的高度。在部落大迁徙中，往往是站在文明高地的种群向处于文明低地的地域流动；在种群大融合中，只能是强势种群对弱势种群的包容。

至今仍在藏区流行的关于藏民族先祖的传说历史，是印度佛教传入藏区后，受佛教文化元素影响而构成的。这种传说历史出现的上限，至少比蜀亡国后氏羌人向青藏高原迁徙要晚五六百年。关于藏族创世神话与人种的起源说，藏族权威史书《西藏的观世音》（又称《松赞干布遗教》《柱间史》）写道："由大慈大悲观音菩萨派弟子猕猴神师哈黎摩达到北方雪域深山修炼时，救度母点化的岩魔女装扮成妙龄女子用多种姿色多次要求与他成婚，观世音欣然允许他与岩魔女成婚。不久生下一只猴崽（有说6只），后来繁殖四百多个崽儿。观世音菩萨将他们分成父亲和母亲两大类：凡属父亲的后裔虔诚敬信、善良聪明，勤奋克忍，大智大勇，这是菩萨之种；凡母亲多赤面，个性顽强，体壮健美，动作敏捷，精于买卖盘算。无信仰、不恭敬、难克忍、好女色、易暴怒、爱妒忌。贪财图利、自喜清高，这是食肉妖魔种。观世音菩萨赐给猴们五谷种子，教猴们食五谷，将金沙撒向雪域大地，叫雪域大地时时可在本土开采宝藏，每每能从域外招财进宝，常有超凡菩萨纷至踏来作加持。"

可以看出"藏区"和"蜀地"在社会历史、文化民俗方面体现的"祖源记忆"，以及在"共祖意识"中形成的"根基情感"是何其相似。

二、又看彝族

时至今日，中国彝族主要分布在四川的西南部和云南的东北部。笔者以为，这和古蜀文明的向南扩张、古蜀氐羌族群向南迁徙有因果关系。笔者从相关文献的只言片语中，进行了链接和推测，认为古蜀南行，时空跨度都很大。时间从鱼凫王朝的结束到西汉早期，其间达一千余年；空间范围包括三大路线：一路为沿金沙江向南，经四川的西昌、会理，进入云南的大姚、姚安，落户滇中的昆明至江川一带。对此，史籍和考古都有照应。《史记》讲："蚕丛国破，子孙居姚、傭等处。"在此，笔者认为"蚕丛国破"，可能应是"鱼凫国破"，因为"蚕丛国破"时没有种群大迁徙的必要性和可行性。"鱼凫国破"则是可能的，造成三星堆文明突然消失的那次特大地震，响起了鱼凫国的尾声。地震带来国破家亡形成迁徙。针对在江川等地考古发现的大量带有古蜀文化元素的青铜器和玉（石）器，比如有太阳纹和蛙纹的铜鼓；有青铜杖首、青铜贮贝器；有反映民族迁徙的青铜浮雕艺术品（亦被称为《战胜而归的甲士》）；有玉凸唇环（亦被称为《有领环形器》）等等，考古学家对此的研究结论是"属于一批外来移民"，"公元前七世纪左右就抵滇中"。

南迁的第二路是进入云南东北部。那算是古蜀人"回娘家"，因为据《华阳国志·蜀志》讲，蜀王杜宇之妻为汉代朱提郡（今云南昭通地区）人。所以笔者戏称此举是回娘家。大概古蜀氐羌人是"去了就不想走了"！与当地土著种群进行民族融合而生成了彝族。彝族史籍《西南彝志》记载彝族始祖"笃慕"在蜀地发生洪水时由蜀地南迁，辗转到达滇东北一带，娶三妻生六子，成为彝族先民六祖。四川旅游学院徐学书教授著文说："此笃慕，研究者多认为即汉文史籍中的蜀王杜宇。川西南的黑彝还传说其先民在六祖之前的葬俗为行石棺葬，后因出了专吃人尸的野人，才改用火葬。后来，始祖笃慕由蜀地率众南迁至云南东川一带并逐步发展开来。近年在云南昭通地区发现有与四川广汉三星堆蜀文化有关的文化遗存，或与彝族传说中笃慕——蜀王杜宇南迁有关。"

南迁的第三路，在中国古史文献及越南古史文献中都有记载，即西汉初曾有蜀王子率三万蜀人大军征服交趾建立安阳王国，后因被南越王赵佗灭国而率余部逃亡出海。笔者以为，现代考古学文化中，在越南、泰国、马来西亚等地出现的"东山文化"，其间有着明显的古蜀文化符号，那应是理所当然的事。

从现今彝族的许多生活习俗上，还能看到古蜀人行为的影子。比如，当今彝人有踞坐的习惯。比如，彝人头饰"天菩萨"，是否就是三星堆青铜面像上前额突出的"云气冠"（？）（见标本K2②142、144），即那个氏羌人祖姓之一的"乞（乙）"姓标记呢？应是一种流传两三千年的"祖源记忆"。再比如，当代彝人仍然保持的"崇竹拜火敬虎"的崇拜指向，这在古蜀文明中是可以看到的。再比如，现今彝文的上沿古彝文，其字形、结构和书写模式与古蜀文字有许多相似之处。更加大众化的彝人和苗人至今还在演唱的傩戏中，其面具上的一对纵目，依旧那么活鲜生动，源源不断地讲述着作为"龙的传人"的祖源记忆。

注释：

[1]胡昭曦：《论汉晋的氐羌和隋唐以后的羌族》，载于《历史研究》1963年第2期。

[2]李绍明：《关于羌族古代史的几个问题》，载于《历史研究》1963年第5期。

[3]子德主编：《昆仑记》，四川文艺出版社2007年。

[4]胡鉴民：《羌民的信仰与习为》，见《边疆研究论丛》1941年本。

[5]《后汉书》卷116、117。

[6]李绍明：《古蜀人的来源与族属问题》，见《巴蜀民族史论集》，四川人民出版社2004年。

[7]饶宗颐：《纵目人传说与瞿方》，见《西南文化创世纪：殷代陇蜀部族地理与三星堆、金沙文化》，上海古籍出版社2010年。

[8]李绍明：《古蜀人的来源与族属问题》，见《三星堆与巴蜀文化》，巴蜀书

社1993年。

[9]见《文物》1987年第10期。

[10]谭继和：《三星堆神祺文化探秘》，见《巴蜀文化辨思集》，四川人民出版社2004年。

[11]孙华：《神秘的王国》，巴蜀书社2003年。

[12]《山海经·大荒北经》："西北海之外，赤水之北，有章尾山。有神，人面蛇身而赤，身长千里，直目正乘，其瞑乃晦，其视乃明，不食不寝不息，风雨是谒。是烛九阴，是谓烛龙。"

288

第十一章 杖——古蜀人对天梯 "建木"的符号化

1986年三星堆1号祭祀物坑中出土的那根金杖，以其精贵的纯金制作让所有观看者惊叹不已，记忆深刻。因其杖上的图案既清晰又诡秘，让不少研究者浮想联翩，笔墨纵横。然而，这金杖的礼仪价值和礼仪功能是什么？它的创意源自何处？在笔者的视野中，似乎是谁都在说，谁都没有个定论。有的是下笔千言，离题万里；有的是有些端倪，但又找不出更多的证明，理不清更多的学术逻辑。所以说至今这根金杖仍然是一条舞动在神秘手中的魔杖，随意敲打着那些敢于面对它的研究者的头脑。

第一节 三星堆金杖，众说纷纭难定论

严格地说，这件出土物是一张曾经包裹在一段木棍或竹棍上的纯金杖皮。长142厘米，重500克（一说463克），卷合起来的直径2.3厘米。其上端有一段长46厘米的线刻纹饰，图案分为三组：最下一组的内容是两个前后对称，头戴5齿高冠，耳系三角形耳坠的人头。上面的两组图案相同，下方为两背相对的鸟，上方为两背相对的鱼。鸟的颈部和鱼的头部压有一枝羽箭。这些图案的内涵是什么呢？这二三十年来，学者们的解读可谓是天马行空。段渝先生认为"鱼、鸟图案的意义在于，鱼能潜渊，鸟能登天，它们是蜀王的通神之物"。成都文物考古研究所的专家，鉴于金沙出土的金带与三星堆的金杖两者图案的基本一致，指出"在这个组合图案中，人头像和鸟是需要表现的主体，鱼是被射杀的对象，反映的是古蜀人对祖先（人头像）和鸟的崇拜"，"鸟在这个图案中究竟有什么作用不是很清楚，但神鸟的寓意和对鸟的崇拜则是肯定

的。鱼是被射杀的对象，是征服者的战利品"。作为既是四川省文物考古研究院研究员，又是中国作家协会会员的"两栖"学者黄剑华先生则说："属于帝俊神话体系的羿的传说，很可能源起于《山海经》，而后在长江流域和许多地区都有了广泛的流传。古蜀国与周边区域自然也包含在射日神话广为流传的范围内。三星堆出土的金杖上有羽箭穿过鸟颈的图案，会不会就是射日神话的一种反映？尽管这不过只是一种分析和猜测，但金杖图案已生动形象地透露了古蜀国制造使用羽箭的信息，思维活跃富于创造的古蜀先民们因而产生射日的想象和传说，也是很自然的事情。"还有解释说鱼鸟图案"像是千只鸟成队驮负着鱼飞翔而来"，而"人头的身份是代表的神人之类的人物"。再有解释鱼鸟图案为"似表现鸟驮负着被箭射中的鱼飞翔而来"。台湾学人这种将鱼鸟图案与巫术联系起来的看法，甚至建立起超越时空的共鸣，川籍学人将其描绘得更为生动具体："金杖上那鱼被箭射杀，鸟又连箭杆带鱼地驮负着成队飞来的图案，是蜀人根据顺势或模拟巫术的原理雕刻出一幅通过巫术而希冀捕鱼成功的渔猎祈祷图，当然其中也隐含着图腾崇拜的意味。"除上述属"天才猜测"的种种外，还有一类解读，即认为这是古蜀历史中鱼凫氏的文化遗存，一般多指向蜀王鱼凫。段渝先生认为"金杖图案上的人、鱼、鸟，正表现出'颛顼死即复苏'、'是为鱼凫'这种上古人们关于人类与动物的相互转化观念"。孙华、苏荣誉先生的著作《神秘的王国》中更有明确说法："金杖上的图案实际上可以分为左右两组，每组一个人头像、一鸟、一带箭鱼，从某种意义上来说，很可能正代表了三星堆王国执掌权力的两个族群。"对此"联合执政"的说法，朱乃诚先生在《金沙良渚玉琮研究》一文也指出："在金沙遗址和三星堆遗址出土的文化遗存所反映的人的族群，可能至少分属两个族群。""金沙遗址和三星堆遗址的高层文化遗存所有者可能与良渚文化后裔有关。"对金杖上的鱼、鸟、箭、人的图形表述，笔者以为该图案的主体是一支箭贯穿一只鸟和一条鱼。这就十分形象而准确地表达了古蜀鱼凫王朝是两个族群的"联邦"制"国家"，是蜀地北方的将祖源指认为鸟鹗族群的凫氏族，与蜀地南方的将祖源指认为鱼的鱼氏族的"联邦"，是广义的羌人与广义的氐人的联盟，是"蜀为氐羌国"的物证。笔者认为，箭在形而下有作射杀的武器功能，但在形而上可能还有了文化价值。一箭贯穿是"联"，折箭为誓是"盟"。

这根金杖的礼仪价值是什么呢？研究者亦是众说纷纭，黄剑华先生对其做了归纳："三星堆金杖的性质，也是学者们争论得较多的一个问题。在众多的看法中，大致可以归纳为两种意见：其一，认为金杖是古蜀王国的权杖，是由最高统治者执掌的王权和神权的象征。其二，认为金杖是巫祝之类使用的法器，是'祭杖'或'魔杖'。"上述解读用今天的话来说，三星堆的古蜀金杖就是"权"的代言，王权、神权；财富和巫祝亦是"权"的转换物。对此，持不同意见的学人指出，在中国的远古社会中，权的代言是"鼎"。周灭商后，武王命南宫括、史佚"展九鼎宝玉"表示天命所归，"鼎"为代表国家政权的礼器，"宝玉"则为代表国家政权的符命信物。历来的争夺政权，也以"问鼎中原"来代言，于是逼着"权杖"派去到西方、近东的"权杖文化现象"中去找"引进"的可能性和可行性。奈何出土实物又给出了否定：在三星堆文化抑或说古蜀文明的扩张区，在现今的云南，其古滇国的墓地中出土了众多数量的杖头，仅晋宁石寨山和江川李家山墓地就不下50件。于是，学界又因它们数量较多而与所谓的"权杖"无关，认为"可能是一种扶老用杖"。对于三星堆出土的这条金杖的解读，真有点儿"剪不断，理还乱"。在洋洋洒洒超过百万字的《三星堆文明丛书》中，有的根本不去涉及"金杖"，有的在金杖前面加上"所谓"二字，有的则提出"该金'杖'是否真的为杖，实际上还是值得怀疑的"。

第二节　着眼民间收藏古玉，另辟视角再看蜀杖

笔者斗胆，在此也对三星堆出土的那条金杖所负载的信息，以及古蜀用杖的可能情况做出自己的有所创新的解读。笔者在历史学、考古学方面是十足的"白丁"，之所以敢"班门弄斧"，是因为：一是笔者从民间收藏的古蜀玉器上看到了古蜀人用杖的情景画面；二是笔者在向资深学者谭继和研究员请教中，坚定了应该用古蜀的人文地理、崇拜信仰去解读古蜀文明的探索路子。

笔者对古蜀"杖概念"或用杖文化现象的理解是：

1、古蜀对"杖"的认知和使用，既不从属于中原商、周的祭祀文化，更不是西方诸国用杖文化的引进。

2、古蜀的杖，是形而上的王者的祭祀专用礼器，是古蜀祭祀祖先，企望祖先"降临"、"垂鉴"、给力后代的通道——天梯"建木"的符号化。王者双手握杖，彰显着部落众人与祖先的沟通权，只能掌握在"王"的一人之手。

3、蜀王专用的杖，还是所在王朝的重要信息载体。

4、随着时间的推移、社会的发展、观念的更新，旨在沟通祖先的古蜀的"杖"，从王的专用之物，变成了大众之物，成了蜀地和蜀文化扩张地区，各阶层人士在各种场合中与祖先沟通的必用之物。

笔者上述解读的依据如下。

一、考古学观察

1、三星堆一号祭祀物坑出土了一根"包金木（竹）杖"，应是一种基本"公认"。只是有学者认为"金杖很可能就是一根单纯的金杖，无须杖头，杖身图案已展现出丰富的内涵"。笔者认为，古蜀用杖，一般都有杖首。三星堆一号祭祀物坑中的这根金杖，应属顶尖级别的，或者说是专属蜀王使用的，更是应有杖首。笔者猜想，或许当年砸毁掩埋时杖首已被拿走或丢失，或许在众多杂乱的出土物中还未甄别清理出来，或许被"张冠李戴"放在另一物件上了。

2、三星堆二号祭祀物坑中的那个特大青铜立人，双手握物的姿势，就是握杖的体姿，所握之杖，不是一根常规意义的直柱状杖，而是将就材料的呈弧形的杖，可能是一根象牙。象牙在古蜀人心目中是有特殊意义的，这在三星堆和金沙出土的大量象牙可以得出证明。笔者以为，古蜀人热爱象牙、崇尚象牙与他们从先祖继承的爱玉、尚玉的文化基因分不开。对此，川内资深学者陈德安先生在解读为什么将象牙与玉璋一起用于神山祭祀时就说"象牙的色泽、质感与玉相同，在祭祀礼仪场合，将两者配合使用，作为祭祀山川神祇之用品"。基于此，可否猜测古蜀人的如是观点：象牙和玉一样也是通灵之物。青铜大立人所代表的国家首领双手所握之物，便是与祖先"通灵"的天梯"建木"。

笔者还推想，三星堆一号祭祀物坑中的那个"青铜爬龙柱形器"，可能就是这条弧形象牙杖的杖首。首先，这个"青铜爬龙柱形器"的结构就有作为"杖首"的套接构成。其次，该器的造型，是"蜀龙"——红山C字龙的龙头概念与羌人创立的羊首概念相结合的独特形象。此外，该器的柱形体上有古蜀人中将祖源指向为鸮鸟的那部分种姓的祖先符号"𦥑"造型。这个"𦥑"符号正是三星堆青铜人所处的"鱼凫王朝"的上沿"柏灌王朝"的祖源符号。将这样的符号设为"杖首"正是一种祖源传承。只可惜这个符号被专业学者读成"在和龙相对应的柱壁另一侧，有一简化的头向下的夔龙纹"。忽略了这个符号的"先祖认知"和"祖源记忆"的内涵，导致解读无法深化下去。

3、三星堆祭祀物坑的青铜器中，那件下端中空、有钉孔有套接功能的青铜鸟，极可能也是一种杖首，可能就是另一尊（未被确认、未被复原的）青铜大鸟人"握杖"的杖首。

4、在古蜀文明的扩张区，即今日云南的晋宁、江川的古镇国墓地出土了多个"杖头"，证明杖成为天梯"建木"之后的符号，随着这个符号的传播，杖已由唯一之器变成了大众均可使用之物，杖成了人们在各种场合与先祖沟通时的必用之物。这种现象直到20世纪中叶，中国西南地区仍然流行以竹竿（杖）祭祀或超度亡灵的习俗。如在成都平原和长江三峡地区，民间在"回煞"（回殃）仪式中，须用竹竿一根，隔一尺贴纸钱一张，立于门口台阶上。在正月新年、清明前后十日及七月十五日上坟时，还用桑皮纸、草纸等制成纸钱或以彩纸剪成长条，挂在竹竿上，标于坟头。而西南地区的多个少数民族，迄今在祭祀先祖的活动中，都要使用竹竿（杖）。

"杖"的使用扩大化后，杖的价值观也发生了根本变化，杖的使用人已不分高低贵贱了，只要是活着的人，希望能够死后归魂的人都在使用杖。于是世间便既有金杖铜杖，也有竹杖木杖。

二、金文字学观察

蜀为氐羌国，即是说古蜀的臣民主要是由氐、羌两大族群构成。文献中和学术界有将氐与羌分别对待的，也有将氐羌合称的，或者说视为同一族群，祖源记忆已发生混化新生。笔者以为，这大概与炎帝集团大战后的溃逃中，在广大的时空领域内，"各自为种，任随所之"所形成的"一个祖源多个种群"的族群结构有关。所以氐羌又可合称，又可独称，还可互称。谭继和先生在《论古巴蜀巢居文化渊源及其历史发展》一文中指出："在巴蜀方言中有个奇特的字'氏'。这个'氏'与'氐'字是相通的。""'氏'是巴蜀人的一种特殊称谓，是巴蜀方言。一定区域方言，往往表现了该区域一些特征的文化习俗。"以谭先生这个"表现了该区域一些特征的文化习俗"做解读指引，我们去识读西周金文中的"氏"字，就显而易见地明白用杖是古蜀人的一种文化习俗。西周芮公鬲上的金文"氏"字是"氘"，西周克鼎上的金文"氏"是"乀"，可见"氏"字的象形所指都是一根有杖首的杖。由此可见古蜀氐羌人用杖，不仅是一种文化习俗，而且成了一个符号被历史所接纳。这和商王朝的甲骨文将古蜀地"戴纵目面具的踞坐人"称为"蜀"一样，都是沿着中国文字的形成逻辑而生成的。当今研究金文的学者认为，氏字从乀，从◆。杨树达先生在《积微居小学金石论丛》一书中解读说："◆之本义为上下通。"笔者以为，这便是古蜀的"杖"和西方的"杖"的根本区别所在。亦即是笔者在本节一开始所指出的，古蜀的"杖"概念，是从形而下的捕猎工具演变为首领使用的标志物，再升华为形而上的礼器，亦即是古蜀在祭祀先祖时，那株先祖下凡与子孙世人团聚的通道"建木"的象征。类似笔者这样的解读，胡昌钰、蔡革先生在先。他俩认为"金杖图案的含意应与'神树'的龙、鸟含意相同，所以金杖是神树——社树的化身"。但胡、蔡二位先生却将结论定为金杖是鱼凫王朝的权杖，"国家之根本、权力的象征，当为权杖无疑"。这样一来，与古代西方的权杖文化现象扯到一起，便与笔者的解读出现了分歧。对此，笔者将在拙文《树——古蜀人的方位认知和独有的祭祖礼器》中，对"建木"的职能做出别样的解读。

三、《云窝楼》所藏古蜀玉器的观察

图11-1，浅浮雕玉片。最宽处16.3厘米，最高处12厘米。豆青色玉，通体钙化，生灰皮，边棱处有红沁。图案是一个披发的古蜀人奔跑着，单手举杖，做进攻的投枪状。身后是一个披发古蜀人，挥动双手在奔跑，紧跟挥杖人。这幅图画中，持杖者为带头人，为首领的意识已经出现。在玉片的左上角，有一个红山文化符号C字龙纹，暗示着祖先的指引和护佑。

图11-2，浅浮雕玉片。不规则长方形，边长为19.5×12.8×15.7×8厘米，厚2.2厘米。豆青色玉，泛蜡光。图案线条的底部有灰皮，玉片边棱有局部玫红色沁。图案是两个披发的古蜀人，一人双手握半圆形

图11-1　古蜀人的首领举杖带领族人进击的场景

网，另一人单手挥杖，在合围捕捉猎物。在古蜀人的头上，有红山文化符号的鹗（鸟）纹，画面的右后方是山岩。

图11-3，浅浮雕玉片。不规则形状，最宽处14.3厘米，最高处12厘米，厚0.8厘米。墨绿色玉，有半透明感，泛蜡光。表面局部灰皮，边沿少许红沁。图案的左下方是一只老虎，中部是一个头戴牛角冠的巨人，单臂举杖，欲投向老虎。巨人的身后是一个跟随的小人。图案的右上方有一只鸾鸟。画面的表述十分明晰：鸾鸟族群的首领，以杖为武器，以杖为标志，带领族群向猛兽搏斗，求取生存。

图11-4，浅浮雕玉片。不规则三角形，边长为17×17.6×17.3厘米，厚1.6厘米。豆青色玉，有蜡光，表层局部有灰皮，有少许红沁。三角形画面的左部是山，中部是树，右部是一个披发的古蜀人，单手执鸟首杖，面向树屈腿半跪。三角形的顶部是一轮圆圆的太阳。这幅画面应该已表述出"杖"在祭祀中的礼仪功能和执杖者在祭祀时的领导者地位。

玉器上这种向树屈腿半跪的姿式，在三星堆出土的青铜树座上也多有表现，说明这是古蜀的一种重要的礼仪动作。

图11-2　两个披发的古蜀人，一人张网，一人挥杖，合围捕猎的场景

图11-3　古蜀人的首领带领族人挥杖击虎的场景

图11-4　披发的古蜀人持有鸟纹杖首的仗向树顶礼的场景

图11-5 两个披发的古蜀人去"夺杖"，表达族群争夺领导的场景

图11-5，浅浮雕玉片。条形，长20.5厘米，高4厘米，厚1.8厘米。豆青色玉，泛蜡光，局部生枣红色沁。本件玉片构图特别，杖已经不被握在某个人的手中，这支有鸟首的杖是独立插入大地中的，两个披发的古蜀人向杖奔走过来，表现出"夺杖"的情景。看得出，杖已发展成拥有权力因素的器物，这种权的获得是需要"竞争上岗"的。这样的表象，折射出古蜀的社会形态处在氏族社会部落联盟的"禅让"状态，而非酋邦社会的"传位"状态。

第三节 三星堆金杖，是古蜀鱼凫王朝的史信

笔者在解读古蜀"杖概念"时指出，古蜀顶尖级的杖，也是一条历史的史信。一种信息的载体，记载着使用这条杖的这个王朝的重大历史事件。笔者认为，三星堆一号坑中的那根金杖是古蜀鱼凫王朝的用物，金杖上的图案，记录着一个重大的历史事件，即鱼凫王朝是由凫氏族和鱼氏族联合而成，是古蜀本土中有着红山文化遗承的凫族人，与外来的有着良渚文化遗承的鱼族人的"联邦"制"国家"。为了佐证这条信息，笔者用了《云窝楼》藏古蜀玉器中的一对白玉戈上的古蜀图语进行佐证。为了使证据更加充分和有力，笔者再引用三星堆已出土的一些文物以及研究者的结论，进一步来证明鱼凫王朝是两个族群、两种文化的联合。

（一）三星堆出土的青铜头像上的鼻翼形态并非全然相同。徐学书先生在《关于三星堆出土铜人面像之讨论》一文中指出："鼻翼较平圆的，代表发源于中国南部的部族，高鼻翼型的，代表来自北方的民族，因为那里的气候寒

冷，需要有较长的鼻梁来呼吸。"

（二）在三星堆二号祭祀物坑中出土了多个青铜面具，四川的学者将其划分为三大类别：人形面具、半人半兽和兽形面具。关于"兽形面具"，江章华、李明斌先生在其著作《古国寻踪》一书中如是说："兽面发现有9件，均出于二号坑。器形为薄片状，少数兽面的眼、额、口部尚可见描绘的黑彩。大致有三种造型：一种为兽面大眼、张口露齿、长直鼻、卷云纹角，兽面尾端向上内卷，面部两侧有倒'L'形耳。大小有所不同，其中二号坑的一件（K2③：228），形制最大，宽39、高21.6厘米。最小的一件（K2③：217）鼻翼呈旋涡状，下颌二孔在嘴角齿上。宽29.6厘米、高18厘米。第二种兽面的形制与第一种相同，只是颌下有相向的一对夔龙承托兽面，二龙头喙部下勾卷，尾上翘，大眼独足。兽面的眼、眉、齿及颌下的夔龙的眼多涂黑彩。第三种造型相对简化，无耳，齿用黑彩在口缝处勾画而成，眼睛较前两型小，位于延于尾端的勾卷云纹上，左右两勾状在面中部相对成鼻翼。尾端卷曲处和下颌两侧各有一小圆孔。宽均在28厘米左右。"笔者以为，这9件所谓的"兽面"，应是鱼凫王朝在祭祀大典中，作为王朝"联邦"之一的鱼氏族的家族标志，亦是鱼氏族将祖先指认为鱼的祖源记忆。这里的鱼氏族可能是大溪文化中将祖先指认为鱼的、沿长江三峡西进入蜀的鯀姓族群的后裔，也可能是良渚文化向西扩张中越人入蜀的后裔。虽是前后的迁徙，但却是大致相同途径的迁徙，他们血缘的混化，祖源的整合是有可能的，因此表现祖源记忆更多的是共祖现象，是时间下延的祖先印象。在这9件"兽面"中，良渚文化记忆显得强烈一些。其一，在整个构图上，都是以鼻梁为中心轴的对称布局。这是良渚玉器"神人兽面纹"的结构规律。其二，大而椭圆的眼与张口露齿的嘴，是良渚玉琮上"神人"的主要特征，这与蜀地氐羌人的纵目、闭嘴造型是截然不同的。其三，第二种兽面"颌下有相向的一对夔龙承托兽面"，与良渚"神人骑兽纹"应是同一创作理念和结构模式。在笔者看来，那"一对夔龙"应是简化了的、突出了兽眼的一个兽面。整个构图与良渚"神人骑兽纹"比较，是前者放大了神人的面目，缩小了所骑神兽的形象。这样的变化，符合文明发展带来崇拜对象的转化这一历史规律。其四，这9件"兽面"的鼻梁上方，都有良渚玉器中的"冠状"造型。其五，作为远离良渚文化成百上千年，业已进入蜀地，并与根基深厚的氐羌人"联邦"的东夷鱼氏族，在其当下的族徽构图上也得多少接受一些"氐羌概念"，那便是将良渚神人头顶的羽冠，换成牛角与羊角。对此，专家学者解读为"面部两侧有倒'L'形耳"。

（三）美国学者贝格莱在《四川境内的一座商代城址》著文中指出："二号坑中的尊和罍与商代首府的青铜器又大不相同。它们的铸造比安徽的尊大约晚一个世纪，它们的形状很明显地与湖南北部所出青铜器有关系，这通过分别出于二号坑与湖南丘阳两地的尊和罍就可以看出，与四川和湖南有关系的器物在安阳也有发现，不过它们的纹饰，如器物肩上的立展翅的小鸟，以及它们异常庞大的规模都是不见于安阳的独到之处。这种器皿很可能在四川和湖南都有铸造，但是它们纹饰的特殊风格可能源自湖南，而且它们为两地的联系提供了铁证，无疑是通过长江。"

（四）贝格莱又强调："有一点值得注意，二号坑中的大量玉器，包括大部分璧、环都放在青铜容器之中，而41件凿子的大部分发现于一件尊里。在安阳，青铜容器不是用来装玉器的，但是确有一些此类发现的报告却出在长江中下游地区——这里也是商代世界的一部分，几乎可以确定无疑地说，它们与三星堆古城有着密切关系。"

（五）四川资深学者陈德安先生解读一号坑出土的那件在射端的鱼嘴形凹口中站有小鸟的玉璋时，认为这与古蜀先祖之一的鱼凫有关联。鱼凫这个名字由两个字组成，一个表示鱼，一个表示鱼鹰（笔者注：鱼鹰指凫鸟）。

笔者为了证明自己提出的"蜀王专用的杖，还是所在王朝的重要信息载体"这一认知，在解读三星堆出土金杖的同时，又引用了上述直接和间接的多条证据。在这样的基础上，笔者对自己提出的说法是肯定的、自信的，认定三星堆一、二号祭祀物坑的历史时段应纳入古蜀鱼凫王朝时段；认定鱼凫王朝是由古蜀本土的、传承红山文化的古蜀人中的凫氏族，与沿长江西进的、传承良渚文化的古越族群后裔鱼氏族，联合组成的王朝；认定在这个王朝中流行的祭祀习俗，是用有着祖源记忆杖首的杖，作为联通血缘祖先的礼器；认定鱼凫王朝的祭祀应有两个握杖的"王"，只不过另一个有待认识和复原。

第十二章　树——古蜀人的方位认知
和独有的祭祖礼器

三星堆一、二号祭祀物坑出土后的二十多年以来，几乎每一本谈三星堆文明的专著，都要为三星堆的青铜树喝彩，这大概是因为"无论是在中国考古史上，或者在世界各地载入史册的重大考古发现中，三星堆古蜀遗址出土的青铜神树都称得上是一件绝无仅有极其奇妙的器物"。

但在笔者的有限视野中，似乎相当多的对三星堆青铜树的解读，都是从树的"形而上"进入：从中国的和世界的"树崇拜"，谈到古蜀的神树崇拜、太阳崇拜、泛灵崇拜等等，以古籍中多种名目的树和多种形态的鸟作为研究平台，由"树"到"神"，评议古蜀的先祖崇拜、众神崇拜。在这个过程中，大人物如伏羲、黄帝，小人物如邦国首领、部落巫师都成了展演人物。一些著述的作者为了表明自己的治学严谨、学识渊博，在各自的文章中，仅列举古籍篇什的书名和引用前圣后贤文章的诠释，已经比任何繁枝茂叶的大树更让人透不过气来。拜读这类文章真好比进入原始森林，分不清上下左右，辨不明东西南北。笔者绝非在此危言耸听，信手拈来一篇，且看该文的研究结论："三星堆二号坑出土的几棵青铜神树，代表了不同的祭祀对象，反映出不同的信仰观念，有反映太阳崇拜、土地崇拜和祖先崇拜的内容，分别代表了太阳神、土地神和祖先神。"在这样的神中，在这样的话里，实实在在的三星堆，变成了虚无缥缈的神话！

第一节　树，古蜀人原初的方位认知

笔者以为，三四千年前的古蜀人，其意识形态可能还处在萌芽状态中，思维能力有限，不会成就多个概念。崇拜对象也是单一的，不会衍生出"众神"。古蜀氏羌人的崇拜只有祖先崇拜。但因氏羌人"各自为种"，所以祖先的支系众多。可能这个"众"的现象，在东汉时期神仙文化兴盛之时，顺应而生出"众神"概念。那只能算作"后话"，不能概括前事。

古蜀人对事物的认知，也应该是从"形而下"的观察进入，再升华为"形而上"的意识概念。这个升华的完成过程在人类童年期可能会历时数百年乃至更长。而这个完成了的"概念"内涵和原来的情形可能已有很大的不同，因为这个"概念"是经过历史的胜利者所选择了的，是新王朝上层建筑所加工过的。

为此，笔者解读包括三星堆出土的青铜树的古蜀"树概念"，便先从形而下的树—自然界的树去寻求认知。笔者以为，树与山石，特别是高大的树和有特征的山，是古蜀人在最初的漫长的迁徙之中，形成原初方位感和空间意识的视觉参照。这大概也是远古人类多有树崇拜和山石崇拜的认识基础。这种"方位感"和"空间意识"，在古蜀人的物质生活和精神生活中都具有相当重要的意义，有了方位认知，才知猎物逃向何处，自身避险应在哪里，才明白何处出，何处归，才想象已知的世界在地下，未知的世界在天上。有了时间认知，才知何时作，何时息；才知何时热，何时冷；何时该播种，何时应收获。有了空间认知，才知道自己族群的先祖从何而来，才明白自己的族群现居何处！才能不断维护出族群的祖源记忆，使之自己的族群团结凝聚生生不息。对此，《山海经》以及后来的《玄中记》就将"树"赋予了"方位"的概念："扶桑"指东方，"若木"指西方，"三桑"指北方，"桃都"指南方，"建木"指中心，亦即古蜀人心目中的世界中心之地，也是他们祭祀时的宗庙所在地。可见在古蜀人的方位意识中，东西南北中都是以树为坐标的。20世纪，中国的一些学者，对于古蜀人所赋予树的方位认知，又做了进一步的阐述：闻一多先生指出："直立如建表，故曰'建木'，表所以测日影，故曰'日中无影'。"萧兵先生认为："原始人生产简陋，知识贫乏，生活单调，'日出而作，日入而息'，他们往往用高山、大树等为坐标，测量太阳的相对位置以计时，所以《山海经》《楚辞》《淮南子》里都记载着很多'日出之山'、'日没之山'和太阳神树（至今我们还说'日出三竿'、'太阳落山'等等）。《史记·夏本纪》引《禹本纪》就说昆仑山是'日、月相避隐为光明'之所。而扶桑及其枝丫的若木就是从测量太阳相对位置的'标杆'生长起来的所谓'太阳神树'。"

在《云窝楼》收藏的若干古蜀浮雕图案玉片作品中，有多件在表现树，足以证明古蜀人对"树"十分的看重。笔者在此列举几例，旨在佐证古蜀人用树去表达"方位感"和"空间意识"，旨在表现古蜀人独有的对树的崇拜行为。

图12-1，浅浮雕玉片。两个执杖戴牛头冠与羊头冠的古蜀首领朝树的顶礼。

图12-2，浅浮雕玉片。不规则菱形，长32.8厘米，高15厘米，最厚处3.2厘米，最薄处0.2厘米。豆青色玉，有蜡光，表层局部有灰皮，边棱处有少许暗红色沁。玉作展现的情形是一个披发的古蜀人，正扑向飞禽欲捕捉之。而被追赶的飞禽拼命逃往它们栖息的山林。画面上坐标标出的山林，无疑是古蜀人认定的一个食物源。

图12-1　执杖戴冠的古蜀首领朝树顶礼

图12-2　古蜀人捕鸟，山林是他们认定的食物源

图12-3　古蜀人挥鞭将羊群赶向前方的森林

图12-4　戴角冠的古蜀人舞之蹈之举行祭祀活动

图12-3，浅浮雕作品玉片。较规则长方形，四边长27.7×13.8×27.7×15.3厘米，上方厚2厘米，下方厚1.3厘米。青绿色玉。图案的线纹处有灰皮，表层有部分铁褐色沁。玉作展现的情景是一个披发的古蜀人，挥动长鞭在牧羊。他在先祖红山鸮鸟的指引和护佑下，沐浴着灿烂的阳光，驱赶羊群向前方的森林草场走去……

图12-4，浅浮雕玉片。不规则长方形，最长处15.3厘米，最宽处9.3厘米。豆青色玉，有蜡光。图案的线沟处有灰皮，表层几乎通体生暗红色沁。玉作展示戴角冠的古蜀人，头顶红日，面对大树，跳起舞蹈，举行祭祀活动。

图12-5,浅浮雕玉片。较规则长方形，四边长为15.6×11×16.7×12.6厘米，厚0.6厘米。深豆青色玉，泛蜡光，有半透明感。玉作展现的场景

更是突出了古蜀人的树崇拜主题。画面是一个头戴牛角冠的蜀人首领朝向一株大树行跪拜大礼。大树的上方有两只红山文化"鸮"的符号，似乎在说树上方的天堂中，居住着这群古蜀人的祖先，似乎在说沿着这棵树攀登便可与祖先会合。该玉作的左方有三个古蜀图语符号，笔者不得识，但第一个符号有明显的鸟的形状。莫非是说，爬上大树去到天上，便可会见祖先"鸮"鸟？

图12-6，浅浮雕玉片。较规则长方形，四边长为31.6×18.5×35.3×16.5厘米，厚1.8厘米。豆青色玉，有蜡光，通体现橘红色沁，间有斑状灰皮。这件玉作从体量来看，是《云窝楼》所藏古蜀浮雕作品玉片中的最大，是不是古蜀的玉工在刻意表示本器中的那株树木的高大？但该树又不是直立的，而是匍匐着的。这样的形态，是不是《山海经》所说的那株"其状如牛"的"名曰建木"

图12-5 头戴牛角冠的古蜀首领，向大树行跪拜大礼，树的上方有祖先符号红山鸮

图12-6 古蜀人心中"其状如牛"的大树

呢？然而，自然界中哪有"其状如牛"的大树呢？所以当今有学者在解读时，认为该"其状如牛"应是"疑讹"。但《山海经》中的又一篇在描写"建木"时，说它"百仞无枝，上有九属（即回曲的枝），下有九枸（即盘根错节的直立气根）"。如此说来，笔者想起了曾在云南见到的那株有"独树成林"之称的"榕树王"。其回曲盘结的密枝茂叶，横呈如一条伟岸的牛身；而那些粗壮直立的气根，很容易让人联想到牛脚。看来，古人说的"建木"、"其状如牛"也还是有几分道理的。本器浮雕上的"树"，可能就是指"其状如牛"的"建木"，当然其"状"更是大写意的"牛"了。在这株"建木"的前方，是两个披发的古蜀人正争先恐后地迎上去，迎接什么呢？是不是沿着建木从天上走下来的先祖"众帝"？本器的左方乃有三个巴蜀图语符号，不可识。但第一个符号仍然是十分明显的鸟头形象。

笔者还注意到，在《云窝楼》藏的古蜀浅浮雕玉作中，既有"方位感"又有"空间认知"的物象是太阳，而且出现的频率也最多。现今的学者认为这是古蜀人的"太阳崇拜"，并将其与青铜树打捆推销。这当然也有道理，因为太阳赶走了黑夜，太阳带来了温暖，值得敬畏，值得崇拜。但据说也有例外，生活在热带的民族，不是崇拜炎热的太阳，而是崇拜能带来清凉的新月。因此，笔者以为，三星堆出土的青铜树不是全然代表古蜀的太阳崇拜，而是用太阳运行带来的光影轨迹，来强化由"树"生成的东与西的方位表述和上与下的空间表述。对此，杨天佑先生著的《万古奇珍——泛红山文化玉群》书中有一玉作，笔者以为可为佐证。该书第284页中有一件"饰鹰纹璧"。圆璧当然可比喻太阳，展翅的飞鹰可比喻载日运行的神鸟。这样的构思亦体现在金沙出土的"太阳神鸟"上。该璧的背面是分别表示"正东""正南""正西""正北"的条纹，可见古蜀人对方位的认知已是明白无误的了。笔者还以为，三星堆青铜树上的鸟，不是负载太阳运行的唯一代言，更不是古蜀人太阳崇拜的绝对表征。鸟更多的应是古蜀人又一"祖源记忆"的所在，关于此笔者将在下一章阐释。笔者还注意到，古蜀人对负载太阳运行的想象不仅有鸟，还有奔兔、有飞人。这在以下古蜀玉器上有所反应。

图12-7，选自《万古奇珍——泛红山文化玉》书中的图4-29，原命名为"鼋熊融合体"，结论是"此融合体图腾的造型应是天鼋（即轩辕）氏族与熊氏族联合的图腾"。笔者认为该解读不准，首先是识图不准。这个作品的主题是鼋背上的太阳，此点原作是有所认知的："鼋壳中间有一球冠状隆起，上饰

图12-7　民间收藏"鼋熊融合体"图的玉作

图12-8　民间收藏"背负太阳"图的玉作

太阳纹。"但将太阳下作托负奔跑的"兔"误读成"熊"，大概皆因为"熊氏族"在古籍上有所提及，而"兔氏族"则不见经传。但玉作上的形体更像兔，尖耳，短吻，伏地作奔跑状。这些都不是熊的特征。笔者的解读是，在古蜀人的眼里，呈球冠状隆起的太阳纹，以及与太阳纹连在一起的，仍然是呈球冠状隆起的鼋背，都是"天圆地方"原初宇宙观中"天圆"的比喻形象，象征存在太阳的天空。而太阳之所以运行，皆因有一只善于奔跑的神兔托负着。所以笔者指出将"兔"视为"熊"是误读。

　　图12-8，是《云窝楼》收藏的一件古蜀圆雕玉作，器长14.5厘米，高5.3厘米。通体红沁间灰皮，有蚀斑和绺裂纹。极小的"开窗"处可见豆青玉色。圆雕的造型是一个匍匐作飞行状的人，背负太阳。笔者之所以认定该人背上的双重同心圆纹为太阳（其内圆表示太阳，外圆表示辐射的太阳光芒），因为这样的解读思路与中外学者解读三星堆出土的太阳形器物的思路是一致的，所以笔者认定这件古蜀玉器所表现的是负日运行的飞人。

第二节　树，展演古蜀独有的信仰崇拜

　　笔者一开始就指出，二十年来对三星堆青铜树的研究，大多是从树的形而上进入的，尊铜树为神树，注入多种崇拜的内涵。进入21世纪后对这样的解读认同又如何呢？2008年出版的《巴蜀文化研究集刊4》有文章这样说："二十年间，研究三星堆器物坑出土遗物的论文和著作有数百篇，其中对二号器物坑中出土的青铜神树的研究是个重点，可见青铜神树在三星堆器物坑出土遗物中

有很重要的地位。对青铜神树的研究提出了一些很重要有价值的观点,不乏真知灼见。仔细推敲又觉研究之深度有限,难以使人完全信服。"笔者以为,这段文字读起来很委婉,但其结论确是"绵里藏针",可以一针见血的。之所以出现这样的局面,笔者前面已提到,大概是将古蜀初始的宗教意识拔高了,将本应是一群死去的祖先当成了在数百年之后的汉、晋时期才生成的"众神",大概是将古蜀单一的祖先崇拜发展成多门多类的诸神崇拜。这就当然招架不住,很难自圆其说。另一个原因,大概是将古蜀独有的祖先崇拜与中原的甚至西方的神灵崇拜扯到一起了。

笔者坚持解读古蜀文明一定要把握古蜀特色这一研究途径,愿在此以解读古蜀"树概念"为例,做一场创新的剖析,求证古蜀人原初的崇拜意识中,树的神圣作为究竟是什么?笔者的认知是:在古蜀,现世的人与辞世的祖先进行交往必须要有上下往来的"通道"。通道就是"天梯"和"灵山"。笔者的这个解读依据有三:其一,二千年前的《淮南子·坠地训》就说:"建木在都广,众帝所自上下,日中无景,呼而无响,盖天地之中也。"《山海经·大荒西经》也提到大荒之中的若木附近有一座灵山,是"十巫从此升降,百药爰在"的场所。其二,比上述古籍更早的西周金文,结构古蜀主体族群氐羌人的"氐"字时,其象形和指事的具象是"♦"。"♦"的本义是什么呢?是"上下通"。对此,《山海经·大若西经》也说:"有互(氐)人之国,炎帝之孙,名曰灵恝,灵恝生氐人,是能上下于天。"可见上下通道的观念是古蜀人独有的意识。第三,在修复好的三星堆青铜树上,有明确的细节在表达"上"和"下"的方位概念和"通道"的职能作用。所以,笔者认为古蜀原初崇拜意识的核心是,现世的人和死去的祖先能够交往,交往的目的在于企望祖先"降临""垂鉴",给力后代。古蜀祭祀崇拜是单一的祖先崇拜,因为三四千年前的古蜀人还不具备多视点的观察与思维能力,令他们崇拜的大概只有先后死去的列祖列宗,那些生育出种群的"母祖"。这样的崇拜偶像大概只能沿着大树上下,从遥远的天上来到人间。

正是由于古蜀专一的祖先崇拜和独有的以树作通道的崇拜物媒的祭祀礼仪,使古蜀文明的内容,区别于中原的夏、商、周文明,迄今的考古学观察也证明"在商周时期,其他地区尚无神树的发现"。海外学者似乎也有同样认知,日本学者徐朝龙先生在其《中国古代"神树传说"的源流》一文中指出:"中国古代神话传说中出现的'神话大树'的源流,追溯到远远早于战国时代的商周时期，处于离中国中原地区很远的长江上游的四川之地。事到如今，只见于历史文献中并被随意解释的那些'神树'依此不只是'传说性的树'，而成为看得见的形式。过去学术界对中国古代文化发展的大趋势的研究认为，神树信仰经过秦汉以后普及到中国广大的地区的历史过程正是自古以来中华文化逐步走向统一的文化现象之一。而大多数研究家碰到了困难，或者陷于矛盾之中，越发远离究明真相之路。通过以上的议论就很清楚了，其实'神树'信仰不是位于中原地区的商代的，也不是周代的，而原来是中国形成统一之前一千年以前开花于中国的一个地区即古代蜀国（四川）的三星堆青铜文明独特的产物。"笔者是赞同徐先生的结论的，但也要指出，古蜀的"神树"信仰不仅仅是"三星堆青铜文明独特的产物"，在古蜀玉器上也是有所表现的，前面的图12-4、图12-5、图12-6都应是明晰的佐证，而且玉器上所叙述的时限可能早于青铜器所出现的时限。

笔者还注意到，古蜀独有的'神树'信仰不仅不是中国商代的、周代的，而且也不是西方的！古蜀的这种视树为"天梯"的认知，与西方曾经流行的"天梯文化"比较，更是有着根本的不同。世界上有多个民族的神话传说中都有通道"天梯"的故事。《旧约·创世纪》说，大洪水过后，住在巴比伦的人们决心"要建造一座城和一座塔，塔顶通天"，这个有天梯作为的高塔用来干什么呢？大概是为了再遇大洪水时，能逃往天庭，躲避灾难。在《进化论与伦理学》这部著名的西方经典中，有个"杰克和豆秆"的故事，说有棵豆苗一个劲地长，一直长入云霄，直达天堂，主人公顺着豆秆爬上去，发现上面是另一个新奇的世界。这个有天梯作为的豆秆又是干什么的呢？是去"发现新大陆"，寻求更好的安乐窝。看来，西方人心目中的"天梯"都涂有浓厚的功利色彩。古蜀人心目中的"天梯"则完全是为了获得人性中最珍贵的东西——亲情。他们借助巫师，生发幻觉，认神树为天梯，迎接祖先下凡相见。或者借助神树登天去拜望列祖列宗，实现家族团聚，再现祖源一统。

最早在古蜀生成的这种亲善友好、往来沟通的文化认知，随着古蜀文明被纳入大一统的华夏文明，最终培养出中国人对内中庸谦让、对外友好和睦的优秀品质。也正是这样的文化认知，使古蜀时期的艺术作品，大多打下缅怀先祖的鲜明印记。而与之同时期的中原的夏、商、周艺术作品，则多是在展演"天授王权"的形形色色。

第三节　对三星堆青铜树的创新认知

笔者对三星堆青铜树的解读，是从最基本入手的。首先弄清楚三星堆祭祀物坑中那一大堆青铜树的残枝断杆，在砸毁之前，就是说在祭祀礼仪中，到底是几株树？

这二十年来，对此至少有四种说法：

1、"据清点约有6株以上"（《中国西南出土的青铜树》）。

2、"两大一小"（《三星堆一、二号坑几个问题的研究》）。

3、无视"一小"，仅提"两大"（《广汉三星堆遗址二号祭祀坑发掘简报》）。

4、"二号坑共出土青铜树六棵"（《三星堆祭祀坑》）。

笔者感觉，上述青铜树的棵数，无论是二株、三株，还是六株以及六株以上，都不能顺畅解释笔者认知的古蜀"树概念"中的株数和作为。笔者再读了1999年发表的由四川省文物考古研究所作的《三星堆祭祀坑》一书，这份权威的发掘报告，将青铜树分为大小两种，相关信息计七条。

1、Ⅰ号神树，即残高396厘米的大神树（K2②：94）。

2、Ⅱ号神树，残高193.6厘米的另一株大神树（K2②：194）。

（其余四棵小型铜树残损严重，难观其全貌。《三星堆祭祀坑》报告的作者根据残存的树枝的不同造型，确定其为小型神树。）

3、第一棵小神树（K2③：204.261），残存的主干下端套有一璧形物，上端分出三主枝，主枝上又分枝丫。

4、第二棵小神树（K2③：272）主干下部不存，仅存上端极小段，上套有圆箍，并分出三主枝；现存两主枝上端是花朵，花朵上站立一只"人面鸟"；主枝上又有两层枝丫；整个树枝铸成辫索状。

5、第三棵小神树（（K2③：267）仅是一树枝的一段。与其说是一株树，不如说是树上的构件，很难将其定为一棵树。

6、第四棵小神树（（K2③：20）。主干不存，仅见璧形花托上有一四瓣花朵，花托下部分出三支下垂的枝，一枝外侧饰夔龙形扉棱，内侧呈凹槽状。

7、一个神树底座（（K2③：17）。树身不存，树座为圆形底与三个拱组成，形状与Ⅰ号神树的树座相类。

以上七条青铜树信息，笔者以为只能印证曾经是4棵祭祀用的青铜树。一条与二条，是两棵树，而且是大树，应该无疑。三条到七条中，只有第三条和第七条有"残存的主干下端"和树座的指认，具备一棵树的基本构成。而第四、五、六条都是树的枝、丫，是不能形成一棵树的概念。所以笔者确信，在古蜀的鱼凫王朝，蜀人举行祭祀活动是用两大两小4棵青铜树作为礼器的。

这也与古籍中多次出现的四株树的数目相符。

那么这四棵青铜树的礼仪功能和礼仪价值又是什么呢？笔者认为那两棵小树，一棵是扶桑，一棵是若木，是古蜀人方位感的体现。扶桑是东方的代言，若木是西方的代言。同时，也是古蜀人祖源记忆的提示。是时为鱼凫王朝的两个主要族群对祖源迁徙的缅怀：鱼氏族是大溪人或古越人的后裔，他们的族群来自生长扶桑树的东方。凫氏族来自成都平原的西北方向，是以鹨鸟为祖源指向的古蜀人后裔的一支，他们的祖先曾经居住在有若木树的西北方，这些树上还栖息着祖先的神灵——"人面鸟"。

那两棵大树，一棵是建木，一棵是寻木。他们是古蜀人空间意识的感悟。树之上，是天堂，是蜀人祖先居住的地方。变成蜀龙的先祖思念子孙，就会沿着树从天上"下行"人间。这棵树叫建木。人间的子孙思念去世的先祖时，就会请巫师作法，沿着另一棵树"上行"天上，捎去地上的问候。这棵树叫寻木。建木和寻木，就是三星堆出土的Ⅰ号青铜树和Ⅱ号青铜树。其"下行"和"上行"的表征，都在Ⅰ号树和Ⅱ号树的细节中做出清晰的展示，请看Ⅰ号树即建木的那条龙，头朝下，尾在上，明显的下行动作。那条龙无疑就是古蜀先祖的代言，浑圆的躯体，颈后的扬鬃，是红山C字龙的定型符号；而生角的龙头，则是蜀龙的招牌形象。再看Ⅱ号树即若木，树上的鸟儿，是展翅向上飞翔的造型。这是一目了然的上行"图说"，这样的"鸟态"与Ⅰ号树的敛翅鸟儿，有着完全不同的行动方位指向。

第十三章 鸟——古蜀人的第二祖源记忆
柏灌王朝的祖先指向

在谈及三星堆文明中，鸟是一个重要话题。那些青铜鸟的"出镜率"一点也不比青铜人、青铜树少。何故？笔者的观察有三个原因：一是在三星堆的出土物中，鸟的数量最多。"在二号器物坑众多的动物形象中，最多的是鸟，龙、蛇一类的数量很少，没有人首龙身或蛇身的可以基于视觉观察的实物形象可作佐证。""鸟的数量是动物造型中最多的，有鸟头、立鸟、鸟形饰。鸟的形态特征，主要是嘴形还有所不同，大致有五种：一种……似公鸡……第二种为弯嘴形……第三种为细长尖嘴形……第四种为弯钩状长嘴形……第五种嘴短微钩如鸡嘴。"第二个原因是，关于鸟有话可说，鸟与神树崇拜、太阳神话很容易形成链接。"远古时代的鸟图腾与鸟的神话传说，又通常与太阳崇拜和太阳神话有着极其密切的关系。而在这方面，古蜀则尤为突出。"第三个原因是在涉及古蜀的多部古籍中，都有关于鸟的著述。所以这一二十年来，针对三星堆的鸟，学人风起，著评如云。笔者在此也来谈古蜀的鸟，与作为收藏人的身份有关，多少就有了些特殊的视角。民间那些有着"老三代"特征的古玉，鸟的作品相当多。笔者认为是古蜀玉器的杨天佑著的《万古奇珍》玉器中，就有百余例与鸟有关的作品。在《云窝楼》收藏的古蜀玉器中，也有五六十件是表现鸟这个主题的。

笔者认为，古蜀的"鸟符号"应该是包含了两个内容：鸟是古蜀太阳神话中的主角；鸟是古蜀人的第二祖源记忆。笔者以为，对于古蜀人来说，后一个内涵是根本。而前一个内涵应该是古蜀灭国之后，那些归依中原一统文化的文人，根据蜀地流传的"口头文学"，在编撰如《山海经》《华阳国志》一类著作时，将"鸟"当作添加的细节和渲染的情节。

第一节　古蜀的鸟曾被认为是太阳神话中的主角

太阳是人类童年时期最主要的物象之一，是太阳给人类光亮和温暖，是太阳使大地万物生长。有了太阳人类才有了赖以生存的温和饱。在这个原初思维结构的框架下，世界上大多数的远古民族，萌生出原初的"太阳崇拜"，创造了最早的故事"太阳神话"。而鸟就是第一个进入太阳崇拜和太阳神话中的角色。原因很简单，很低级，也很明晰：太阳在天上，东起西落。由下而上，再由上而下的运行着。自然界有什么生命能在天上行动呢？唯有鸟，是鸟在负载太阳运行！当今众多中外学者专家，一谈到三星堆的青铜鸟、鸟纹或者鸟形器，就自觉地往太阳上靠。鸟被赋予了两大功能：太阳的运力和太阳的侍者。

一、作为运送太阳"运力"的鸟说

鸟作为运力运送太阳的佐证，最直观、影响力最大的应该是与三星堆有传承关系的金沙"太阳神鸟"。横空出世的它，一跃成为当今中国旅游业的当家招牌，变成了一个中国符号被世界收藏。其余关于鸟的运力表述全是间接推证。其实鸟作运力的证明，在三星堆的青铜器上是有直观表现的，只是需要更加专业的观察力和解读力。笔者仅在孙华、苏荣誉先生的著作中看到。这件青铜器在三星堆出土物中应该是很有地位的，它有体量、有形象、有内涵。它就是标本K2③：296。对该器专家们各有读法，冠名亦不同。北京的教授称它为"三星堆尊形铜器"，四川的专家叫它"神坛"。两地的学人对它的描述也不尽同，北京的孙华、苏荣誉说："我们现在可以基本肯定的是，三星堆尊形铜器下层两只具有鸟的特征的怪兽，应当是当时的人们希望凭借鸟的飞翔和升腾能力将其上的人和尊送达到天上，怪兽在某种意义上与张光直先生所说的'跻'相似。"四川的江章华、李明斌则说："（K2③：296）可分四层，最下一层为两瑞兽立于一圈座上，兽大耳，吻部宽扁，立耳，独角向前内卷，尾下曳至圆座，另有一翼向上扬起，翼端上下歧开。"前者提及的"怪兽"与"鸟"挂钩，可以结合到古籍中关于鸟形兽的链接中去，从而打开了话题。后者的"瑞兽"虽有细节描述，但不能指证何物，话题也就只好在"瑞兽"一词上打住。对此，笔者有所醒悟：对古物上出现的未知信息的解读，最好的办法是在文化基础的范围中去寻找解答，否则就有可能流于空泛而不切实际。

　　孙华、苏荣誉打开话题的方式是援引先秦两汉关于"具有鸟的特征的怪兽"的典籍："三星堆尊形铜器下层的两只怪兽，其形态是具有兽的四足和身体、鸟的冠子和翅膀的兼有鸟和兽双重特征的一种神异的动物，类似这种形态的动物在中国古代神话中有'英招''孰湖''獙獙''飞廉'等。英招和孰湖都见于《山海经·西山经》，英招居于'帝之平圃'的槐江之山，'其状马身而人面，虎纹而鸟翼，徇于四海'。孰湖居于两极的崦嵫之山，'其状马身而鸟翼，人面而蛇尾'。獙獙见于《山海经·东山经》，它居于姑逢之山，'其状如狐而有翼，声音如鸿雁'。这些神话中的怪兽都属于鸟兽合一的形态，但前两种的头部为人面，这与尊形铜器的兽座不同；后一种的身体如狐狸，形态偏小，也不宜作为负重的神兽。与三星堆这件樽形铜器下层的怪兽最为相似的还是飞廉。战国时期屈原的《离骚》在描述自己升天的情景时说：'前望舒使先驱兮，后飞廉使奔属。'飞廉，汉代的王逸解释为：'风伯也。驾乘龙云，必假疾风之力，使奔属于后。'飞廉的形象，汉代的高诱解释为一种'长毛，有翼'的兽，晋灼解释作：'身似鹿，头如爵，有角有蛇尾，文如豹文'的形态。这种长着翅膀、头如鸟雀的鹿形神兽，在秦汉时期的人们心目中，真人可以骑着'驰于方外，休乎宇内，烛十日而使风雨，臣雷公而役夸父'，让它来托负那些巫师一类神职人员往来于天地间，应当是比较恰当的。"笔者以为，上述孙华、苏荣誉先生的认识途径是符合学术逻辑的，但作为北京大学教授的这两位严谨学者还是说："诚然，战国秦汉时期这些文献记载的神兽名称是否能作为商代四川盆地的神兽名称，这还是一个存疑的问题。"对此，笔者提供一件《云窝楼》藏的古蜀玉器，看能否为孙教授解开"存疑"？

　　图13-1，玉"飞廉"长7.2厘米，厚1.2厘米，最高处1.6厘米。通体褐红色沁与间散的灰白蚀斑，已难辨原有玉色。蜡光使玉质呈半透明的润泽感觉。笔者定本器为古蜀的飞廉。鸟首形象鲜明，有后伏于颈部的双角和冠饰。尖尾似蛇尾。身上长双翅，通体勾连云纹似团花豹纹，整个躯体如伏地的鹿。器背部有两面洞穿的"牛鼻孔"。为佩器。其随身佩带的可行性与秦汉时人的心理诉求是达成统一的。

图13-1　民间收藏玉"飞廉"

二、作为太阳"侍者"的鸟说

鸟作为太阳侍者的说法，大概也只是由孙华、苏荣誉提出。《神秘的王国》一书对K2③：296器上的出现的"人"的认知是："身着鸟形服装、手持太阳树枝、头顶尊形祭器的神职人员，他们正要登上高高的天空，到达太阳升起和降落的地方，去侍奉和取悦太阳神，去迎送太阳的起落。"笔者认为，太阳侍者一说，可以算是具有古蜀特色的一则太阳故事。古蜀先民是具备农耕文化的炎帝集团后裔。农耕的生产方式使他们更加依赖太阳，可以说对太阳是又爱又恨。爱太阳带来光明和温暖，春夏秋冬冷热交替，四季和谐。这便是太阳神话中的"九日居下枝，一日居上枝"的情节。恨太阳又是何故呢？因为十个太阳一齐出现在天空，赤地千里，旱魔虐待。这个太阳故事是天干大旱的形象描述，这个情节也不是古人凭空杜撰的，在中国历史上的商、周时期，也就是古蜀文明的发展时期，中国大地上出现得最多最凶的自然灾害便是天旱。为了生存，人类得抗旱。抗旱的神话代言，便是"射日"。继而抗旱的英模人物即射日英雄产生了，这便是太阳神话中"尧"和"羿"先后都射十日，中其九日，日中鸟尽死，天下恢复正常的故事。尧以射日政绩取得权位，"万民皆喜，置尧以为天子"。可惜，随着时日推移，尧的射日壮举，被边缘化，从老百姓的记忆中消失了。羿不像尧那样活在王位上，羿射日的神话传说从远古流传到今天，并且升华为中华民族战胜灾害、人定胜天的民族基因。

面对那些源于古蜀，又在古蜀消亡后流传中国大地的太阳故事，笔者深刻地感觉到，这些神话传说拥有的受众广大和不衰的传播力，使现今的一些研究三星堆文明的中外学者，把对三星堆青铜鸟的解读思路，惯性般的一股脑儿进入到太阳崇拜的轨道中，从而忽略了那些青铜鸟所根本具备的关于古蜀的第二祖源记忆的信使指引。这个指引可能会使我们进一步明晰古蜀人的族群结构；可能会使我们确信古蜀从蚕丛到柏灌再到鱼凫，这一历史进程的王朝结构；可能会使我们看清谁在创造三星堆文明的历史影像，因而比之将鸟作为太阳神话的主角来解读，可能会更具备学术价值和挑战意义。

第二节　帝俊神话使古蜀的祖源记忆发生错乱

古蜀的"鸟纹"是古蜀人又一祖源的徽记。这个观点不是笔者的首创，但却为笔者所坚信！二三十年前的1989年，北京大学教授孙华先生就在《蜀人渊源考》一文中指出，在流传下来的先秦时期曾经统治四川盆地西部即古蜀地的古族世系中，"除了最早的开国始祖蚕丛情况不明，最后一个王朝开明氏无直接的鸟崇拜迹象外，其余各王朝均有以鸟为祖神标志的明显迹象，如柏灌、鱼凫、蒲卑诸王族，其名称都以某种特定的鸟为名"。让我们再借历史的眼睛来观察上述现象，先秦时期处于主导地位的中原帝国的典籍在描绘西南夷巴蜀地的族群时，也是用鸟作为代言，《逸周书》载："成周之会，氐羌以鸾鸟，蜀人以文翰，巴人以比翼鸟。"鸾鸟即孔雀，文翰即锦鸡，比翼即蟛蜞（黼黻，源于双玄鸟交尾，即雍，产在巴东奉节夔峡一带）。作为主要流传在中国南方的古代神话传说之大全的《山海经》更是"鸟话连篇"，制造出多个"人首鸟身"或"鸟首人身"的神，如《南山经》"其状如枭，人面四目而有耳"的颙；《西山经》"其状如枭，人面而一足"的橐蜚和"其状如雄鸡而人面的"凫徯；《北山经》"其状如鸟，人面"的鹙鹛；《海外南经》"其为鸟面人一脚"的毕方鸟；《海外北经》等篇章中的"人面鸟身，环两青蛇，践两青蛇"的禺疆（禺京）；《海外东经》"鸟身人面，乘两龙"的句芒。此外，"凡济山之首，自辉诸之山至于蔓渠之山，凡九山，一千六百七十里，其神皆人面而鸟身"；"凡荆山之首，自景山而琴鼓之山，凡二十三山，二千八百九十里，其神状皆鸟身而人面"（《中山经》）。再看看三星堆的出土物对这样的鸟儿们又是如何"介绍"的：除了有多个或敛翅伫立、或扑翅欲飞的青铜鸟儿外，还有多个或如鸡头，或似雁首，或像凫脑的青铜制与陶制的鸟首。另外至少还发现有三例人首鸟身形象的青铜像存在。观察仔细，思索入扣的北大教授孙华指出，有两件残器应是头戴鸟头冠、足穿鸟爪鞋的装扮成鸟形的人的形象。孙华认为："三星堆的人们之所以要装扮成这副模样，这肯定与他们的原始宗教信仰体系中，其崇拜对象为鸟的模样（或祖先出自鸟等神话）有关。""很可能在三星堆王国王族的族源传说中，其女始祖是通过一只来自天上的神奇的鸟，与居住在天上的人首鸟身的上帝（太阳神或创造日月之神）沟通，生下了三星堆王国王族的男性始祖；所以三星堆王族用鸟作为自己王族的名称和徽号，他们的神职人员在祭祀的时候有时也要打扮成鸟的形态以达到与神交往的目的。"应该说孙教授着实地将古蜀人的敬鸟举动，源自古蜀人的又一祖源记忆这一学术结论向前推进了一大步。但笔者静观，唱和孙华者少。究其原因，笔者认为大概有两方面，一是更多的人还无法打破帝俊神话的桎梏，二是没有更多的物证可供使用。

帝俊神话是流行于中国南方并构成体系的传说故事。如果说中原传世文献中记述的黄帝是黄河流域远古先民们心目中掌管天庭和人间的最高统治者，那么《山海经》中的帝俊就是中国南方文化系统中主宰宇宙和世界的天帝。帝俊既是南方神话系统中玄鸟的化身又是十个太阳的父亲。如此说来，古蜀鸟纹上的祖源记忆自然要链接到帝俊身上，就是说古蜀人的先祖是帝俊。历史的"真实"则是古蜀氏羌人的先祖是炎帝。只不过炎帝被黄帝打败，黄帝后裔建立的中原帝国拥有主导话语权，他们不让战败的族群对自己的先祖留下准确记忆，所以通过意识形态制造出一个帝俊，一个南中国的主神。用帝俊的"玄鸟化身"来置换古蜀人关于鸟是自己第二祖源的概念，移花接木般地用一个黄帝体系的中原的帝俊，来替代有着灿烂历史的炎帝后裔古蜀的柏灌。帝俊神话又说"帝俊生后稷"，而后稷则是黄帝神话体系中的农神。《山海经》说"西南黑水之间，有都广之野，后稷葬焉"，就是说在成都平原上，古蜀人的祖坟中埋葬的是后稷，暗示古蜀人是黄帝后裔。

如此看来，就是这个帝俊神话，不仅使古蜀人的祖源记忆发生了错位，亦使古蜀的线性历史产生断层，让后世对古蜀的认知处于多个矛盾之中！

帝俊神话的摇篮是《山海经》。当代研究《山海经》最有成效的学者袁珂先生认为，《山海经》是楚人所作，帝俊本是殷民族奉祀的始祖神，殷亡后有关他们神话可能还流传在殷后裔的宋人口中，因宋楚接壤而流入楚国，而楚人本是夏人的傍支，故黄帝、颛顼亦为其共祖。这就是《山海经》成书最早的《荒经》以下五篇兼记了大量有关帝俊和黄帝、颛顼等人神话的缘由。对此，茅盾先生则提出："古史上是没有帝俊的。"那么，为什么我们现今仍有相当的学人不敢跨过帝俊这道路障呢？可能根本原因是缺乏古蜀人祖源记忆的实证。

第三节 古蜀人拥有两个祖源记忆的看点

笔者在此以数件民间收藏的古蜀玉器，证明"鸟（鹗）"作为古蜀人第二祖源记忆的存在。笔者当然也明白，这样的非科学考古发掘的"古蜀玉器"，至少有两处"硬伤"会受到质疑和指责，一是所有信息均是间接信息，二是均为前所未见之器物，是标本件，无任何标准件可比鉴。于是识别和解读这样的"古蜀玉器"，就是横在我们大家面前的一条"由'假'到'真'的艰辛漫长路"。要走穿这样的路，中国台北"故宫"博物院的资深学者邓淑苹女士说得好："只有通晓了文化发展的历史脉络，以及具体表现文化精髓的古物特性后，才能逐渐掌握古物性质之模式与其变异。当我们遇到一件从未见过的玉器时，就能由宏观的角度判断它的造型纹饰，是否合于历史流变。"

图13-2是一件已多次出现在本书中的那种浅浮雕作品的玉片，不规则正方形，边长11.5×9.5×9.5×9厘米，厚薄不匀，墨绿色玉，泛蜡光，边棱处呈枣红色沁，间有浅灰皮。图案为一个披发的古蜀人在驱虎，上方是一轮红日和一只鸟。笔者再次引用这类古蜀玉器目的在于要做一次综述：它们的中心构图都是一个或数个披发的古蜀人。古蜀人或挥杖，或扬鞭，或张网，或徒手……在驱虎，在牧牛，在捕鱼，在歌舞……古蜀人的周围或是山石或是林木……古蜀人的头上总有三个符号型的图案：太阳、红山C字龙和红山鹗鸟。这三个符号或同时出现，或分别出现，但绝不会一个也不出现！笔者认

图13-2 一个披发的古蜀人在驱虎

为，战败的炎帝集团，带着他们丰富的红山文化，历尽千辛万苦，跨越几万里空间，走穿几百年时间，由北向南来到蜀地，仍然保存着他们最根本的两大精神财富，对太阳的崇拜和对祖源的记忆，对以C字龙为指向的第一祖源记忆和以鹑（鸟）为指向的第二祖源记忆。笔者的这个猜想似乎在古籍和今天的考古出土物中能找出一些证据。《山海经·海内经》有这样的记述，在黑水青山之间，在若木生长的地方，"有列襄之国，有灵山，有赤蛇在木上，名曰蝡蛇，木食"，"有盐长之国，有人焉鸟首，名曰鸟氏"。这是不是可以理解为，在西方、在古蜀是由以"蛇"（龙）和"鸟"（鹑）为祖先指向的两大种群组成？三星堆祭祀物坑出土的业已修复的青铜树上，有人面鸟，如果说这是古蜀人的一个祖源记忆，那么有没有另一个祖源记忆的物证呢？回答应是肯定的。那些还未修复的十余件"小蛇"，便是以蛇（C字龙）为图腾的古蜀人的另一个祖源记忆。而青铜大树上那条下行的龙，更是其中一个祖源记忆的集中叙述。

古蜀的氏羌种群出了一个伟大领袖——禹。古籍说"禹生自西羌"，对。众多的史籍对禹生石纽在石泉（今日四川北川县内）做了明明白白的记载，更重要的是，史籍中记载的众多遗迹在蜀之石泉（今北川）都找到了与之相应的遗迹，从而充分印证了大禹生于四川的北川县境内。古籍也讲"禹兴于西羌"，也对。大禹治水是中华民族不可磨灭的历史记忆，是中华民族永放光芒的精神财富，是大禹率先统领蜀地的氏羌人，在多地震多堰塞湖的岷江流域治理水患，改前人治水的"堵"为时人治水的"疏"。既便利了洪水分流，又有利于舟楫、灌溉，为古蜀大地谋求福祉。今日研究大禹的学者指出，大禹的事业是"西兴东渐"。讲的好！大禹在古蜀成功治理岷江和汉水，为大禹族群进入中原扩大治水提供了条件，积累了经验。所以以龙为族徽的大禹族群进入中原后，便得到了治水所到之地的不同种群部落的欢迎和加入。"禹"和"龙"作为精神核心，凝聚的部落越来越多，同时，社会结构从部落联盟制迈进到酋邦制，华夏大地最早的"古国"形成了。在这个基础上，中国第一个王朝——夏王朝诞生了。炎帝的"龙"和黄帝的"龙"相互融合，夷人后裔和华人后裔相互混化的结果，是又一类"龙的传人"在中原形成主流，"炎黄子孙"在华夏成为定势。

第四节　图说柏灌王朝的祖先指向——鸟

图13-3　民间收藏黄玉鸟形佩

图13-4　民间收藏双翅向上抽动的鸟形玉作

图13-5　民间收藏尖喙、大翅、长尾鸟形玉作

　　大禹和他的"龙"走了，但那些仍然留在蜀地的氐羌人是不能失去祖源记忆的。没有祖源记忆，族群就要解体，种群就会消亡。历史给了古蜀氐羌人中以红山鸮为祖源记忆的"鸟氏"族群极好机遇，让他们带着鸟纹徽记及时并顺利地登上古蜀国的统治地位，古蜀的第二个王朝柏灌诞生了。鸟成了古蜀柏灌王朝的主体符号被大量制造着，使用着，张扬着！

　　图13-3，黄玉鸟形佩。圆雕，高5.5厘米，宽5.3厘米，腹部最厚处1.2厘米。玉质温润缜密，呈半透明状。造型与红山文化玉鸮佩十分接近，仅鸟腹略为宽厚。玉表皮已出现"桔皮"，瓦沟纹的底部也现灰皮。背部两面对穿的"牛鼻孔"古朴粗犷。笔者认为本器的红山制作可能性要大过古蜀制作，其玉质、造型、琢工、沁变都在向红山文化期倾斜，应是那支以鸟（鸮）为祖先指向的古蜀族群的一件祖传之物。

　　图13-4，圆雕玉鸟佩。高6.5厘米，豆青玉色，有灰皮和橘红色沁。它的生动表现在其夸张的向上抽动的双翅，可谓牵一发动全身，脑下垂了，脚拉直了，尾伸长了，足可见古蜀玉工的观察力和表现力是何其高明。颈后有牛鼻穿孔供佩带。

　　图13-5，圆雕玉鸟佩件。它造型美丽，活脱脱的一只"神鸟"，有鸮的巨眼，鹦鹉

的尖喙，鹰的大翅，雉的长尾。然而结构得十分和谐，鸟的形象十分自然。它做工美丽，刀工刚劲流畅，刀法利落干净。在起伏的轮廓线中，体现出极强的动态和韵律感，使富于弹性的鸟体充满活力。它的沁色美丽，赤红的沁色含蓄内敛，由里向外的精光却又鲜艳夺目。如此具有多种美感的古玉十分难得，将它与妇好墓中的那件平雕玉凤比较，也可谓各有千秋。本器高9.2厘米，鸟后颈有对穿孔。

图13-6，玉鸟佩。平雕，高8.2厘米，厚0.4厘米，白玉呈半透明，通体褐黄色沁，双面琢工。后扬的长冠，前曲的尖喙，双圈圆眼，四爪钩掌。双阴线琢出翼饰翎纹，回形纹刻画翅膀轮廓。种种艺术表现与妇好墓中的商晚期作品十分相近，分不清它到底是蜀玉还是商玉。鸟冠上有穿孔供佩带。

图13-7，祖（猪）龙与鸟首复合玦形玉佩。圆雕，长6.7厘米，厚1.7厘米。豆青色玉泛蜡光，有较重的蚀斑和灰皮。这件玉器的一半部是玉祖（猪）龙，一半部是鸟首。半突的椭圆眼，下勾的尖喙，肥硕的垂冠表现得十分清晰。本器的图语表达出"鸟的传人"的祖源指向。玉祖（猪）龙的颈部有对穿的牛鼻穿孔。

图13-8，戴云气冠兽首鸟身踞坐像玉佩。圆雕，高8厘米。豆青色玉，泛蜡光，有灰皮。兽首后颈部有对穿孔。

本器上鸟作为祖源记忆表现得十分明确。首先是头顶上"ʔ"形状的"云气冠"。笔者曾指出，头顶上的"ʔ"造型，是古蜀人的一种"祖源记忆"。"ʔ"作乙、乞、乞氏，氏

图13-6　民间收藏线刻纹鸟形玉作

图13-7　民间收藏玉祖（猪）龙首鸟首圆雕鸟形玉作

图13-8　民间收藏戴云气冠兽首鸟身踞坐像玉作

图13-9 民间收藏鸟首与人身同体玉作

羌乞姓。乞者即乙，即鸟，象云气之升。"ʔ"这个造型在三星堆的青铜祭祀物坑中有几处出现。标本K2②：142被称为"夔龙形额饰"，亦被称为"纵目人架云面像"和"青铜半圆雕额龙神人面像"。标本K2③：264被称为"兽首冠人像"。标本K1：36铜龙柱形器上的夔龙纹，也应算是有祖源表述的云气纹。以往的学者在对此解读时，都只将"ʔ"当作是一种造型符号，多称为"夔龙纹"，而没有识读为一个图语内容，一种祖源表述。这个"ʔ"祖源表述符号，在解读古蜀文明中是十分重要的。为了不因名称混乱而冲淡甚至抹煞了它的重要内涵，笔者提出应叫这种置于人物或动物头部的"ʔ"造型为"云气冠"，视其为古蜀人中以鸟为先祖指认的族群的祖源徽记，或者说是古蜀人的第二祖源记忆。

在本器鸟的双翅上，还有根据翅形阴刻出"◁"纹，研究巴蜀图语的专家指出，这种"◁"纹同气，同乙，同鸟，像云气之升，也应算作一种表达祖源记忆的符号。

图13-9，鸟首与人身同体玉佩。高6.6厘米，圆柱形圆雕器。上部为鸟首，一双V形大耳，两只圆突眼睛和一个勾曲尖嘴，强力张扬着被神化后的威严。下部是人的四肢和踞坐体姿的轮廓十分清晰，温存善良的子民感甚是生动。背面连接鸟首和人身的是一条蝉蛹，强调出鸟与柏灌人的蝉蜕再生关系。有牛鼻穿孔可佩带本器。

第五节　古蜀玉雕是古蜀青铜文化的艺术准备

图13-10，柏灌王朝圆雕母祖玉人像。高15.5厘米，青黑玉色，有光泽。低洼沟孔处有土沁蚀斑。

宽脸大眼，母祖的端庄慈祥被表现得清新自然；丰乳肥臀，母祖强大的生

图13-10 民间收藏头顶延伸圆雕鸟饰的柏灌母
祖玉人像

321

殖能力被极度张扬。裸体踞坐的母祖像，在古蜀玉雕中较多，可能是古蜀人盛行先祖崇拜的一种礼器。本器的母祖头顶延伸出圆雕鸟饰，营造出赫赫然的王者风范，同时也表明它应是古蜀柏灌立国后的作品，它鲜明地图示表达出该王朝的母祖是鸟氏蜀人。

图13-11，柏灌蜀王圆雕玉像。高16厘米，墨绿玉色，生坑玻璃光，有点状蚀斑。

这是一尊纵目踞坐戴高冠的蜀王，结构准确，线条流畅，细节生动。为了强调出它是蜀王中的柏灌王，他的王冠上又延伸出硕大的圆雕鸟饰。鸟的眼和嘴，写实具体，形象准确。鸟的双翅和身躯则统一在三角形的构图之中，既有团块感，又有装饰性。中国雕刻的传统特征，即圆雕、浮雕与线刻的同时使用，写实与装饰的相辅相成，在古蜀已显现出曙光。

图13-12，柏灌蜀王圆雕玉像。高16.1厘米，豆绿玉色，玉质温润，泛生坑玻璃光，有蚀纹、土沁和灰皮。

古蜀标准踞坐姿。面部五官和躯体四肢，表现得安详平和。整个器物被静的氛围所统一，将这尊王笼罩在肃穆、典雅的神秘之中。

本器在雕塑语言的运用上，既丰富又精彩，每个细节的使用，都表现出柏灌王朝时玉工的独到匠心与高超技艺。比如王的面部，向下收缩的颚部及略略上噘的嘴唇，与向上延展及略略后收的额际，既形成对比，又展开势能。紧接着第二波韵势又展开，且看向后收的额顶与向前突的鸟嘴，不仅在构图中使人头与鸟身衔接得自然流畅，而且极大地表露出由静而动的发展趋势，给读者一种强大的慑服力量！

作为柏灌王朝祖源记忆的鸟纹，更是塑造得炉火纯青，写实的鸟首，着重刻画浑圆的头部，突实的大眼和犀利的尖喙，而鸟身和双翅，则以简约虚拟来表现。双翅用块面构成，纯刃边缘线上张扬着掠动的力度。

人头与鸟腹结合部，有传自红山文化期的网格纹。

图13-13，柏灌蜀王圆雕玉像。高13.2厘米，墨绿玉色，生坑玻璃光，有少量褐红色沁斑和较多灰皮。

本器和图13-11、13-12的柏灌蜀王造型都大同小异，还有几尊没有一一披露的柏灌蜀王像也都具备基本一样的造型符号。似乎已形成一种君王的"标准像"模式，即均以圆雕的写实手法完成作品，其人像都是蜀人踞坐体姿，人头的上部都延伸出有红山文化玉鸮造型遗韵的鸟纹。为了强调柏灌王朝是鸟的传

图13-11 民间收藏的
戴高冠的柏灌蜀王

图13-12 民间收藏柏
灌蜀王标准像

图13-13　民间收藏双眼为玉祖（猪）龙椭圆形巨眼的柏灌蜀王玉雕像

人，鸟首与人头的结合体量往往占了全器的二分之一。

本器人面的双眼被抽象为玉祖（猪）龙的椭圆形巨眼，配上夸张的紧闭的长长嘴唇，更加显示出王的坚毅果敢性格。而鸟翅做了几何形的图案化处理，突出了雕塑作品的体积感。鸟翅的轮廓线，也处理得刚劲有力，强调了硬线及转折，营造出十足的金石味。

笔者曾经提出，古蜀的玉雕作品，仅其艺术性而言，也可以使今天的雕塑家们叹为观止。古蜀在雕塑上的辉煌成就，应该说可以圆满回答当今学术界在解读三星堆青铜人像时的一个质疑。三星堆青铜人像的出土，让我们发现如此美轮美奂的中国雕塑作品，也给整个世界带来一些"不解"：三星堆的青铜雕塑作品，在考古史上可谓"史无前例"。在世界考古发现中，古埃及和古希腊等文明古国这一时期也未发现有如此巨大精美的青铜雕像。从青铜艺术的发展来看，要铸造如此精致的青铜雕像，之前必须有一个高度发达的木雕或石雕的艺术准备过程，而在三星堆之前，在中国的美术考古中，没有发现这个艺术现象。对此，有的学者对未来寄予希望，说："三星堆出土的青铜群像、青铜神树、纯金面罩、金杖、金箔等几类器物，无论在中原、西北或长江流域的商文化区域中都没有发现过，因而在国内尚无同类资料可资比较，可见三星堆青铜文化中，包含着某些我们迄今还未认识过的新的文化因素。"有的学者却认为"到了高度发达的青铜时代，中国古代雕塑的装饰性效果愈加突出，而写实性则相对淡化，从而与追求立体感为能事的西方写实性雕塑走上了不同的发展道路。""西方雕塑艺术以写实为主，采用圆雕、浮雕和线刻等手法，着重表现逼真的人物形象，显示了与东方雕塑艺术不同的发展模式。"在这个东、西方雕塑艺术不同模式的认知框架下，面对三星堆青铜像的写实追求和圆雕表现，一些学者便提出"三星堆青铜文化……最显著的便是对中原殷商青铜文化的吸纳，以及对东亚西亚一些文化因素的接受利用"，甚至说"如果说古代蜀人吸收了西亚近东文化传播的某些形式与内容，显然并非无稽之谈"。对此，笔者认为，面对古蜀柏灌王朝中的那些写实性极强的圆雕玉器作品，应当视为一种"我们迄今还未认识过的新的文化因素"。这种文化因素是纯粹的古蜀国的，而没有一丝儿的西亚近东的文化因素，这种文化因素，坚实地为三星堆的青铜雕塑完成了造型上的雕塑准备。

第六节　三星堆还应有一个鸟形的"大型青铜立人像"

笔者在本文中，除了对三星堆青铜树的鸟纹，所负载的太阳神话和太阳崇拜，做出自己的解读外，更多的则是以多件古蜀玉器上的鸟纹为信息载体，指出古蜀的鸟纹是古蜀人的第二祖源记忆，是古蜀国第二个王朝"柏灌"的徽记。柏灌王朝的玉雕是古蜀玉器的顶峰和代表，是中国在世界文明史上所独具的"玉器时代"的一页最好的注释。柏灌王朝精湛的玉雕艺术为鱼凫王朝铸造出三星堆青铜雕塑，提供了坚实的圆雕造型的艺术准备。

在对鸟纹是古蜀第二祖源记忆的认知基础上，笔者猜测在古蜀以先祖为对象的祭祀礼仪中，应该有两个特大青铜立人，一个是第一祖源"龙"的传人的主祭祀人，他便是已从三星堆祭祀物坑中复原了的、通高260.8厘米的"大型青铜立人像"（K2②：149，150）。另一个则应该是第二祖源"鸟"的传人的主祭祀人，他还未被从三星堆的祭祀物坑中复原出来，但笔者推测，他应身高在240-250厘米左右，与已复原的"大型青铜立人像"一样，仍然由神人、祭台和基座三段组成。同样的握物手势和跣足打扮，但他身上具有强烈的鸟的信息，比如鸟的形体，鸟的"♀"符号，与鸟密切相关的太阳纹和云纹，与鸟的生存空间相适应的镂空造型等等。

笔者推断这个鸟形"大型青铜立人像"应该由三星堆祭祀物坑中的以下青铜残器组成——

K2③：264　　　　K2③：327　　　K2②：143

K2②：143-1　　　K2③：296

第十四章 古蜀的字，早于甲骨文的
华夏古文字

中国古文字史上，有两处误读会影响到本文的立论。

其一，说殷商时期的甲骨文是中国最早的文字。因为有了这么一个来自"官家"和"权威"的"封顶"，古文献上出现的与此相左的记述便被"不教而诛"了。比如关于《山海经》的成书年代。西汉刘歆在对皇帝上表时曾经明白地说："《山海经》者，出于唐虞之际……禹别九州，任土作贡，而益等类物善恶，著《山海经》。皆圣贤之遗事，古文之著明者也，其事质明有信。"可现今做学问的是很少有人对此相信的。原因很简单，殷商才有文字，之前的夏禹时代，连文字都没有，怎么能著书立说？持这种观点的人也不多想想，那可是刘秀白纸黑字向皇帝写的报告呀！莫非他敢信口胡说，编造事实去蒙骗皇帝？欺君之罪是杀头之罪，刘歆若没有十足的证据作底气，是不会提着脑袋为这样的事去玩命的。

第二处误读是古蜀没有文字。其始作俑者是西汉时期的成都人扬雄先生，这位被秦汉确立的"大一统"观念洗了脑的乖娃娃学者，在中原统治者坚决断层古代巴蜀历史的意识形态主旋律中，写出《蜀王本纪》一书，强调"是时人萌（民）椎髻左言，不晓文字，未有礼乐"。于是，一顶古蜀没文字无文化、蒙昧野蛮的帽子就给古蜀戴上了。这顶黑帽子一扣上就是两千年也取不下来，直到20世纪六七十年代，古蜀没有文字几乎是学术界的一种共识。

第一节 对历史的误读造成对探索中国古文字的"封顶"

如今这个误读纠正较好。常跃华先生在《关于夏代文字的一点思考》文章中，首先声明不同意某些学者的"中国象形文字出于商代后期的卜人集团"的观点，而主张至迟在夏代就已有文字产生，甚至更早。他认为殷商的甲骨文已形成完整的体系，单字达四千之多，形声字占到百分之二十的比例，表明它已是一种成熟的文字系统，在此之前必有一个相当长的发展过程。他指出，古代文献中印证夏代文字的间接材料并不算少。考古发掘也出现了一些夏代的文字证据，如登封王城岗城址内出的陶文，商县紫荆山遗址发现的四个属于二里头文化的陶刻符，很接近甲骨文。二里头遗址在20世纪60年代发现了二十四种陶文，比夏代更早的龙山文化遗址也出土了文字陶片，山东丁公遗址出有一片五行十一字的陶文陶片，得到国内大多数学者的认可[1]。

一、商代甲骨文之前中国已有一个"陶书时代"

对此，田昌五先生还提出，对于这些刻在陶器上，有成组文字组成的陶文，建议称之为"陶书"，以与单个陶文相区别。在商代之前，很可能有一个以陶器为书写材料的"陶书时代"[2]。笔者为这个"陶书时代"喝彩，因为它将华夏古文字与古埃及文明和古代两河流域文明中的"泥版书"文字，置放于同一观察线上了。或者还可以说，这个"陶书时代"所记述的很可能就是中国的夏王朝，甚至夏王朝之前的历史。

二、古蜀戴了两千年"不晓文字"的帽子早该摘除

20世纪七八十年代，中国步入改革开放新时代。思想的解放带来学术的活跃。学界对古蜀文字的研究热闹起来，引起学术交锋的文章有：刘瑛的《古蜀兵器及其纹饰符号》，孙华的《巴蜀符号初说》，李复华、王家佑的《关于"古蜀图语"的几点看法》，李学勤的《论新都出土的蜀国青铜器》等等。四川省博物馆的刘瑛先生长期从事巴蜀器形图录和巴蜀文字的搜集整理工作，她将兵器上复合文字分列成单个文字180个，列出17目，每目少则2种，多则达40种。但是由于对这类刻符所负载的"文字标准"，学界未达成共识，主要在于一些学者认为它不是文字，是"符号"，是记事的。北京大学教授孙华先生认为"这些记事方法所采用的物件、符号和图画本身都不是文字，因为它们只是起记事备忘作用的，它们尚不能完整地记录语言"，"这些图形符号的每一个单位表现的事物的外延尚不固定，它们的功用仅仅是引起某种联想，而这种联想首先联系到的又不是它们所表现的那种事物所具有的特定的语言和语意，而是那种事物的本身。它们是脱离语言而存在的"[3]。对于此说，四川的

学者做出了温和的异议，认为古蜀文字是"巴蜀图语"或者是巴蜀图语符号的进步，它提供了"看图识字"或"望文生义"的直觉感，相当于"汉语六书中的'会意'或'指事'"；"用单符重合为复篆"，"是整体示意的，所以组图（篆）中的某些整体示意图，是有如《易经》卦影图一样的，需整个诠释而不存在读诵语序"（李复华、王家佑著《关于"巴蜀图语"的几点看法》）。如果说四川的本土学者是以这样的曲笔来回应孙所认为的古蜀文字无"言"又无"义"，那么"体制外"的学者王大有先生则以文字的内涵来附和四川学者的观点。王大有所著的《上古中华文明》一书指出："把文字界定为是记录语言的符号，不是一个科学严密的定义，它只是一部分文字的现象，不具有本质特征。语言是一个活性信息，语言的功用是用语音标定事物的名（虚），因此同一事物，同一事物关系，在不同地区不同人群中，即使在同一时期，语音标定绝不同；即使同一地区同一人群，在不同历史时期，语音标定也不同。""文字是用一种凝定的方式记事物与事物信息关系的本身——'实'的，它们表现的首先是那事物及其各种关系本身。至于它的'名'是什么，也就是人们赋予它什么语音和语意，是因人群而异的。但是无论语言怎么变，物是不变的，记物本身的文字也是不变的（简化是重新认定，认定之后也是不变的）。在这个意义上说，中国形音义兼具以形为主的文字，恰恰是可以脱离语言而存的。"看来，王先生也是用曲笔，咬文嚼字般去反驳"古蜀文字"不是文字的孙说。关于此，老一辈的学者似乎来得直白一些，李学勤先生开门见山地指出："巴蜀文字有两类，一类是'符号'，有的'与铜兵器上铸文相同'；另一类是'似汉字又非汉字者'。为了方便，我们把前者称作为巴蜀文字甲，后者叫巴蜀文字乙。巴蜀文字乙是一种文字，研究者是公认的，而巴蜀文字甲是不是文字，还有人在怀疑。……综合考察现有的巴蜀文字甲的资料，其符号可分两种。一种是常见的、重复出现的，在同一铭文和印文里可以出现不止一次。这种符号大多是简化的，不易看出象形……也有一些是象形的……这种符号可各自独立，很可能代表一个完整的音节。另一种是不常重复出现的……这种符号大多复杂而象形……我们猜想，前一种符号用以表音，后一种符号用以表义。"[4]

1986年三星堆出土的古蜀器物数以千计，但有关古蜀文字的符号仅13例，且多是以单字生成在多个器物的残部，无法"看图识字"，只能"望文生义"，更不能生成字句，表述历史。所以三星堆的轰动效应未能拉动对古蜀文字的研究。

三、没有文字的功能是不可能形成三星堆的文明高度

笔者在这里力图死灰复燃，主张"古蜀的字，早于甲骨文的华夏古文字"。不是说笔者较前述的学人有更高深的学识，有更独具的慧眼，而仅仅是笔者作为一个收藏爱好者，比那些专家学者们多了一个机缘，在（国家监管的）成都、绵阳等处古玩市场上发现了一些疑似古蜀文字，以陶文陶书为最多。接下来的几年间，笔者砸锅卖铁，耗尽家产，陆续搜集到数以千计的泥版陶文，数以百计的契刻于玉（石）、龟甲、兽骨、青铜器和书写在竹简、麻布上的疑似古蜀文字。

笔者追踪，这些文字多出现在现今四川省绵阳北、茂县南一线的几处窖藏之中。令人捶胸的是那些"挖宝"的山民，为驱寒竟在洞中将不少竹简点燃取暖。令人欣慰的是，那些装在编织袋中的泥版文字，虽然在"古玩市场"中折腾了数"场"，居然还是残存着若干完整的文字。笔者虽是砸锅卖铁才将其收集而来，但著完本文之后，得为这些文字找一个姓"博"的藏家，让真正的学者去研究，让更多的喜悦去保存。

面对如此众多的出现在多种载体上的疑似古蜀文字，笔者更加坚信自己的那个逻辑推理：古蜀若要没有文字，绝不会出现三星堆那个文明高度。当然，对那些文字，笔者是压根儿也无法识读的，但观来看去，多少感觉到它们的功用，它们的发展，也对它们的前因后果生发出一些大胆猜想。

第二节　契刻于玉（石）上的古蜀文字多是"意"指祖源记忆

文字之中，那些具有极大工艺难度的契刻于玉（石）器上的剔地起凸的文字，每器上的字数仅为两三个，最多也不过十来个，而且多是与刻图并存，这或许就是专家所称的"巴蜀图语"，或者说是处在"图画文字"阶段的一些文字。这类文字似乎表述一种信息和关系，可以识形而念意。笔者的感觉是，这些文字上的"意"，多是一种祖先指向或者祖源记忆，而且是确定性的、定向的、可以一目了然进行相互认同的。对此，笔者说不清楚，还是请那些玉（石）器上的文字说话吧。

图14-1，浅浮雕作品玉片。豆青色玉，泛蜡光。玉表有黑色蚀斑和灰皮，边

棱处有少许黄褐色沁。浮雕的画面是一个披发的羌人，单臂挥杖欲投向老虎。羌人的上方是圆圆的太阳和一只鸟纹。但鸟纹已不是本书曾经披露的多个具象的红山鹗纹，这只鹗鸟纹已是一个"图形符号"。它在叙述，古蜀的羌人是来自红山文化期的、有着鹗（鸟）祖先指向的后代，是在先祖护佑下生存的。

图14-2，嵌贴绿松石图案玉片。不规则方形，最长边10厘米，最高边7.3厘米，厚0.9厘米。青绿色玉，温润有光泽。画面是一个披发的羌人向前俯身去捕捉地面游走的蛇（鱼）。在羌人的头顶是完全"字符化"了的红山C字龙和红山鹗，再加上一个"ﾚ"字符。这里的"ﾂ"字符所象红山C字龙，如果把那笔斜扬的"一横"，变成"◇"形的"蜀头"，则与殷墟甲骨文上的蜀字"ﾂ"相差无几了。再看"ﾚ"形字符，则是现今已释读出的"鸟"字原型。这件作品是在一目了然地表述，古蜀的夷类羌种人是在来自红山文化期的有着龙的祖源指向和鹗（鸟）的祖源指向的先祖的护佑下生存的。或者说这是在要让古蜀的"国民"夷人们铭记，他们仍然是由"龙"与"鹗"（鸟）这两个"半部族"所组成的。

图14-3，古蜀玉山子。高19.5厘米，截平了底部的一砣"山流水"玉。深豆青色，泛蜡状光泽，有灰皮和褐色沁。玉山子上，浮雕出一只红山鹗鸟的具象。鹗的下方则是一个古蜀文字"ﾖ"。"ﾚ"是鸟纹的字符。笔者在第十三章《鸟——古蜀人的第二祖源记忆》中指出，鸟（鹗）纹是古蜀羌人柏灌种群的徽记。据饶宗颐先生的识读，"工"是"邛"[5]。"ﾖ"这个古蜀文字或者是一个词组，其所会之意，是否在说邛地之民，是以红山鹗为祖先指向的先民之后？

图14-1 羌人猎兽的玉片，鸟纹已是一个"图形符号"　　图14-2 嵌贴绿松石玉片，有"ﾚ""ﾂ""ﾚ"形字符　　图14-3 玉山子，鹗鸟纹下有"ﾖ"形字符

图14-4，古蜀玉琮。高7厘米。通体受沁呈棕红色，泛蜡状光泽，有灰皮和蚀孔。素面的琮身上，一面有剔地阳文的"坌"字，一面是剔地阳文的"爿"字。琮是祭祖的礼器，是祖陵的便携式。"坌"字的语义仍然是邛地之民在祭祀"柏灌"祖灵。"爿"字的语义为何？笔者在本书第三章"从'炎居生节并'到'窜三苗于三危'，回答创造三星堆文化的人从何而来？"中指

出，这个字，饶宗颐先生的识读是夏末岷山庄王之后的卜辞"爿"字的另一种写法。[6]可见这件玉琮上的文字，既表述了一种信息，又说出了信息中诸元素的关系。

图14-5，浅浮雕作品玉片。本器的基本情况和画面内容及内涵，已在第十二章"树——古蜀人的方位认知和独有的祭祖礼器"中介绍。这里要谈的是本器上的那三个古蜀文字"𝍏""𝍐""𝍑"。第一个应是名词，作"鸟"可能问题不大。第二个和第三个可能也是名词，或许指天上"众帝"中最有代表性的两位先祖，或许指地下古蜀人中最有代表性的两支族群。笔者的这个猜想，在后面的图例中可能会获得一些支撑。

图14-6，浅浮雕作品玉片。较规则长方形，边长为28.3×12×29.5×12.5厘米，厚

图14-5　玉片，有"𝍏""𝍐""𝍑"形字符

图14-6　长方形浅浮雕玉片，两个羌人扑向小兽图案，有"公""𝍒""𝍑"形字符

1.3厘米。豆青色玉，有蜡光感，通体受沁，表层为灰皮杂铁褐色沁斑，边棱
为铁褐色沁杂灰皮斑点。画面是：在圆圆的太阳下，在巍峨的大山旁，两个披
发的氐羌人正扑向一只小兽，欲捕捉之。附近的氐羌人也跑过来参加合围捕
猎。画面的正上方有三个巴蜀文字"�"、"𝄞"、"𝄢"。笔者猜想，前两个
字是否表示"合围捕猎"？后一个字是捕猎人的种群姓氏？这与前图的"𝄢"
字，是否在语音、语义有共同之处呢？饶宗颐先生考证卜辞中有人名"𝄞"，
当释为"什"，即什邡之"什"。任乃强先生认为什邡是川西古国[7]。此处的"𝄢"
是彼处"𝄞"的又一种写法吗？

　　图14-7，浅浮雕作品玉片。较规则正方形，边长12.5×10.5×10.5×10.3厘
米，厚1.6厘米。豆青色玉，蜡状光感强烈。有土沁和黄褐色沁。线割的开片
痕迹明显。画面是一个披发的氐羌人，正俯身向下，欲向前方的山石行跪拜大
礼。他的头顶是轮太阳，他的身躯上方有两个古蜀文字"人"、"𝄞"。第一个
"人"字，在图14-2出现过，在后面的玉器上也会有出现。这个字在本书第三
章中，饶宗颐先生识读为夷，指出"甲骨文之'人方'实应读为'夷方'"。[8]
所以这个"词组"是在表述祖源指向，岷山庄王（𝄞）之族属是夷种（𝄢）。
画面表述的是岷山庄王在祭祀跪拜有着大石崇拜的祖先。

　　图14-8，浅浮雕作品玉片。不规则梯形，上边长7.3厘米，下边长15.2厘
米；最厚处2.2厘米，最薄处1厘米。豆青色玉，表层蜡状光感强烈。通体受
沁，铁红色沁中间杂灰皮。画面是一个头戴"牛角冠"的人，挥杖在驱赶一
只老虎，人的头顶有两个巴蜀文字"𝄞"、"𝄢"。第一个字不知其意。第二
个"𝄢"字在古蜀玉器上出现较多。

图14-7　浅浮雕玉片，氐羌人欲跪拜山石　　图14-8　浅浮雕玉片，戴"牛角冠"人，
图案，有"人""𝄞"形字符　　　　　　　　挥杖驱虎图案，有"𝄞""𝄢"形字符

图14-9，浅浮雕作品玉片。不规则长方形，边长为15.3×6.3×16.8×7.2厘米，最厚处2.6厘米，最薄处1.2厘米，三方边棱上都有明显的片割痕迹。浅豆青色玉，通体受沁，玉表几乎全是灰皮。画面是两个动态、体姿完全一样的披发氐羌人。这样的构图可理解为一群人在舞蹈——进行祭祀礼仪。氐羌人的前方有两个古蜀文字"丬""ㄋ"。这两个字在前面的图例中有过出现，第一个字是岷山庄王。根据画面的祭祀场景去推测，第二个字"ㄋ"可能就是指向祖先的"祖"字或"主"字。

图14-9　浅浮雕玉片，一群人进行祭祀图案，有"丬""ㄋ"形字符

图14-10，浅浮雕作品玉片。不规则长方形，边长为12×7×16.4×11.4厘米，最厚处1.4厘米。深豆青色玉，蜡状光泽强烈。玉表少许灰皮。边棱处多铁红色沁斑。画面是三人作相同体姿，亦可认为是在舞蹈，在举行祭祀礼仪。三人中左右两人体形较大，头戴"牛角冠"，应视为种群首领，中间一人体形较小，头上无冠，大概属臣民。三人的头上有两个古蜀文字"屮""人"。左边的"字"，笔者猜想是两个字符。表达古蜀地夷人由两个"半部落"组成的祖源格局。上方字符指向祖源指认为红山鸮鸟的"半部落"，下方字符指向祖源指认为红山龙的"半部落"。这样的两个字符的上下组合，在贺兰山岩图中也有出现。右边的"人"（夷）已出现过多次。本篇的文图表述是否在说，古蜀地的大祭，应有两个主祭人，分别代表两个"半部落"？

图14-10　浅浮雕玉片，戴"牛角冠"两大一小人图案，有"屮""人"形字符

图14-11，古蜀玉琮。高5.4厘米，射径2.9厘米，射孔径1.6厘米。通体枣红色沁，间杂灰皮，原有玉色已难辨。本器体形修长，射台较高，素面。此亦是古蜀玉

图14-11　玉琮，有"屮""臼"形字符

琮与良渚玉琮在外形上的区别。古蜀玉琮多受沁，沁色多为红色，这也与良渚玉琮沁色多为鸡骨白有所不同。本器工艺已有进步，特别在造型的规整和抛光的亮度上。文字的书写和琢刻更是有较大长进。但比之良渚玉琮的均衡造型和精美纹饰，本器的孔壁厚拙，上下径孔的偏离也很大。

本器上有两个古蜀文字"𑀳""𐎁"。左边的字形很像一个跪着的人正在供奉什么，右边的字"𐎁"在贵州安顺关岭晒甲山刻崖文字，即明朝始称为《红崖诗》中也有出现。当今有学者认为那是"炎帝氏族谱系丹书"文字，"𐎁"字为炎帝集团的"共工"部落[9]。若此成立，则琮上的文字是在表达古蜀人对先祖共工的祭奠，或者说东夷共工的后裔是的确进入蜀地了的。

图14-12，玉心形佩饰。青玉，玉质缜密，手感突出。泛生坑玻璃光。无灰皮，有少许淡黄色沁斑。心形，高7.1厘米、宽7.3厘米，最厚处1.1厘米，钝刃状器边。双面工，以线刻，浅浮雕，透雕完成烦冗纹饰。器顶有穿孔，可系绳佩挂。

本器其形如心，应是古蜀祭祖中独特的"心祭"的物化。这样的形器，在三星堆一号坑的出土物中有出现，学者称其为"'烟荷包'形玉佩"。这样的形器，在西方古文明中也有出现，它被称为"心形护身符"。古埃及人认为心脏掌管意识和记忆，并产生思想、愿望和行动。因此古埃及在制作木乃伊时，心脏成了唯一予以保留的器官。逝者更会佩带心形护身符，有上《亡者之书》的咒语保护心脏，即使心脏腐烂或者被抢走，护身符都可以取而代之。笔者曾仔细观察过大英博物馆收藏的古埃及新王国时期（约公元前1350年—前1100年，与我国古蜀中期相近）的心形护身符，那是一些由绿色片岩、黑曜石之类的"美石"制作的心形佩饰，半圆雕，器边呈纯刃状，但无纹饰，更没有多种雕琢工艺效果，比之本器，完全是小巫见大巫！

本器的纹饰内容，笔者以为是由多个古蜀文字中的"字符"组成的"合文"，是"联文符图"，在以"心"敬祭古蜀氏羌人的"列祖列宗"。器物上的"♡"和"◡◠"是心和眼的字符，表达后人在眼中和心上都是有自己的祖先"众帝"的。"众帝"之首是氏羌人的共同始祖炎帝，以具象的牛头表示。而敬祭人自己种群的祖先是谁呢？是以鸟（鹗）为祖源指向的乞姓羌人，以抽象的"?"云气纹表示。"合

图14-12　心形玉佩

文"又做了进一步表述，用了"三鸟纹"——"ᕫ"，叙述这个种群的祖先是三只鸟：大鸷、少鸷和青鸟。这或许就是古籍传说中的古蜀先民"三苗民"，或者叫"三首民"。有学者称，1976年四川新津飞机场出土铜矛上的"ᕹ"符号就是古蜀三苗民（三首民）的族徽。再看《山海经》的一些篇目中，说有"一身三首"的人和"一首三身"的人。以现代科学来判断当然不会有这样的人，但笔者以为如果用写文章中的"借喻"手法来观察，"一首三身"和"一身三首"的象征意义，正好可以解读古蜀氏羌族群的构成："一首三身"是共祖起源，"一身三首"则是同源异种的共处，部落联盟制的结构。

图14-13，圆雕玉蟾蜍（蛙）。长14.3厘米，宽10.2厘米，高5.4厘米。通体受沁，枣红色沁中间杂灰皮。开窗处可见豆青色玉，有光泽。造型准确，嘴眼夸张，既生动又神秘。

《淮南子·精神训》说："日中有踆鸟，而月中有蟾蜍。"所以学人说鸟是古蜀人的太阳崇拜，蟾蜍（蛙）是古蜀人的月亮崇拜。在三星堆和金沙的古蜀地出土物中都有蟾蜍器。在古蜀文明的扩散区，贵州、云南等地的出土物中，也有不少的蟾蜍纹饰或器物。对此，有学者做了深度研究，指出"四鸟绕日金箔与蛙形金箔共同组成的这个太阳，反映的是三星堆王国的人们对太阳神崇拜的另一种表现形式或思维方式。在这个形式或方式中，太阳被视为了宇宙的中心而被表现在一个圆的中心，其他天体或神祇放射状的圆圈从里向外被放置在太阳的外围"。

本器的蟾蜍背上有一个剔地起突的古蜀文字"ᚷ"。笔者不识。

图14-14，圆雕玉蟾蜍（蛙），本器与图14-13器在造型、玉色、沁变都一样，只是体型略小一点，长13厘米，宽9.8厘米，高4厘米。背上亦有一个古蜀

图14-13　圆雕玉蟾蜍，有"ᚷ"形字符

图14-14　圆雕玉蟾蜍，有"ᚷ"形字符

图14-16　刻6字玉圭璧

图14-15　浅浮雕玉片，巫师手印
图案，有"🜚""🜛"形字（符）

阳文"𝄞"，此字与图14-13器上的字比较，上部多了一划。这是两只蟾蜍的性别区别呢，还是蟾蜍作为一种灵物在礼仪功能上的区别，还是作为月亮代言的蟾蜍在表述"月圆""月缺"的天体现象呢？

图14-15，浅浮雕作品玉片。不规则梯形，上边长6.2厘米，下边长14.7厘米，高26.5厘米，厚1.3厘米。豆青色玉，蜡状光感。表层多灰皮，边棱有枣红色沁。

图案的主体可能是一个正在作法的古蜀巫师，他一手半握拳，一手外推五指掌。巫师的发为披发，巫师的脚为赤足；巫师的头顶有太阳一般的"佛光"，巫师的足下有一只蟾蜍（蛙）。这大概是古蜀王国君臣子民的一种崇拜礼仪形式或通过巫师在表现一种古蜀的思维定式。笔者最终认定这是一件古蜀作品，是器上巫师的外衣，与三星堆出土的大型青铜立人的外衣样式一致：为单袖齐膝长衣，即外衣左侧无肩无袖，只有右侧带有半臂式连肩袖。

配合巫师的画面有两个古蜀文字"🜚""🜛"，从字形来看，很像两个不同性别的人，或者两个不同种属族群的人，或两个不同级别的人，在向不同的对象做祭祀奉献。

图14-16，双面刻字古蜀圭璧。青绿玉色，有少许褐沁。包浆开门，旧化明显。"圭"长23.8厘米，"璧"径10.4厘米，器厚0.4厘米。有生坑玻璃光。

"圭璧"在《周礼》中有所叙述，但在科学考古中一直未发现这样的器物，故现今有学者在著文中否定这种玉器的存在。与此同时，在收藏家的著作、在专家介绍民间收藏的文章中，在拍卖行的拍品中，倒是不时有圭璧合体的玉器"圭璧"出现。

本器造型的主体结构与《周礼》叙述相近，但与上述出现的"圭璧"亦有不同之处。其一，圭尖朝下。其二，圭的下部有装饰图案。其三，器物有文字。这样的构成的"圭璧"有形式不一的三四件。

本器的"圭"上有竖排的6个文字，由上到下、由左到右的罗列为"竹""虎""冗""㱮""畠""种"。"璧"上有环形排列的6个鸟纹字符，其鸟首和羽冠的表述相同，但鸟身与鸟尾的表述则各异。

图14-17，长方形倭四角刻图文玉板。长18.4厘米，高12.2厘米，厚1.4厘米。器型规整，厚薄均匀，刨面平齐。青绿玉色，半透明，有光泽。现褐沁，表层呈橘皮状，旧化开门。

本器的四棱上有连续不断的深琢的弯月形图案。器面之一为线刻图画，是一个披发着短裙的赤足氏羌人，在挥动长鞭，放牧两头（象征一群）牛。该牛的尾部表述颇像现今生活在高原的牦牛的尾巴。器面的另一面是横排竖立的8个字"鼗""虎""朿""卉""㣪""㑹""梅""㠯"。

图14-18，长方形倭四角刻图文玉板。长20.4厘米，高12.5厘米，厚1.7厘米。器型规整，厚薄均匀，刨面平齐。黄绿玉色，有透明感，生坑玻璃光。

本器的四棱上有连续不断的深琢的弯月形图案。器面之一的线刻图画是一个披发的赤身裸体的氏羌人，在追赶两头（象征一群）象。器面的另一面也是横排竖立的8个字"龠""升""闶""枕""举""坒""豆""艮"。以上三例文字与现存的浙江会稽大禹碑蝌蚪文颇有几分相似。

图14-17　刻8字长方形倭四角玉板　　　图14-18　刻8字长方形倭四角玉板

337

图14-19　刻3字玉制兽首圭变形器　　　　图14-20　刻有字纹的桥形玉币五件

图14-19，异形板材器。上部为牛，牛首牛身写实，表情生动，结构合理。牛的腹下有一双面洞穿的圆孔。牛的前腿和后腿则异化成弧形的"圭"。后腿"圭"上有3个制作精致的阳文，竖排为"吉""合""米"。

黄绿玉色，泛玻璃光。有浅褐沁，器表现橘皮状。最高处16.5厘米，最宽处16.5厘米，器厚1厘米。

图14-20，古蜀桥形玉币（五件）。大小基本相同，其中一枚长5厘米，最宽处1.7厘米，厚0.3厘米。白玉和青白玉，有温润度，有透光感。均几乎通体受沁，沁色有土沁、石灰沁与铁褐色沁。

学界指出："古蜀文明时期四川居民的商品贸易或者说巴蜀商人所使用的货币是什么呢？大体上讲，主要是海贝、铜贝及桥形币。"海贝和铜贝这样的贝币，已是知之甚多。所谓桥形币，学界认为是古蜀国在开明九世至秦统一全国前（前221）这一时段中所使用的货币。桥形币为青铜制，形如玉璜，因此也称之为"铜璜"。迄今公布的考古发掘简报中，已有20余例关于桥形币的资讯。古蜀桥形币的分布地区，东至古巴国的涪陵，西至古蜀国的茂县，北至古蜀国的青川，南限川西平原，而以川西平原最为集中。其形制有大、中、小型，分别长20厘米左右、10厘米左右、6厘米左右。

本器为玉制品。应该说玉制的贝币和桥形币都是古蜀货币中的极品，它可以是流通的货币，也可能是祭祖的礼器。还有可能是王族的一种饰物，所以玉贝币和玉桥形币上都有供系绳佩挂的穿孔。

本器十分精致，外形很像先秦时期在中原地区流通的青铜刀币。对此现象学界亦有解释："开明九世时期，古蜀国曾掀起一场学习列国、主要是中原各国的先进文化的高潮。这些纹饰各异的桥形币，可能是蜀政府聘请列国技师入蜀设计制造的，有意识地与巴蜀过去一以贯之的装饰风格作重大区别。"

本项五枚玉桥形币上的纹饰，笔者以为是古蜀文字。字迹工整，笔画流畅，均是剔地起突的阳文，可见工艺十分难能。其中两枚的文字相同，为"丬""Ħ"，这两个字在前面的玉琢古蜀文字上都有过出现，第一个字可识读为古蜀的岷山庄王。有古籍称岷山庄王所在地是古蜀铸钱基地。徐中舒先生引《管子·山权数》"汤以庄山之金铸币"应是一证。既可用铜铸钱，又可用玉制钱。这在商周时期是普遍存在的。一枚的文字为"川""巴"，似乎既像名词的字又像数字。另两枚的文字是数字的可能性大，为"巴"和"言"。

第三节　多元融合的古蜀"陶文"是华夏诸个原始文字的后起之秀

考古学家指出，在公元前316年秦灭巴蜀之前，古代巴蜀已经存在的历史应在两千年以上。这样长的历史时段，几乎与同时期的传说历史中的五帝时代等长，也几乎与后来的自秦汉开始的整个中国封建社会的时段等长。考古发掘证明，古代巴蜀文明曾一度站上华夏文明甚至世界文明的一个高度。能够站上这样的文明高地，没有文字去记录、去传递、去归纳意识形态和生产技术行吗？肯定不行。研究中国文明起源的学者指出："只有当人类社会发展到了对文字有迫切需要以及文字产生的条件已经具备之时，文字才会产生。这两个方面缺一不可。"先看"迫切需要"，笔者是从古代巴蜀对祖先文化的"迫切需要"去认知的。应该说古蜀的地域是个移民地域，古蜀的人种是个混化血缘。在族群迁徙和种姓融合中，祖源认知、祖源记忆是最为"迫切需要"的。要确保祖源意识的普及和传承，离开了文字是绝对不行的。所以前面介绍的古蜀文字多是与祖源记忆有关。

再看"文字产生的条件已经具备之时"是如何的？古代巴蜀的族群组成，本书前面几章已有阐释，总体是红山炎帝种群的后裔。炎黄大战炎帝战败之后，炎帝族群在现今河北的涿鹿地区开始了向西和向东方向的民族迁徙，他们中间的一个部分最终到达了古蜀。这一路上吸纳了马家窑文化、大汶口文化、大溪文化等多个地域的原始文字元素。如此漫长岁月的融会贯通，古代巴蜀文字产生的条件应该是已经具备了的。甚至由于多方面的吸纳，古代巴蜀的文字，比之甲骨文出现之前的华夏多个地域出现的原始文字都要成熟。或许从笔者收藏的数以千计的泥版文字（陶书）可以去做出佐证。

这样的陶书文字可能是由抽象的符号与概括式的图形符号这两种符号分

化、质变加以创新而产生的。这个发展过程似乎可以从观察笔者的藏品中感受出来。只是这样文字的象形少了，或者抽象了，不易识读。而且这样文字都没有图画配合，所表达何意？以笔者的水平，是猜也猜不出说也说不清的。还是请出几件陶书文字来发言吧。

图14-21，红泥版，不规则正方形，约4×3.5厘米，厚0.8厘米。未焙烧。拟5个文字。排列不规则。不识。

图14-22，泥版，较规则正方形，3.5×4厘米，厚0.8厘米。未焙烧。拟4个文字。排列较规则。不识。

图14-23，浅红色泥版，较规则正方形。2.8×3.1厘米，厚1厘米。未焙烧。十字分四框，每框中拟一组较简单刻符（文字）。不识。

图14-24，浅红色泥版，规则正方形。3.7×3.7厘米，厚0.6厘米。背有纽，纽有穿孔。焙烧，半陶。十字分四框。

图14-25，黑色泥版，焙烧陶化。长方形，多达三十个左右文字（刻符）不识。

图14-21 不规则正方形红泥书字版，拟5个字

图14-22 泥版

图14-25 正方形黑泥陶书字版

图14-23 较规则正方形内十字分四框，浅红色泥书字版

图14-24 较规则正方形内十字分四框，浅红色泥半陶书字版

图14-26，浅红色泥版，焙烧陶化。正方形。10.5×11厘米，厚0.9-1.4厘米，背面有桥纽，残留纽座。十字分四框，每框中都有多个文字（刻符）的内容表述。不识。这样的构成，是否可称为"成文"？这样的古代巴蜀文字，是否在拉开中国古文字史上的"成文历史时期"的序幕呢？

以上泥版文字陶书的布局方式，也表现在载体为布和龟甲的古蜀文字上（图14-27、图14-28）。

这样的表述形式，应该流行在包括夜郎国的大蜀国内。图14-29是藏于今贵州省镇宁自治县革利乡一位自称是夜郎王第75代后裔的杨姓老人家中的青铜"夜郎王印"。王大有先生的识读是："读序应为中→右→左，（印文为）'乞王郎二王，夜觅觜参玄栳'。"[10]此外，《艺文四季》刊发的青铜器纹饰，也与上述泥版文字有相似之处（图14-30）。至于近二三十年出土的多个巴蜀印章，与上述泥版文字更是有着同源的表征（图14-31）。

图14-26　正方形泥书字版，十字分四框

图14-27　写在麻布上的古蜀文字

图14-28　刻在龟甲上的古蜀文字

图14-29　"夜郎王印"

图14-30　《艺文四季》刊发的青铜器上的文字纹饰

图14-31　重庆博物馆展出的巴蜀印章字符

应该说随着时代的进步，信息量的增大，古代巴蜀陶书中"用单符重合为复篆"的表达方法，已不能满足社会发展的需要了。需要有可以反复使用的单个文字，去结构词汇、去形成文章。

图14-32，红泥，焙烧，半陶化。不规则薄片，最高处6厘米，最宽处4.5厘米、厚0.4厘米。所划刻的4个字，或许已是有形、有意，甚至有读音的单个文字。不识。

图14-33，浅红色，焙烧陶化。金字塔形，高1.3-1.4厘米，塔顶有穿孔，塔底是划刻的由单个文字组成的词。不识。

图14-34，褐红色、焙烧陶化。不规划条形，长3.6厘米，宽1厘米。泥条一面平顺，划刻三个文字，不识；一面捏凸为纽，纽上有穿孔。或许用绳将这样的单字和词串联起来，便会形成一条短文。

图14-35，黄泥杯，焙烧。高6.3厘米，不规则口径5.8厘米。杯口沿刻有装饰线条，杯腹部刻有三个文字。不识。此杯不应是喝水之杯，可能是祭祀用的礼器。所刻三个字应该是有明确所指。文字的作用应是有了进一步的发挥。

图14-36，红泥，焙烧为陶。方形长条，长16.5厘米，宽厚均为1厘米。顶端有穿孔。划刻7个单字。不识。或许如此已形成了短文。再用绳索串联起来就会是一篇内容丰富的文本。

图14-37，红色，焙烧为陶。方角条块状，高16.3厘米，宽4.3厘米，厚1厘米。无穿孔。单面刻文，拟为46字。不识。或许这又是可表达一层完整意思的文章了。这样的构成，应该可以证明在中国古文字史上的那个"成文历史时期"。

图14-38，黑色，焙烧为陶。圆角条块状。残。残高14.4厘米，宽5.7厘米，厚0.6厘米。双面刻文，一多一少。文字多这面，残留文字拟为49个。不识。

图14-39，竹简。残。有火烧痕。残高25.2厘米，宽1.5厘米。墨书10字。字形与陶书文字十分相似。载体变了，由泥版改为竹片，由划刻变为笔书。方便了，快捷了。

以上展示了近四十处疑似古代巴蜀文字，对其字体结构特征应该是有了初步认知。如果从古代巴蜀人群的民族迁徙路线图去追踪，是可以读出这些疑似古代巴蜀文字与考古出土的马家窑文化系统的文字，与大汶口文化系统的文字，与大溪文化系统的文字有着许多相似之处。可不可以说，古代巴蜀文字与古代巴蜀族群的组成一样，是多元的融合？如果是，有源有流，可不可以去掉"疑似"的帽子，指认为明确的古代巴蜀文字呢？

图14-32 划刻拟4字
的红泥薄片

图14-33 泥制塔形器
上的陶书刻文

图14-34 有纽小泥条上
的陶书刻文

图14-35 黄泥杯腹上
刻三个文字

图14-37 较规
则长方形泥版
书，内容较丰
富，浅红色泥半
陶书字版

图14-36 红泥
条，顶端有穿
孔，划刻拟7个
单字

图14-38 黑陶圆角
条块，刻拟49字

图14-39 古蜀地窖藏
的有字竹简

第四节　试析古蜀文字的源头

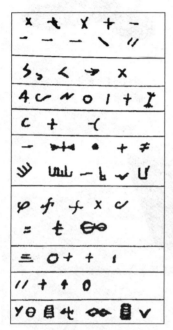

图14-40　马家窑文化柳湾陶文
（尚民杰先生搜集）

一、马家窑文化柳湾陶文与古蜀陶文的比较

首先从马家窑文化系统的文字来看，青海乐都柳湾陶器文字，或许是马家窑文化系统文字的集大成，仅尚民杰先生就搜集了这类文字千余个。在此公布其一[11]（图14-40），供读者诸公与上述古蜀陶文去比较，观察它们的相同之处。乐都在青海湖以南、黄河以北的河西走廊之中，应该在历史上"窜三苗于三危"的中危地域。笔者在本书第三章"从'炎居生节并'到'窜三苗于三危'，回答创造三星堆文化的人从何而来？"中，以为蜀地的羌人是经中危南下到达岷山的。在蜀人使用和新创的古蜀文字中含有乐都柳湾的陶文元素是顺理成章的。

二、大汶口文化丁公陶文与古蜀陶文的源流

再看古代巴蜀的文字是否与大汶口系统的文字有所关联。本书在第五章"东夷：从大汶口、凌家滩到良渚，看'龙的传人'如何形成？"中，指出"大汶口文化向西扩张，最终将'蜀'从山东搬到四川"。既然东夷人的一支，经过地名搬家可以将"蜀"概念搬来古蜀国，那么大汶口文化系统文字的一些元素应该是可以"随军"来到古蜀的。或许图14-41所指算一物证。

从考古学文化来看，大汶口文化系统的文字以"丁公陶文"更为成熟，也引起更多的考古学家、历史学家的注意。1985年，山东省文物单位到邹平县苑城乡做文物普查，在丁公村发现大量龙山文化遗物。1986年，山东大学历史系考古专业学生进驻这里进行发掘，技工董建华在清洗陶片时发现一件

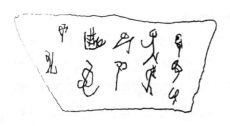

图14-41　大汶口文化丁公陶文　　　　图14-42　丁公陶文与殷甲骨文比较（选自王
大有《上古中华文明》）

灰陶盆底部残片上有5行11个刻画符号，极似文字（图14-41）。另有说法是1992年1月，山东大学考古实习队在室内清洗整理丁公遗址的出土文物时发现的。这种陶盆是典型的龙山晚期遗物，出土于一个编号为H1235的龙山文化晚期灰坑里。主持发掘者先后邀请了三十多位国内考古学界和古文字学界的权威鉴定，比较一致地认为确实是文字。邹平丁公遗址的这些文字，与商人或周人的甲骨文、金文不属于一个系统，因为无论是甲骨文还是金文，基本都是斩钉截铁般的直笔，绝无丁公遗址文字的这般盘绕曲回的运笔。专家们的言论可见《中国文明起源研究》中的"专家笔谈丁公遗址出土陶文"一节[12]。

　关于"丁公陶文"的构型、结体，甚至指意，体制外的著名学者王大有先生的阐释更为大胆[13]。他是将丁公陶文与殷甲骨文进行比较后得出结论的（图14-42）。笔者对此，有赞同亦有觉得还可再商榷的。在此摘引笔者颇为欣赏，能为己用者：

　　第2字，为蜀山氏之"蜀"，上为茧形，下为蚕虫形。甲骨文构成为虫自茧内出（或蚕虫与茧合），"▱▱"的外框隶为茧，内两竖为蚕虫头，勹为蚕虫身。

　　第11字，为虵或虵、妠，左为"女"的省写，右为"虵"，殷甲骨文中有"蛇"字，为一女子与蛇的合一形。

　　11字中，独此一字与前10字偏离，可能是强调此字，妠族首领是鱼卜的对象。如果上述隶定识读、解释不误的话，那么就可以定《史记·五帝本纪》中所记载的蜀山氏，就是这个丁公陶文纪事的蜀父所属的氏族。

345

关于此丁公陶文的去处，笔者见到有两种说法：

其一是：丁公遗址陶文是古彝文，它与甲骨文一样是祭祀时的占卜之辞，而且还认为"夷"就是"彝"的祖先。笔者不赞成这样的认知。现今学界的共识是彝族是在东周时期，由古蜀的氐羌族群衍生而成的，不可能在早于东周时期一两千年前就生成了"彝"。但笔者欣慰地看到，这种解读承认了龙山文化晚期的丁公遗址陶文与炎帝集团后裔的氐羌族群有关，这可不可以说古代蜀人使用的"古蜀文字"并非无源之水，无本之木？

另一种说法是，"陶片上的文字，无疑是当时人为了表达某种意识而刻划的。从其刀锋痕迹观察，刀法流畅，用力匀称，说明这块陶片的刻辞出自当时一位刻技非常熟练者之手。陶片上的文字与商周时代的甲骨文、金文等象形文字，不是一个系统；也不同于西安半坡等新石器时代遗址所出的陶器符号；而且与城子崖龙山文化遗址所出陶文，也无共同之处。但可以肯定，它是为了表达某种意愿而刻，反映了当时人的意念和语言，是被人们淘汰了的古文字"[14]。坦率地讲，笔者不同意这位专家的指向，其学术逻辑是混乱的，如此"先进"的文字，怎么会"被人们"轻易地"淘汰了"呢？其研究方法是粗暴的，对无法认知的事物，就让它"死"去。"淘汰了"，一了百了，眼不见心不烦。

笔者认为，丁公陶文中的一些文字元素去到古蜀，结构进古代巴蜀文字之中。笔者没有能力没有精力更没有条件去多侧面比较丁公陶文和巴蜀古文。但有两个看点，似乎可以观察到两者之间的源流传承关系。其一，丁公陶文的结构与笔法，是使用连笔，多由曲线组成。古蜀陶文似乎也是如此。其二，丁公陶文中有两两相连的，似乎已由文字发展为词。如第9字，第11字。在古蜀文字中这样的结构更是多处出现（如图14-3、图14-8、图14-10）。

三、大溪文化杨家湾陶文与古蜀陶文的发展

笔者在本书第六章、第八章中都指出，大禹的"父亲"鲧是大溪文化中，那支居住在现今湖北宜昌一带的，将祖源指向为鱼的族群。逆长江西行，在现今四川的大渡河沿岸"登陆"后，建立起氐人国的一支强大的古代巴蜀部落，因此古代巴蜀文字上也应该具备一些大溪文化系统文字的元素。

考古学文化证实，在长江西陵峡两岸的一些大溪文化遗址，主要是宜昌青水滩、杨家湾、中堡岛、秭归柳林溪等遗址中出土的一些日用陶器上，可见到一些刻有各种类型的刻画符号。宜昌杨家湾遗址中出土最多，两百余片。秭归柳林溪遗址有六十余片。这些刻画符号的特点，一是陶器未全部干透时刻上去，然后进行火烧即成，笔画完好无缺，不见损伤；二是在陶器制造完成后，再补刻上去的。笔画有不同程度的损伤，这多是将陶器烧好后，有的似乎使用过一段时间，然后再刻画上去的。

陶文武、骆燕燕先生发表在三峡大学学报上的《简析大溪文化彩陶艺术》文章中，将杨家湾大溪文化遗址中出土的刻画符号分成如下类别：自然类，主要为水波形和闪电形。植物类，酷似谷穗、垂柳、野草、花瓣。动物类，近似水波的动物蛇形符号，其形犹如弯曲、游动、爬行中的长蛇。人体类，似人站立在地上。工具类，以鱼钩形状刻画符号为主。数字刻画符号，一如描绘的劳动生产（叉类）工具，并指出："经整理，我们还发现了在发掘出的这些刻画符号中，有的刻画符号竟然多次重复出现，据此可见当时三峡地区的这些原始部落中，某些符号已经成为一种固定的模式。"

图14-43是刊于《上古中华文明（修订本）》一书中的"湖北宜昌杨家湾文字"。若与前面的古陶文比较，似乎可以发现一些传承关系的。特别是那种所谓的"弯曲、游动、爬行"的"蛇形符号"和"似人站立在地上"的人体类符号。此外，在制作方式上，那种"在陶器未干透时刻上去"，"然后进行火烧，笔画完好无缺"，在古蜀陶文上也表现得一清二楚。

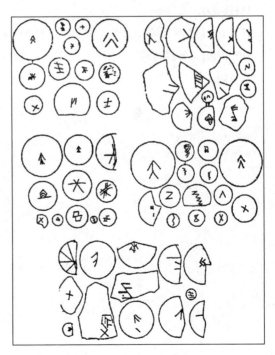

图14-43　大溪文化杨家湾陶文

注释：

[1]常跃华：《关于夏代文字的一点思考》，见《夏文化研究论集》第252-265页，中华书局，1996年。

[2]田昌五等：《专家笔谈丁公遗址出土陶文》，载于《考古》1993年第4期。

[3]孙华：《巴蜀符号初说》，载于《四川文物》1984年第1期。

[4]李学勤：《论新都出土的蜀国青铜器》，载于《文物》1982年1期。

[5]饶宗颐：《西南文化创世纪：殷代陇蜀部族地理与三星堆、金沙文化》，上海古籍出版社2010年，第160-162页。

[6]同[5]，第6页。

[7] 同[5]，第109页。

[8] 同[5]，第248页。

[9] 王大有：《上古中华文明》（修订本），中国时代经济出版社2006年，第71页。

[10]同[9]，第72页。

[11] 同[9]，第53页。

[12]《中国文明起源研究》，文物出版社2003年，第212-216页。

[13] 同[9]，第97-99页。

[14] 同[12]。

第十五章 蜀与中原 "礼" 的比较

——兼析三星堆青铜像展演的古蜀祭祀

氐羌人的大禹种群离开古蜀,本应是"大路朝天,各走一边",最多是"你走你的阳关道,我过我的独木桥"。可惜历史的走向却偏偏是另外一回事。拥有先进文化的炎帝后裔古蜀氐羌人禹种群,进入中原地区融合并统领了炎、黄后裔的诸个种群,形成庞大的"华"族,建立起中国的第一个王朝"夏"。当夏王朝的统治者牢牢掌握了政权,并将"夏"经营成中原霸主,为其统治者服务的上层建筑,便对夏王朝的开创者,至少可以说是王朝"精神领袖"的大禹进行了"重塑",首先是篡改了大禹的"出身成分",将本是炎帝后代氐羌人的禹,改为业已战胜炎帝,成为中国第一共主的黄帝的子孙。"《史记》是把它整齐划一到了黄帝之子青阳系和昌意系的世系里,不少学者根据这一世系作为自己史论的依据。"就这样,一开始便给后来研究禹夏文化的学人引错了路,开错了门!然后是再建大禹的"面目形象",将氐羌人"禹"的"纵目",换成了中原华夏人"禹"的"横目"。为了让这个"纵"改"横"的整容手术流芳百世,并成为一桩不可翻转的"铁案"。于是,一方面大造舆论,恶"纵"善"横",这样的故事一直传到今天:滇东北彝族的人类再传神话说,最初,人只有兄弟三人,都长着"直眼睛"(笔者注:意指纵目),老大、老二品行恶劣,唯独老三心地善良,天神发洪水淹死了老大、老二,用葫芦救活了老三。洪水消退以后,天神让亲生的三仙女同老三结婚,三仙女嫌老三的直眼睛难看,天神便把老三的直眼睛变成了"横眼睛"。滇北纳西族的人类再传神话说:滔天的洪水消退后,只有一个叫作利恩的男人还活着。利恩娶了"直眼睛"的天女,他们连生三胎都是禽兽蛇虫;后来利恩改娶了"横眼睛"的天女,一胎生下三个孩子。

另一方面则是将已经横了眼睛的"禹龙"琢成玉器,使之横眼形象万古不朽，永为流传。

图15-1 民间收藏玉圆雕"禹龙"像，已是"横目"了！

图15-1，玉"禹龙"像。高9厘米，宽7.3厘米，厚3.7厘米。青白玉，表层有"土咬"的凹凸斑，纹底有灰皮。人头龙身，造型近似红山玉祖（猪）龙。人首五官表述清楚，眼为横目，后眼角上挑。双耳夸张，几乎与面部等长，耳高耸，似角。颈后有穿孔，可佩挂。这样的禹，这样的龙，都是横目了。它俩的面目形象已是焕然一新。

《庄子》也有"横目之民"一说（见《庄子·天地篇》），此说被后世的一些学者认定为中原夏部落的特征。中原的"横目"与古蜀的"纵目"对着干的局面拉开了，笔者以为其间最极端者，莫过古蜀地的四川老乡扬雄先生，他的《蜀王本纪》说："是时人萌（民）椎髻左言，不晓文字，未有礼乐。"不识字，不讲礼的古蜀人是什么呢？不就是野蛮人吗？不就是不能居"中"的"夷"吗？"未有礼乐"的古蜀人当然不能像"禹"那样成龙飞天，只能是伏地的"蜀虫"。古蜀不仅被边缘化，更是被矮化。

古蜀矮化得了吗？真是"未有礼乐"吗？

第一节　参加古蜀祭祀的，没有神、没有兽、全是人！

古蜀是有"礼乐"的，只是不同于中原夏、商、周诸朝而已。撑起古代中国政治生活的两大支点是"祀"（祭祀）与"戎"（战争）。祭祀是（宗教）崇拜的核心内容，礼乐是祭祀的过程展演。如果说祭祀是场戏，礼和乐则是这场戏的角色和场景。古蜀"祭祀"这场戏唱的是什么呢？是祭祖。不忘祖源记忆，旨在加强族群的凝聚力和再生力。

在已经发表的研究三星堆的文章中，对祭祀物坑中器物所承载的祭祀内涵和崇拜指向，解读得五花八门，几乎囊括了现今存在的一切概念。笔者以为，距今三四千年前的人类的祭祀对象和崇拜主体应是十分单一的，仅仅是崇拜祖先而已。道理很简单，也很深刻，因为生命是祖先传下来的，没有祖先就没有他们自己，也没有现今的一切！对于此，当代学术界也有所认同，韩国翰林大学历史系金秉骏教授指出："古代人认为氏族的生命力都是由始祖神或是他们的氏族神赐予的，以后根据氏族血统系统地继承氏族集体的生命力。"崇拜的对象既然如此单一，那么为何出土的面具又是多种多样？笔者的猜想是，可能古蜀人将崇拜祭祀对象的"先祖"分成了两大类：个祖和共祖。"个祖"是当世各个种群的父辈和祖辈。"共祖"是各个种群共同的或者说是原初的祖先。工匠在塑造这两类形象时，由于"个祖"的血缘区间短，有可观察的具象，所以塑造的个祖像生动准确，是戴纵目面具的人面像。为了区别不同种群的"个祖"，便以发式和服式的不同来表现。由于"共祖"的血缘区间长，工匠对"祖先"的模样不可能有直观感受，只能从传说中去体会，以工匠的想象去塑造"祖先"的具象。所以当初的成像便是"亦人亦兽"，难怪现今的解读也就"群巫众神"了！

一、三类人体现古蜀的"共祖政治体系"和"共祖政治秩序"

让我们从三星堆祭祀物坑的青铜人造像中，去梳理出一些道理来：三星堆一号和二号祭祀物坑中的多种青铜人像、人面像以及被称为"兽面像"、"神像"、"半人半兽像"的，应该说统统都是"人"，而不是时下大多数解读三星堆文明的著述中所指的，是"群巫"，是"众神"。这些祭祀活动中的"人物"，大致可分为三大类七种人。三大类是：1、被祭祀对象；2、祭祀的主持人；3、祭祀的参与者。对应起来看，第一类"被祭祀对象"，是青铜人面中的那三个"兽面具"。第二类"祭祀的主持人"则是那个代表将远祖指向为龙的种群后裔的青铜大立人。笔者认为还应有一个代表将远祖指向为鸮鸟的种群后裔的主持人，只是至今还未被学界认知，没有复原出来。第三类"祭祀的参与者"，计有57件青铜人头像、20个青铜人面像、9个兽面像以及1个青铜踞跪人和两个双手反绑的跪石人。这些参与者，代表着古蜀的各个部落各个种群，代表着各自的"个祖"前来共祭先人共祖。这样众多的参与，可能就是当今学者指出的古蜀"共主政治体系"的表现。各个"个祖"像在体态、体量和材质上的差别，可能是在体现着古蜀的"共主政治秩序"。只是笔者不同意学者所言的那个"共主"的"主"，而应是"共祖"的"祖"。

上述三类"人"的体量不一、构成不一、用材不一、装饰不一、冠式不一、发型不一、姿态不一。今天的学者们对其解读更是五花八门的大不一！"众神"、"群巫"、"国王"、"祭司"、"酋长"、"联盟部落长"、"祝卜者"、"鸟脚人"。有的一个"像"竟被冠名三次以上。而且似乎用中国的名称来描述还嫌不够，又借来西方的名词，什么"头戴拿破仑帽"、"蜀中维纳斯"等等。但说来说去，似乎一个神也没确认，一个巫也不清晰，一个人也未道出是何方人氏。为了收场，只好用一个"神秘"去落幕。

二、识别各种祭祀人，首先是眼睛，其次是发式

笔者看来，上述众多角色中，其分门别类是十分清楚的，他们不是神、不是兽，他们都是亲密如一家的"人"——活着的人和死去的人，尊贵的人和犯错误的人，自家的人和外来的人，有血缘关系的人和有地缘关系的人……只不过为了他们"醒目"而进行了异化。但是每个角色扮演着什么样的人都是可辨认的。比如他们的眼睛、发式、嘴形、耳饰、鼻型、冠状以及体量、面相和装饰等等。最大的识别处首先是眼睛，其次是发式。三星堆祭祀物坑中青铜人的眼睛，有纵目和圆圈的，有起棱线的外突和圆柱体的凸起，有无瞳孔的和有瞳孔的，有涂黑的和镂空的。笔者以为眼纹是"蜀概念"中的第一符号和招牌符号。眼纹的起源，或者说它的原初构思，应是人类在童年期对眼睛的理解，他们以为，世间的一切存在全在于眼睛，眼睛睁开，一切都有了；眼睛一闭，什么都没啦！这在古籍中是有所反映的。到了距今五六千年前的红山文化期，这种对眼纹的看重已经充分表现出来，在泥塑的祖先偶像上，他们用绿松石突出眼睛；在玉雕的祖先偶像上，他们不仅创造出C字龙的纵目和玉祖（猪）龙的圆目，还在包括玉鸮（鸟）的多种动物的造像中强化了眼睛的表现。随着"天人合一"古代世界观的形成，先民将眼睛和太阳视为同一崇拜指向。在后来的"族群迁徙"中，眼纹成了"具有人群移动带来的观念意识上的符号"。这样，眼纹在山东龙山文化中发展成字符态的"蜀头"，在古蜀文明中更是上升为祭祀大典中的标识性符号。可以说眼睛形符号是具有象征意义的东西，不是一种装饰纹样，它只会被认同并领会这样象征意义的人们所接受。所以在当时的"中国"，只为蜀地独有。

第二节　三星堆青铜人的眼睛介绍了各自的身份

现在，让我们以眼睛为指引，逐一认识本文前面所提及的组成三星堆祭祀物坑中的那"三大类七种人"。

一、指认"被祭祀对象"的理由

第一类是"被祭祀对象"，即被学者用以下文字描绘的那三件："断面呈凹字形的形体巨大的面像"，"眼睛的瞳孔如短柱凸出于眼球之外，两耳大而尖，耳垂无戴耳环的穿孔"，"其中两具鼻梁上表现升起云气的铜饰件"。亦即K2②：148、K2②：142、144标本。学者们还给这三人取了不少名，比如"青铜半圆雕大型神人面像"、"青铜半圆雕额龙神人面像"、"凸目尖耳铜面像"、"纵目人面像"、"铜兽面像"等等，将其"成分"划为"神"或者"兽"，并被称为最"诡秘"者。笔者以为那三位，既不是神，也不是兽，是人，是死去很久的祖先，是参加祭祀的各个"个祖"的"共祖"，是举办这场青铜人祭祀的古蜀鱼凫王朝的前朝蜀王柏灌王的异化。笔者的理由是：

1、他们的额上都有"♀"形祖源符号，即学者描绘的"鼻梁上表现升起云气的铜饰件"，也是笔者在本书第三章第五节中命名的"云气冠"。那是古蜀柏灌氏"乞"姓的表征。

2、他们的两扇大耳象征鸟的双翅，是柏灌氏传承的将祖源指向为鹗鸟的物化造型符号。

3、他们已不在人间，或者说不在王位，所以耳上没有耳环的穿孔。

4、他们的纵目上有瞳孔，说明他们既是蚕丛"纵目"的后代，但又与需要戴上无瞳孔的纵目面具才能面对先祖的现世鱼凫人有所区别。他们极其夸张的立圆柱形瞳孔，表示即使他们远在遥远的天国，仍然可以看见后世的君王臣民。这大概是传说中"千里眼"的原型。照相机的长焦距镜头也好有一比！

5、他们的唇角上翘呈笑意，是老人长者慈祥的模样，这亦与那些戴纵目无瞳孔面具人像的平直唇线、肃穆表情泾渭分明。至于为什么这样的被祭的柏灌先祖是三个，笔者猜想这可能与炎帝族群所持有祖先文化中对"三"数字认同有关。且看三星堆祭祀物坑中的青铜树的枝、叶和鸟儿的数目都是

3或者是3的倍数。此外，《山海经》说有"一身三首"人；古籍记载蜀地有"三苗民"，又叫"三首民"。这是否又是在暗示"祖先"是三兄弟，或三个支系？

二、还应有一位"祭祀主持人"理由当复原

第二类是"祭祀的主持人"，即那个大青铜立人，亦即K2②：149、150标本。对于他，学者已多有解读。应该说他是古蜀的"王"兼首席大巫师。他戴纵目面具，纵目的双眼无瞳孔表现，有一道连接眼角间的凸线，使纵目呈突棱形。这样的眼纹，表示他是一个戴上面具便可与祖先相会的"现世"的、有职位有权势的"在岗"之人。除了这样的眼纹外，还有他的耳孔和耳饰在表示他是一个这样的人。笔者对他的认知，有三处独特之说：

（一）古蜀的祭祀大典（大祀）应该有两个主祭人，一是古蜀人中将远祖指向为"龙"的部族首领兼首席大巫师，即那个三星堆博物馆中已复原的青铜大立人。二是古蜀人中将远祖指向为"鹖"的部族首领兼首席大巫师。这个主祭人的存在理由现今还没被学术界认识，所以一直未被复原。笔者的推测，这个主祭人应由K2③：264，K2③：327，K2②：143，K2②：143-1，K2③：296这五件三星堆祭祀物坑中的标本组成。在大祀中出现两位主祭人是在强调古蜀国的祖源记忆来自"龙"和"鹖（鸟）"，来自北方的红山文化。学术研究有指出"一个部族总是由二个半部族组成的'二分组织'"，"这种二分制部族是古代世界人类的普遍现象，如殷人的多子族和多生族。周的姬姓和姜姓两族"。古籍《山海经》上也有记述"龙"与"鸟（鹖）"两个半部族在蜀地的地理叙述。考古发现的红山文化牛河梁女神庙中那供奉的泥塑熊"龙"和"鸟"爪，或许可以说就是组成红山部落的两个"半部族"的物证。应该说那便是古蜀的大祀应有两位青铜主祭人的始源。对此两个"半部族"构成的原初的祖源记忆，本书第一章已有陈述。

（二）将祖源指向为龙的那个祭祀人，即已复原的青铜大立人的头颈背部，应有一个圆形太阳纹的"背光"装饰，如同现今佛像头后的背光，亦即是三星堆祭祀物坑中的K2②：67标本。该器曾被学者认为是"车形器"，是"轮形器"，是"车轮"，是"干盾的铜饰"等等，最后比较统一的看法是"铜太阳形器"。但安置在何处？至今无定论。笔者认为是作为"背光"安置在青铜大立人的脑后。笔者对此的依据来自民间收藏的一片古蜀浅浮雕玉片。

图15-2的人物就是一个主持祭祀的巫师，他的脑后便有一个圆圆的"背光"装饰。笔者判断此图15-2是古蜀玉作，在本书第十四章中有所表述。

图15-2　民间收藏脑后有圆背光的巫师像玉版

（三）古蜀的祭祀主持人是王者。或者说是以蜀地部落联盟首领的身份作为大巫师的，在"国家"大祀中出任主祭。主祭人双手握的"杖"，那是天梯"建木"的符号化，是可以通天与祖先沟通的权力表征。这个特权只能掌握在"王者"的手中。王在兼行大巫师的职权时，发式作笄发，既象征祖先的"披发复面"，又以此区别其他"行政长官"的辫发发式。三星堆青铜大立人是笄发，图15-2的祭祀主持人也是笄发。

图15-3是一件古蜀玉镇，造型为踞坐人。长5.4厘米，高4.9厘米。通体已基本白化，呈鸡骨白，有蚀孔和绺纹。踞坐人的面部有心纹，额际有网格纹，更特别的是嘴形为张唇露齿长兽牙，与常规的古蜀人面部特征大不同。他也是笄发，他面部的心纹应是古蜀人心祭之图指。

图15-3　民间收藏圆雕披（笄）发踞坐人的玉镇

故而笔者推测他应是古蜀巫师的造像，只是不知他额际的网格纹，是否来自红山文化C字龙的网格纹，是否是巫师与祖先沟通的入场券、识别卡？

在"绝地天通"的宗教改革之后，巫师集团已下降到一般官员地位，即便是大巫师在国家祭典中也不能再与"王"平起平坐。因此一般巫师除保留笄发以标明神职人员身份外，其形象已大为矮化。

三、"祭祀参与者"的五种类型

第三类是"祭祀的参与者"，人数众多，其头顶冠发有异，其脸上表情不同。笔者在前文提到，他们是戴着各自的面具，可以与各自的"个祖"沟通，或者是代表各自的"个祖"来共祭先祖的人。笔者将其梳理为五种人：1、正式代表；2、候补代表；3、列席代表；4、执行祭祀的"礼宾司"代表；5、"反面教员"代表。区别上述5种人的主要切入点，还是在各自的眼纹和发型上。

1、所谓"正式代表"，就是与祖先有嫡亲血缘关系的族群或部落的首领，属直系亲属。他们都戴纵目面具，纵目上没有瞳孔的表现。他们所戴的这种面具，表示他们有权（或者有能力）与祖先沟通。他们有耳孔，或者戴有耳饰，表示他们是在岗的"行政长官"，有财富或者有支配财富的权力。他们各自的发型和冠式不同，表示他们来自不同的地区。其中有4具是金面具，笔者猜测这大概是代表已去世的两位蜀王和两位主持祭祀常务工作的大巫师。这4位的鼻孔和嘴均被金箔遮盖，表示他们已经不能呼吸和进食了，是作古之人。

2、所谓"候补代表"，就是与蜀王朝有地缘关系的族群或部落的首领。即西进入蜀的将祖源指向鱼的鲧姓氏人，或者是接踵而来的良渚文化在向西扩张中的古越人，亦即是三星堆祭祀物坑中的标本K2③：217，K2③：231，K2③：231-1，他们共9件，被一些学者称为"青铜兽面像"。他们的眼已不是"纵目"，他们的嘴也不是"闭合"，而是张嘴露齿。这或者便是良渚玉器上那种仙人骑神兽纹饰的蜀地版。

3、所谓"列席代表"，指的是商王朝派往古蜀国的使节，或者是移居古蜀国的商人的首领，也可能是已经迁居商朝的蜀人代表。比如在商朝为官的彭祖就是蜀国人。这样的人，面目是"商"的面目特征，比如眼睛是中原人的"横目"，嘴是商人的张嘴露齿。但是，坐姿还是蜀国的踞坐，好像今天的华侨，是"洋装穿在身，心是中国心"。三星堆祭祀物坑中的标本K1：293，被称为"铜踞坐人像"，大概就是"列席代表"。

4、所谓"礼宾司代表"，是指在进行祭祀活动中，完成"礼"和"仪"的特定动作的巫师。如三星堆祭祀物坑中的K2③：04，K2③：292-2、292-1的那些众多的小铜人跪像和立像标本。他们有的是左腿蹲屈，右腿单膝跪地，双手在腹部作姿势；有的是双腿站立，双手在胸前作姿势。他们也戴冠，也有纵目面具，但眼纹中有瞳孔表现，并以此来区别与第一类"正式代表"在地位和职务上的不同。或者在暗示这两类人在祭祀中，在与祖先沟通中所能达到的境界的不同。

5、所谓"反面教员代表"，指的是"双手反绑的跪石人"。这肯定是犯了法的蜀人。除了被绑以外，还承受两个惩罚：一是不戴面具，取消与"个祖"的从属关系和与"先祖"的沟通资格；二是剪短了头发，没有了氐羌人长披发的"共祖"形象。这好比今天的罪犯被剥夺政治权利。在祭祀场所出现这样的人物，应是对全社会的警示作用。这样的做法，在中原西周王朝的青铜器上也有出现。西周有件青铜鬲，鬲下部做成有门的屋形，左扇门上就铸有一个砍去脚的人犯。

由此可见，上述祭祀的参与者都是人，而不是有学者指出的是"神"、是"人（但又是不同于普通凡人的一些超人）"、是"兽"、是"半人半兽"等等，也不是有学者断定的古蜀的祭祀表现了古蜀的"泛灵崇拜"，或者古蜀的"神权政体"。笔者以为古蜀的祭祀表现的是古蜀单一的祖先崇拜，是在重温祖源记忆，为的是增强族群的凝聚力和生殖力，同时也是在展示和传播一种有别于中原的社会结构模式，以及由不同的社会模式导致的古蜀与中原对"礼"的不同解读。基于此，我认为秦汉王朝坚持大一统史观的学者，对蜀地"礼"的认识属于无意忽视或有意断层，做出蜀"未有礼乐"的结论过于武断！

第三节　民间收藏的古蜀玉雕演绎蜀地古礼的形成与发展

主宰中原地区"诸夏"的礼，在西周时有所变化，到秦汉王朝已是定型。这类"礼"被称为"新礼"。而古蜀的礼，仍是一种文化内涵重于政治内涵的"礼"，相对而言仍被称为"古礼"。笔者在民间看见的一些古蜀玉器上，似乎感觉到这种"古礼"的形成轨迹，或者说它的线性表述。

图15-4，嵌松石图案玉片。不规则五边形，最宽处10.7厘米，最高处8.1厘米，厚1.1厘米。苍色玉，微透明。所嵌图案是两个（象征一群）头戴牛角冠的人，面朝红山C字龙，进行礼乐祭祀。一群人体姿相同，现今被认为是"舞蹈"，研究宗教史的学者指出，古人的"舞蹈"即是"礼乐"的姿体形象，是祭祀的过程展演。

此图至少明确两点：1、古蜀祭祀的对象是先祖，即源自红山文化期的C字龙。2、古蜀祭祀时要戴头饰，其牛角冠亦是在顶礼先祖炎帝。

图15-4　民间收藏戴牛角冠人面朝C字龙祭祀的嵌绿松石玉片

图15-5，浅浮雕图案玉片。不规则长方形，最宽处18厘米，最高处12.4厘米，为打制玉片，厚薄不均。青黄玉色，有斑驳土沁。浮雕图案的内容是，在太阳的照耀下，两个（象征一群）头戴牛角冠的人，围绕上方的鸾鸟进行礼乐祭祀。此图也有两点揭示：1、古蜀祭祀是在太阳照跃的旷野举行。2、祭祀对象仍然是先祖，即源自红山文化期的鸦鸟的另一祖先指向。基于此，笔者才在前面解读三星堆的"祭祀主持人"时，提到还应有一位祭祀主持人理当复原。

此外笔者在后面阐释古蜀文字时，也猜测在文字的构成上，亦是表现着古蜀的两个祖先指认的认知。

图15-6，浅浮雕图案玉片。不规则梯形，上边长7厘米，下边长13.7厘米，高5.5厘米，厚1.4厘米。青色玉，遍布米灰色沁点。作品内容是两个头戴牛角冠的人，一手持"杖"，面朝一棵树进行礼乐祭祀。祭祀的对象还是先祖，只不过不是先祖的具象符号，而是用"杖"和"树"这样的与先祖有关联的符号代替。关于"杖"和"树"在祭祀中的功能和作为，本书已有解读。三星堆祭祀物坑中的出土物也有"树"和"杖"。所以这件民间古蜀玉器的内涵是有考古出土物的照应的。

图15-7，玉凹字形无颈人面像。高3.9

图15-5 民间收藏两个戴牛角冠的人头顶鸟纹举行祭祀的玉片

图15-7 民间收藏凹字形纵目人玉面像

图15-6 民间收藏两个戴牛角冠的人持"仗"朝树祭祀图的玉片

厘米，宽6.8厘米，凹弧大于半圆。青黄玉，半透明有温润感。正、背两面均有斑驳的石灰沁及蚀孔。

面部有特大的纵目型眼和紧闭的长嘴唇。一对尖耳，十分硕大，造型如鸟儿展开的双翅。可惜一耳尖有旧残。笔者认为，若与三星堆青铜面像对照，本玉面像可对应青铜器"凸目尖耳铜面像"（标本K②2：142、144），即笔者归类的"被祭祀对象"。玉面像与青铜面像的相似因素有：

1、纵目的眼特别。两个瞳孔外凸如圆柱，与青铜面像相同。

2、唇线特长，超过面颊的颌骨。这与青铜面像相同。

3、无耳孔不戴耳饰。这也与青铜面像相同。

本器的人面额际没有表现云气上升的"?"部分，这是与青铜面像不同之处，应是玉器制作的工艺局限。但在玉面像的耳部刻有"?"纹，这应是在表现氏羌柏灌氏"乞"姓的祖源符号。

图15-8，镂空片雕玉人头像。高10.5厘米，宽8.2厘米，厚0.5厘米。黄绿色玉，有蜡状光感。一面工，以镂雕出体形，以线刻出轮廓。

本器的形象与三星堆祭祀物坑中的K2③：231标本十分相近。当代有文博学家称他为"铜兽面"，"展现出了神奇的动物形态"，"这些似兽非兽、似人非人的兽面像"，"也是古代蜀人社会意识与宗教观念的生动展示"。笔者以为专家的上述界定，仅是一些概念的堆砌，他是谁？代表谁？不清楚！笔者的推测，这件玉器和三星堆出土的那9件"青铜兽面像"，都是古蜀鱼凫王朝的邦联组成中，那由东向西迁徙来蜀的将祖源指向为鱼的鲧族首领，或者是向西扩张的良渚文化的古越部落首领的异化面容。其理由笔者已在"杖——古蜀人对天梯'建木'的符号化"一文中有所阐述。

图15-9，半跪姿双手合十玉人（一对）。圆雕，高4.8厘米。白玉，透明感和光感均强烈。有极少赭红沁纹和米色沁斑。

两人均戴小圆帽，帽上有"H"纹标识。均戴纵目面具，眼纹无瞳孔。均双手

图15-8　民间收藏镂空雕人面像

合十于胸前。不同的是一人左腿屈蹲，右腿单膝跪地；另一人相反，是右腿屈蹲，左腿单膝跪地。这样的体姿和手形，在三星堆的青铜人造像中是有对应的，K2③：04"铜跪坐人像"是其一，三星堆玉璋K2③：201-4"Ab型玉璋"的刻纹是其二，说明这样的人、这样的体态、这样造型的手姿在古蜀的祭祀中常见，或者说在祭祀中必不可少！笔者在前面的述说中将其视为"礼宾司代表"，是在祭祀中完成"礼"和"仪"的专职人员，在一定程度上起着"教授"的授业作用。他们的体姿、手形或许已经模式化了，甚至成为一种符号被传承。比如手姿，有合十于胸的，有双手压腹的，有一手握物、一手举掌外推的等等。古蜀的这些手势，被称为"心祭"——不需置身庙堂，不需面对偶像，不需持握礼器，仅仅是在自己的心灵中祭祀先祖。这样的概念不仅符号化于大量的东周时期的巴蜀青铜器上，可能还在后来的秦汉时期成为一种礼仪流行于中华大地。而且，极可能还通过西汉以前便早已开通的"南方丝绸之路"，传到巴基斯坦、印度，在完善佛教时被吸纳，成为佛教重要礼仪之一的"手印"。

图15-10，玉背雕踞坐人像，高5厘米，宽2.8厘米，厚1.3厘米。青白玉，通体受沁呈泥灰色。光感较强。构图是一踞坐蜀人，头戴圆帽，帽顶作三角形凸起。这大概就是三星堆青铜像中被学界称为"头戴拿破仑帽"的玉制民藏品。头戴纵目面具，无瞳孔表现。衣右衽，腰束带。人像的背部紧贴"圭"形板块，亦可视为背靠山峰。器顶有穿孔，供佩挂。

图15-9　民间收藏半跪姿双手合十玉人像（一对）　　　图15-10　民间收藏玉背雕踞坐人像

这样的强于高浮雕、弱于圆雕的"背雕"造像，利用三维形体的空间起伏或夸张处理，能够形成浓缩的空间深度感和强烈的视觉冲击力，在我国魏晋时期的佛像塑造中被大量使用，产生出不朽的艺术效果。在一些学术论述中，都称这样的佛像雕塑来自印度。然而，笔者从本器的存在生发猜测，或许印度的这种佛像造型源自古蜀。理由有二：其一，古蜀"背雕"艺术手段的产生时限，在印度佛像摩崖造像方法之前。其二，古蜀与印度应该是早就存在着交往，因为在三星堆发现有大量的产自印度洋的海贝。由此可以推测，能够随身佩带的，与本器类似的背雕作品也可能在那时就流传到印度、巴基斯坦等地了。这种交往的时限也早于原始佛教在印、尼边境的创建时间。后来印度佛教，特别注重用雕塑品来宣传和推广佛教。古蜀的这种早就流传到印度的"背雕"工艺，被印度佛教采借应是十分可能的。所以应该说，中国魏晋的背雕佛像的制作工艺不是由国外传入的，最多只能说成是一种早先传向国外的中国工艺，回到"娘家"中国来省亲而已！

第四节　可能是"玉璋"将红山文化原初的"古礼"意识运载到古蜀

如果说古蜀的礼是一种富含祖先文化的古礼，那么它的上源是什么呢？它的载体为何物？即是说在没有文字传载意识的时段中，靠什么将远古产生的原初的礼意识，跨越万水千山传到蜀地？笔者以为古蜀的礼，来自红山文化中生成的祖源记忆，其核心符号物是璋，或曰牙璋。

"璋"作为"六器"之一，自西周进入国家大典《周礼》之后，地位猛升，知名度大增，成了中原帝国法典的一项内容，华夏民族的一种法定礼器，也成了两千年来无数的史学家、收藏家和近现代的考古学家、文博学家的重要研究对象和文章命题。《周礼》中春官大宗伯说："以玉作六器，以祀天、地、四方。以苍璧礼天，黄琮礼地，青圭礼东方，赤璋礼南方，白琥礼西方，玄璜礼北方。"随后一些学人对"璋"做出界定，其形制是"半圭曰璋"；其种类有"赤璋、大璋、中璋、边璋、牙璋"；其体量分别为"大璋12寸、中璋9寸、边璋7寸"（现今学者认为周代的1寸约等于今天的2.31厘米）；其用途有"一、祭祀南方之神；二、天子巡守，祭祀山川；三、诸侯聘女"。典籍将上述概括为一句话："璋，邸射，以祀山川，从造赠宾客。"可惜这一切在过去的两千年中，都是以文字流传着，其形态和纹饰都无图录表示。到了清朝晚期，大收藏家吴大澂将自己的玉器收藏品与古籍介绍的"璋"挂钩，绘出了"牙璋"的第一幅图像，并定义"牙璋以起军旅，以治守兵，故与戈钺之制略同"。但吴大澂之说与后来的考古发掘中的多数玉璋甚有差别！于是用古籍做主要鉴别依据方法的人被现代权威考古学家称作"吴大澂式经学家"。为避此嫌，当代的一些学者不再称面世的璋为"璋"了，特别不称川陕地区出现得最多的古蜀牙璋为"璋"了！而是从器形出发冠以多种名称，比如夏鼐称之为"刀形端刃器"，日本的林巳奈夫称之为"骨铲形玉器"，王永波称之为"耒吕形端刃器"，孙华称之为"斧形器"等等。而且，更多中外学者将古蜀出现的牙璋，与中原二里头出土的玉璋挂钩，得出古蜀牙璋源自中原玉璋的结论！

一、四川学者首先将"璋"的源头指向红山文化

似乎四川的学者更多的还是坚持"牙璋"的称谓。对此，亦得到一些外地学人的认同。美国纽约大都会博物馆亚洲艺术部的孙志新博士就指出："迄今为止所提出的诸如'刀形端刃器'和'骨铲形玉器'等名称都不如牙璋这一传统的名称来得简明确切……不过，这里需要指出的是采用传统的定名并不等于接受古代文献中关于所谓牙璋用途的种种说法。"

在笔者有限的视野中，似乎四川的本土学者对牙璋的研究才是更专业更全面更深刻。林向教授的《古蜀牙璋新论》和张擎副研究员的《金沙遗址出土牙璋的初步研究》等文章都给了笔者系统知识和不少启迪。特别是林向教授将牙璋的起源联想到红山文化晚期的"兽面纹丫形器"，指出"值得注意的是远古史前已出现这种非武器、非工具的象征性器物，才会演变成夏商周时代专供人们精神文化需要的礼玉。这说明一个事实，这种象征性器物可能自有序列，它的造型当然要受到当时人们对外界（包括自然物与武器、工具等人造物）的感受所制约，但并不一定是依照某一具体的武器或工具来塑造的"。林先生的这些认知是前卫的，也是大胆的，是针对"牙璋是铜器时代的产物"、"古蜀牙璋源自中原二里头玉璋"等一类"主流"学者的学说而发。对此，笔者猜想，可能林向先生没想到相差千余年、相离近万里的红山文化与古蜀文明还有所联系；或者是想到了，但缺乏最起码的物证，才没把他的上述观点表达得更具体

更明确。

认识的过程是由表及里。认识牙璋的源流，首先要了解牙璋的外形。对此，学界早有共识，指出典型的牙璋体形为扁薄长条形，拥有三个部位：方柄、牙阑和歧首。笔者以为，确定是否牙璋，"歧首"是关键。所谓"歧首"是指璋身的顶端分叉。

笔者看来，这类的分叉，像下弦月的弧形，像双峰山的剪影，像鱼嘴的张开，像锄头的凹刃。之所以是"关键"，因为在玉（礼）器中，有柄、有阑的器物有多种，比如戈、比如戚、比如钺、比如匕等等。但具有"歧首"的只有牙璋和玉铲，但玉铲没有柄和阑。那么这种拥有"歧首"的玉器在中国玉文化史中，它的发端在哪里呢？在距今五六千年的红山文化中。"我以为整体雕作的牙璋（一般所习见者）同样历史悠久，也确实可能出自史前。辽宁阜新福兴地曾收集一件玉饰，长12.1厘米，板状，长方柄上有平行刻线纹（弦纹），柄端有一穿孔；有刻纹的阑外侈；上作短身歧首，刻有双耳兽面纹。孙守道（笔者注，孙氏是我国当代著名的红山文化专家）认为它与三星他拉玉龙一样，同'属于红山文化的晚期'，'距今年代不会晚于五千年'。台湾玉器收藏家称为'兽面纹丫形器'。"笔者搜索了一下，这样的"兽面纹丫形器"，除上述辽宁阜新有一件外，辽宁省博物馆藏有两件，分别为高12.4厘米，宽4.1厘米，厚0.2厘米；高15.2厘米，最宽2.8厘米，厚0.35厘米。台湾震旦艺术博物馆藏有一件，高9.2厘米，系石质。此外，辽宁省文物商店有一件，《玉海拾珍》书中披露了二件，《红山古玉》书中披露了一件，台湾艺术品收藏家协会专刊中披露了一件。笔者有幸还上手了一件《云窝楼》收藏的兽面纹丫形器。

图15-11，《云窝楼》藏兽面纹丫形器。高9.1厘米，宽3.3厘米，厚0.25厘米，器沿呈刃状。青黄玉色，半透明。旧气开门，器底布满坑点，纹底

图15-11　《云窝楼》藏兽面纹丫形器

滋生灰皮。双面工，典型的红山玉瓦沟纹工艺。形体和纹饰与上述辽宁丫形器十分相近，只是双耳外突的弧度更圆满，柄部凹凸的平行线较稀疏。

二、"璋"的祖型是什么？

关于上述丫形器，或者说牙璋的祖型，其内涵又是什么呢？《红山古玉》一书指出："这种丫形器实际上是玉猪龙（笔者注：应是玉祖龙）的一种变体，是玉猪龙拉直身体后的一种正面平视图。若将玉猪龙的头部纹饰从正面向两边略微展开，再将其蜷曲的身体向下展开，所得到的正视图形与丫形器基本吻合。"

笔者是赞同上述认知的。需要强调一下的是，玉猪龙不是红山先民中猪氏族的图腾，而是红山先民，亦即炎帝集团共有的祖源记忆。基于此，红山文化时期出现的丫形器就是崇拜先祖的核心符号物，一种祭祖的道具，最早的古礼器。笔者还猜想，可能在红山文化期的晚期，丫形器又做出更多的抽象变化，结构也做了相应的增减，将兽面（人面）消解，拉长为条型；将双耳锐化，突显为歧首；将长嘴发展，横置为阑；将有平行线的器身缩短为柄。或许后来出现在阑部的那些扉齿，便是初期丫形器上那些平行线的遗韵。如果笔者的这个猜想成立，牙璋在红山文化与龙山文化的交替时期，其雏形已经形成。《红山古玉》书中披露的丫形器，其兽面（人面）已不存在，其歧首已是十分鲜明。

既然红山丫形器或者说雏形牙璋器有着先祖崇拜和祖源记忆的内涵，作

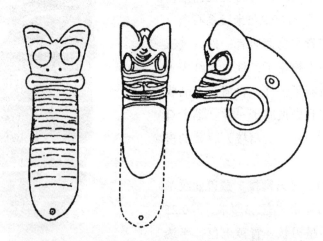

图15-12　丫形器与玉祖（猪）龙正视图比较。原载《红山古玉》。

为红山先民的炎帝集团无论今后发生什么样的变故和位移，牙璋这样的凝聚着"族群认同"和"根基情感"的器物，一定是要传承下去的！现代考古似乎正在证明着这一切，牙璋在红山文化期之后的龙山文化期被发现了，地点一处在陕西北部比邻内蒙古阴山的榆林石峁，另一处在山东黄河南岸的临沂（还有更加鲁南的五莲和海阳）。而上述两处则正是处在笔者所猜想的炎帝集团自炎黄大战失败后，向西和向东迁徙的大方向之内。对此，学界似乎也正在明晰之中。近一二年，学界提出"新月形文化圈"一说，说是以岩画为载体的一种远古文化，在从内蒙古阴山，到宁夏贺兰山，到甘肃景泰，最终抵达四川岷山这一"新月形"的地域内传承着。而另一处出现牙璋的鲁南，早就有"蜀，鲁地"之说，又有丁公村陶片的"蜀"字和那段文字是"共祭先祖蚩尤"一说，即是说也是炎帝集团的族群转移轨迹。考古也发现，龙山文化晚期，山东龙山文化有经鲁西南向豫东南转迁的物证。这个迁徙可推测为鲁南的炎帝后裔入蜀的上沿。

三、"璋"的辉煌在古蜀

考古还证明，牙璋的辉煌是在古蜀。早在20世纪20年代末到30年代初，对三星堆的非正式发掘中，就有数件典型牙璋出土。20世纪80年代的三星堆科学发掘中，也出土有50余件，这不仅是截至20世纪全球发现牙璋数量最多的，也是经科学发掘数量最多的。在三星堆的其他出土物中，有蜀人使用牙璋的圆雕像和线刻图，说明牙璋在古蜀，已将古礼器上的意识发展为概念，牙璋已开始作为一种文化的表述。牙璋的图案上的祭祀山川，乞求山神护佑的全新内涵，是古蜀人在长期的迁徙位移中，萌生出的对大自然的敬畏与对空间变化的感悟。有学者指出，三星堆一、二号祭祀物坑方向一致，均为305°，即正对着数十公里外岷山的九峰山主峰。这不应是古蜀人的一种随意安排，而是一种有意识行为，即对山峰的敬畏和祭祀。

笔者还以为，源自红山文化的丫形器，在龙山文化期发展成"璋"，还衍生出一种仍然富含祖先崇拜的柄形器。这种可随身插于腰间的柄形器，在考古发掘物中是有所印证的，比如殷商妇好墓中出土的那件赫赫有名的卷冠玉人，其左边腰间就插有一支有丫形首的"柄型器"。该器歧首的分叉表述，无疑是一种祖源指向，是炎帝后裔的共识。所以笔者指出该殷商妇好拥有的这件玉作，极有可能来自古蜀。此外，在与三星堆文化有明显传承关系的金沙文化中，也有一个腰插柄形器的铜人立像。此柄也是长柄短首，但首端的分歧已不明显。是金沙人对歧首造型有所修订呢？还是制造这尊铜人时的工艺水平无法做出细节表现？

金沙文化虽然对三星堆文化有较多的传承，但也有其修正，或者说有一个新时代的创新。笔者看来，最明显的改变在于对眼睛的表现上，金沙出土物中，无论是铜人立像、金面具还是金冠带上的人面图案，其眼睛均是横目和圆目，已不再是三星堆时期的清一色"纵目"了。但是，笔者也发现，金沙时期的牙璋，不仅全面继承了三星堆时期的牙璋文化，而且大大的向前推进了一步。表现在：其一，数量大增。据成都市文物考古研究所张擎副研究员披露，"金沙遗址迄今共出土牙璋、璋形器约400余件，是其他遗址出土总和的两倍；三星堆遗址共出土了96件"。其二是体量向小型化、装饰向简约化发展。据笔者在金沙博物馆参观所见，金沙牙璋上已不见三星堆牙璋的繁褥刻图和歧首上镂空兽纹。张擎也说："金沙遗址小型牙璋数量特别巨大，达132件，三星堆遗址仅发现4件。""（小型牙璋）器体很小，长度一般在4.7-5.5厘米。"可见金沙时期的蜀人用璋已普及到平民阶层。古蜀的用璋大概已是蔚然成风。这种形而下的蔚然成风，必然会形成一种形而上的蔚然成风，那便是古蜀地的"礼"与"乐"。

第五节 古蜀"礼乐"与中原"礼乐"的比较

笔者以为，所谓"礼"，是祭祀的目的；所谓"乐"，是祭祀的过程。比较"礼乐"就是比较"祭祀"。

一、祭祀的对象不同

在祭祀方面，古蜀与中原商、周最大的，也是最根本的不同在于祭祀对象。古蜀祭祀的对象是具象的，是逝去的先祖。既有整个地域内各个种群的共祖，又有各自种姓的个祖，是祖先崇拜的继承发展，是祖源记忆的始终不变。殷商祭祀的对象是抽象的，是商王朝地域内形成的超祖神的共同神祇"帝"，"帝"是"共同的神"，是抽象概念，已没有由"祖先偶像"具象指认的各地种姓了。在商一朝，"帝"的内涵也是变化着的。武丁时"帝"为天神之专称，到了廪辛、康丁以后，人王也有被子孙冠以"上帝"了，如"帝甲"、"文武帝"。到了末代二王称为"帝乙""帝辛"，即是说，人王也在以"帝"自称了。因此，商朝的祭祀对象不可能有如此多具象，不可能像蜀地那样出现众多的玉、石和青铜制人面像，在中原大地至今未有祖先偶像的考古发现。此外，商王朝祭"帝"也不是向天空致祭的，而是"祭帝以方"，面向四方八面来祭"帝"的。所以在商王朝没有与上方、与天有关的祭祀物"树"的出现和存在。故而三星堆的青铜树成了迄今的唯一发现，到了西周初期，"天"被作为周王朝的祭拜对象。"天"的内涵几乎已没有共祖或个祖的"祖源"因素了。周公开始用"天"一统了大大小小、远远近近的"祖源"认知。然后周公又将周室的远祖后稷配置为"天"，祀文王以配上帝。这么一"配"便将"天"这个公物，质换为王的私物了。于是周王被称为"天子"，"王权天授"成了统治者夺取政权和巩固政权的核心理论。这与古蜀王国始终如一的"祖先崇拜"、"先祖传人"的政治认知和国体结构是黑白分明、水火不容的。

二、祭祀的宗旨不同

在祭祀的宗旨上，中原"礼乐"的目的在于张扬次第，维护君王统治，行的是以王政为本的人道；古蜀"礼乐"的目的在于加强祖源记忆，维护族群团结，行的是政教不分的神道。因此，中原礼乐强调过程，亦即强调秩序，着眼于一种制度的形成。古蜀礼乐则在乎传播，强调教化，借此形成一种思维模式。或许这便是古籍所称的"夷人易于受教，唯于见理，故闭其顿了，而开其渐悟"。

三、祭祀的形式不同

在祭祀的形式上，中原"礼乐"着眼于"过程"，让参与者在过程中形成行为的模范，促进统治秩序的建树。所以中原的"祀"是集中的，统一的，仅有的"大祀"。古蜀"礼乐"注重于"灌输"，为达目的将祭祀对象异化，强化视觉冲撞，达到祭祀活动带来的全民心灵震撼。另一方面为了强化印象，巩固意识，这种教化是在多层面上进行的，所以古蜀的"祀"有集中的"大祀"，还有分散的"群祀"。

四、祭祀的手段不同

在祭礼的手段上，中原"礼乐"以单一的青铜礼器呈送牺牲去贿赂神灵，甚至不惜杀人，以大量的人和牺牲贿神，是在物质的基础上形成意识。古蜀"礼乐"以多样的玉、铜器构建了艺术形象，比如祖先的全身像和人面像，比如字纹、眼纹，牙璋的山川、巫师的手印等等，借此来表达蜀地的社会生活中，先祖与世人的友好往来以及和谐关系，是在一种意识的亲情感召下形成政治。于是古蜀的祭祀出现了"仗"，即那个世人与先祖相会相见的天梯"树"的符号化与大众。而中原的祭祀中出现的是"烟"，那种可目测的与"天"相关联的物象。这样的场景，被《尚书》称为"类于上帝，禋于六宗"的类祭典礼。罗香林先生称："这种祭礼，最主要的，就是燔柴举火，以期与天相通的柴祭或载祭，又称燔祭，或称郊天。"

五、祭祀的方术不同

还应看到蜀地与中原，在将各自的"礼乐"成熟提升为一种文化，一种富于宗教与哲学的文化过程中，由感性到理性的认知途径也是不同的。说直白一点，是各自的"方术"不同。中原以龟卜、以甲骨文来建立和记录这样的文化，他们祭祀的结果与卜筮有关。所谓贞帝，就是请拥有圣贤学养的"贞人"，根据龟卜中出现的裂纹、走势，去识读并传达"帝"的指示，实现祭祀的目的。实质上龟甲的那些"解题"，全是那些创造精神价值的"圣人"的意志表述。或许古籍《含光传·系》所言的"盖东人之敏利，何以知耶？秦人好略，验其言少而解多也"便是所指。或许古籍中"华人主顿，夷人主渐"说的也就是这么回事。

在蜀地，或许施行的是一种以测日影的明暗阴阳来判别吉凶变化的卜法。在这样的测日影中需要有参照物，那便是山石和树木。笔者以为这就是三星堆大牙璋中出现山川，古籍中存在"若木"与"扶桑"的原委。笔者还以为古蜀人之所以总结出这样的方法，是因为他们在长期的民族迁徙中，生成的对大自然的敬畏与依赖，对变化无穷、生生不息这样自然规律的理解与把握。罗香林先生指出："《易经》的易，大概最早就是指日影的变易，而日影的变易，实即明暗的变易，亦即阴阳的变易，所以说，易以道阴阳。阴阳的变化，把他以奇偶二种不同的线形符号的重叠，用组合的方法，表现出来，那就是基本的八卦和六十四重卦，以及三百八十四爻的变化。"罗香林的观点是一针见血，《易经》的真谛是变化，《易经》提出并强调的是"变化无穷，因循不已"的道理。

第六节　蜀的"原道思维"与中原的"儒学"

蜀地与中原，各自的由礼乐发展成熟的富于宗教与哲学的文化又是什么呢？笔者以为那便是在蜀地生发的"原道思维"和在中原形成的正统儒学。

笔者界定"原道"出自古蜀，除了以古籍之说为参考外，更多的是从道学的内涵与蜀地民情风俗的关系比较来加以推理判断。这好比什么样的土质才能长出什么样的庄稼。"道法自然"是道学的金字招牌。"自然"何指？笔者猜测，道"法"的"自然"，可能就是古蜀人所看见的有规则或无规则出现的各种变化着的物象。古蜀人从他们祖先，或者祖先的祖先那里，得知自己的家族在长期的迁徙中所认识的地理的变化、气候的变化、血缘的变化、家族的变化、饮食的变化、居屋的变化、丧葬的变化，等等。也就是笔者前面提到的认识到对大自然的敬畏与依赖，以及对变化无穷、因循不已这样的变化规律的理解与把握。古蜀人将这一切归纳为"自然"。基于此，笔者做了进一步的解读，"人法地，地法天，天法道，道法自然"中，人法地，就是现世的人要继承效法已经死去入地的近祖。地法天，就是以地为象征的近祖，是业已在天的远祖的转世，这样的效法有了"因循"的内涵。天法道，就是在天的远祖们坚守着"道"，即是不忘根基情感不忘祖源记忆。在古籍中，"道"的解读有两大指向：一是道路，你是从一条什么样的路上走来的？二是指大，开天辟地第一人。笔者将其合二而一，指向了祖先，指向了祖源记忆。而这里出现的"天"概念，不是古蜀的意识，是中原周朝的认知。这是不是做过周朝史官的《道德经》作者李耳，在迎合当时的阅读习惯呢？

一、原道与儒学认知原点的不同

最后一句所谓道法自然，就是这样的祖源记忆，这样"天法"的"道"，要在大自然的无穷变化中与时俱进，才能得以生生不息。笔者如此浅显直白的解读，比之《道德经》的深奥和瀚海般的阐释，实可谓连小儿科也不如了。但笔者以为三四千年前的先民，是不可能生成那么深刻复杂的认识的。所谓"原道"，就是道学的原始思维。或许，道学和儒学的根本区别也就出来了：道学强调祖源，操守传承，其认知的原点是"真人"，即纯粹的未被世俗污染的祖先。所以庄子说："古之真人，不知说生，不知恶死。其出不欣，其入不距。翛然而往，翛然而来而已矣。不忘其所始，不求其所终，受而喜之，忘而复之。是之谓不以心捐道，不以人助天，是之谓真人。"而儒学强调征服，操守创造，其认知的原点是"圣人"。

二、"恍兮惚兮"生成"原道"的理由

从古蜀礼乐的行为模式去观察，似乎与原道思维的出现是有着因果关系的。古籍与当今学者都指出，生生不息的有形的道，是由恍惚中有象有物的"道"发展而成。宋人刘长翁著《老子道德经评点》，卷上，"有物混成章第二十五"说："道之为物，惟恍惟惚。惚兮恍，其中有象。恍兮惚，其中有物。"笔者想，在世人的生理状态中，何时才能恍兮惚兮呢？更多的是在一种催眠环境下的半醒半梦。这样的生理状态，就是前面提到的古蜀人在祭祀中，戴上眼罩，狂饮美酒（甚至吸食大麻），在梦幻中寻求与祖先沟通的半睡半醒状况。于是"惚兮恍，其中有象"，什么象？祖先的形象。于是又"恍兮惚，其中有物"，什么物？祭祀场中的芸芸群生。于是，"道生一，一生二，二生三，三生万物"。生生不息的、有形的、万物的"道"，这一学术认知开始发芽了。对此"恍惚论"现有学人以为"并不是恍惚不清的意思，在马王堆帛书《老子》中，这两字作'忽望'。《庄子·至乐》篇中作'芒忽'，其意义相当于描述月相的'晦望'"。笔者以为，月色的"晦望"就是一种朦胧之感，是幻觉所现，咋不是恍兮惚兮呢？如果没有那情那景，那感那觉，你在头脑清醒之时，能够油然生发出"道生一，一生二……"的"晦望"般的感悟吗？

三、"无为而无不为"的行为与"《易》在蜀也"的影响

虚无和因循的精神、无为而无不为的行为，这种意识的得来，应该说与古蜀的社会状况是分不开的，或者说当年的古蜀社会为这样的感知开启观察的视角。古籍中古蜀的社会民情是：氏羌人的家族是"各自为种，任随所之"，古蜀国的国民是"鱼凫田于湔山，忽得仙道"，"其民亦颇随王化去"；"后有王曰杜宇，教民务农"，"化民往往复出"。一国一族都是那么的"无为而无

370

不为"，那么的顺应自然，况乎一个人的达观行为呢！所以这样的"道"不仅可作一种治国的模式，也可作一种齐家的追求。

古蜀这样的"原道"，为古蜀赢来了"《易》在蜀也"的历史定论。古蜀的原道，向东再向东，以"自然"和"无为"的达观情怀，培植出"天地与我并生，而万物与我为一"的道家庄子学说。古蜀的原道向西，随着最早的由蜀地出发的南方丝绸之路，途经古代印度的恒河流域时，以"轮回转世"、"或有或空"的意识，为释迦牟尼的原始佛教，不仅提供了一定的哲学基础，还为原始佛教涂抹出悲怜的底色。

四、"道在楚"的学术结论值得再商榷

历史学家指出："巴和楚在春秋时是婚姻之国。"自古巴蜀同囿，蜀与楚大概也算有郎舅关系了。巴蜀文化与楚文化的交流以直通车的模式运行着，楚人是听得懂巴蜀话语的。史载，宋玉答楚王问："客有歌于郢中者，其始曰下里巴人，国中属而和者数千人。"楚人能和巴歌，必须巴与楚是同一语言才有可能。然而中原其他国家的人，其时未必听得懂巴蜀之话，否则，不会出现刘逵注《蜀都赋》引《地理志》说的："蜀守李冰凿堆，穿两江，为人开田，百姓享共利。是时，蜀人始通中国，言语颇与华同。"就是说在前面提到的楚人能与巴人合唱"下里巴人"之后的三四百年，中原人才半通不通地听得懂巴蜀话。在巴蜀与楚话语相通的有利形势下，当蜀站上三星堆文化高度之时，巴蜀文化向外扩张就是一种历史趋势了。向东，第一站来到楚，合情合理。或许这就是史说的文化交流先是由蜀到楚，后才是由楚到蜀。楚文化的领军人物屈原是十分推崇巴蜀人王乔、彭祖的，《楚辞》中的巫山、高唐，皆是巴蜀之地。

在上述文字中，笔者以考古出土物和民间收藏的玉（石）雕像作品为观察点，经过对相关文献的梳理与理解，对古蜀的"礼"做了粗略的线性阐释，并猜想古蜀人戴着眼罩作纵目人状，在祭祖仪式的"恍兮惚兮"梦幻环境中，生发出原初的"道"的意识。基于这样的认知逻辑，笔者提出对流传至今的学术结论"道在楚"，希望有个"重新判决"的申诉。判决如何？得看日后那些脚踏实地、百折不挠又敢于做"梦"的治史之人了。

第七节　从"六器"的不全看《周礼》对《蜀礼》的排斥

回过笔来，接着本章标题《蜀与中原"礼"的比较》说下去。

中原华夏的"礼"在西周之初，已有质变，成了封建制度的卫道士。

"周"代君王为了巩固统治、管理王国，先是"制礼作乐"，后是培植儒家，统治思想。为了便于实施，周与之后的秦汉统治者将"礼制"这一形而上的统治理念，物化为可观看、可触摸、可佩戴、可陈设的"玉"。开展国家祭祀大典的祀品是玉，表征国家权力的信物是玉，区别臣民高低贵贱的是玉……并将这一切写入国家典籍，在制度化的基础上使之国家化。在这个过程中，先有"六端"，继而有了相对应的"六器"。在选择何物可进入"六器"之时，也许古蜀曾是周人伐商、夺取政权时的同盟军；也许蜀地用璋的国情历来已久并名声在外，"璋"的知名度已远播四海。可能就这样，蜀地之物"璋"与另一周的东部方国，炎帝后裔巴人之物的"琥"得以入选"六器"之中。

然而璋毕竟只是古蜀人的精神产品，是氐羌人物化了的一种"根基情感"。虽然中原帝国的《周礼》将其收入国家重器"六器"之一，但在祭祀大典中，非氐羌嫡系血缘的黄帝子民对"璋"的使用，大概连"摆设"式的做做样子都没实施。叶文宪先生在所著的《中国玉文化的渊源与流变》一文中就说："在商周时代遗址的发掘中我们从来没有见到过像《周礼》中所记载的那样规整成套的六种'瑞玉'，也没有见到过像《周礼》中所记载的那样使用这六种'瑞玉'的情景。"对此，考古学家林向教授似乎也有同感，他的大著就明确指出："牙璋作为重要的礼玉，夏商之方国通用，而殷商王室不用；商民习用的是半圭璋。""殷人民间的这种风尚进入西周，只有殷王畿的殷顽民中流行……周人故地罕有用半圭璋者，先周墓葬未见。周原罕见，只有扶风黄堆六座西周中期墓中的M3中出一枚小圭形璋，西周晚期的上康村M2出土4件。而在殷畿故地，降至东周还有半圭璋流行。"笔者以为，林教授指出的"殷商王室不用"，可从殷商王室成员妇好的玉器收藏中获证。妇好墓中出土玉器755件，无一件玉牙璋！

笔者从民间收藏中也看到上述学者所指那种情况，《云窝楼》藏有四套执"六器"举行祭祀的玉人雕像,这四套像的用玉不同,体量不同,雕塑表现不同,持器人的性别不同,体态不同,衣帽不同。唯有一点相同,那就是"六器"之中都缺"璋"和"琥",即是说在实用中的"六器"只有"四器",都没有代表西方和东方这两个"夷"区的礼器。这大概可以作为深度思考《周礼》的一个线索。

图15-13,圆雕持"璧""琮""圭""璜"玉人(4件)。高11厘米,宽4.4厘米,厚4.4厘米。4件体量差异很小。白玉,温润缜密,透生坑玻璃光,有部分褐色沁斑。玉人作跪姿,双手持器于胸前。穿V形领长衣,衣纹为细阴线的兽面纹、鸟首纹和勾云纹。腰束带。戴冠,冠起六楞,前低后高呈台阶式,高处向下作收卷。

图15-14,圆雕持"璧""琮""圭""璜"玉人(4件)。高4.8厘米,宽1.5厘米,厚1.8厘米。4件体量相差无几。青白玉,有透明感,泛玻璃光。极少灰青色沁。玉人作跪姿,双手持器于胸前。穿左衽领素服,腰束带,头戴半球型园帽,如意形高帽顶。

图15-15,圆雕持"璧""琮""圭""璜"玉人(4件)。高7.1厘米,宽2.5厘米,厚1.2厘米。4件体量极小差异。青玉,有光泽。其中二件受沁较重,呈青黄色。玉人站立,双手持器于胸前。玉人披长发,扭肥臀。着席地长裙,饰条状披巾,应是女性。戴冠,冠颇特别,云头长耳,鸟嘴帽檐,帽后半部中空,露脑勺。

图15-16,圆雕持"璧""琮""圭""璜"玉人(4件)。高6.5厘米,宽2.4厘米,厚1.4厘米。4件体量相差很小。白玉半透明,少量米色云雾状沁。着席地长裙。V形领、翘头肩。长袖过腰不露手,但可感觉是用双手持器于胸前。戴高冠,冠形如倒置的高脚杯。

图15-13

图15-14

374

图15-15

图15-16

第十六章　三星堆文明"突然"消失的新假设

　　三千多年前三星堆的"突然"消失，给现代学人留下了"漫长"的探索。自1931年三星堆器物进入学人视野并纳入文字记载以来，"三星堆为何消失"一直是个"剪不断，理还乱"的课题，至今都没形成相对统一的认知。在此，笔者根据黄剑华研究员整理的资料，对三星堆突然消失的"物证"，即三星堆一、二号祭祀物坑生成的原委，或者说这两个坑里究竟装了些什么样的历史内核来做一番梳理。

第一节　三星堆"突然"消失的种种旧假设

一、祭祀坑说

　　这是发掘简报的观点，附和者亦多。

　　正方："三星堆遗址一、二号坑极可能是祭（埋）祀坑。""一、二号坑的形制都很规整，填土层层夯实，而不像彭县竹瓦街的窖藏那样。如果是仓促之间的埋藏，不可能有从容的时间挖成那样规整的长方形坑，有先后次序的放置器物，更无时间将土层层夯实。再从出土器物看，也应为祭祀之后所埋。"

　　反方："埋入一、二号坑的器物，并非全部都是祭祀用的礼器。其中'有3立方米左右烧骨碎渣'，值得注意的是一、二号坑本身没被火烧烟熏过，说是'燔燎'，缺乏足够证据。""一般来说，杀牲祭祀应为全牲、全兽骨，不会是骨渣。……3立方米的骨渣需要杀多少牲畜，需要多少人工加工，还要火烧，估计三五天内恐怕也难完成。不知这种麻烦的加工对于祭祀有什么必要。""为举行一两次祭祀活动，专门就地铸造数百件青铜器，加上金器与玉器等，共计器物近千件，将其毁坏再埋入坑中，是难以使人信服的。""如果举行一次祭祀就要耗费掉近千件器物，其国力是否能够承受得了？"

二、埋葬坑说

这种观点是1986年11月广汉召开的全国学术讨论会上提出的。

正方："先秦时期蜀地有陪葬之俗。""坑中器物有被火烧的现象，甲骨文中有'燎祭'的记载，三星堆祭祀物坑可能是死于非命的蜀王的火葬墓。"

反方："若要断定三星堆的两坑为陪葬坑，那就必须要在坑的附近地区有同一时期特大型墓葬的发现才足以证明……惜在两坑的区域内至今尚无相应的大墓发现，致使陪葬之说立论无据。""如果三星堆一号器物坑是蜀王的火葬墓的话，蜀王火葬后的骨渣就应妥善保存，不应当随便倒在坑中呈斜坡状堆积。"

三、犁庭扫穴毁其宗庙说

中国旅日学者徐朝龙是此说的代表人物。

正方："三星堆出土青铜器、玉器等遗物的土坑并不是什么'祭祀坑'，而是古代四川最初的大规模王朝更替的直接结果。那些宗庙重器是随鱼凫王朝的灭亡而被砸碎烧毁后埋葬的。"

反方："战胜国多不会轻易将所得重器毁埋，取而宝之用之的可能性较大，所以三星堆两座窖藏坑为'犁庭扫穴'的可能性较小。""从战败国一方来看，败时将国之重器毁而窖之的可能性亦是比较小的。"

四、窖藏说

这是王家佑、李华等国内较多学者，包括个别海外学者的一种看法。

正方："广汉三星堆遗址，两座遗存十分丰富的大型窖藏坑，很可能是某两位开国蜀王效中原举行告祭百神后所遗留的大批礼器"，"中国有许多这类'窖藏'，'窖藏'中各类器物混杂在一起，既有本地制作的，也有从遥远地方传入的。它们被埋入地下，原因有多种，或是为防止外来军队的掠夺或是对外战争中的战利品。无论哪种情况，三星堆两个坑内临时埋入的地藏宝物，由于某种原因而被后人遗忘或因紧急状态下幸存的人们无法找到位置而留存至今"。

反方：对此有存疑说法的，但不见成条理的辩方。

五、巫术厌胜说

提出此说的是著名考古学家、四川大学教授林向。

正方："蜀文化是有别于中原文化的地域性文化，有自己的原始宗教信仰，不能用中原祭祀坑来硬套，这种合坑埋藏的情况，很可能是古代世界风行的巫术——'萨满式文化'的产物，大概是在附近场地上举行了巫术活动后的'厌胜'性埋藏。""众多的青铜偶像和神树被毁坏后埋藏，大概与'厌胜'巫术有关，有些原始部族认为不灵验的灵物可以抛弃另找代替，坑里的酒樽与失宠的神像大概也是如此被埋入地下的。"

反方："坑内的各种礼器和遗物几乎都遭到损毁，难道说一个民族所崇拜的偶像全部失灵了吗？这是不可能的事。""三星堆器物坑的时代已是王权神授的时代，器物坑中巨大的铜神像和各种精美的宗教用具反映了人们对于神的敬重程度。如果经常毁弃这样的神像和祭祀用品，这不仅为当时社会财力所不能容忍，同时也足以导致当时精神世界的动摇。当时的统治阶级和祭司巫师集团是不能容忍这种事情发生的。"

六、神庙器物掩埋坑说

这是北京大学教授孙华的观点。

正方："三星堆器物坑很可能是根据原始宗教的某种习俗而掩埋的古蜀国君神庙器物的掩埋坑。"

反方：迄今未见对此说的异议。不过提出此说的孙华教授又说："这种解释，主要基于三星堆一号坑与二号坑时间存在一定的年代距离这一点而立论的……在现已公布材料的情况下，三星堆器物坑系'亡国宝器掩埋坑'和'不祥宝物掩埋坑'的解释仍然是相对合理的，其余解释，其合理因素很小，应当排除。"

第二节　三星堆"突然"消失的一种新假设

笔者对三星堆文明在祭祀物坑年代的突然消失，或者说古蜀的鱼凫王朝在三星堆遗址文化堆积的第四期消失原因，提出全新的猜想，那便是：在一次特大地震之中，鱼凫王朝的都城和相当的部落领地遭遇灭顶之灾。国王死了，人畜大量伤亡。劫后余生的古蜀人对长年膜拜以求护佑的先祖，以及展示这一祭祀的雕塑群像彻底失望了：先祖众帝呵，你看我们是何等虔诚地在祭祀着你们！为何你们不护佑我们避过这天大的一劫呢？那些辉煌的青铜偶像在古蜀人心目中失灵了。失望和怨恨之中他们对失灵的偶像采取抛弃的做法，他们在昔日展览这些青铜偶像和神树的祭台上，举行仪式，收拾被地震损坏的祭器，甚至砸毁残存的偶像和神树，进行空前绝后的"厌胜"性埋藏。为今天留下了三星堆一号和二号祭祀物坑。笔者的这个猜测，可以从世界民族志中找到呼应。有些原始部落认为不灵验的灵物可以抛弃另找代替，也有可能被打击、丢弃或烧毁，例如奥斯第亚人在出猎不获时，就要责打偶像。中国殷商的甲骨文中，据郭沫若先生的解读，也有表达"厌胜"意思的文字。到宋朝还有这样的习俗，若是哪年的茶叶歉收减产，茶农便会将供奉的陆羽茶神偶像，从祭台上拿下来鞭打一番。

不错，笔者的这个"全新"猜想是受林向教授提出的"巫术厌胜说"的启迪。笔者以为当年林教授未能将此说深化下去，未能对否定者的反驳再否定，可能是由于经历的局限导致了想象的局限。如果林教授在经历了汶川"5·12"大地震后才生发他的"巫术厌胜说"，可能他此说的学术腰杆就要硬扎许多。笔者猜测，古蜀鱼凫王朝遭受的那次大地震，破坏力极大，影响度极深，表现在以下三方面。

一、国王在地震中死了，大量国民和牲畜在地震中伤亡

《华阳国志》中的卷三《蜀志》说："鱼凫王田于湔山，忽得仙道。蜀人思之，立为祠。"虽然"历史"对古蜀鱼凫王朝的记录仅有这18个字，但我们还是可以体会到"史实"的丰富，它至少表述了三个内容，第一，鱼凫王死在湔山。据学者王大有先生考据，"湔山今名老熊坪，在汶川九顶山南"，应该说是处在至今还活跃的龙门山地震带中。湔山离王朝的都城"瞿上"（即可能是今日的三星堆）不远。鱼凫王到湔山去干什么呢？应该是去视察臣民的改土造田。鱼凫王朝的农业状况有两种可能，一是处在初级阶段，处在开创态势的山麓农业阶段。研究者指出："我国的农业也起源于山地，特别是山前地段（山麓）。"所以鱼凫王来到九顶山南。而且古时汶川是产粮基地，《史记·货殖列传》说："汶山之下沃野，下有蹲鸱，至死不饥。"蹲鸱就是大芋，是主要的食品，直到秦汉，大芋还是重要的食品来源。二是处在发展阶段，处在营造梯田的阶地平原农业阶段。20世纪40年代，就有学者在川滇西部

山区，发现了相当于殷商时期的梯田遗迹。总之，不管处在哪种可能之中，鱼凫王到湔山来"于田"，说明早在远古时期，一国之君就把农业摆在治国的首要地位。第二个内容是，这位鱼凫王在湔山是突然死去的。"忽得"当作"突然"讲，"仙道"是对尊者"死去"的美言。第三，是说后世蜀人怀念这位为国捐躯为民献身的鱼凫王。

如果说大地震仅仅是鱼凫王"忽得仙道"的解释之一（因为突然死亡还可解释为在视察造田中的工伤死亡）。那么三星堆祭祀物坑中的3立方米的骨灰便只能是大地震所为了。按常识而论，一个人一头畜的骨灰只有一小撮，要构成虽经3000年时光的消化仍然还残存着的3立方米的骨灰，起码应是数以千计的人与畜，极有可能是能够瞬间造成大量死亡的大地震所为。面对如此多的尸体要尽快处理，古蜀人的丧葬习俗，大概从常态性石棺葬吸纳了羌人的火葬。蜀地这种并存的丧葬习俗，已为考古学研究所确认。

二、"纵目"从此消失，"记忆"依旧活鲜

大地震之后，蜀人在三星堆举行仪式，收拾残毁偶像和神树，进行"厌胜"性埋藏。或许自此开始古蜀氏羌人对祖源记忆的标志性符号予以更变，"纵目"从此消失了。这从与三星堆遗址有上下传承关系的金沙遗址出土物中可以清晰地看到。金沙的金面罩不是"纵目"了，金沙的金冠带上的人面不是"纵目"了，金沙的立人铜像也不是"纵目"了……但是，笔者要强调的是，这个改变不是古蜀人对祖源记忆的根本否定，他们的祖源记忆和根基情感，是根深蒂固的。且看：距三星堆鱼凫文化最近的是金沙杜宇文化，金沙的"金冠带"上仍然铭刻出鱼氏族和凫氏族的邦联。那"一鸟、一鱼、一箭"的组图，与三星堆金杖（皮）的组图几乎一样，都是一种祖源与结盟的指向。金沙的另一条"双鲟金带"，最早的解读是"这条怪鱼，是鸟的喙部和鱼的组合"，故称其"鸟首鱼纹金带"。笔者以为这样的认知切中了历史的内核，是承载的鱼氏族和凫氏族"邦联"国体的祖源表征。后来改称为"双鲟金带"，是因为有学者以为这样的"怪"鱼与鲟鱼长像相近，故冠名为"鲟"。这一来虽然变"怪"为"不怪"了，但却失去了它所表现的历史内核。

虽说古蜀人摈弃了纵目符号，不再戴纵目面罩去和祖先沟通了，但古蜀人对祖源记忆仍旧坚守，表现仍旧活鲜。或许我们用这个角度去解读古籍，可以得出与之前解读截然不同的认知。晋人常璩在《华阳国志·蜀志》中有两个读法被当今学界多次引用和阐释。一是"周失纲纪，蜀先称王"。有学人以此认为，古蜀世系始自"周失纲纪"的春秋时期。笔者以为，此八个字的含义是指，自从西周开始将全国的姓氏消减、将方国的祖先偶像取缔，将各地的祖源记忆抽象统一为"天"，再将天配置于君，形成《周礼》，到这个纲纪的"礼崩乐毁"这样一个漫长历史时段中，唯有蜀是一直坚守着以祖先偶像为表征的、血缘关系搭建的部落联盟制国家。在"周失纲纪"之后，各地诸侯纷纷恢复姓氏，立国称王。而蜀在这之前是一直坚守自己的祖源记忆，自己的姓氏，自己的王国。比之那些此时称王者，当然是"蜀先称王"！二是"七国称王，杜宇称帝"。这八个字，笔者未见学者有相关解读。笔者在此的阐释还是将其指向蜀人对祖源记忆的坚守。"七国称王"指战国时期的七雄割据。而偏居西南的古蜀杜宇王朝，还是传承着"帝"的意识形态，行使由祖先崇拜维系着的血、地缘政治，坚守视祖先为"帝"的制度。

古蜀人根深蒂固的祖源记忆当初如此，后来又如何呢？再看看那些后来生就的、在源流关系上与古蜀氏羌人有所关联的藏族人和彝族人，他们至今还大致保留着古蜀氏羌人的"祖源记忆"和"根基情感"。今天的藏族，他们保留着古蜀氏羌人的"神山崇拜"；他们居住的地域留着"羌"的称谓；他们的穿着仍然习惯"半臂式"，只穿一支衣袖，像三星堆青铜大立人的外衣那样"左侧无肩无袖，只有右侧带有半臂式连肩袖"；藏戏时至今日的主要道具就是面具；三千多年前三星堆青铜人像上的吐舌表情，仍然出现在他们今天的生活习惯之中。再看今天的彝族，他们还习惯于跽坐；他们的崇竹、拜火、敬虎都有着古蜀氏羌人习性的影子；他们不但在祭祖中要戴面具抹上红色，而且在日常生活中也念念不忘。至今彝族男子的头饰，有一个朝向天空的辫索状巾髻，对外称"英雄髻"，对内讲"天菩萨"，是彝人最为看重之物，绝不许外人触摸。笔者以为这个"天菩萨"或许是三星堆那个青铜头像上的"云气冠"的通俗化和传承物，是祖源记忆的不断话语。此外，彝、藏和羌人一样，他们的名字都有"连名制"的共同特点，在上代和下代的名字之间必须有一个字是相同的。这，或许也是祖源记忆中关于转世轮回认知的一种普及运用吧？

三、地震推倒鱼凫王朝，三星堆文明灭而不亡

特大地震造成鱼凫王朝的蜀王在灾难中死亡，代表这个王朝意识形态的三星堆文化（四期）也在灾难之后很快消失，古蜀的鱼凫王朝灭亡了。这个王

朝的"国体"，鱼氏族和凫氏族的邦联，可能在接下来的杜宇王朝伊始还没破裂，但笔者以为那仅仅是在名义上的套用，两大族群的邦联，大概已是名存实亡。因为两大族群在地震后，由于地域环境交通状况的极大破坏，已是四分五裂，一时无法统一，或者说失去了统一的历史需求而无意再统一，去再度形成邦联制国体。如果我们猜测那次大地震的震中在湔山至三星堆一线，势必造成古蜀鱼凫国的拦腰一截。震中以南的鱼氏族人和凫氏族人只能往南作迁徙，去到成都平原，在"金沙"地区开始组建杜宇王朝，立望帝。震中以北的鱼氏族人和凫氏族人只能向北作迁徙，进入陕西南部和汉中盆地。至此，两族群的"邦联"可能就彻底瓦解。

鱼氏族人往西北方向迁徙，开通了翻越秦岭的宝凤隘道，到达现今的陕西南部宝鸡市附近，建立了"强国"。对此国家名称，有学者认为是传承鱼凫王朝的以箭射鱼。笔者以为不然，这个"强"的内涵仍是一种祖源记忆。这样的祖源记忆可能内含着两层意思：一层是他们入蜀之前的那个将祖先指向为鱼的祖源记忆。再一层是他们入蜀之后，发展出新的祖源记忆，即对蜀国的记忆。蜀国盛产竹，以竹制作弓弩是蜀国军队的标志性装备，是强大到不可战胜的代言。"强"就是装备着蜀弩的鱼氏族人！周边诸族，不可小视。

往东北迁徙到汉中盆地洋县和城固地区的蜀国凫氏族人，他们与中原商、周青铜文化进行了快速融合。然而，万水千山，星移斗转还是忘不了源自红山、成自古蜀的祖源记忆，在陕西洋县出土的青铜牙璋，与三星堆祭祀物坑的玉石牙璋完全类同。"在城固苏村出土的一件铜尊（标本64：1）与三星堆编号K2：79的铜尊大小极为相近。""所不同的是苏村的兽面纹呈浅浮雕状，以雷纹为地。"对于这段考古学文字，笔者以为其中的"所不同"应是"仍相同"。"浅浮雕状"在本书披露的玉器上古蜀已有的这样工艺；而"雷纹"则更是柏灌王朝"乞"姓氏羌人的字符。或许这样的文化融合，让中原知道地震之后古蜀人已改纵目为横目，便顺势将横目做了诸夏人民的形象代言，出现了本书第十五章的开篇之说。

笔者的上述猜测若能大体符合逻辑，那么还可不可以再推测，这些在商末周初来到秦岭南北的古蜀人，传授给了时在秦岭山中历练的"老秦人"许多古蜀文化。而这些古蜀文化元素，随着秦的发达到了中原。不信？你从秦国的衣冠装束和形体动作中似乎都能看到一些古蜀的影子，比如头戴多姿多态的高冠，比如行礼时的手势，比如跽坐的形体等等。

第三节　新建的古蜀第四王朝在民心和国策中显现的
　　　　地震后遗症

南迁的鱼凫王朝遗民在富饶的成都平原上，新建的古蜀第四王朝杜宇王朝发展很快。但是，王朝从上到下对导致鱼凫王朝在瞬间消亡的那场特大地震是惧怕万分，记忆犹新。按照今天的说法，那是地震后遗症。笔者以为主要体现在民心和国策两大方面。

一、璋在金沙的普及反映出全民对山崩地裂的畏惧

所谓的民心方面，即大地震之后在国民心中的心理伤害。这种伤害的巨大和长远，我们今天已不难理解。应该说鱼凫王朝之后的杜宇王朝臣民，更加敬畏造成地震灾难的群山，所以牙璋和璋形器大量出现。特别是小型牙璋的大量使用，说明牙璋在杜宇王朝不仅是君王祭祀山川的重要礼器，也成了普通民众随身佩带的避邪之物。从现今的考古学观察中还可以看到，当时对牙璋一方面是需求猛增，另一方面则是由于受地震影响，玉矿破坏，原材料减少和玉工减员致使的制玉生产力下降。杜宇王朝的"金沙"在制作牙璋时或是以石代玉，或是简单粗糙。张擎先生在比较三星堆牙璋与金沙牙璋时说："一是金沙遗址有大量的石璋存在，这不见于三星堆遗址；二是金沙遗址小型牙璋数量特别巨大，达132件，三星堆遗址仅发现4件；三是金沙遗址不见三星堆遗址中的兽额式器阑大型玉璋和璋形金箔饰。"

二、望帝之称体现着国家政权对天象的重视

所谓的"国策"方面，笔者推测主要表现在杜宇王朝对天文的观测和对堰塞湖的水患治理。早在远古时期，中国的君臣便将天象与王朝的兴衰存亡联系起来。大地震后立国的杜宇王朝应该更是如此。杜宇王称"望帝"是否有观望天象的意思？"七国称王，杜宇称帝，号曰望帝……自以功德高诸王。"他高于诸王的功德是什么呢？是他对天文知识的先进把握，明白农时节气，从而能够"教民务农"。应该说比之鱼凫王只能经营"望天田"，杜宇王的"科学种田"是前进了一大步。从金沙的出土物中似乎可以佐证笔者的上述猜测。金

沙出土了享誉世界的"太阳神鸟金箔"和"蛙形金箔"。对此，一些学者根据《山海经·大荒经》提及的"帝俊生中容……使四鸟"，以及《淮南子·精神训》所讲的"日中有骏鸟，而月中有蟾蜍"，便快速做出解读，说那是古蜀人的太阳崇拜和月亮崇拜。笔者以为，这当然也不错，只不过太笼统了，对太阳和月亮的崇拜，金沙文化之前有之，之后亦有之。对红太阳的赞颂不是在今天还看得见听得到吗？笔者猜测，"太阳神鸟"中的四只鸟是对春、夏、秋、冬的认知。"太阳神鸟"中的12束光芒是对一年12个月的认知。再仔细比量，太阳金箔中每只鸟的长度正好等长于三束光芒，是不是在表达一个季度为三个月呢？还有学者指出，金沙出土的"小铜立人像"，他的帽圈为十三芒，会不会是对闰月的一种暗喻？"蛙形金箔"已被学者推论应是有若干个"蛙"，是围绕"太阳神鸟"做环状排列的。那么，笔者猜想这是不是一种"罗盘"呢？是"天干辅为天盘，地支分而为地盘"、"地以八方定位，天以十二分野"的一种表述！正因为掌握了天文地理、时令节气，望帝才有知识"教民务农"，望帝创造"万年历"的说法才能流传至今。

对于上述的"蛙"，笔者还想多说几句。蛙是中国先民最早的描绘对象之一，迄今的考古发现，蛙纹在仰韶文化的半坡期已经出现，以后蛙纹穿越过仰韶文化庙底沟期、马家窑文化马家窑期、马家窑文化半山期、马家窑文化马厂期、齐家文化、古蜀文化，直到两汉还形象辉煌。蛙纹的艺术演变序列，是由写实到抽象到符号。古蜀金沙遗址的金箔蛙纹，应该是处在抽象到符号阶段。但它的功能仍然表达着处在早期农业社会的人们，对天象气候变化的关注和把握。李湜先生认为："青蛙的生活习性与农作物的生长在季节上有一定的相同地方：青蛙的冬眠、复苏、鼓噪与农作物及植物的萧条、发芽、繁茂等差不多都保持同一步骤。……因原始人对气候转换及青蛙生活的内在规律所知甚少，同时他们又把自身的情感、意志等直观外推，以为青蛙亦是像人一样有感情和意志的，便错误地认为：正是因青蛙的活动才带来了季节的变化、植物的衰荣、雷雨的来临。也就是说，在原始人的心目中，因青蛙的苏醒，才引来植物的发芽；因青蛙的冬眠，才引来植物的衰败；因青蛙的鸣叫，才引来大雨滂沱……如此而形成了一套青蛙指令自然程序的系统，这种系统的礼仪化形式便是我们在原始彩陶中所见到的蛙纹。"笔者是赞同并欣赏张湜先生这样从人文社会角度出发，置身文化基础的范围中去进行对古物的解读。遗憾的是当下我们的一些文博专家总想走捷径图先声，见到古物后，信手从古籍中抽出一两句话来依附，并将那一两句话作为主要论据，来界定该件古物。这样的做法，往往立马显露出他的解读的"软肋"。试问，是将金沙的蛙纹认定为月亮崇拜，还是将其指向"教民务农"的古蜀望帝时代，蛙纹是在用于表述农时节气的符号？哪样的解读更切贴、更科学呢？

三、为治理堰塞湖引进人才，引来楚人执政的古蜀第五王朝

古蜀杜宇王朝治理水患，早已被历史大书特书。为了治理大地震造成的堰塞湖水患，杜宇王望帝在外地引进人才。引进的"全国治水总指挥"就是楚国人"鳖令"。他的治水方略仍然是用大禹治理堰塞湖水患的疏导策略。或许治水的先导、古蜀的鲧和禹早已带着他们的治水方略、人员技术离开蜀地，为更多的人民谋幸福去了。而地处汉水流域的楚人是得到大禹治水的真传的，如今前来反哺蜀人了。鳖令"决玉垒山，以除水患"，疏通导流了堰塞湖，使悬在古蜀国万千臣民头上的"达摩克利斯剑"得以解除。这样的大功大德，促使杜宇王望帝将蜀国的王位禅让给非氏羌人的楚人鳖令，致使古蜀的第五王朝，也是最后一个王朝开明王朝得以诞生，丛帝立国。与此伟大光鲜的禅让说并存的，还有一个晦涩酸楚的"无奈"说，说望帝杜宇派鳖令（即后来的第五代蜀王开明）离家去治水，他却乘虚而入，与鳖令的老婆私通，待鳖令功成名就回朝后，望帝自知理亏，便将王权作为赔偿赏给了鳖令。这或许是本土作家为掩饰自家血缘的大权旁落，大事化小而编造的一个绯闻故事。现今的历史学家指出，"实际上这些神话的背后可能隐藏的是一场蜀国内部权力斗争"，所以才有唐诗"望帝春心托杜鹃"的感叹。

上述方方面面的推测，应该说是在逻辑的轨道上行进的。所以笔者认定三星堆的"突然"消失，是一次特大地震造成的。这样的设想与林向教授先前提出的"巫术厌胜说"，在一定程度上可以相互呼应。基于此就可以回答当初对林教授说法所提出的异议。异议方说，如果经常毁弃这样的神像和祭祀用品，这不仅为当时社会财力所不容忍，同时也足以导致当时精神世界的动摇。笔者以为这样观点的不成立，在于"经常毁弃"这个前提。应该说即便在地震多发区，特大地震也不是"经常"发生。2008年汶川"5·12"八级地震发生后，权威的地质学家指出，要再聚集"5·12"地震那样大的能量，需要千年时日。因此，在古蜀的历史中是不会出现"经常毁弃"情况的。笔者猜想，三星堆祭祀物坑中那些砸坏了的青铜器大概只能是空前绝后的了。

385

第十七章　古蜀玉器辉煌了中国的
"玉器时代"

　　"玉器时代"这个概念的提出，一般来讲可能是受到19世纪西方经典作家提出的人类社会进步经历了"石器时代""青铜时代""铁器时代"这一经典法则的影响而重新提出。"著名考古学家夏鼐先生在归纳商代已进入文明的特征时，除了列举与世界其他文明的共性外，把崇尚和善于加工玉器，列为殷商也是中华文明突出的个性。再往前看去，二里头文化所出土的玉器虽然未达到殷墟水准，但无论品种还是工艺，也是独树一帜的，闪现着文明的光华。"在中国现代学人提出上述认知的两千年前，中国人便在今天认知的"石器时代"和"铜器时代"之间嵌入了一个"玉器时代"的概念，并对玉在这个时代中的作为，做出了准确的界定。汉代学者袁康在其所著的《越绝书·外传记宝剑》中披露，东周的风胡子对楚王讲："轩辕、神农、赫胥之时，以石为兵，断树木为宫室，死而龙藏。夫神，圣主使然。至黄帝之时，以玉为兵，以伐树木为宫室，凿地；夫玉亦神物也，又遭圣主使然，死而龙藏。禹穴之时，以铜为兵，以凿伊阙，通龙门，决江导河，东注于海，天下通平，治为宫室，岂非圣主之力哉。当此之时，作铁兵，威服三军，天下闻之，莫敢不服，此亦铁兵之神。"

第一节　为何20世纪20年代就提出了"玉器时代"概念，到20世纪末还不敢正视？

　　当历史行进到1921年，随着第一声科学考古的掘土声在华夏大地响起，"玉器时代"这一中国的独有的历史分期说也横空出世。1922年章鸿钊先生在

《中国地质杂志》第一卷中发表了《玉石在中国历史上之价值及其名称》一文，他以英文"THEJADE AGE"表达"玉器时代"一说。1930年，谢英伯先生出版了《中国玉器时代文化史纲》。可惜，20世纪的30年代和40年代，响彻中国大地的战争声音很快淹没了刚刚出生的"玉器时代"学说，1950年代开始后，在"百家争鸣，百花齐放"的号召下，"玉器时代"的呼声应该复苏，应该高涨。相反，却死寂得不见一丝气儿。据说关于人类社会进步经历"石器时代""铜器时代""铁器时代"这个西方的经典法则，已是进入了马克思主义创造者之一的恩格斯的经典学术表述之中。

到了1986年，在上海福泉山等良渚葬玉大墓的成功发掘之后，在中国的史前美玉让整个世界睁大眼睛，一片唏嘘的赞叹声中，"玉器时代"又开始重提了。身为华人的顶级考古学家张光直先生在《谈"琮"及其在中国古史上的意义》一文中指出："西方考古学讲石器时代、铜器时代、铁器时代，比起中国来中间缺一个玉器时代。"他的这篇文章发表在《文物与考古论文集——文物出版社成立三十周年纪念》一书中，足以可见文章的分量。张光直先生是一位学贯中西、特别擅长于东西方文化比较研究的考古人类学大家。他的看法往往和学术界的一些经典的传统认知相反，过去很多学者谈论文明起源时，言必称两河和地中海地区，认为那里才是古典的、经典的模式，中国有哪些情况与之不符，那便是"东方的"特殊例外。张光直提出，与西方文明模式相比照，中国文明才是一种世界性模式，囊括了埃及、印度河流域、东南亚、大洋洲、中美洲和南美洲文明的若干因素。而西方奉为经典模式的苏美尔文明的产生倒是一种例外。有如此学术认知基础的张光直重提"玉器时代"当是情理中事。

一、在中国的改革开放之中，在良渚大墓的惊人昭示之下，玉器时代重提了

张光直关于"玉器时代"的集结号一吹，中国大陆的学者开始摩拳擦掌。20世纪90年代伊始，牟永抗、吴汝祚先生发表了题为《试谈玉器时代——中华文明起源的探索》的文章，指出这个玉器时代有五个特点：1、出现成组的玉礼器。2、玉、神、巫三位一体。3、文字的出现。4、冶铜业的产生。5、出现了以棺椁为特征的双重葬具和人祭或人殉的习俗。接下来，曲石先生发表文章《中国玉器时代及社会性质的考古学观察》，也概括出玉器时代的四个特点：1、父亲氏族——父权制——家庭奴隶共同存在。2、军权——政权——神

权相对集中。3、出现共同使用的图像文字。4、人口相对集中定居，形成较大的村落或"城镇"。曲石先生指出，中国玉器时代是新石器时代向青铜时代过渡的中心环节，正是红山、大汶口和良渚三支含有文明因素而又不同谱系的考古学文化在中原地区的融合，才促成了中原地区的夏族首先跨入了文明的门槛。对此，笔者是举双手赞成的。只可惜曲石先生少看了一眼，忽视了古蜀在玉器时代的作为。笔者在本书第六章"我读大禹——大禹治水：从部落联盟制社会到酋邦制社会的嬗变；禹会诸侯：屈家岭、石家河文化与良渚文化的会师"中，试图将古蜀在玉器时代的作为，揉进曲石先生的上述认知中。但不知可以水乳交融呢，还是在乱点鸳鸯？

二、重提玉器时代，学界纷争不断

对"玉器时代"也有不认可的学者。张明华先生的《"玉器时代"之我见》文章强调："学术讨论要符合逻辑、理顺概念。"他在又一篇文章《关于"玉器时代"的再讨论》中，规劝学界"为避免考古理论的混乱，还是沿用'三期说'为好"。就是说不要提"玉器时代"啦，就用西方标准的石器时代、铜器时代、铁器时代这"三期说"算啦。

到底是"三期说"还是加入中国特色"玉器时代"的"四期说"，学术界也有持"第三路线"的声音。陈星灿先生在他的《青铜时代与玉器时代——再论中国文明的起源》文章中呼吁："关于'玉器时代'的论述，表面上看似乎只是概念之争，其实却揭示了中国历史发展历程更深层次的问题……'玉器时代'的概念主要是从距今五千年左右以来的红山文化、良渚文化、大汶口、龙山文化等出土玉器的诸考古学文化归纳出来的……夏商周三代相对统一的局面便是在此前的龙山时代城池林立的基础上产生的。历史地看，龙山时代是中国文明形成的一个重要时期，至于用什么名词概括它，则不是十分关键的问题。"

如果说学术界中对"玉器时代"呈歧见者多是些历史学家、考古学家，他们不专攻玉文化，去评估"玉器时代"，挑剔地说，多少有点"隔山买猫"的话，那么为什么当今研究中国玉文化现象的泰斗级学者也不赞成中国有个玉器时代的认知呢？

三、"玉兵时代"果真是与"出土玉器的总体情况不符"吗？

杨伯达先生退休前是北京故宫博物院副院长，退休后还担任中国文物学会玉器研究委员会会长。他是不赞成"玉器时代"一说的。杨伯达先生在具有纲领性的学术文章《中国古玉文化史论提纲》中说："史前社会早、中期出现了玉工具。古人提出的'玉兵时代'的说法，与玉矿资料分布和出土玉器的总体情况不符。"到底是怎么个"不符"？在他主编的多部中国玉文化论丛的数以百万字计的文章中，至今未见一个字的阐明，着实让笔者一头雾水。好不容易笔者才在李季先生著的《千秋索隐百年寻觅》一书中寻寻觅觅到一点点。在该书"有'玉器时代'吗？"一章中，作者写道："……除了列举与世界其他文明的共性外，崇尚和善于加工玉器，被列为中华文明突出的个性……令人费解的是，按照我们第四章讨论重构中国古史黎明时所划分的考古学文化区系，历数夏、商、周各自的'直系'先祖文化，如河南、河北、山西、陕西等地区，无论在仰韶文化时代还是龙山文化时代，都没有引人注目的成批精彩玉器出土。"笔者想问，这些是不是就是杨伯达先生所指的"和出土玉器的总体情况不符"呢？笔者还想问"有'玉器时代'吗"的作者，让阁下费解的，是不是因为您只看中国中原地区的史前用玉情况，而忽略了中原以外的北方、东方和西南方的史前用玉？中国人既有炎黄子孙之称，谈祖先文化时，是不能只看"直系"的黄帝系列，而不去看已被"直系""旁系"了的炎帝系列的！

让我们看看远古中国用玉的源头。应该说玉作为古礼的物媒并不是统一的，是萝卜青菜各有所爱。因为"巫与玉的'灵性'都是血地缘小群体所赋予的，这是原始宗教的血地缘小群体所决定的。也就是说，作为事神中介灵物的巫和玉都是信仰主体选择和认定的产物，巫与玉二者的结合，也就是这种选择和认定的产物"。基于此，正由于炎帝集团先祖的那个"信仰主体""选择和认定"了玉作为"事神中介灵物"，所以炎帝集团及其后裔无论是在其原住地，还是在民族迁徙中的居住地，都是产玉之地！即：原住地辽河流域产岫岩玉，向西迁徙途中的汉水流域产南阳玉，最后定居的岷江流域产汶川玉。向东迁徙途中的泰山、太湖地区也都产玉。可以说炎帝集团的文明进程，或者说这一族群的祖源记忆，都是在玉器载体上展演的。他们向西再朝南的迁徙足迹下，留下了西辽河地区的夏家店下层文化玉器、陕西的神木新华玉器、甘（肃）青（海）的齐家玉器。在他们往东再往西南的民族走廊中，出现了山东大汶口文化晚期玉器、山东龙山文化玉器、豫东岳石文化玉器、长江中游——

汉水流域的含山凌家滩玉器、江淮地区的石家河玉器。如果我们飞上九霄向下眺望,炎帝后裔开辟的这个向西、向东、再向西南的民族走廊,正好处在中原的四周,这与史籍记载的中原诸夏与它的四邻——四夷是相呼应的。华夏大地最早的玉文化,就是这样在中原大地的周边流传着。笔者以为正是这些一程程行进在历史深处穿越华夏大地的玉文化轨道,最终链接出中国五千年以上延续文明的路线图。

四、史前行进在四夷地域的玉文化轨迹,最终链接出中国五千年以上延续文明的路线图

上述远古中国玉文化的不平衡现象,已在考古学文化中有所表述:其一,在黄帝后裔主宰的中原大地,"河南史前玉器并不发达,甚至于说远远落后于周边几个玉文化发展的中心区域,但在进入阶级社会以后,尤其是在商、周时期却呈现出了玉文化发展的高峰","河南史前玉文化欠发达的原因是由于地区性的差异导致的文化传承不同。中原地区史前文化与红山文化、良渚文化的尚玉传统不同,崇尚色彩绚丽的彩陶"。其二,红山玉器随炎帝后裔由北向南迁徙,沿路均有所遗存。以红山玉器中拥有符号型的三星他拉龙(C字龙)、玉祖(猪)龙和马蹄型玉箍为例,在辽河流域的原住地大量存在;在南迁途中的各个居住地都有出土;在最后的定居地古蜀,更是有多件出现。我们不能忘记这样的事实:拉开三星堆文化这场20世纪考古大戏序幕的是玉器,是月亮湾窖藏的百余件古蜀玉器。蜀地出土的硕大玉料和制玉作坊,在考古学文化中大概是独一无二。三星堆和金沙出土的玉器都以成百上千计,那些拥有符号型玉器如玉琮、玉璋的蜀地出土数量,也是全国第一。

第二节　笔者力挺"玉器时代"说法的理由

笔者是赞成并力挺"玉器时代"一说的。为了让我的那些纯粹的"外行话"沾一点"内行"气儿,笔者铭记张明华先生的提醒,尽量做到"符合逻辑、理顺概念"。关于"玉器时代"的概念,或者说如何界定"玉器时代",笔者的逻辑是:1、玉器在这个时代中是否拥有整体作为,是否是以主导形态贯穿在这个时代的过程中。换言之,这个时代的主体文化表述是否用玉为载体

的？若是，这大概便是"以玉为兵"的内核。2、玉器在"玉器时代"的前后时段中，是否形成发展序列的层次级差，亦即是说"玉器时代"在"石器时代"和"铜器时代"之间是否起着起承转合作用。

笔者以为，关于上述两点，两千年前的风胡子早就说到了，虽然只用了34个字，但将实质点醒得明白无误。一句"夫玉亦神物也"，将玉器在"玉器时代"的整体作为和前后时代的层次级差功能做出了画龙点睛的学术结论。风胡子在他的关于"以石为兵""以玉为兵""以铜为兵""以铁为兵"的中国式原初的历史分期四说法中，三处用到了"神"："以石为兵"的"神圣主"，"以玉为兵"的"神物也"，"作铁兵"（以铁为兵）的"铁兵之神"。其中两处的"神"是在形容人，只有"玉"被名词化为"神物"，即具备"神"的内容的物件。神又是什么呢？在炎帝后裔的"四夷"，甚至已是黄帝体系的殷商，神都是在指明为祖先，各自种姓的祖源记忆。从西周开始，神配置到当朝的君王头上，成了一统的祖源记忆新表述。与此同时，我们还需跳出字面去理解风胡子所指"兵"的实质或者内涵。笔者以为，这个"兵"不是作为武装力量名词的"兵"，这个"兵"是在作形容词用，是在指示着什么的，是"兵"这个字所内含的"锋利"、"前卫"、"动力"一类概念的借喻。照今天的话说是时代精神，历史内核，是主旋律。笔者偏重于将风胡子所指的"兵"当作"动力"来作为解读的指向。前面提到"神物"，笔者理解为祖先文化、祖源记忆。以此逻辑下去，以这样的以玉表述文化的历史进程看过去，神物上的祖源记忆，不就是在"五帝时代"，炎、黄后裔各自推历史前进的"动力"吗？

一、以玉为兵，"兵"是推动历史的动力指示

那么"玉器时代"的玉凭什么拥有如此强大的作为呢？它作为"神物"的神力在何处呢？两个字："通灵！"玉能够进入人的心灵，成为可以推动历史进步的一部发动机。通灵，使炎黄子孙"天人合一"世界观形成了，使华夏文明的进程由物质层文明上升到心态层文明。我们似乎可以看到这样的一个进程：祖先由具象的鬼神偶像被抽象为"天"后，世人与祖先的沟通，便以"通灵"的玉为媒介。玉被赋予"人格化"。人们开始在"玉"的基础上构建"天人合一"的世界观。这个构成中"合"是前提，是根本。有了合并、合作、融合与和谐之后，便是"天地合而后万物兴焉"（《礼记·郊特牲》）。

由"玉"到对"和"的追求，不就是说炎黄子孙在民族大迁徙中有了进行文化大融合、血缘大混合、种姓大整合的动力吗？不就是"玉器时代"的实际意义吗？由"玉"生成玉文化，由玉文化产生的文化价值，"始终作为中华文明体系中的精神太阳，作为华夏子孙赖以生存的健康发展的精神家园"，"玉器时代"的时代精神不是显而易见了吗？

笔者认为，这个"玉器时代"的胎动期，可能有一处出现在距今八千多年的我国东北地区的兴隆洼文化，另一处出现在距今六七千年的我国华东地区的河姆渡文化。这个"玉器时代"的起步点，应该定在五六千年前的东北地区的红山文化。红山地区出土了大量表示祖先偶像或祖先文化概念的玉雕，出土了大量反映"天人合一"的先祖崇拜玉器。其中最具说服力的，也是最早出现的，可能是那尊以"玉"——美丽的石头作为眼珠的女神头像。眼睛是心灵的窗口，以"玉"为眼睛，"玉"不是"通灵"又是什么呢？如果"玉"不是"神物"还能是什么呢！这种起始于红山文化期的对祖先的"神化"和族人进行的祖先化天帝（神）崇拜，现今主流学者已有学术结论。于锦绣先生在表述"新石器时代晚期后段"这一考古时代时，后面加了两个括号，括号内容是"玉器时代"和"五帝"。他提出的这个时代估计距今5000年至4100年，其社会形态是原始社会稳固性村社部落联盟，这个时代内首次出现的主要或中心宗教形成有四个：祖先崇拜、自然崇拜、祖先化社神崇拜、早期天神（帝）崇拜。

二、玉在玉器时代是如何发挥推动历史的"整体作用"的

如果我们把"玉"在"玉器时代"的"整体作用"表述得更完整一些，让我们看看"玉"是如何以"主导形态"贯穿于当时的"国家行为"推动历史发展的。现今的中国主流学者认为："中国古代从野蛮时代进入文明时代过程的主要变化是人与人之间的关系变化，并不取决于技术上的进步。""中国模式文明的要点是，文明不过是少数人，即王朝积累财富的象征。"基于此，我们似乎可以将观察"玉"是如何体现一个时代"主导形态"的视线聚焦到君王的身上。且看：在"玉器时代"——

（一）玉是体现王权的表征

王权是什么？是权力和财富。甲骨文的"父"字所象的就是以手执斧、杖、主的人。拥有这样权力的既可称"父"，也可称"王、后、帝、皇"。"父"有大有小，可以是氏族酋长，部落联盟长，方国的王、后，中央帝国的

帝王，诸侯。但称为父者，必须掌握兵权和祭祀权，而他们的身份标志，就有执玉钺（斧、斤、戈等）、玉圭等玉制品。到"玉器时代"的成熟期，这样的玉制品还和各自的族徽组合为一体，古蜀玉器上已是常见的了。

王权富含财富的道理，古今中外都不难理解。狭义的"玉财富"大概是玉璧、玉琮、玉贝币、玉桥币。广义的"玉财富"应该是层出不穷的精益求精的玉饰品和玉陈设器。从这个角度讲，"玉器时代"亦是中国人从审美觉醒到审美感觉、审美概念的形成和发展时代。

（二）玉是巩固王权的基石

最好的例证是发生在中国传说历史中的颛顼时代。颛顼是传说历史中的"五帝"之一，他实施了具有宗教革命性质的"绝地天通"，将祭神活动和治人活动决然分开，由专人专行祭祀占卜事宜。如此"民""神"分开，其实质是要让王权完全垄断神权政治。中国古代宗教思想的核心，是以天为主宰，世间万物均在普天之下。"绝地天通"并非不让地天相通，而是不允许普通百姓擅自"通天"。实施"绝地天通"垄断了神权，按今天的话来说，就是垄断了操控意识形态的大权。这在当时是具有很大进步意义的，有利于维护氏族上层集团的利益，有利于劳力者和劳心者的分化，有利于加速氏族公社的解体，也就有利于国家政权的诞生。"绝地天通"为王权的政治权力竖立起三条支柱：宗法的宗族程序系统；对神与祖先沟通的独占权；对财富本身的寡头占有。应该说建立这三条形而上的支柱，都离不开"玉"作为形而下的物指。笔者以为，"绝地天通"这种精神产品和"玉器"这种物质产品是互动、互哺的。贯彻"绝地天通"，推动了玉器观念的深化和史前玉器的迅猛发展。玉崇拜的深入人心和玉器的普遍使用，又反过来保障"绝地天通"这一进步国策的长治久安。从这个意义上来说，中国从此将玉与国家的兴衰存亡挂上了钩。史籍的记载，似乎也在证明如此。比如周灭商后，"俘商旧玉，亿有百万"。再比如商纣王在兵临城下、王朝即亡的紧要关头，也不忘换一件缀满玉饰品的"宝玉衣"才去自焚了断。

（三）玉是传承王权的载体

就一定意义而论，王权即是治理国家的特权。统治艺术和统治经验是行使并传承这种特权的保障。应该说"玉"是最早记录那些"艺术"和"经验"的载体。笔者以为，统治艺术集中到一点，就是要获得治下臣民的拥戴。要你的氏族团结一心，关键在于让大家都知道，我们是一家人，血浓于水嘛。

所以要调动最好的手段来宣传氏族的"共祖记忆"和"根基情感"。珍贵、美丽、坚硬的玉器是首选，这在古蜀玉器中表现得特别充分。统治经验的根本则是对统治者、王或贵族的宗法权力地位的牢牢认定。在这个意识的形成和巩固过程中，玉器不仅是"信物"、"表征"，还是记录这种"确认"的中国式载体，也是理所当然的最佳载体。这样的确认，先是从具象的图形开始的。比如玉钺，当它从石斧中脱胎出来变成权力的表征时，在它的原初使用地域中，玉钺是笼统的权力信物，上面少有符号刻纹。但当"认定"玉钺为权力表征的这一氏族，出于种种原因经过民族迁徙来到新的地域时，玉钺上往往就增加了符号刻纹，以此个性化地"认定"持有者为新地域的氏族统治者。这在古蜀的玉钺中多有发现。在本书发表的古蜀玉钺中，就有新增氏族徽记刻纹的。也有增加了氏族祖源指向的具象，而发展成玉钺的一种复合造型的。若以科学考古为证，在古蜀地澜沧江流域出土的新石器时代晚期的卡若文化中，就有刻着东夷人的良渚"神人骑兽"纹的玉钺。再比如金沙出土的那条十节高的典型良渚制造玉琮，当它流传到古蜀的柏灌王朝时，当它改作了古蜀国王的一种权力表征时，蜀王对该琮原有的祖源指向进行了再"认定"，即是刻上"头戴鸟冠的纵目人"图案，从而再度确认该玉琮已成为古蜀柏灌王"宗法权力"的信物了。

三、玉器是"指示物"还是"标志物"，是对玉器时代的不同阐释使然

随着时间的推移，社会的进步，这种以玉作器或者在玉器上刻纹，作为王权认定"宗法权力"的"载体"作法也有新发展，即是从具象图案到简化图形，再到图形符号，到字符，到文字句子。玉器上出现文字了，反过来这样的文字又去铭记"玉器时代"形成的这样的"法规"。就这样，王权的"宗法权力"便在万古不朽的玉器上一代接一代传承下去。中国文字经过玉器时代走向成熟，这不能不说是玉器时代对华夏文明的诞生的一大贡献。

以上是笔者对"以玉为兵"的我读。或许这便是与那些不赞成有"玉器时代"的学者的根本分歧所在。那样的学者将玉视为玉器时代的标志物，一种形而下的实用质料。作为"为兵"质态的玉制工具和武器，在考古学文化中的确是与石器时代颇难区分。而赞同存在"玉器时代"的学人，则是视玉为一种形而上的指示物，是一种通灵的精神，也是一种承载并发扬祖源记忆的载体。这样的精神驾驭这样的载体进入到一个全新的历史时段后，它拉开了贫富差别，

建立了等级制度，促成了氏族社会的瓦解。它的时代意义出来了，它的"兵"的作为也显现了。石与玉的区别，工具与灵物的区别，西方与东方的区别，普遍与特殊的区别，均可顺藤摸瓜了。

第三节　玉器时代对石器时代和铜器时代的承上启下

再看看"玉器时代"是如何在"石器时代"和"铜器时代"之间承上启下的。石与玉原是一家，随着远古先民审美意识的萌生，石与玉分家了，美丽的石头被称作了"玉"。在"天人合一"世界观的形成过程中，玉成了"通灵"之物，被赋予了一种超人的神秘力量。至此玉便理所当然地凌驾于一切石头之上。玉器已不是石器，甚至也不是石器的极致化。"玉器时代"发展成一种崭新的文化观念和文明层次，超越于"石器时代"。

"铜器时代"的铜器并不是以铜制工具存在的。青铜器是作为礼制的载体和先进的兵器，构建起"铜器时代"的"祀"与"戎"的国家主体。中国"铜器时代"的时代精神是"礼制"，但"礼"的概念则是在"玉器时代"生成的。颛顼实施"绝地天通"改革，借"玉"将与祖先沟通的神权垄断于王者，应该说那就是实施"礼制"的原初目的和根本目的。"铜器时代"由于"礼制"的成熟与丰富，玉器在对"礼"的表达上已不能满足需要，青铜礼器才应运而生。这应该是"玉器时代"对"铜器时代"有所"启下"的一种解读。此外，青铜礼器上的一些纹饰，也源于"玉器时代"，玉器的纹饰，比如在"玉器时代"出现的"兽面纹"，就"启下"成为"铜器时代"的"饕餮纹"。所以，一些著作中谈及的"玉从铜"不准确，至少是不全面的。应该说"玉从铜"是某些表象，而"铜从玉"才是成象的原本。

应该看到，正如中国的"玉器时代"在人类文明发展史中拥有的特殊性一样，"玉器时代"本身也具备一些特殊性，致使"玉器时代"出现在华夏大地上的不平衡。"玉器时代"的特殊性，笔者以为有三点：1、时间跨度漫长。2、空间布局分散。3、文化内涵深远。

笔者以为，中国的"玉器时代"始自红山文化晚期，终于古蜀的灭亡，时间跨度有两千五百年左右。"玉器时代"与上沿的"石器时代"和下沿的"铜器时代"的分代不能一刀切，上下衔接呈长时期的犬牙交错。这与中国文明进程的特色有关。当代的主流学者指出，西方的文明模式是一种"破裂性"的文明，即人类与自然资源的分割，人们通过生产技术革命与以贸易形式输入新的资源，从而积累财富并创造文明。在中国则是，从古代野蛮时代进入文明时代过程的主要变化是人与人之间的关系变化，并不取决于技术上的进步。在中国，政治权力有其特殊的支柱：宗法和宗族程序系统；对神与祖先沟通的独占权；以及对财富本身的独占。中国与西方国家文明模式的不同，或许可追溯到文明的源头。博物馆学学者尤仁德先生在其大著《玉器与中国文明起源》中指出："中国文明起源中，玉器是最重要的文明因素，并具有特殊的学术理论价值。玉器代表了当时的生产力水平。玉器所反映的礼、礼制和王权之结合，正是文明制度的核心，也是文明起源的'中国特色'。"沿着这个中国特色去观察史实，"玉器时代"在"铜器时代"出现之后的一千年左右还局部存在，也就不奇怪了。对于如此长时期的"玉器时代"，笔者以为最好能分为"前玉器时代"和"后玉器时代"。"前玉器时代"指"纯"玉器时代，包括红山文化、大汶口文化、齐家文化、石家河文化、良渚文化。"后玉器时代"指与铜器时代并存的玉器时代，主要是古蜀文化。

笔者以为，中国的"前玉器时代"主要表现在中原大地周边的"四夷"地区，而不是主要出现在炎黄大战后，黄帝入主中原的"诸夏"谱系之中。中国的"前玉器时代"主体存在于炎帝后裔在民族迁徙中所生成的居住区和文化线内。炎帝后裔对崇拜物媒"玉"的"通灵"概念，拉大了与黄帝后裔不通灵的崇拜物媒"彩陶"之间的距离，导致整个"玉器时代"在中原和四夷地区的发展不平衡，这正好符合华夏文明"多元起源"的说法。

笔者以为，中国的"玉器时代"一直都是在民族大迁徙、民族大融合中发展的。在这个发展的后期，中原诸夏的王朝创建了玉文化。和四夷的用玉习俗相比，中国诸夏的玉文化，发生了质的升华。玉文化谱写出中国奴隶制社会和封建社会的国家意识和民族意识；玉文化丰富了中国传统文化的内容；玉文化竖立起中国古今美学的脊梁；玉文化界定着中国顶级财富的概念……所以，哪怕中国的"玉器时代"结束两千多年之后，玉文化的光彩一直折射在这个时代，照耀着今天。

第四节 推开全新视角，看古蜀玉器如何让中国的 玉器时代更加辉煌

笔者之所以说"古蜀玉器让中国的玉器时代更加辉煌"，是笔者在今日四川，从民间收藏的数以百计的"古蜀玉器"中，深深感觉到这样的玉器，展示了全新的视角，让人看到如何更系统、更集中、更鲜明、更形象地阐释中国的玉器时代。它们以一目了然的造型语言在解说着玉器时代的多个特点。这些玉器虽然不是考古发掘物，但它们的开门旧气，让人很难断其为新。说它"仿"，找得出所仿对象吗？绝对找不出。更何况它们身上的一些造型语言，在三星堆的青铜器上能看到影子；它们表现的造型模式化，已有学术文章指认这样的模式化表现，为古代艺术表现的一种特征。它们从二三千年前的历史中走出来，你若听懂了它们的无声话语，其所讲的和当今研究玉器时代的学者所归纳出的时代特点，是何其的相似啊！

笔者选取了四个视角，去观察这些古蜀玉器是如何存在在中国的玉器时代的，或者说是如何阐释玉器时代的主要特点的。

一、图说"以玉为兵"的广义表述

当今学术界指出，华夏文明产生和发展过程中的一个重要特点是，血缘关系不因文明的产生、城市的兴起而为地缘关系所替代。对此笔者的理解是，炎黄子孙在漫长的民族迁徙、民族融合中，虽然血缘有所混化，祖源有所整合，但用血缘关系谱写出的祖源记忆，永远是一成不变的，是无以替代的。承载着祖源记忆的玉器被称为"神物"，社会在这种意识推动下前进，或许这便是"以玉为兵"的广义表述。有了玉器时代，才有炎黄子孙的祖源共识，所以直到今天我们仍然在讲血浓于水，还要去认祖归宗。

对此，作为祖源共识，或许就是学术界提到的玉器时代四个特点之首，"父系氏族——父权制——家庭奴隶共同存在"的主调。

笔者以为，古蜀玉器表达的重要主题便是祖源共识。

图17-1，玉圆雕炎帝像。高15.8厘米。通体黑漆古沁，难见原有玉色。有灰皮，有蚀点。全器现较强玻璃光。造型夸张，牛角纵目面部大于

图17-1　民间收藏玉圆雕炎帝像

踞坐的人体。四肢比例协调，人身结构准确，全器并不显得怪诞。面部五官由剔地起突的线条表述，既简约又流畅。一对长耳向上冲，两只牛角往下压，均衡统一了构图的矛盾。纵目、曲鼻、闭嘴，五指护膝，双腔着地。其踞坐姿式既威武又庄重。他就是古蜀人心中的始祖，生牛头的"太阳神"炎帝。

图17-2，玉圆雕人头鸟身像。高4.5厘米，长6厘米，米白色玉。有光感。有棕红色沁，沁重处有针尖状蚀孔。鸟头作人面。臣字眼，陷眼窝；挺鼻梁，闭嘴唇。单阴线刻出双耳和发丝。鸟身上饰双阴线的云纹和节状纹，人头顶部有牛鼻穿孔。

人头与鸟身的结合，应是古人"天人合一"理念的物化，是古蜀人中将祖源指向为鹓鸟部落的祖源记忆表述。这些情况在《山海经》书中有记录，在三星堆祭祀物坑的青铜造像中有标本。

图17-3，玉圆雕人头鱼身像。高6.4厘米，宽3.2厘米。黄色玉，有透光感。生棕红色沁，沁重处有绺裂和蚀孔。鱼头作人面。臣字眼，陷眼窝；挺鼻梁，闭嘴唇。阴线刻披发，披发卷圈，形成佩孔。鱼身上饰双阴线的云纹和兀形纹。纹饰的式样和工艺在商代玉器上也有类似的出现。

此器也应是古蜀人"天人合一"理念的物化，是古蜀人中将祖源指向为鱼的鲧族人的祖源记忆。《山海经》说氐人是"人面鱼身"。

图17-2 民间收藏玉圆雕人头鸟身像　　图17-3 民间收藏玉圆雕人头鱼身像

图17-4　民间收藏羊首踞坐像

图17-5　民间收藏戴冠羊
首踞坐像

图17-6　民间收藏蜀王
《蚕丛》玉（石）园雕像

图17-4，羊首踞坐像。圆雕，高15.8厘米。青灰玉色，整器罩墨绿色皮壳，有光泽。通体散布土黄色沁点和蚀斑。圆眼、弯角、长窝耳，羊头的形象生动准确。标准踞坐姿，大腹便便，颇有"小康"体型。这应是古蜀羌人对祖源指向的记载与图说。

图17-5，一尊玉雕戴卷冠羊首踞坐人像，器高13.7厘米，青绿玉色，有灰皮及褐红色沁，泛蜡状光泽。其面部为羊的形态。戴卷筒形大冠。但此冠与殷商妇好墓中的"卷冠踞坐玉人"之彼冠有装饰上的明显不同。此冠给人的印象是大盘羊羊角的图案化。笔者以为，如果说图17-4是在表述羌族关于羊的祖源记忆，此图则是在表达这支与羊关联的羌部落，在蜀地的部落联盟中也是拥有王侯级地位的，或者是在说虽然社会发展了，祖源记忆仍旧不变。

图17-6，玉圆雕蜀王蚕丛像。高13.4厘米，通体受沁呈铁褐色，有局部灰皮，灰皮处已显蚀坑。有蜡状光泽。构图为牛首踞坐人，头顶上伏着一巨蝉。牛首造型饱满，结构准确，细节真实。细长的双角，角尖前卷，支撑着那只蝉。踞坐人双目圆睁，双耳紧贴。闭合的嘴唇对比出扩张的鼻息。加上已成弓形的背和肌肉爆实的肩，表现出踞坐人的负重感。负重的是什么呢？头顶的那只蝉。

蝉和蚕同音，又有相同的生命再生的生理特征。丛即从，从往世，从现在。"蚕丛"即是对往日牛首炎帝的"从属"。"蚕丛"亦是牛首炎帝的今日再生重现。或者说现在的蜀王是往世牛首炎帝如蚕蜕般的转世再生。这

是笔者对蜀王"蚕丛"的解读。这样的
解读本器是表达得明白无误的，这样的
造像笔者在民间收藏中目睹过多件。

　　图17-7，玉圆雕蜀王柏灌像。高17.8
厘米。绿黄色玉，有透明感。生较多灰
皮，玉表中有纹状腐蚀现象。构图为人
面踞坐的人，其头上立着一只喙下勾，
眼圆凸，翅上抽的巨鸟。人面五官清
新，表情平和。说他是柏灌王，因他头
顶的鸟纹而定，是那个将祖先指向为鸱
鸟的族群后裔所建立的王朝。

　　图17-8，玉透雕蜀王鱼凫像。高13.1
厘米，宽11.9厘米，厚0.7厘米。青黄玉色
泛蜡状光泽，间生铁褐色沁，玉表有橘
皮状。构图是两个相对而视的人像上半
身剪影，长披发，水滴眼，直鼻梁，闭
嘴唇。两人的相貌、表情都一样。两人
的下身共连着一张钺，钺口呈钝刃状。
钺的左、右部即两个人身的下部，各有

图17-7　民间收藏蜀王《柏灌》
玉（石）圆雕像

一个剔地起凸的字符，"　"和"　"。不得识，但应是两个不同概念的表
达。古蜀鱼凫王朝是两大部落联盟的"邦联"国体。钺是政权、权力的表征，
两人共用一钺，是不是"共同掌权"的图说呢？所以说本器有可能就是古蜀鱼
凫王的造像。

　　笔者所见的民间收藏的古蜀玉器中这类作品还有很多，但其体态或者表情
没有一件是完全相同的。他们的造型都是兽首人体踞坐，说明形成"模式化造
像的主题"是一致的，都是在表现古蜀各地人氏的祖源记忆。其次，他们的结
构都是用三个大穿孔来表述双手和双腿。再者，每件的颈背部都有牛鼻穿孔，
说明这类造像有随身佩带的功用。况且每一件的旧化现象虽各不相同但又十分
开门，因此给人三个印象：第一，古蜀的玉雕匠师掌握了丰富的设计语言，他
们已经能够熟练地审视观察玉料的曲直态势，善于利用玉材，因材施工，雕塑
出不同形态的人像。第二，古蜀的玉雕匠师已经把握了人体结构的规律，在这

图17-8 民间收藏蜀王鱼凫玉（石）透雕像

类人像中虽然头部和身躯极不成比例，但是由于对人体的准确理解，从而使人物形象整体并不唐突。第三，古蜀的玉雕匠师在制作人像时，十分注重造型之美，着眼于外形和结构，着眼于那些依附于形体的线形。看看这些古蜀圆雕人像的线形，都非常简洁、流畅、挺劲、优美而富有了弹性和韵味。如果三千年前，这些玉人的价值在于他们的宗室崇拜价值，而三千年后的今天，他们的价值一点也没减少，每一件都具有相当的艺术价值。

二、图说"以玉为兵"的狭义表述

上面展示了玉器时代的广义表述。玉器时代的"以玉为兵"的狭义表述又是什么呢？笔者赞同学术界对玉器时代又一特点的归纳，即是"军权——政权——神权相对集中"。这些权力是如何集中的？还是从民间收藏的古蜀玉器上去寻找佐证。

图17-9，玉圆雕牛头背钺像。高60厘米，宽30.5厘米，厚17厘米。油灰黑玉色，有光泽，散布芝麻粒大小的米灰色沁点，部分沁点的玉表已呈凹状。

造型为开口朝上的条状巨钺，起弧的钺口呈钝刃。口下沿有一圆穿孔。钺的底部是高浮雕的牛头。双角上有环状起棱。水滴型眼，圆突瞳孔。高高的鼻梁和隆起的如意形鼻头，隐去了已作为器底的牛嘴。

作为权力崇拜的钺与作为先祖崇拜的牛头（炎帝）在玉器上的结合，塑造出"玉器时代"的时代特点。作为东夷符号的钺与作为西羌符号的牛首的结合，画出了后"玉器时代"民族大迁徙、大融合的历史印记。

图17-10，玉圆雕兽首踞坐人背钺像。高17厘米，宽7.8厘米。黄绿色玉有蜡状光泽。散布灰黄色沁斑和针尖状蚀孔。皮壳开门。

兽首为双立角，长窝耳。宽眉高扬，纵目圆突。如意鼻型大鼻孔。头略俯，隐去嘴部。背负的钺为长方形，四边作钝刃状。上方有双面洞穿的圆孔，孔壁有台。

本器的内涵较之图17-9器应是有所发展，是一种社会进步的记录。不仅是祖源记忆由神格化向人格化的进步，而且是社会由先前的一大种群，裂变为多个平行的、拥有各自权力的部落。

图17-9 民间收藏牛首背钺像　　图17-10 民间收藏兽首踞坐人背钺像

图17-11　民间收藏有刻图的玉刀

图17-11，有刻图的玉刀。长17.9厘米，厚0.35厘米。白玉有透光感。几乎通体沁成棕色，散布针尖状蚀孔。玉刀的刀背平直，起扉齿。刀锋尖锐，刀口起钝刃。刀有长条形刀把，把中有圆孔。刀面上有刻图，图案是两位同行前进的人，均头戴高冠，身着长袍，背有羽翅。一人足后无"尾"，一人足后有"尾"。前者手举与本器相同的刀，似乎在带领后者举行一种仪式。

本器既有"以玉为兵"的图说，又有不同族群已经融合在共同举行祭祀的表述，是一种"共存"的指向。

三、图说玉的神化和灵物概念

牟永抗、吴汝祚先生合著的《试论玉器时代——中国文明时代产生的一个重要标志》指出："玉和玉器的观念贯穿着中华古文明的全过程，也是中华古文明有别于其他文明的主要特征所在。""玉的神化和灵物概念是玉器时代意识形态的核心……被神化了的玉，一开始就将人世间的统治力笼罩在神秘的袍套里，相信神的力量，信奉超越自身、超越现实的精神力量，在文明起源时代，就在民族的心理上、意识上印下了胎记。中华民族形成爱玉的民族心理，也植根于此。"对学术界的这种看法，看看古蜀的玉器又是在怎么印证的——

图17-12，玉刀。长14厘米，宽4厘米，厚0.6厘米。石性较重的青绿色玉，有灰黄色散状沁蚀。器的下方与左、右方均双面开刃，有使用痕迹。器的中部有双面打孔的穿孔，此器可随身佩挂，这样的使用，已是身份的体现，等级的象征，是神的力量、精神力量与人的合二为一。

图17-12　民间收藏新石　　图17-13　民间收藏新石器晚期
器晚期玉（石）刀　　　　玉（石）铲（中有三角形孔）

　　图17-13，玉制铲形刀，亦可视为匕形刀。长15.3厘米，最宽处6.5厘米，厚0.3厘米。器形上小下大，如铲，如匕（栖）。下端圆弧，双面开刃，有犀利感和使用痕迹，应是刀器。器身有上、下两圆穿，均为单面钻，孔壁光洁齐整。下穿置于三面内斜的三角形底部，孔穿上有被绳索捆勒的残痕。玉性较差，有较重石质。玉色偏黑不透明，略显绿褐色光泽。

　　在玉铲、玉钺、玉斧一类从用具升格为礼器的古玉中，有△形装饰的很少见。这是一种祖先表征和生殖崇拜的"图像化"。当它被"符号化"并倒置成▽后，则成为古人企望祖先"降临""垂鉴"，给力后代的一种企愿心理。后来这个▽的符号被组合进甲骨文"帝""龙""凤"的文字结构中作了字首，看来也是因为三角形在古人意识中所形成的"先"的内涵。

　　本器三角形在制作工艺上，表现出鲜明的红山玉器的工艺特征，即对器物边棱的斜削。比如红山C字玉龙扬鬣边沿的处理，红山玉勾云纹器边沿的处理。

　　本器将祖先记忆的符号标示在解割肉食的玉制工具上，是别有用心的。古往今来，"民以食为天"。当部落首领操此玉刀分割分配食品，解决部落人员饥饿问题的天大事情之时，笔者推测的可能是，首先告诫大众要不忘祖先，牢记祖源，因为这样的食物是在祖先的护佑下才得以收获的。其次，每个人领取食品应有秩序，不能一哄而上。这种先后次序如何决定呢？或许按照与祖先血缘远近来确定。于是人与人的关系确定了。鉴于这样的关系一开始是与先吃后

图17-14 民间收藏古蜀玉鬲

吃、吃好吃孬相关的，所以人与人的关系越来越被重视。最后，发展成学术界指出的"礼则成为人与人之间关系的主要准则和统治形式"。

本器片薄刃利，当是一把解刀。在牺牲的血肉油脂中操作，肯定要"打滑"，得用绳索捆绑于手掌，所以洞沿上才留下了绳勒的残痕。

图17-14，玉鬲。高10厘米，口径8.7厘米，胸径10.2厘米，黄绿玉色，泛蜡状光泽，通身栗褐色沁中参有少许黑斑和灰皮。造型与山东丁公村出土的陶鬲十分相似。对此，笔者在共和国成立60周年庆典之际，专程前往北京首都博物馆，观看由国内多家文博单位组成的《考古与发现》特展，就近目睹丁公村出土的陶鬲，仔细观察那篇笔者在"从古玉上看'蜀'字和古蜀"一文中提及的有龙山文化"蜀"字的丁公陶片。本件玉鬲器身有三个倒置的"⌣"纹饰，器足上各有一个纵目噘嘴兽首纹。在包括三星堆、金沙的古蜀地出土物中，陶制的三足盉、三足鬲是常见的。三足的鬲和与鬲造型相似的鬶，在红山文化下延的夏家店下层文化期和山东大汶口文化期中就有出现，均为陶器，不见作为礼器的玉鬲，足见炎帝集团以玉制作礼器习俗在这个时段已在华北地区消失，黄帝集团的彩陶文化已在中原站稳脚跟。兴盛自红山文化期的美石（玉）文化已远走他乡。这件玉鬲证明着炎帝集团后裔古蜀人的用玉习俗，以及他们在民族迁徙中的经历记忆。另一方面从器物造型的源流展示上，应和了笔者在"蜀为氐羌国，阐释'纵目人'，看'龙的传人'的接力再接力"一章中，提及的山东"蜀概念"入蜀的猜想。

将生活用品上升为玉制礼器，台北故宫博物院资深专家那志良先生在著作中指出："所见者，仅簋、豆、匕、壶、角、觯、罍、瓿、觚、卣、羽觞、盂、盘等。"不曾见到鬲。这件玉鬲可能是首例，其珍贵性也就不言而喻了。谈到其学术性，表现在器身的⌣纹饰上。按刘英先生对巴蜀图语的解读，⌣的图示是羊、享，相当于殷商文字的鬲。以此纹饰的指向，蜀地使用此玉鬲的现世人，应该是将祖源认定为羊的羌人。于是这就引申出一个学术观点：当今大陆的诸多玉学家认为，所谓玉礼器就是用玉制作的礼神器物，即是说将整器视为礼器。海外玉学家则指出只有玉礼器上的纹饰，才是沟通人鬼之间的关键。笔者是赞同后者的。本器玉禺的纹饰应是一证。此外金沙出土的一件呈菱形的玉片上，线刻着一个踞坐的蜀人，肩扛象牙，该图案亦即是在用"图语"诉说着"以玉礼神"不是玉片本身，玉片只是作为向神传递信息的载体，玉片上的图案才是在告诉神灵，蜀人在此是以大批珍贵象牙作礼物奉献给祖先！

图17-15，是一柄玉勺，长24.8厘米，柄厚1.5厘米，勺舀呈圆形，直径6厘米，做工规整，打磨精细。淡青绿玉色泛生坑玻璃光，有条状褐黑色沁和散状灰皮。勺柄作冠状造型，有双面钻的蜂腰孔，更有线刻的神人骑兽图。柄上的造型和图案均有良渚玉器代表符号的遗韵。笔者以为，这柄玉酒勺是用于祭祀的一件礼器。为何祭祀舀酒一定得用玉勺呢？姚士奇先生在其大著《中国玉文化》一书中是这样解释的："周代在祭祀山神、地神之时，用臭行灌鬯礼，就是用一种散发臭气的酒水浇灌于地。然而绝不是无论什么器皿都可以用来舀酒的，按'三礼'的规定，必须使用专门的玉器。因为古人以为必须用玉之气韵方能通达于神灵，没有玉，即便周人怎么崇尚气，恐怕祭祀也不灵验了。"这件玉勺上也是有纹饰的，它和前述的两例玉器上的纹饰功能一样，都在证明以玉礼神须用纹饰的这种学术认知。这件玉勺的制作刻纹都十分精致，可能是晚蜀的作品。可能是开明王朝时，随"鳖令"入蜀治水的楚人，即那些随良渚文化向东扩张来到长江中游的良渚人后裔，所以他们在祭祖时，念念不忘的祖源记忆是"神人骑兽"这样的良渚纹饰。

图17-16，玉圆罍。内斜盘口，外凸宽腹，平底。高6.5厘米，口径8.7厘

图17-15 民间收藏古蜀玉勺

图17-16 民间收藏古蜀玉圆罍

407

米，腹径10.2厘米，足径6厘米。青色玉，有透明感，杂米白色沁斑。盘口内外沿至器肩均无纹饰，罍腹顶至器脚布满纹饰。纹饰顶部是双阴线，纹饰底部是单阴线。纹饰为相同图案的两部分，其间以平行横线区隔。图案以网格纹铺底，上托浅浮雕的有双弯牛角的面具人像，画面与四川炉霍出土的青铜钺上的图案相似。美国宾州盖底兹堡大学艺术系副教授孙岩先生在所著的《三星堆青铜尊罍的艺术风格和文化含义》一文中指出："三星堆文化的尊和罍虽然在风格上与商二里冈上层和殷墟早期的尊罍相近，其功能却产生了变化。……三星堆尊罍在出土时多盛有玉石器、海贝和象牙类装饰品。如铜罍K2：88内有玉凿43件，326件玉管和玉珠，玉瑗1件。我们知道罍K2：88和K2：70在器形上都是腹部长且宽，这种造型使得尊罍有很大的盛贮空间。……尊和罍在三星堆文化中似有盛贮器的功能。"笔者观察一样是"腹部长且宽"的本器，认为从它的纹饰看，有着鲜明的祖先文化元素；从它的造型上看，与上述在祭祀中的三星堆铜罍相比又有着独有的贮物功能。这样的玉罍应该说也是在演绎玉器时代的玉器是如何作为通灵的神器和灵物在使用的。

四、图说华夏文字在玉器上的足迹

玉器上出现字符，由字符到文字，到简明文章的形成，中国原始文字的载体再由玉器普及到泥板、兽骨和龟甲上，这不仅是玉器时代的一大特点，更是玉器时代所具备的一大"实际意义"。对此，是认同古代中国有一个玉器时代的学者的共识。笔者在本书第14章《古蜀的字，早于甲骨文的华夏古文字》有所阐释，在此补充，将笔墨全部落脚在古蜀玉器上。

图17-17，刻有"鱼""凫"字符的玉琮。器高6.7厘米，上射高1.3厘米，下射高1.2厘米。射孔径2.6厘米。绿黄玉色，有光泽和透光感。多处生灰皮，少量的棕红色沁。

琮为素面，无良渚玉琮上的分节和横槽结构。其中两面上以剔地起凸出"鱼"字符和"凫"（鸟）字符。这无疑是古蜀"鱼凫王朝"的一件礼器，明白无误地指向"祖源记忆"。

图17-18，刻有文、图的玉版。圆角长方形，长16.2厘米，宽10.7厘米，厚1.5厘米。磨制器，创面平整，做工精细。青黄玉色，泛蜡光，显褐色沁影。玉版周边的厚度上尽挖半月形图案。玉版的一面上是浅浮雕的三只长尾巴猴和

图17-17　民间收藏刻有“鱼”“凫”字符的古蜀玉琮

一棵树的图案。另一面上是剔地阳文的六个字。分上下两排，上排由左到右是“”“”“”，下排由左到右是“”“”“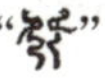”。笔者于文字不得解，只是感觉此处长尾巴的猕猴，与现今羌族经书上的长尾巴猕猴，与关于藏族起源的猕猴，十分相似，可能有所关联地指向同一事件。

图17-18　民间收藏刻文、图的古蜀玉版（双面）

图17-19，带古蜀文字玉管，高7.8厘米，外径5.4厘米，内径4.8厘米，管壁0.6厘米。青玉，有透明感。生灰皮和褐红色沁绺。经“土咬”后玉表已略略凹凸不平。

玉管做工十分精细，管正圆，壁均匀。上管沿口上用一面坡刀法挖出52个月牙形纹。下管沿口上挖出月牙形纹50个。这样的装饰与图17-18器的装饰相类。

图17-19　民间收藏带古蜀文字玉管

管身中部用双钩线等分出上下两区。每区又以单阴线刻出区间线。上、下区间内用剔地起凸的琢法，各琢出8个古蜀文字。惜不识。

本管形器可能用于杖首，其上的16个字可能已成文章，记录着一桩史实。

第五节　古蜀玉器出类拔萃的原因

笔者在此列举了十数件古蜀玉器，是在陈述古蜀玉器所阐释的中国"玉器时代"的时代特点，是在列举古蜀玉器让中国"玉器时代"更加辉煌的非考古物证。应该说这些古蜀玉器无论在设计语言，还是在象形寓意，无论是构图造形，还是工艺把握，无论是在反应对象，还是在器物体量等方方面面，比之红山玉器、良渚玉器，比之中原的夏、商、周玉器都要高出一筹。它不仅深化了玉文化的内涵，而且培养出玉文化的审美。在古蜀，这样的玉石圆雕技术，为三星堆青铜器的铸造，提供了制模的保障。这个认知看点，也是今天回答三星堆青铜器来源之谜的答案，也是粉碎三星堆文化西来说的一个击点。此外，应该说古蜀的玉石制作经验，也为后起之秀的中原制玉，为中原制作成熟的礼制载体——礼玉，提供了设计语言和表现技艺。

笔者以为，古蜀玉器之所以出类拔萃地让中国的"玉器时代"更加辉煌，得益于以下方面。

（一）在生产地有丰富的玉材

古蜀玉器是在大量制作实践中，提升其品质的。古蜀是古代中国的一处主要产玉地。屈小强先生在所著的《三星伴明月》一书中说："三星堆玉料产地近者当在龙门山，远者则在玉垒山和岷山。《华阳国志·蜀志》佚文（据刘琳校注本）说：'（绵虒道）有玉垒山，出璧玉，湔水所出。'汉晋绵虒县治在今汶川县，湔水即今白沙河。白沙河发源于今都江堰市与汶川县交界处的茶坪山。茶坪山因四时积雪，故曰玉垒山；或因山多美玉而名。玉垒山被白沙河、岷江拥挟迤逦南向，直趋都江堰市西北止。《山海经·中山经》说：'岷山，江水（即岷江）出焉……其上多金玉。'中国古籍中但凡产玉之地，皆山水一脉袭焉。这正如宋应星《天工开物·珠玉第十八》所云：'玉璞不藏深土，源泉峻急激映而生。'这即是说，玉山之玉，多沿河而下。对于玉工来说，并不

410

太喜欢山中之玉，而喜水中之玉；因水中之玉乃河水终年冲击摩挲，大小适中，且'每有坚实之部分布于表层，而以其外皮之酸化为美观云。'三星堆西北的岷山——玉垒山及岷江——白沙河，系古羌——蜀族团的地望和东南下成都平原的通道。三星堆古蜀王族所用玉料，必定沿此通道上溯采集。"

中国玉文化史中的一颗璀璨明珠，现陈设在北京北海公园的元代"渎山大玉海"，重达3500公斤，为极其罕见之玉器。据学界考证，其玉材便是取自岷山的蜀玉。

（二）古蜀专门制玉机构中的匠师，有着深远的制玉工艺传承

在中国古代，制玉匠人都是家传世袭在从事琢玉工作，是不可以转业的。对此，西周时代还写入法典之中。代代相传的手艺，保障着制玉业的水平。古蜀是民族大迁徙、大融合的一个汇合处，红山文化的圆雕制玉和良渚文化的线刻制玉，都在古蜀进行了交流和提升。在三星堆遗址中发现的制玉作坊，说明古蜀王朝已将玉器制作摆上了"政府"的"议事日程"，纳入了"国家"的"管理系列"。在这样的前提下，古蜀的制玉事业日新月异，蒸蒸日上。

（三）古蜀拥有先进的制玉工具

琢玉靠的是提供动力的砣机、进行琢碾的砣具及解玉沙。砣具的坚硬程度是关键。近年学界对三星堆的青铜器进行了科学测试，结论是三星堆的青铜纯度与中原产品比较，并不是最好的；但其硬度却好过中原。这就可以说，古蜀琢玉的砣具，足够坚硬，足够犀利。此外，古蜀氏羌人的先祖炎帝族群，是最早掌握冶炼技术的人群，这就有可能早在"铁器时代"出现之前，古蜀就能够从陨石中提炼出铁，制作出比青铜更为坚硬的琢玉砣具。

（四）古蜀与殷商王朝是既依从又对抗的关系

殷商之人爱玉，殷商之人有钱，殷商之人会做生意。古蜀玉器在"礼尚往来"之中生成了商品属性，在经济利益的牵引下，古蜀玉器的生产肯定发展很快。玉制品只有精益求精，才能在市场竞争中生存。这是浅显的道理，也是铁定的道理。

第十八章　古代巴蜀文化元素的输出与原始佛教的起源

第一节　从《佛教的倒流》看原始佛教的源流

季羡林先生自认："我接触到佛教研究，已经有50年历史了。不管我的研究对象'杂'到什么程度，我对佛教研究始终锲而不舍，我在这方面的兴趣也始终没有降低。"

一、《佛教的倒流》拓宽了观察印度佛教的视野

季先生提出的《佛教的倒流》，让笔者的感触最深，启迪最大。季羡林说[1]：

> 我们讲"文化交流"，其中"交"字是关键。既然说"交"，就不会是向一个方向流，形成了所谓one-way traffic，而是相向地流，这才是真正的"交流"。一方的新东西、新思想、新科技等等流向另一方，另一方的新东西、新思想、新科技等等也流向这一方。有时候，流过来的东西，经过这一方的改造、加工、发展、提高，又流了回去。如此循环往复，无休无止，一步比一步提高，从而促进了人类的发展，以及人类社会的进步。这种流出去又流回来的现象，我称之为"倒流"。
>
> 这种现象在科学技术方面特别明显而常见。但在意识形态方面，则比较隐晦。至于在意识形态中最微妙的那一部分——宗教中，由于宗教的排他性特别强，则几乎是难以见到，甚至可以说是根本不见。

有之，自中印之间的佛教"倒流"始。这在印度佛教史上，在中印文化交流上，甚至在世界宗教史上，是一个非常有趣的现象，一个非常值得深思的现象……就我浏览所及，还没有哪一部佛教史或有关的书籍，认真地谈到这个问题。我认为，这不能不说是一件憾事。

佛教是从印度传到中国来的。中国人接受了这一个外来的宗教以后，并不是墨守成规、原封不动地把它保留下来，而是加以改造和提高，加以发扬光大，在传播流通过程中，形成了许多宗派……在佛教义理方面，中国高僧在几百年上千年的钻研与学习中，有了很多新的发展，有的又"倒流"回印度，形成了我们说的"佛教的倒流"。

季羡林先生不仅推论出佛教从中国"倒流"回印度，"成为佛教发展史，甚至世界宗教史上的一个特异的现象"，而且还指出形成这样"倒流"的根本原因。

至于为什么只有中国高僧才能发展佛教义理，才能"倒流"回印度去，这要从中国人民的精神素质着眼才能回答。在四五千年的文化史上，中国人民表现出极高的智慧和极大的创造能力……中国人善于思考，又勤于思考。中国人的基本思维方式是综合的，有别于西方的分析。他们探讨理论，往往从实际需要出发，不像西方人那样从抽象的理论出发。连极端抽象的数学，中国古代数学史也表现出来了这个特点。《含光传·系》认为印度人"念性"，而中国人"解性"，实在是深中肯綮……梁启超对中国人智力方面特别的观察，我看也值得我们重视。他在《中国佛法兴衰沿革说略》那一篇文章中谈到中国人的"独悟"问题……梁启超认为"大乘教理受由独悟"。他由此想到中国人富于研究心，中国人有"创作之能"。

笔者受季羡林先生上述论说的启迪是：作为邻居的中国和印度，都是世界上四大古文明国家之一，中国和印度都有着五千年以上的文明进程。既然"在四五千年的文化史上，中国人民表现出极高的智慧和极大的创造能力"。那么，古代中国的一些文化元素是可以在古代中国的对外贸易、对外交往的过程中，流向包括古代印度等世界各地。佛教作为一种文明现象，一种文化载体，在创建之时应该会吸纳和融合外来的文化元素的。所以笔者推开了"古代巴蜀文化元素的输出与原始佛教的起源"这扇观察视角，希望能上溯季羡林先生的《佛教的倒流》，提出一个佛教的"前倒流"的猜想：即原始佛教在创建初期，吸纳了古代中国（巴蜀地区）输出的一些文化元素，佛教在印度成立之后又"倒流"回中国。这是前倒流；季先生提出的"倒流"是后倒流。这样的双向倒流，使中印文明实现了一次完美的国际文化交流与融合，中印智慧建树起世界文明史的一座高峰——佛教。或许沿着这样的视野去观察佛教，便能进一步实现季羡林先生生前遗留的"弄不清印度文化，印度佛教，就弄不清我们自己的家底"这个梦想[2]。

二、佛教的源头应比佛祖的"大觉"更早

应该说笔者推开这样的视窗，生发这样的猜想，并非"天才想象"，并非空穴来风！中国台湾中华佛学研究所教授、印度德里大学《佛教研究系》教授、前主任沙若先生指出："佛教中的一些传统很可能能够追溯到前阿利安（Pre-Aryan）时期，甚至到印度本土之外。萨满教的一些遗迹现在还存在于中国、韩国、欧洲和南北美洲。有些佛教经典也暗示佛教源自史前时代，因为它们谈到在乔达摩佛陀（Gautanma Buddha）之前，就已经有很多佛陀了。"[3]

又，《南亚研究》1989年第4期载萧雨先生《五台山与尼泊尔佛教》一文说："尼泊尔方面也有其佛教来自中国五台山的传说。据尼泊尔典籍《苏互扬普史》说，加德满都地区原来是一个巨大的那伽巴沙湖泊，湖内有龙王居住。后来文殊师利由摩诃至来到此地，开辟了湖南边的山岭，将这一湖水泄干，在此建立苏瓦扬普寺。因此，称此地为尼泊尔。"

三、文献中"（中国的）老子转生为（印度的）释迦牟尼"推开了什么样的视窗

中国的古代文献中，有这样的表述或比喻：《佛祖历代通载》八说："老子转生为释迦牟尼。"[4]《开天经》云："老子定王三年生，年八十五，西入化胡，以佛为侍者。"[5]就是说中国的老子，是印度佛祖释迦牟尼的老师。"4世纪时，一位名叫王浮的道士写了一部名为《化胡经》的书。这部书不断发展，到唐代时已经广为人知，最终不得不由皇帝下令予以禁止。这部书

中描述了老子如何教化所谓的蛮族，其中有一处写道老子在印度化身为摩耶夫人之子佛陀，并使该国的民众皈依了他的新教义。"[6]对这样的认知，有的文献又是一说。宋释僧愍作《戎华论》引顾欢的《夷夏论》说："大士迦叶者，老子其人也。"[7]即是说中国的老子，是印度佛陀的弟子。这样的认知，在当代印度研究佛教与中国的主流学者中亦有表述。笔者以为印度学者的认知，似乎是立论坚决而阐释躲闪，真有几分耐人寻味。下面引用印度著名学者师觉月先生在《中国与印度》一文中的几段文字，供读者诸公品评，看是否认同笔者的感受。

如果将印度密教的某些形成与之后的道教进行比较，或许有助于我们更好地理解其中的内涵。人们试图探索老子哲学背后的印度根源，却未获得任何正面的结果。中国和印度开始建立历史联系的时间大大晚于老子生活的时代，甚至晚于著名的道家经典——《道德经》完全成书的年代。然而，道教与古代印度哲学的相似性是如此明显……

探究任何一种外来观念对古代印度思想产生的影响，向来是一件困难的事情。就算印度确实借鉴了某种观念，其古代文献也不会像法规一样指明它的出处。印度始终忠于自己由来已久的传统，她真正的兴趣不在于某种观念的历史渊源，而是这种观念本身以及它在多大程度上能对自家文化理念的进步做出贡献。一旦有消化吸收的可能，这些理念就会相当完美地融合在一起，以至于人们难以发现其他外来源头的一丝痕迹。

从严格意义上说，我们（笔者注：指印度）在古代从未产生过记录历史或撰写编年史的传统。尽管在古文献中有关于历史的记载，但我们不知道它究竟是何种类型的著作。我们在一些"往世书"中得到了统治王朝的列表以及国王的名录，但从未有人尝试把某一特定统治时期的政治事件记录下来，也没有依照时间顺序对统治者的继承人进行记载，这不能被认定为真正意义上的编年史。[8]

笔者从上面古今中印文献的认知线团中，初步抽出了两根探索线头。其一，无论中国的老子是印度佛祖的老师还是学生，但老子和佛祖的文化元素中是存在着脉络关系的。笔者以为：中国的老子文化元素（或者说富有这种文化元素内涵的古代巴蜀文化）影响到印度佛教文化的始创。当然这是要比较出两种文化元素的相似性，要勾勒出两种文化元素进行交往的行程路线。其二，虽然当今的印度学者认为"她真正的兴趣不在于某种观念的历史渊源"，但作为中国的文化人，努力弄清楚"我们自己的家底"，又是责无旁贷的。所以笔者力不从心地推开了"古代巴蜀文化元素的输出与原始佛教的起源"这样一扇沉重的观察窗扉。

第二节　原始佛教的基本教义与古代巴蜀文化元素的比较

佛教由乔达摩佛陀创建，出生时父母将他取名为悉达多。他父亲叫净饭，是释迦部落的王。他母亲叫摩耶，是拘梨部落的公主。所以佛陀又被称为释迦牟尼佛祖。他的出生地至今仍然有两个说法，一说出生在迦毗罗卫城附近的蓝毗尼园。另一说是在匹索。这两个地方都距离印度和尼泊尔边境仅几公里处。多年来学者们对于佛陀的出生年月一直无定论。现今大都同意是在公元前第五世纪初，比中国春秋时期的老子出生晚，与孔子的出生年头相差无几。

悉达多29岁离开他的皇宫家园，花了六年时间当苦行僧到处流浪。其间他研读《奥义书》，并向圣者阿拉罗学习冥想之道。早期的《奥义书》成于公元前1000年至前600年，属古代印度的吠陀文化期，相当于中国的西周早中期。

《奥义书》是具有明显宗教性特征的印度传统哲学思想的源头。"奥义书哲学的最主要内容可以概括为两点，即'梵我一如'和'轮回解脱'。"[9]悉达多后来在优娄罗村（今日的菩提伽耶村附近）的菩提树下，经过七七四十九天的不断冥想，终于得以悟道。从此悉达多被称为佛祖，即悟道者。随后佛祖去到鹿野苑，做了第一次的宣道，称为"转法轮"，宣布他所悟通的轮回转世的道理。基于此，可以说"轮回转世"的认知是佛教教义的基础。

关于佛教的教义，季羡林先生也做过如是的阐释："佛陀最根本的教义是所谓十二因缘、四圣谛、八正道。十二因缘的基础是苦，苦的根源是无明（不了解，不认识）。四圣谛：苦、集、灭、道，也以苦为中心。而八正道：正见、正思、正语、正业、正命、正精进、正念、正定，是为了从苦中解脱而修行的方法。总之，他认为生老病死，一切皆苦，存在本身就是痛苦。他也相信业报，相信轮回。"[10]请注意，季老在谈佛教的起源中，将"苦"列为关键词。

原始佛教的核心教义"轮回转世"和"苦"（劫），都是古代中国巴蜀地区曾经存在的文化体验。先说"轮回转世"——

一、五千年前的炎帝部族生成了"轮回转世"意识

笔者认为，古代中国人的轮回转世概念，是由距今七八千年前远古中国人的"死而复生"意识发展而成的。处在原始部落时代母系氏族社会的人们，希望自己家族死而不衰生生不息，祈求逝去的母祖能够死而复生不断繁衍。随着时间的推移，古代中国人将这个意识物质化，以便继承传播。于是用自然界中可以蜕变再生的蛇、蝉、蚕，去承载"死而复生"的意识，并从这个意识中发展出具象的蛇，再到抽象的龙，进而生成为神格化祖先指向，孵化出由"蝉脱"到"蚕从"的祖源传承认知。这在早红山文化、红山文化的考古学文化中是被表述清楚的（图18-1）（图18-2）（图18-3）。

然而，死人是绝对不能复生的！随着古代中国人思维的发展和质变，他们将"死而复生"的意识发展为"轮回转世"的概念，一样是为了祈求家族的生生不息壮大发展。轮回转世用意识虚化了直观的死而复生，这样可以获得更大的认同，从而为古代中国人的祖先文化注入了强大的凝聚力与号召力。他们的这种思维突变迄今未发现有文字记录，但从考古出土的玉器上似乎可以加以阐释。

图18-1　早红山文化兴隆洼遗址出土的玉蝉作品

图18-2　民间收藏的龙山文化期龙、蝉共体的玉雕作品

图18-3　民间收藏的古蜀文化期"蚕从"寓意的玉雕作品

在山东龙山文化期的大汶口文化中有一种叫"玉璇玑"的玉器，玉学界称为"玉圆孔边刃三牙器"，可算是中国玉文化史上的一个符号型作品（图18-4）（图18-5）。长期以来玉学界认为其功能是古人观天测星的工具。以如此简单的工具要去达到那么艰深的目的，这在常理上是无法成立的。后来，中国玉学界的泰斗级人物杨伯达先生认为是古代巫师的一件礼器。这似乎又太笼统了，因为在古代，几乎所有玉器都可归纳在礼器范畴之内。又一个泰斗级人物周南泉先生则指出，玉璇玑是居住在海边的古代中国人，对年复一年季风的重复到来认知的物化。笔者赞同周先生的阐释指向。笔者还推测这样的表象所指，可能还含有一定文化内核，这样表达重复到来，是否也是距今四五千年的中国人，希图祖先"轮回转世"，以确保家族兴盛不衰的祈求呢？否则，不会用精贵的玉石、高难的工艺去演绎那个风过即逝的自然现象，更不会出现玉璇玑这类作品由东海之滨走遍华夏内陆的壮观历史（图18-6）（图18-7）。

图18-5　美国佛格博物馆的"玉璇玑"

图18-4　山东滕县出土的"玉璇玑"

图18-6　甘肃齐家文化"玉璇玑"（《齐家古玉》·天地出版社）

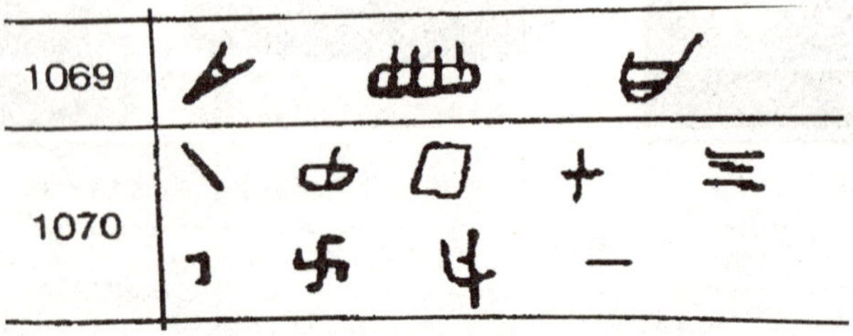

1069			
1070			

图18-7　甘肃乐都柳湾陶文中的卍字纹（尚民杰辑）

二、从玉璇玑到卍字纹，"轮回转世"的概念化

笔者进一步推测，古代中国人这种轮回转世的意识和祈求，随着民族大迁徙，文化大交流，也到达了现今中国的西部和西南地区。转世轮回的意识可能已经形成一种概念，开始了符号化，有简单的十字纹和复杂的卍字纹。但无论是简单还是复杂，这样的字符上都能感触到大汶口文化玉璇玑器的造型母本。图18-8是现今收藏在巴黎吉美博物馆中一件马家窑文化期的陶器。笔者看到，器底的纹饰是十字纹，器身的纹饰是卍字纹。在印度原始佛教创建之前的一千余年间，中国出现的卍字纹，还表现在古蜀三星堆的出土物中。在那个青铜人像的高冠上，明白无误在宣示"他"是由他头上的祖先轮回转世而来，强调他拥有着传承有序的权力，有着不容质疑的合法性！图18-9"卍"字纹也出现在商时段的玉器中。图18-10是现藏于美国哈佛沙可乐博物馆的一条玉尺，被确认为早于殷墟之物。量尺中部的所标示的"轮转"概念实可谓是一目了然。

再看殷墟甲骨文的巫字"十"，在造型上它与"十""卍"纹的母子关系是一目了然的。在旨意上，它与轮回转世也有着直观的理解关系。巫是什么？是能由生到死、再由死回生的沟通现世人与祖先的人，是轮回转世于阳界与阴界的人。

在古代中国的巴蜀地区，轮回转世的意识可能已经发展成一种文化。1987年，在重庆市的万州区，出土了一件巴人的虎钮錞于。上面刻有神秘的象形"图语"（图18-11）。一些学

图18-8 法国巴黎吉美博物馆展出的马家窑文化期陶器上的十字纹和"卍"字纹

图18-9 三星堆出土青铜人像上的"卍"字纹

图18-10 美国沙可乐博物馆展出的"卍"字纹玉尺（中段）

图18-11 重庆市万州区出土的虎钮錞于上的"图语"

419

者对此图语所做的解读，让人觉得颇像西方《圣经》故事关于挪亚方舟的重庆万州翻版。

三、佛教传入中国之前，"轮回转世"已在巴蜀甚至全国发展为一种文化的考古证据

然而，对图18-11上的图语，笔者以为是古代巴人对轮回转世认知的因地制宜叙述。其看点有三：

其一，图语（或者可称为一组字符）用树来比喻人的生与死。左边的树是死去的生命，是已经登上祭台的业已僵直了的生命。右边的树是萌发出新芽的体态婀娜的转活的生命。而且这样的生命，不是自然界"树"的生命，它是有着隐喻指向的人的生命。这个"树"在古代巴蜀人的认知中，它叫"扶桑"，是东方的树，或许是东夷人向西迁徙来到蜀地的那支古蜀人的一项祖源记忆。这样的"树"由死转活，是否是在比喻这支种姓族群，虽有迁徙的位移，但依然如轮回转世般再生复活从而生生不息？

其二，图语中的十字纹符号，应该是表述轮回转世概念的卍字纹的简体。前面提到的图18-8的马家窑文化陶碗中十字纹与卍字纹的同时出现算是一个证据。作为与马家窑文化有源流关系的贺兰山岩画中，十字纹往往和人面像共处一处（图18-12）。

公元2000年在成都市中心区出土的船棺葬群中，安置死者船棺的船头，都刻着一个十字纹。两边分叉的图示，应该说也是在表达由死到生萌发新芽的轮回转世祈求。这和图18-11图语中的婀娜新枝，大概是一种异曲同工。

关于十字纹所表述的轮回转世文化，笔者再推开一扇观察视窗，在殷墟妇好墓中的青玉凤冠人形佩上，有一种"⊕"纹，长期被忽略。直到20世纪末，海峡两岸的研究者才指出"⊕"纹具有"重要的文化内涵及珍贵的学术价值"。天津艺术博物馆的尤仁德先生认为："太阳纹为何都在臀部？从艺术形式看，'⊕'与浑圆的臀部形成曲线和谐。从阴阳文化看，古人认为，人体结构和天地阴阳相

图18-12 贺兰山岩画中的十字纹与人面纹

420

合，'天地之象，以腰为带。带而上者，尽为阳，带而下者，尽为阴。'臀部主阴，⊕在臀上象征阴阳谐和，乃生命之本，象征族的繁衍相一致。"笔者虽不赞同将⊕符号指向太阳，但对尤先生将⊕的象征意义或者说文化内涵指向阴阳谐和是赞同的。"阴阳谐和是什么？是阴阳转换，阴过了是阳，阳过了是阴，有了这样的转换，才有'族的繁衍'"。无独有偶，关于此转换意识现象，田昌五先生在《古代社会形态研究》的著述中也指出："上古神话中，唯古夷人有日月神。"笔者猜想创造出个"日月神"来干什么？可能也是在传播由日到月、由白天到黑夜的"转换"意识。

其三，图语中的船纹，是在指明古代巴蜀之人的轮回转世是以船为载体的，或者说轮回转世的途径是用行驶的船来完成。成长于长江三峡两岸的古代巴人，船是他们必不可少的行走器具。或许这就形成了古代巴人意识中，船行的途径是完成由"死"到"生"的必由之路。在后来的佛教教义中，不就是在普遍使用"苦渡"这个词吗？古代印度原始佛教的发源地，处在喜马拉雅山系南坡的山野之中，行走不用船，更多的是靠双足。所以，古代印度人，在接受外来的"轮回转世"意识，"渐悟"出原始佛教的宗旨之后，为了因地制宜地在喜马拉雅山区表述轮回转世的卍字符号，将其与赤足联系在一起。图18-13是收藏在印度博物馆的石刻作品，上下三个卍字纹，都出现在足掌之内，似乎

图18-13　印度博物馆收藏的卍字纹石刻

图18-14　佛祖像胸前的卍字纹

在说"轮回转世"如同行走，走完了这一段接下来就要走那一段了。数百年后，印度佛教进入成熟期，用雕塑去演示佛教教义，这个教义之根的卍字纹，便顺理成章地赫赫然于佛祖胸前（图18-14）。

笔者在前面提到，在古代巴蜀大地，轮回转世的意识不仅已经发展为一种概念，或许已经形成为一种文化。笔者认为，这种文化已被纳入祖源记忆的框架内传承着。所谓"祖源记忆"，就是要让每一个中国人都记住自己是炎黄子孙，是龙的传人。中国人经过几千年反反复复的认祖归宗，集合起民族文化的认同感和民族自信的凝聚力。方方面面的寻根、归根和守根，锻铸出中国人万劫不移的本根意识。这，应该就是维系出超过五千年历史的中华文明延绵不断的一个根本原因。正是古代中国人用祖先"死而复生"、"轮回转世"等祖先文化意识，培植出在世界民族之林中，中国人独有的祖源记忆文化。

中国先秦时期的富含历史素地的神话故事或《蜀王本纪》之类早有如是说了：

> 《山海经图》说："炎帝之苗，实生氐人死则复苏，厥身为鳞。"
>
> 《山海经·大荒西经》说："氐人之国……有鱼偏枯，名曰鱼妇颛顼，死即复苏。"
>
> 《山海经·大荒西经》又说："大荒之中，有山名大荒之山。日月所入，有人三面，是颛顼之子。三面一臂，三面之人不死。"
>
> 《山海经·大荒南经》说："不死民在（交胫国）东，其人为黑色，寿不死。"
>
> 《蜀王本纪》说："蜀之先，名蚕丛，后代名曰柏灌。后者名曰鱼凫，此三代各数百岁，皆神化而不死，其民亦颇随王化去。"
>
> 《吕氏春秋·求人篇》说："南至交阯……羽人裸民之处，不死之乡。"

上述的"死则复苏"、"三面之人不死"、"不死民"、"不死之乡"等等说法，都是在暗示或比喻着以"不死"的"轮回转世"去传宗接代的祖源记忆。

笔者在今日的川渝大地上看到一些民间收藏的玉（石）雕造像，从其表象去推测，可能比上述的古籍文献的出世更早。这类作品表现的"转世"主题是十分明确的，有的更是一目了然，如图18-15。在完成这样主题的过程中，引申出"蚕（蝉）丛"的概念，即今人是古人像蝉（蚕）蜕皮重生那样转世而来

图18-15　民间收藏的古蜀玉雕表达"转世"的图像

图18-16　博物馆展出佛像的"转世"表达

图18-17　博物馆展出佛像"转世"表达

的。所以笔者以为古文献说的"蚕从纵目人"，或许就是说，第一代蜀王，是在"轮回转世"中像蚕蜕那样从属于纵目的祖先。再看印度佛教成熟后，用雕塑来述说教义的图18-16，图18-17，其指向为"轮回转世"的艺术语言，与几千年前的中国巴蜀造像（图18-15）是何其相似！

图18-18　公元前5世纪东周中山国的"卍"字纹瓦当

　　笔者在此要强调的是，在印度佛教将轮回转世当作了主要教义之前，在中国大地已经普及了转世文化，现今的考古出土物已经做出有力的佐证。在中国北方，公元前5世纪的中山国，其王䶮墓享堂的建筑物中，就有"卍"字纹的瓦当（图18-18）。在中国南方，公元前2世纪的南粤王墓，穿着金缕玉衣去到另一个世界的赵眜，其垫背的是用若干张玉璧组成的十字图案。在中国的西南方古蜀大地，"石棺葬里出土的陶器特征很明显，尤其是一种双耳的陶罐，每个陶罐的腹部都有一个像羊角一样的旋涡纹饰，这是在岷江上游石棺葬出土陶器的一个共同特征"。这里所引为霍巍教授在《西南天地间》书中的考古叙述，笔者以为所提及的"旋涡纹饰"就是卍字纹的又一种变体，同样是对死者轮回转世的诉求。

　　而在彼时的印度，除了仅有的《奥义书》中有轮回转世的说法外，迄今印度的考古学文化中，见不到在原始佛教创建之前有任何相关轮回转世的符号物出现！

四、从巴人后裔的"跳丧舞"来看佛教的"业报"概念

在祖源记忆的舞台上，有一种舞从商末周初"克殷"的"前歌后舞"，一直跳到今天的土家族的"跳丧舞"，或许也可用来和原始佛教的教义做一番比较。在中国川黔地区的土家人丧礼中，成群的祭祀者会和着鼓点歌舞，歌声高亢尖锐，舞姿狂放不羁。或跳跃，或穿行，或翻滚，充满着力量和野性。歌中唱说死者是转世的白虎家神，来世一样英武威猛。伴随这样的歌唱，舞蹈者模仿出一段段老虎的凶猛动作。如此这般有如说"跳丧"是对死者的悲戚，不如说是对由死而生、对转世新生即将到来的庆幸和欢呼。华中师范大学历史文化学院教授张正明指出："人死了是可悲的事情，可是巴人及其后代像他们的祖宗一样认为，这是一件可喜的事情。用他们的话讲，生贺喜，喜贺死。生和死都是可喜可贺的，生是死的开始，死是生的开始，如同春、夏、秋、冬四季更替一样。这种文化在历史上恐怕是绝无仅有的。希腊也好，罗马也好，现在都没有保留这么一种古代的舞蹈或丧俗，而巴人的后裔土家族一直保留着。三千多年，难能可贵。"[11]

笔者以为，跳丧舞可上溯到商周更迭时的"前歌后舞"、"克殷"。这样的祖先文化元素和其节奏强烈的舞蹈载体，在印度原始佛教生成之前，已通过古代巴蜀与西亚的贸易通道，传播到印度恒河文化区。富于"念性"的印度人，从中国人的"解性"之中，开发出佛教教义的"业报"概念。

印度德里大学"佛教研究系"教授沙若先生指出："根据业（karma）的教义，现在生活是由过去行为所决定。人今生及来世之好坏，均取决于行为。我们会一再轮回，承担自身所选之业。若人能不犯任何过错，就能超脱轮回。因此，业的教义是佛陀教导中的基本部分……一个人在其生命过程中一直在累积新的业，影响其生命的每时每刻……此生的最后一刹那消灭的同时，也决定了来生的第一个刹那。"[12]佛教"业报"的内涵和跳丧舞"生是死的开始，死是生的开始"的所指，何其相似！

五、原始佛教的"苦"认知从何而来

列为原始佛教基本教义之首的是"四圣谛"。四圣谛分四个部分：

1、苦谛：万般皆苦。

2、集谛：苦之来源，皆有集起之因：贪、愚、业。

3、灭谛：苦去其因，即可灭苦。

4、道谛：要超脱苦难，经遵守八圣道。

季羡林先生提出，印度佛教在创始时的思维基础是苦，一切皆苦。然而季先生又提出一个颇耐寻味的历史现象："据婆罗门经典和佛教经典的记述，在这时期人民的生活中，当然并不是没有斗争和矛盾的，但是总起来说还是比较平静的、安定的。在许多国家里，政治秩序比较稳定；在城市里，商业和手工业都比较发达，在乡村里，农业和牧业都相当繁荣。"[13]依季老的意思，原始佛教起源之时，作为思维基础的"苦"，在起源地的印度恒河流域是不突出的，佛经所谓的苦之极致"劫"更是不曾发生的。因此，只能说这种"苦"的认知出自一种外来信息。

先推测"苦"的信息源，笔者在本书下编第十六章《三星堆文化"突然"消失的新假设》中以为，是一次蜀中龙门山地震带的强烈地震和随后的多次余震，使处于当时世界文明高地的三星堆文化突然消失了。其"突然"意味着此次地震的损失是空前的，是一场大浩劫，是苦之极致。这从三星堆祭祀物坑的出土物中可见一斑。坑中有约三立方米的骨灰渣，中外专家以为那是家畜甚至包括人类尸体火化后的骨灰。试问，经过几千年时光的消解后，还存在的三立方米骨灰，当时死亡的人和畜当以万计！这样的一次性死亡，当是"苦"算为"劫"。再有祭祀物坑中那些让整个世界都叹为观止的青铜人像和面具，为什么如此宝贝的物品偏要砸它个面目全非呢？至今学者专家们还在七嘴八舌。笔者是赞同"巫术厌胜说"的，那些青铜人（面）像，那些被顶礼供奉的祖先偶像，为什么在大难临头之时不来护佑你的子孙臣民？留你何用，捣毁深埋算啦。这是古代世界中，各地原始部族认为不灵验的灵物可以抛弃或另找代替的思维和行为。文献记载直至宋朝，倘若哪一年茶叶歉收，茶农就会将供奉于高台的茶神陆羽偶像取下来鞭打一番。这样的思维逻辑，或许成为输出的一项古代巴蜀文化元素，进入到原始佛教初创期印度的高僧大德的学术视野，于是在印度佛教的框架内，沙门是不供养什么神灵的，主张"业"（行为）可以决定福祸，就是说自己的命运由自己去把握。甚至主张，连神仙也受"业"的支配。这是不是在说，哪怕你功德无量已经登上神仙的宝座，但你在关键时刻不去护佑你的子民，子民就会抛弃你？一句话，子民拥不拥戴你，不在于你头顶的光环是何其明亮，全在于你是否为人民谋幸福。

当然，原始佛教对"苦"的认知，不一定就是来源于导致三星堆文明突然消失的那次灾难。但大苦大劫与能在瞬间形成重大损失、形成无限恐惧的地震挂钩，是符合情理的。三四千年前，人们对地震的生成是无法理解的。所以，原始佛教在叙述"苦"时，后面加了个注释，指出为什么有这样的苦，是说不清，道不明的。即佛典所言的，苦的根源是无明。

当今四川的地震活跃地：鲜水河、安宁河、理塘、金沙江、龙门山、松潘、木里等，全是古代蜀地氐羌人活跃地区，特别是龙门山断裂带，是古蜀政治经济和文化的高地，而且至今还是四川强烈的地震带之一。美国南加州地震研究中心教授郦永刚认为，龙门山断裂带属地震多发区的活动断层。来自青藏高原深部的物质向东流动到四川盆地受阻，转为向上运动，两者边界即为断层面。如果断裂每年数厘米，达到30米到70米，积聚的能量就能产生一次里氏7级以上的大震。按上述专家数据计算，在古蜀经印度与西亚、北非和欧洲的贸易和交往的千百年中，会有H个关于地震区苦难的故事说开去。而实际的地震密度可能还会大一些，2008年龙门山地震带的汶川发生了里氏8级的大震，之前的1941年和1970年，该地区就发生过里氏6级和里氏6.2级的强震。之后的2013年，在距汶川百余公里的芦山又发生了里氏7级的地震，若以此频率来推测，在信息量甚少的两三千年前，地震带来"苦"的话题，形成一种舆论常态，算是合情合理。

第三节　释迦牟尼出家的根本原因到底是什么？

说了关于"苦"的信息源，再看传播这种信息的管道是否合理地存在。文献指出，原始佛教在孕育之初，主要是以两个管道去吸纳知识的，一是从沙门那里吸取哲学思想，二是从商人那里了解社会舆情。今天，有研究者提出，沙门是萨满的译音。笔者是赞同此说的。笔者认为萨满是新石器时代中晚期，最早出现在亚洲东北部氏族部落中的、以宣讲各自家族祖源指向为宗旨的"不脱产的神职人员"。在种姓家族的迁徙中，"萨满"充当"随军牧师"。在距今三千余年前的古蜀对外贸易中，萨满或许就是那些大大小小的远征军中，以"祖源记忆"去凝聚队伍的团结、去鼓足队伍的干劲、不可一日缺少的"政治委员"。所以，沙门（萨满）在古代印度的出现，早于原始佛教的始创应是可能的。

一、古代巴蜀外贸团队的随行宗教代表"沙门"为佛祖的省悟提供了宗教哲学

古代印度有一个吠陀时代，起始于公元前1500年。研究者指出，这个时期正是古蜀三星堆文明兴起并走向繁荣的时期，也是古蜀文明与印度文明接触交流的时期[14]。《梨俱吠陀》的一首诗中，曾描绘了一种叫作"牟尼"的人，蓄长发，着脏衣，外衣是褐色的，飞行空中，喝饮毒汁。对此，季羡林先生认为："显然，对吠陀时代的雅利安人来说，这样的人是十分陌生的，他们同婆罗门是完全不一样的。唯一合理的解释就是，这是土著居民的宗教代表。也就是行苦行的所谓沙门。"[15]笔者认同季老这样去指向沙门，但笔者不赞同"这是土著居民的宗教代表"。笔者认为这应该是来自古蜀氐羌种姓的外贸团队的"宗教代表"。理由有三：

其一，蓄长发是氐羌人"披发"的招牌式发型，这在古籍文献和古蜀玉雕上有多处披露（图18-19）。

其二，所谓"飞行空中"，是古蜀人将其祖源指认为"鸟"的比喻。对此，中国的古籍和考古出土物都能提供佐证。神话味十足却又有史影内涵的《山海经》就有多处这样的说法。

图18-19　民间收藏古蜀玉雕中氐羌人的披发造型

《南山经》说："其状如枭，人面四目而有耳。"

《西山经》说："其状如枭，人面而一足。"

《海外南经》说："其为鸟面人一脚。"

《海外北经》说："人面鸟身，环两青蛇。"

《海外东经》说："鸟身人面，乘两龙。"

还说："凡济山之首，自辉绪之山至于蔓渠之山，凡九山，一千六百七十里，其神皆人面而鸟身。"

《中山经》说："凡荆山之首，自景山而琴鼓之山，凡三十三山，二千八百九十里，其神状皆鸟身而人面。"

后来，东汉学者贾谊将这种"人身鸟面"的人，植入历史地理之中，《新书》卷九《修政语上》说：

尧教化及雕题、蜀、越，抚交趾，身涉流沙，封独山，西见王母，训及大厦、渠搜、交中国幽都及狗国与人身鸟面及僬侥。[16]

这段文字中的"狗国"和"人身鸟面"，当代著名历史学家段渝先生的解读是："狗国，先秦岷江上游有白狗羌，称为'阿巴白构'，为牦牛羌之筰都，即《史记·大宛列传》正义所说：'筰，白狗羌也。'……'人身鸟面'，似与古蜀三星堆青铜雕像的人面鸟身有一定关系。而狗国与人面鸟身相联系，则可能暗示着三星堆古蜀人与白狗羌在族群上的某种联系。"[17]（图18-20）（图18-21）。

第三个理由来自对《梨俱吠陀》诗中"喝饮毒汁"说法的拨乱反正。毒汁能解渴吗？当然不行。这里所指的毒汁，应该是古代巴蜀地人尽喜好的杯中之物——酒。蜀人好酒，这在三星堆出土的大量酒具上得以证明。

图18-20 民间收藏古蜀玉雕中"人身鸟面"造像之一　　图18-21 民间收藏古蜀玉雕中"人身鸟面"造像之二

然而，对于"严守素食，连屋子里也不准有大蒜和洋葱"的印度人来讲，那酒不是"毒汁"才怪！基于这三个理由，笔者才认为出现在古代印度的"沙门"，应该是古蜀外贸团队中的"宗教代表"。这样的沙门所传播的当然是古代巴蜀文化元素。所以"沙门的哲学思想和宗教信仰是同婆罗门不一样的。他们根本不相信婆罗门相信的那一些吠陀里面的大神。他们相信轮回转生，作为轮回转生说基础的业说是他们宗教信仰的核心"[18]。

既然已有认定中国丝绸早在公元前11世纪已传至埃及[19]，千百年来，来自中国的萨满，在印度这个中国和非洲最早的贸易通道中，演绎和传播包括轮回转世这样的古代巴蜀文化元素，以及"萨满"这个称谓被音译为"沙门"，应是合乎情理讲得通的，沙门（牟尼）也才早在吠陀前期就被《梨俱吠陀》所记载。到了公元前七、八世纪，印度吠陀后期的经典著作《奥义书》便出现了轮回解脱这样的由古代巴蜀文化元素转化出来的印度宗教哲学。原始佛教在公元前五、六世纪形成之时，释迦牟尼从《奥义书》中获得启迪，或者从他拜师跟随过的沙门处受到教益，最终省悟，将轮回转世升华为佛教宗旨。

二、古代中印贸易商队的信息传播为佛教的创建奠定了思维基础

再看第二个管道，看从商人那里传播宣扬的"苦"情，是如何在当年形成为一种社会体验的。佛教故事说，释迦牟尼同商人似乎有特殊的关系与联系。佛祖在几十年传教活动中，到过许多国家，走的路都是当时主要的商道。在涅槃前游行时走的也是商道。自古以来，商人和商道都是各种信息的集散点，这个道理不容置疑。具备猎奇性和刺激性的"苦难与浩劫"成为一种经久不衰的话题也不难理解。如果说上述认知来自于主观推测的话，笔者在曼谷泰国国家博物馆的佛教故事的长卷壁画中，看到的一个细节场景，应该就是一种客观记录了。图18-22是一个"黑人"在向一位白人讲故事，黑人需要抽烟提神才能将故事讲完，而白人早已听得来两眼发直惊恐万分！这样的"黑人"为何能讲古蜀的故事呢？段渝教授有过研究，指出黑人便是前面提到的"狗国与人身鸟面及僬侥"中的僬侥人。段教授指出，僬侥，或作焦侥，始见于《国语·鲁语》，其后，《史记》《后汉书》《山海经》《列子》《括地志》诸书中有所记载，说其人身高不过三尺。《山海经·大荒南经》记载："有小人名曰僬侥之国。"《海外南经》所记略同。《史记·大宛列传》正义引《括地志》云："小人国在大秦南，人才三尺……即焦侥国。"方国瑜先生引证李长传《南洋

史纲》说："小黑人，后印度（中印半岛）之原住民，人种学家名曰小黑人，属尼格罗系（Negritos）。身躯短小，肤色黝黑，在有史以前，居住半岛，自他族徙入，遂见式微。"方先生认为，"永昌徼外僬侥夷，当即古之小黑人，惟不详其地理"。《大唐西域记》卷十《迦摩缕波国》说迦摩缕波国"人形卑小，容貌黧黑，语言少异中印度"，同《魏略·西戎传》所说的"其人小与中国人等"，其实就是分布在东印度阿萨姆地区与雅利安语言有异的达罗毗荼人，亦即所谓僬侥……《后汉书·明帝纪》更是明确记载说："西南夷哀牢、儋耳、僬侥、盘木、白狼、动黏诸种，前后慕义贡献。"直接把僬侥之地纳入西南夷地域范围。《大唐西域记》卷十《迦摩缕波国》还记载："此国（按：指迦摩缕波）东，山阜连接，无大国都。境接西南夷，故其人类蛮獠矣。详问土俗，可两月行，入蜀之西南之境。"由此可见，图18-22画面上那个黑人是完全可以讲述包括大地震所带来的大苦难的古蜀故事的。或许在那些延绵无尽的"苦"与"劫"的土壤上，生长出佛教的又一项教义：不杀生，珍惜生命。

又据《后汉书·南蛮西南夷列传·哀牢传》记载："永初元年（永昌）徼外僬侥种陆类等三千余口举种内附，献象牙、水牛、封牛。"所谓封牛，即牛脊梁凸起成峰。封牛产于印度，中国不产。云南大理考古发现的大量战国秦汉时期的峰牛青铜雕像，应与僬侥举种内附中国有关。笔者在四川也收藏到

图18-22　泰国国家博物馆佛教壁画中传播苦难故事的细节描绘

一只陶制峰牛，见图18-23。更有趣的是笔者20世纪90年代初赴拉萨专访时任西藏自治区人民政府主席的江村罗布先生，事毕，江村主席设饭局为我送行。开局之前，主席需去出席另一个更重要的活动，便找来一位藏族副主席代表他，并说这位副主席来自昌都地区，算得上是笔者这个四川人的邻居了。笔者一见这位副主

图18-23　笔者在四川收藏到的陶制峰牛塑像

席大吃一惊，体魄伟岸，相貌堂堂，更是那一身黧黑的皮肤，可是来自非洲的黑人？若不是同来作陪的藏族歌唱家才旦卓玛的妹妹唱起了祝酒歌，笔者怕是一时半会儿无法从疑虑中走出来。现在看来，那位藏族副主席一定是两千年前"内附"中国的印度小黑人的后代。只是华夏的富熟，将"人形卑小"改变成顶天立地。

再把话题拉回到公元前5世纪，佛祖在创建原始佛教之前无论他是从沙门那里还是从商人那里获得苦与劫的故事，都无疑会对这位生于皇宫长于御园，过惯锦衣玉食的王子带来极大的震惊。设想一下，瞬间由万般荣华变为一派乌有的大浩劫，对于这位王子来讲，其反差程度是何其大，其切身感悟是何其真，其精神刺激是何其深。于是他悲观了，他出家了。这比解释他宗教需要的根源，他悲观主义的生成，是由于民族压迫，或许更能让人理解。至于佛经里说的那些关于释迦牟尼遇到老人、病人和死人的故事，当今的研究者指出，"最原始的佛典里是没有的。可能是后来的和尚们感到没有这个就无法说明释迦牟尼出家的原因，因而编造出来的"。

第四节　古代巴蜀文化元素输出的史实需要 "奇思妙想""无中生有"去创新发现

如今的一些著述谈到中印交流，多是看到印度对中国的输出：比如棉花。1980年第二期《福建文博》上发表了高汉玉的文章《崇安武夷山船棺出土

的纺织品》，说经过科学鉴定，那里发现的是一块平纹棉布，距今约有三千年的历史（大体相当于商、周之际）。考古学家陈文华指出："这是我国最早的一块棉布。"对此，我国当代著名史学家李学勤先生也指出，一般认为棉花原产于印度，在我国发现商、周之际棉花的事实告诉我们，中印文化交流的历史可能要比人们想象的早得多[20]。

再说海贝。20世纪80年代，在震惊世界的三星堆考古发掘中，出土了大量海贝。邓廷良说："广汉三星堆中曾出土大量的齿贝，据生物学家考证，那类齿贝仅产于印、缅温暖的海域。可见，至少在3000年前的殷周之际，印度与蜀之间已可辗转相通，有间接的贸易交换。"对此，薛克翘认为："这一推断显然比较审慎……如果这些海贝是从印度沿海来的，则说明中印之间的贸易最迟在商代中期已经开始，距今已有3400年的历史了。"[21]

还有在冷兵器时代近可砍杀远可投掷的"先进"武器，巴蜀的柳叶式青铜剑。学术界也普遍认为："古蜀地区出现的这种剑应该在当时的商代晚期，大约在公元前1300年左右。从柳叶青铜剑的发生、发展、分布及其年代等诸多情况分析，古蜀地区的这种柳叶青铜剑应该是从古代印度地区传入的。"

一、面对古代华夏文明的高度请中国学者刀下留情

至于说到从印度传入中国的意识形态，中国的专家学者已经指出不少，有说（印度的）"七曜和九执的概念传入后，对中国的天文历算发生了影响"。有说"桑门出现于汉赋，宣告了佛教影响中国诗歌之始"。更有信誓旦旦的指出："《庄子》吐纳之术，出于印度《瑜伽师》禅定说"；"屈原《天问》中寻出若干传自印度之故事……《九歌》迎神曲全用婆罗门教祭义，《天问》宇宙本源论即（注：印度的）《梨俱吠陀》创造赞歌之意译。""老子也好，东方朔也好，其在不同时代改变名号为帝师的说法并非道家的发明，而是印度轮回转世思想的翻版。"等等。还有学者，对古今中外都甚为关注的《秦王破阵乐》仅做了两句话的解读："这只是印度人听说中国有这样的乐舞，谈不上什么深刻的影响。"但却得出这种学术结论："而同时期（公元3世纪以前）的其他古老民族，如希腊人、罗马人、埃及人、波斯人、中国人等，都没有在作战时使用过完整的乐队。所以说，世界各地的军乐，都比印度的军乐晚起，而且在一定程度上受到印度军乐的影响。"如此等等还可以找得出很多。真弄不清楚那样的中国学者对自己祖国的文化为什么那样绝情，手起刀落，将中国应

有的文化高度砍去一大截。你说庄子、屈原"抄袭"印度的学术成果，那你说说那时候的印度经典是否已经有了中译本？或者庄子、屈子是否听得懂印度话！姑且还不说在两千多年前，是否有印度人到过鲁地或者楚地，这是一个太低级太低级的逻辑问题，然而忽略这样问题的竟然是中国现、当代著书立说的大学者。相比印度的学者，他们也想"试图探寻老子哲学背后的印度根源"，但是至今也不得不承认"却未获得任何正面的结果"。因为"中国和印度开始建立历史联系的时间大大晚于老子生活的时代，甚至晚于著名的道家经典——《道德经》完全成书的年代"[22]。

笔者认同"至少在3000年前的殷周之际，印度与蜀之间已可辗转相通，有间接的贸易交换"。但笔者以为，当时的蜀更应是一个强势大国的文明输出，三星堆的出土物是可以证明这个世界性的文化高度的。此外，如果从积极的态度去解读"夜郎自大"这条成语，或许可以感触包括夜郎国在内的巴蜀地西南夷的强盛。一个能够创造出三星堆如此文明的地区，一个能在两千多年前，其产品和足迹就能遍及海外的地区，恐怕他们还是有资格有信心去"自大"一次。

古蜀对外输出的物产，可以从古代文献中去找寻，可以用当今考古去获证。但古蜀在对外贸易过程中输出文化元素的情况，迄今的考古学文化证据少，且探索空间窄，需要我们站在古籍的肩上，经过"奇思妙想"、"无中生有"去创新发现。

二、《史记》记的"邛竹杖"到底是什么玩意儿？

《史记·西南夷列传》有载："及元狩元年，博望侯张骞使大夏来，言居大夏时见蜀布、邛竹杖，使问所从来，曰'从东南身毒国，可数千里，得蜀贾人市'。或闻邛西可二千里有身毒国。"

这里所指的"蜀布"，如今的学术主流都认为是蜀地所产的丝织品，是国外考古发现的早在公元前11世纪已传至埃及，到公元前四、五世纪时，已流行欧洲的中国丝绸。"邛竹杖"又是什么呢？是商品？一根蜀地漫山遍野的竹子有何商业价值！是权杖？他国异乡市集中的蜀地商人何权何势？岂容你使用权杖！若是作行路拐杖之用，这邛竹杖与受到世界垂青的蜀布，被身为王侯挂衔汉使的张骞相提并论，按理说不过去呀！可惜张骞没有指明这"邛竹杖"的重大作为到底在哪里，为何被蜀人不远万里带到异国他乡。两千多年来读《史记》的博学之士何止万万千千，却是谁也没对这个"邛竹杖"说出个所以然。

在笔者有限的视野中，直到2011年，中国社会科学院历史研究所研究员孟世凯先生才指出"竹杖在当时不全是用于拐杖，它具有特殊意义"。可惜孟研究员没有指出什么样的"特殊意义"，而是接着写道："可能与身毒贸易决不止只是竹杖，还有其他的邛地产品。"

笔者用了近十年时间去探索"祖源记忆：炎黄子孙五千年延续文明的根本"这个课题，认为"杖"，无论那支金沙出土的包裹金铂的木杖，还是这支《史记》中业已走出国门的竹杖，都是古代巴蜀人面对"天梯建木"形成的符号物，（见本书第十一章）是那个由"死而复生"、"轮回转世"等古代中国人祖先文化中，发展出来的一个文化元素，一种传承着的祭祖行为的道具。最早的巴蜀人认为现世的人与去世祖先的沟通，是以一株顶天立地的大树"建木"来实施的。天上的祖先以树为梯下到人间，给子孙臣民予以福佑。地上的子孙臣民在祭祀中畅饮美酒，戴上眼罩，在恍兮惚兮的梦幻中以树为梯上去天堂，拜会祖先，祈求保佑。后来，"建木"这棵大树被简化为首领与巫师在祭祀中的"杖"，亦即是四川广汉三星堆出土物中那个青铜立人手中的握物，亦即是四川成都金沙出土物中的那根刻有鱼族和鸟族联盟的金杖。或许，这样的祭祀祖先的礼仪再扩大到民间，"建木"精减而成了"蜀杖"，由象牙和黄金的制品，被普及为众多的竹木制品。用这样的认知逻辑看过去，云南江川，在一个墓群中出土了若干个"杖首"就可以解读得通了。如果将那些杖首认为是权杖之首，一处墓地出现那么多权杖的确是很难阐释的。这种包含着与祖先进行沟通内涵的竹（木）杖，直到20世纪，在仍然流行土葬的华夏大地上，还时有所见：在祭拜新坟或旧墓时，那丘黄土上不都要插上一条竹（木）杆吗？在出殡队伍的前列，不都有竹（木）杖高扬的引魂幡吗？

邛竹杖是由古蜀向西进发的那一年年、一支支外贸团队，在征程中与祖先沟通祈求护佑的神器灵物。它寄托着外贸团队的人对人身安全和货物平安的祈愿。所以邛竹杖才与珍贵的蜀布相依相存相提并论。可以这么说，距今三千多年就开始的从古代巴蜀输出的中国文明，是既有丝绸这类的物质文明元素，又有祖先文化这类的精神文明元素。

三、与"邛竹杖"关联的"秦王破阵乐"应该如何解读

还有一桩历史事例，或许可以呼应上述由邛竹杖负载的古代巴蜀文化元素输往古代印度的历史史实。20世纪上半叶印度的大师级学者、印度的汉学家、

佛学家、印中研究开拓者、印度国际大学第三任校长师觉月先生讲了这么一段史料，说古代印度的迦摩缕波国王见到来访的唐朝高僧玄奘时，他向玄奘询问了一首从中国传来的歌舞曲，这首曲子在当时的阿萨姆非常流行。"今印度诸国多有歌颂摩诃至那国《秦王破阵乐》者。"迦摩缕波国的国王婆羯罗伐摩告诉玄奘，他曾听闻摩诃至那国的王子使自己的国家摆脱了混乱与毁灭，并变得繁荣和强大，威震四方。国王继续讲道："这个统治者尊重和满足了其臣民的各种道德诉求和物质需要，臣民们都在演唱这首关于秦王征战的歌舞曲，这首精美的歌舞曲（在迦摩缕波国）闻名已久。"[23]

出版师觉月先生上述史话的译者对此做了如下注释："此处引文可能出自《大唐西域记校注》（见玄奘、辩机原著，季羡林等校注：《大唐西域记校注》，中华书局，2000年，第797页）："拘摩罗王曰：'善哉！慕法好学，顾身若浮，逾越重险，远游异域。斯则王化所由，国风尚学。今印度诸国多有歌颂摩诃至那国《秦王破阵乐》者，闻之久矣，岂大德之乡国耶？'曰：'然。此歌者，美我君之德也。'拘摩罗王曰：'不意大德是此国人，常慕风化，东望已久，山川道阻，无由自致。'曰：'我大君圣德远洽，仁化遐被，殊俗异域拜阙称臣者众矣。'拘摩罗王曰：'覆载若斯，心冀朝贡。'"

师觉月在引用时，省略了印度的拘摩罗王对中国的"东望已久"，"心冀朝贡"。可以理解。但师觉月对《秦王破阵乐》引入印度时限的解读，似乎有商榷的必要。师觉月先生说："唐高祖的次子秦王于公元619年成功地平息了国内的一场叛乱，这首歌舞曲就是据此而创作的。记载表明，这首于公元619年后创作的中国歌舞曲，在公元638年玄奘出访印度之前就已经传到了当地，并开始流行。"照此师觉月的说法，在不到19年的时间里，一首万里之遥的歌舞，能够突破语言和文化差异，被异国他乡接受并流行开来，在交通和信息都不发达的一千多年前，似乎是不可能。而且，按历史的说法，这曲歌舞是"闻名已久"的，不仅流行在迦摩缕波一国，而且流行在阿萨姆广大地区。要在短短的十几年内将一首异国歌舞，在如此广大地区流行开来，即便在今天的信息时代恐怕也是有很大困难的。

笔者以为，导致师觉月先生做出这个牵强附会解读的原因，大概是被这曲歌舞的曲名《秦王破阵乐》所误导。或许是史传中出现的转音，将"擒王"变成"秦王"，即将公元前11世纪时，巴蜀人"前歌后舞"去"克殷"，去擒拿商纣王的"擒王"举动，硬套在公元7世纪唐高祖次子秦王的一次平叛战争上，所以就出现了在阐释中的时空与流传的不合情理。

笔者曾在创新解读《史记》中"前歌后舞""克殷"时指出，距今三千一百年前，周武王"统战"夷狄人的庸、蜀、羌、髳、微、卢、彭、濮八国（地）之力，进攻殷商王朝的都城。虽然当时商王的"国军"正在远征东夷，但拥有600年国力的殷商王朝，依然很快组织了一支主要由历次伐羌中虏获的巴蜀地区的夷狄种姓，建制而成的七十万防御大军。周武王的三千"大卒"，即那些身材高大威猛的巴蜀士兵，那些被史籍称之为"百夫"的三千虎贲之士，在巫师"尚父"指挥下，如古籍所载那样"武王使师尚父与百夫致师"，高唱祭祀先祖的歌，跳起祭祀先祖的"舞"，唤醒了殷商王朝那七十万守军的"祖源记忆"，让他们意识到自家人是不能打自家人的。在同一"祖源记忆"的感召下，那七十万巴蜀籍的殷商大军阵前反戈，才使得周武王的不足五万人的联军仅用三十余天时间，便推翻了用六百年时光营建出的殷商王朝。这样的以祖先文化的软实力，结果出硬实力的"心理战"，在"克殷"之前，就有《尚书·大禹谟》所说的，大禹曾对不臣服的苗人采取攻心策略，让人拿着干（盾牌）和羽（羽毛）跳舞，就使苗民俯首称臣了。在"克殷"之后，又有"四面楚歌"之典故。汉王刘邦和楚王项羽，在决胜命运于垓下之战时，刘邦效法周武王，将祖先文化这个软实力化为利器，命汉军高歌楚军家乡的歌谣，在四面楚歌之中，楚军的士气土崩瓦解，尽作鸟兽散，迫使曾经是"力拔山兮"的楚霸王几乎成了光杆司令，不得已在乌江边拔剑自刎。历史在又一次"前歌后舞"之后来了一个急转弯。

所以，这个"擒王破阵舞"当初来到印度，是作为那些背井离乡挥师远征的巴蜀商人相依为命的一项祖先文化，是在"邛竹杖"指挥下，进行祭祀的一种礼仪仪式。或许这样的祭祀礼仪，最早为古代印度人接受的，是巴蜀歌舞那种强烈的节奏感，是那些令人无限亢奋的鼓点，使古代印度人的审美意识激动不已。所以"这首曲子在当时的阿萨姆非常流行"，"这首精美的歌舞曲闻名已久"。作为古代巴蜀输出的文化元素中的这一艺术成分，即以鼓点组成节奏氛围，至迟在中国唐朝时段，已成为当时印度音乐的标志之一。《旧唐书》对来访的一支印度乐队做了以下记录："工人皂丝布头巾，白练襦，紫绫袴，绯帔。舞二人，辫发，朝霞袈裟，行缠，碧麻鞋。袈裟，今僧衣是也。乐用铜鼓、羯鼓、毛员鼓、都昙鼓、筚篥、横笛、凤首箜篌、琵琶、铜钹、贝。"[24]

第五节　古代中国人与印度人在思维模式和宗教心理上的互动

　　笔者推测，在成百上千年蜀人借道印度的外贸活动中，祖先文化的年年传播，祭祀仪式的处处展演，蜀人自身的夷人思维和吸纳的华夏思维，极有可能会影响到古代印度的民族心理和宗教心理。或者说古代印度人的民族心理与华夏思维有差异也有关联。古代印度人的宗教心理，与华夏的夷人思维有关联也有差异。中国的古籍《含光传·系》早就提出秦人（东人）与西域之人（印度人）的关联问题，说："盖东人之敏利，何以知耶？秦人好略，验其言少而解多也。西域之人淳朴，何以知乎？天竺好繁，证其言重而后悟也。由是观之，西域之人利在乎念性，东人利在乎解性也。"对此印度人的"念性"，季羡林先生的解读是："在佛典中有不少地方出现'念'或'忆念'这样的字眼，比如'忆念弥陀佛'、'忆念毗尼'、'系念思惟'、'正念'、'惟念'等等。这个'念'字来源于梵文，词根是√smr，由此派生出来的抽象名词是smrti。与之相当的巴利文是sarati和sati。一般的用法其含义是'念'、'忆念'。但作为宗教哲学术语，smrti，有特殊的含义，指的是'全部的神圣传统'，或者'凡人老师所忆念的'，包括六吠陀分支、传承经和家庭经、《摩奴法论》、两大史诗、往世书、伦理论等等。常用的译法是'传承'。与之相对的是sruti，指的是仙人们直接听到的，比如《吠陀》等，只能口传耳听，不许写成文字。"以学习梵文、巴利文和吐火罗文而进入研究佛学的季老，在这段话中说得头头是道。然而笔者却是虽在反复阅读依然似是而非。但记住了其中一句话，他们所"传承"的，"指的是仙人们直接听到的"。这里的"仙人们"，应该就是前辈人，是祖先之人，是本文前面提到的在原始佛教创建之前或者创建之时，那些沙门或商人所讲的故事，所年复一年重复着的包括来自古代巴蜀的关于祖先文化和祖先崇拜的事儿。这样的口口相传不仅上了印度的古籍经典《奥义书》，还因为众多的复述或者众多的版本，使印度人的思维模式落下了"繁"与"言重"的印记。这大概算是古代印度人的民族心理与中国的华夏思维的差异。说到两者的关联，可能从"言重而后悟"中可以看出一点门道。

一、从《山海经》的"树"看《佛本生》的"树"

在举世闻名的三星堆出土物中，以青铜器最为抢眼。其中的巨无霸应是那株（复原后）高3.9米的青铜树。或许仅此已让全世界的古代文明史叹为观止了。

古籍《山海经》中对"树"叙述也有许多。

《山海经·大荒东经》说："大荒之中有山，名曰孽摇郡羝，上有扶木，柱三百里……汤谷上有扶木，一日方至一日方出，皆载于鸟。"

《山海经·海外东经》说："上有汤谷，汤谷上有扶桑。"

《山海经·大荒北经》说："大荒之中有稀石山、九阴山、野洞之山，上有赤树，青叶赤华，名曰若木。"

《山海经·海内经》说："（九丘）有木，青叶紫茎，玄华黄实，名曰建木，百仞无枝，上有九欘，下有九枸，其实如麻，其叶如芒，太嗥爰过，黄帝所为。"

《山海经·海内南经》说："有木，其状如牛，引之有皮，若缨黄蛇，其叶如罗，其实如栾，其木若蓲，其名曰建木。"

可见，树在古代巴蜀文明中是一个重要的文化元素。当今研究三星堆的中外学者对三星堆出土的青铜树也多有阐释。笔者以一个门外之人的身份也挤进去凑了一阵热闹，只是笔者的解读与那些专家学者们的截然不同。笔者认为扶木在东方，若木在西方，是在表述组成古代巴蜀族群的一部分种姓，或者就是那支离开大溪文化的以鱼为祖源指向的鲧，是由东向西迁徙而来的。这样的表述是一种祖源记忆。这样的表述，在其他古籍中是有所呼应的。仍旧保持炎帝体系相当部分历史真实的《山海经》，既在这样的方位认知上承认民族迁徙，也认同这支迁徙民族的祖源指向。《山海经·海内南经》说："氏人国在建木西，其为人，人面而鱼身，无足。"《山海经·大荒西经》说："有氏人国，人面鱼身，炎帝孙名曰灵恝，灵恝生氏人，是能上下于天。"另一方面，那些业已认同黄帝一统的"正宗"史籍，则只承认这次民族迁徙的地理，但是篡改了这支迁徙民族的祖源记忆。《史记·五帝本纪》就如是说："黄帝……生二子，其后皆有天下；其一曰玄嚣，是为青阳，青阳降居江水；其二曰昌意，降

438

居若水，昌意娶蜀山氏女。"

再看建木。既然居若水，即大渡河流域的"氐人国在建木西"，建木就应在古代蜀地的中心地区了。对此，《淮南子·地形》有注释："建木在都广（林向注：应作广都，指成都平原），众帝所自上下，日中无影，呼而无响，盖天地之中也。"笔者以为建木是古代蜀人对空间意识的把握，死去的祖先住在上方的天上，建木是他们由上而下的天梯。或许建木是祖先的专用道，于是它在现实社会中理当最大。三星堆出土的青铜树便是物证。于是它在意识形态中最神秘，如前提到《海内南经》所说的"其状如牛"等等。

对此"其状如牛"的树，真难倒了当今中国的大陆学者，怎么也说不圆，于是有专家便指出那是"疑讹"。一笔勾销，一了百了，眼不见心不烦。日本学者似乎"客气"一点，林巳奈夫先生就说："这里所谓'其状如牛'，我们难以作简单的解释。"

笔者有言在先，以一个门外之人的身份挤进去凑了一阵热闹，在本书第十二章《树——古代巴蜀人的方位认知和独有的祭祀礼器》指出，所谓"其状如牛"是对那片枯荣相接生生不息树林的远观。指认其为树林之后，接下来才有"百仞无枝"的描写。那是对"牛"的大写意。但近看则有细节，"上有九橘"，即是说着回曲的树枝；"下有九枸"，或者是指树的下部是盘根错节的直立气根。有了这样的理解，笔者立马进入联想之中，曾在云南见到的那株有"独树成林"之称的"榕树王"，其回曲盘结的密树茂叶，横呈如一条伟岸的牛身。而那些粗壮直立的气根，很容易让人将其比喻为牛脚。看来，古人说建木"其状如牛"，不是一点道理都没有的。

啰啰唆唆说了这么多古代巴蜀的"树史"，无非就是在强调，古代巴蜀人氏，是将"树"纳入"祖源记忆"体系之内加以对待。古代的人无时无处不在祈求祖先神灵的保护。这些树的故事，这些比喻或者暗示祖先的轮回转世，族群的生生不息的祖先文化，随着古代巴蜀向西开发的"丝绸之路"进入印度，应是不难理解的。

印度的佛典《纪律异相》四一也有关于树的说法："汝曾见尼拘陀树荫贾客五百乘车犹不尽不？"《法苑珠林》卷三三说："佛言：'汝见尼拘陀树高几许耶？'答曰：'高四五里，岁下数万斛实，其核大小如芥子。'"为什么一棵树竟能高四五里呢？对此，历史上有多个解读。《宋高僧传》卷一："译之言易也。谓以所有，译其所无，尼拘陀树，即东夏杨柳。名虽不同，树体是一。"季羡林先生反对："这个解释显然是不正确的。天下哪里会有荫蔽五百辆车的杨柳呢？正确的解释应该从nyagrodha的词根下手（笔者注：尼拘陀树的梵文）。我在上面已经说到，此字的词根意思是'向下生长'。什么树向下生长呢？只有榕树，看过榕树的人都知道，从树干上长出一些树根，下垂至地，又在地中生根，然后长成一棵树，又在自己的干上长出细根，下垂至地，如此循环往复，一棵榕树能长出成百上千棵榕树，甚至让人摸不清究竟哪一棵是初原的树，哪一些树是派生的树。只有这样生长的榕树，才能在一棵树下荫覆500辆车而有余。"

笔者在解读《山海经》的"其状如牛"的建木时，也将认知指向榕树。或许古代中国人的这个由"柱三百里"、"百仞无枝"的大树承载的轮回转世、生生不息的祖先文化元素带到印度之后，聪明的印度人为这样的故事添加上商贾五百乘车的时代特征，更悟出个佛家的教义，那便是季羡林指出的："在榕树这里，根干与枝叶互为因果，难解难分。用这样的榕树来比喻为根干的印度佛法与作为树叶的东夏佛法之间互为因果的关系，难道不是一个非常聪明、含义又非常深刻的比喻吗？"[25]

二、"嫦娥奔月"的再西行

还可以举一个例子。"嫦娥奔月"是千百年来在中国广为流传的故事，有考古资料证明这个故事出现的时间上限在距今3500年的商朝，与古蜀三星堆的出土物处在大致相当的时代。对"嫦娥奔月"的解读有多个版本。笔者不赞同东汉人高诱在注解《淮南子》时提出的那个版本，高诱重笔渲染嫦娥与后羿的家庭琐事，让这个故事成为"一夫一妻"制的开篇。笔者以为，在由西汉开始的强化"抑炎（帝）扬黄（帝）"的国家意识形态主旋律的主宰下，高诱是抽去了"嫦娥奔月"这个神话故事中隐含的某个历史素地。笔者在本书第三章《从"炎居生节并"到"窜三苗于三危"，回答创造三星堆文化的人从何而来》中指出，"嫦娥奔月"的故事在暗示炎黄大战之后，战败的炎帝部族的一支，开始向中国西部迁徙的这一历史的史影。笔者对《全上古三代秦汉三国六朝文》辑《灵宪》载的"嫦娥奔月"故事进行了解读，着眼于嫦娥"独将西行"和西行后的"后且大昌"。之所以会大昌，是因为嫦娥吃了"不死药"，又有繁殖力极强的"蟾蜍"为象征。笔者以为，这个"不死药"便是祖先转世轮回、种姓生生不息的比喻，是古代中国巴蜀人祖先文化的一个元素。或许这个故事在传承之中，将丑态的"蟾蜍"改为可爱的"白兔"。蟾蜍和兔都是生殖力强盛的动物，但白兔比蟾蜍美丽。美能使人赏心悦目，易于接受、易于传播。于是奔月的嫦娥与兔子结伴了，并得到公认。战国时期楚国的大夫屈原在他的诗作《天问》中，已有"顾菟在腹"的说法了。

既然"嫦娥奔月"的故事是在演绎古代巴蜀人的祖先文化，这个故事就理所当然地会进入古代蜀人外贸团队的祖源记忆故事之中，一股脑儿被带到了古代的印度。在印度原始佛教创建之后而编撰的佛本生故事中，也有一个月亮里有个兔子的故事。说在远古时，树林里有狐、兔、猿三兽。天帝下凡变成一个饥饿老人，向三兽要吃的。结果狐衔来了鲤鱼，猿采来了花果，唯独兔子什么也没拿来。兔子很惭愧，为了表示自己的一片诚心，就跳进火里自焚，要把自己的肉烧给老人吃。这时，老人现身为天帝，伤感赞叹了一番，把兔子送进了月亮里。

笔者推测，撰写这则佛本生的印度学者，很可能是从"仙人们直接听到"的故事中，获取了嫦娥奔月，"月亮里有个兔子"的故事母本，再以佛家的悟性，冥思苦想添加进"跳进火里自焚，要把自己的肉烧给老人吃"的情节，再从中悟出了条"舍己救人"的佛教教义。

三、古代中国夷人的"渐悟"与印度佛祖的"大觉"可是心有灵犀？

悟，"证其言重而后悟也"。悟这个古代印度人的宗教心理，与作为古代中国人中以巴蜀人氏为代表的夷人的思维模式，可谓是"心有灵犀"。陈寅恪先生在《武曌与佛教》这篇论文中，引用了谢灵运的解释："华民易于见理，难于受教，故闭其累学，而开其一极。夷人易于受教，难于见理，故闭其顿了，而开其渐悟。"[26]笔者这些年来研究中国的"祖源记忆"现象，感知从距今七八千年前的前红山文化人，到距今两千多年前未被秦灭的巴蜀人，因其一直坚持着炎帝种群的"祖源记忆"，所以在中国历史上一直被中原的"诸夏"称为"夷狄"。古代巴蜀的夷人，"易于受教"的最大证据，可能就是一代一代总是接受老人教授的祖源记忆。三星堆出土那么多的青铜面具，应该就是这种"受教"之中的"教具"。对此，笔者在本书第十五章《蜀与中原"礼"的比较——兼析三星堆青铜像展演的古蜀祭祀》中已有阐释。

那么作为古代巴蜀人的思维模式，又是如何与古代印度人的宗教心理，存在着心有灵犀一点通的呢？让我们从释迦牟尼成佛的"渐悟"历程看过去。

释迦牟尼二十九岁出家，先后跟随沙门和比丘，苦行六年，不仅未寻到解脱之道，还差点累倒饿死。后来他来到菩提伽耶这个地方，决定不再瞎跑了，坐在菩提树下，潜心思考。拿今天的话来说就是要在逻辑的链环中砥砺自己的思想，要从"无明"这个"不知道"的旧世界中，进入"知道"这个新世界。知道了，就是"大觉"，就是"佛"了！

释迦牟尼是如何一环扣一环去"渐悟"的呢？或许他也是从"仙人们直接听到"的故事中，想到了古往今来，天南地北的芸芸众生的生死轮回。当然他不说他的这个认知是听来的，而是因其"天眼睁"，独自悟到的。接下去一环，他想到生死根源，想到了或许也是从"仙人直接听到"的关于苦与劫的事件中，悟出因果关系，十二因缘。不仅将"业报"确立为佛教基础教义的核心，还为整个佛教涂抹上悲观的原色。再接下去一环，释迦牟尼悟出如何从"苦"中解脱呢？靠信徒教友们长年累月的"修行"，从而跳出轮回，达到涅槃。所以释迦牟尼是伟大的，他把沙门向他说的、商人对他讲的那些"仙人们直接听到"的众多本土或外来的文化元素，融会贯通化为世界上三大宗教之一的佛教，他的"渐悟"让原始佛教获得了原创性和生命力。

这种"渐悟"的古代人类思维模式，为何在印度的释迦族和数千里外的蜀地氐羌族中共存呢？笔者猜想，这与两地当时所处的大致相同的社会组织结构相关吗？在印度的古代史中，吠陀时代结束后，开始出现佛陀时代，又称为列国时代。在公元前6—前5世纪，印度北方出现了列国纷争的局面。研究者指出，当时的释迦族的政治组织是"共和国"，行政首领罗阇是选举产生的。它不同于当时印度出现的新兴的、由外来的雅利安人实施的君主国。笔者以为，在公元前316年秦灭巴蜀之前，巴蜀长期处在部落联盟制社会中，与中原诸夏的酋邦制社会，在诸多文化现象中是不相同的，故而才有"华人主顿，夷人主渐"的说法。这当然是又一个耐人寻味且又极具探索的篇章。笔者老矣，只在此晒晒想法而已。

第六节　古代巴蜀文化元素的输出，路在何方？

以上五节，将原始佛教的基本教义和古蜀的一些文化元素进行了对比，如果对比的相似点能够成立，或者说能通过学术逻辑的验证，可以认定原始佛教的创建是吸纳了一些古代巴蜀文化元素的。那么，接下来应该阐释这样吸纳的可行性。换言之，需要提供古代巴蜀文化元素输出的管道。

一、从古时"蜀身毒道"的记载到今天的"南方丝绸之路"研究

笔者赞同这个通道就是"南方丝绸之路"，即古籍中出现的"蜀身毒道"，古代由蜀地通往印度的道路。

南方丝绸之路的学术课题研究虽兴起于20世纪60年代，但在两千多年前的中国古籍中就有所指。《史记·西南夷列传》载：

> 及元狩元年，博望侯张骞使大夏来，言居大夏时见蜀布、邛竹杖，使问所从来，曰"从东南身毒国，可数千里，得蜀贾人市"。或闻邛西可二千里有身毒国。骞因盛言大夏在汉西南，慕中国，患匈奴隔其道，诚通蜀，身毒国道便近，有利无害。于是天子乃令王然于、柏始昌、吕越人等，使间出西夷西，指求身毒国。至滇，滇王尝羌乃留，为求道西十余辈。岁余，皆闭昆明，莫能通身毒国。

就是说，当年张骞禀报汉帝，由汉王朝的长安，去大夏国（现今中亚的阿富汗），最近又最安全的路，是从现今的四川出发，过印度前往。于是汉王朝派特使依张骞之言行进。殊不知夷地的滇王不买汉帝的账，"夜郎自大"嘛，不准中央政府的使节过境，"莫能通身毒国"。

中央行不通的事，在地方却是畅通无阻。由蜀经身毒去大夏的蜀人商队早就走进历史的记载。《大宛列传》说："闻其西可千余里有乘象国，名曰滇越，而蜀贾奸出物者或至焉。"《魏略·西戎传》也说："盘越国一名汉越王，在天竺东南数千里，与益都相近，其人小与中国人等，蜀人贾似至焉。"现今的研究者指出，盘越国即《史记》中提到的乘象国、滇越和《后汉书》中的磐起国，约在今印度阿萨姆邦和孟加拉国一代。饶宗颐、汶江先生均曾著文加以详考。当代这样的学术认知，极好地印证了本文前面提到的古代印度的阿萨姆非常流行《秦（擒）王破阵乐》这一史实的可能性。

历史前行到20世纪60年代。任乃强、邓少琴等学者率先提出中国丝绸之路最早出在巴蜀，巴蜀有道路通往南亚及西亚等地的看法。但由于当时的条件所限，这个学术课题没有得到学术界及社会的广泛关注。直到20世纪80年代，

在改革开放的形势下，中国西南与南亚、东南亚的古代交通与贸易，才得到一定的重视。在地方政府和学术界的共同努力下，掀起了南方丝绸之路研究的第一次高潮，许多中外知名学者参加研讨，举办学术研讨会，推出一系列研究成果，形成了一定的影响，有力地推进了西南地区的开放。其成果是确定了在先秦时期，西南开通了一条通往南亚、东南亚的交通道路；考察了国内段并明确了线路的主要走向；明确此路是古代西南与域外进行贸易往来、民族迁徙、文化交流的通道。学术界称之为南方丝绸之路或西南丝绸之路。

进入21世纪，在加强开放、促进西南地区与南亚、东南亚经济文化交流的形势下，文化交流、文化建设、文化资源开发得到空前的发展机遇。南方丝绸之路的研究也得到了政府和学术界的更加重视。2007年，中共成都市委宣传部设立成都市文化建设重大项目"古蜀文明与南方丝绸之路研究、宣传、开发"，从学术研究到实际开发利用，全方位关注南方丝绸之路，将南方丝绸之路的研究推向了前所未有的发展高度[27]。

2011年7月，由中国先秦史学会、四川师范大学巴蜀文化研究中心、三星堆研究院等六家学术机构共同举办了"三星堆与南方丝绸之路·中国西南与欧亚古代文明国际学术研讨会"。锦绣文章，风生水起。段渝教授提出"中国最早的世界文明窗口，正是地处中国西南的古代巴蜀"，正中笔者下怀。他推测的路线图，也让笔者在本文中的猜想落到实处。段渝教授指出："南方丝绸之路国内段的起点为蜀文化的中心——成都，向南分为东、西两路。西路沿牦牛道南下，经今邛崃、雅安、荥经、汉源、越西、西昌、会理、攀枝花、大姚，西折至大理。东路从成都南行至今乐山、犍为、宜宾，再沿五尺道经今大关、昭通、曲靖，西折经昆明、楚雄，进抵大理。两道在大理会为一道，又继续西行，经保山、腾冲，出德宏抵达缅甸八莫，或从保山出瑞丽进抵八莫，跨入外域。"

这条跨入外域的路，又在如何延伸呢？当代印度学者师觉月教授以印度人的角度看往中国的那一头："阿萨姆——缅甸到中国的这条路线，起于印度的古代首府华氏城（Pātalipura，今巴特拉Patna）、途径瞻波（Champā，今巴格尔普尔Bhagal-Pur）、羯朱嗢只罗（Kajangala，今拉杰马哈尔Rajmahal）和奔那伐弹那（Pundravardhana，今北孟加拉North-Bengal），然后一直到达阿萨姆的迦摩缕波（kāmarūpa，今古瓦哈蒂Gauhati）。从阿萨姆到缅甸的早期路线和现在一样，共有三条：一条自布拉马普特拉河（Brahmaputra）而上，到达帕凯山（Patkoi），之后穿过上缅甸。第二条经过曼尼普尔邦（Manipur）到达亲敦江（Chindwin）流域。第三条穿过若开邦（Arakan），直达伊洛瓦底江（lrrawaddy）流域。这些线路在缅甸的边界临近八莫（Bnamo）的地方交汇，之后继续穿越群山与河谷到达云南府（Yumantm）。"[28]

二、中国历史上的"丝绸之路"为中国赢得了世界性声誉

这大概算是一条基本完整的南方丝绸之路的"中国-印度"段了。这样，笔者提出的古代巴蜀文化元素进入印度便是有迹可循，不会是空穴来风了。而且应该说，历史上中国人开辟的这条南方丝绸之路和它之后的北方丝绸之路，以及各自相应的海上丝绸之路，都曾经给中国赢来了世界性的声誉。

南方丝绸之路让整个世界明白了什么呢？"丝"即"支那"，就是中国。一个国家的产品成了整个世界观察这个国家的眼睛，成了这个国家对整个世界的话语。这是迄今为止的中国特例。

张骞在大夏看到的蜀布，应该是指蜀地产的丝织品。印度学者师觉月指出中国丝绸："在早期梵语文献中被称为'中国布'。"中国是丝绸的原产地，早在商周时期丝绸织造就已达到相当水平，而四川是中国丝绸的原产地之一，丝织素称发达，到商周时期，蜀地的丝绸业已有相当发展。广汉三星堆二号祭祀物坑内出土的青铜大立人像头戴的兽首花冠和身着的长襟衣服上所饰的有起有伏的各种花纹，显示出蜀锦和蜀绣的特征。西周前期，渭水上游宝鸡附近分布着一支强氏族类，是古蜀沿嘉陵江向上发展到渭水上游的一个拓殖点，在强氏墓葬内，发现丝织品辫痕和大量丝织品实物，丝织品有斜纹显花的菱形图案的绮，有用辫绣针法织成的刺绣，这些丝织品其实就是古蜀丝绸和蜀绣，它们出土于以丝织著称的蜀人墓中，不是偶然的。

春秋战国时代，蜀地的丝绸业已达到很高的水平，湖南长沙和湖北江陵出土的战国织锦和刺绣，即是古代蜀国产品，与四川炉霍卡莎石棺葬内发现的织品相似。扬雄《蜀都赋》说蜀地"黄润细布，一筒数金"，意思是蜀地的丝绸以黄色的品质尤佳。曾任印度考古所所长的乔希（M.C.Joshi）先生指出，古梵文文献中印度教大神都喜欢穿中国的丝绸，湿婆神尤其喜欢黄色蚕茧的丝织品。这种黄色的丝织品，应该就是扬雄所说的"黄润细布"。另一位印度史学界的著名教授师觉月也指出，根据比鲁尼（Albiruni）的叙述，一些号称具有古代贵霜血统的帝王曾在丝绸上书写过王朝年表，这些年表一度保存在纳加阔

特（Nagarkot）的城堡中，都在穆斯林入侵期间被毁。这可能和玄奘提到的包含有官方年志和国家文书的尼罗蔽荼（nilapītam）记载的是同一件事情，"青色和黄色"显然指印有记录的丝绸的颜色。更不用说，在丝绸上做此类记录是中国的传统。贵霜人曾与中国保持密切的关系，他们很有可能就是从中国借鉴了保存国家年表的做法。

按上述历史现象做逻辑推理，可不可以将大夏的"蜀布"、古蜀的"黄润细布"和印度的"青色和黄色的丝绸"之间画上等号呢？

从印度古文献来看，湿婆神的出现至少也是在公元前500年以前，相当于中国的西周时期。古代的贵霜血统或许也可以上溯到相当于中国的东周末期。那时中原尚不知九州以外有印度的存在，而古蜀经由西南夷已与印度有了丝绸贸易关系。公元前4世纪印度古书《政事论》里提到"支那产丝和纽带"，又提到"出产在支那的成捆的丝"，即是指成都出的丝和丝织品。大约编撰于公元前2或者前1世纪的印度大史诗《摩诃婆罗多》（Mahābhārata）一书也将中国称为"支那"（Cīna）[29]。如是，可不可以说，出现在印度的"支那"称谓，是与中国蜀地输出的"丝"有所关联呢？甚至，可不可以用一个公式来表述：

支那＝丝＝中国

后来，在欧洲出现了赛里斯（Seres）一词。迄今的史籍考证，Seres一名首次出现是在公元前4世纪，在欧洲人克尼德（Cnide）的《克泰夏斯（Ceesias）》中关于东方的奇珍异物的记载。历史在匆匆行走了两千三四百年之后，似乎又想起了赛里斯。从19世纪末到20世纪，关于赛里斯（Seres）的研究逐渐摆上了全世界学者们的案头。法国学者亨利·玉尔指出Seres、Serica二字，出于希腊罗马称中国绢缯的Sericon、Sericu。印度学者谭中认为，欧洲人称中亚为Serindia，这个词的Ser是Seres或Serica的缩写，意思是"丝国"，是古代欧洲人对中国的称呼。中国学者杨宪益相信："蜀国的蜀，本为织丝的蚕的原字，此亦与Seres产丝的西方记载相符。"[30]关于古代欧洲人喜爱中国丝绸，中国研究者的考证是："西方考古资料也说明，中国丝绸至少在公元前600年就已传至欧洲。希腊雅典Kerameikos一处公元前5世纪的公墓里发现了五种不同的中国平纹丝织品，而中国丝绸早在公元前11世纪已传至埃及。到公元前四、五世纪时，中国丝绸已在欧洲流行。这两种情况，在早期中西交通的开通年代上是吻合的。可是如果仅仅根据中国古文献的记载，至公元前2世纪末期汉武帝时，汉王朝才开通西域丝绸之路，远远晚于考古发现所真实反映的中国丝绸西传欧洲的年代。"[31]

基于此，如果说亚洲有个公式，支那=丝=中国，似乎欧洲也应有一个公式：

赛里斯=丝=中国

即是说，世界的两只眼睛都看到了丝，所以世界的脑袋便认识了中国。

上述"欧洲公式"中的前一个等号"赛里斯=丝"，应该已是基本公认了。后一个等号"赛里斯=中国"，则是笔者在创新，是对中外学界所肯定"赛里斯指秦"的一次反动。1655年，卫匡国（Martin Martini）在阿姆斯特丹刊印《中华新图》，首次提出"支那"一名为"秦"之译音（由"支那"演绎为"赛里斯"已有学者的多次指认）。19世纪末，亨利·玉尔继承了这种认知，认为Sin、Sinai系统的字，萌发于秦始皇统一六国后的秦帝国名称，后百余年随汉武帝远征匈奴而传至边远之地。后来的法国汉学家伯希和坚持认为Seres、Sin均出自Cina，美国的东方学家劳费尔加以赞同。就这样，由一个外国人提出，再由三个外国人复议的中国问题"支那指秦"，在没有史实依据和逻辑验证的情况下，便成了一个国际性的学术定论！20世纪中国的两位大师级学者季羡林先生、饶宗颐先生对此也投了有所保留的赞同票，认为这个"秦"比秦始皇统一中国时间要早一点。于是，现今中国大陆体制内的学术大家便以护道者自居，明知"印度古人在我国秦朝以前即以秦称中国"是不符合学术逻辑的，但仍然在其大著中赫赫然写道："有人不同意支那即秦之译音，另主他说，但不攻自破，未能持久。""直到20世纪七八十年代，我国仍有人不断对'支那'即'秦'之译音说出质疑，试图标新立异。"笔者在此胆敢跳出来朝他们反对一番，绝非笔者的学识，而是笔者有那么一点不全信洋人的胆量。笔者是玩古董的，绝非是做学问之人。拙作《为一件台北"故宫"藏的宋汝窑瓷鸣不平》大声疾呼："将一件参加过国际展览的宋代瓷器更读为清代产品，这对全世界都认同的China来讲，对其国家的软实力绝不是一种加分。笔者希望，有一个敢负责任，又具备相应经济实力的机构（不管体制内还是体制外，不管是海峡东还是海峡西），站出来吹响集结号，将大陆、台湾、港澳的相关藏品、相关资讯、相关人才、相关技术组织起来，搞一个专题的研究会。咱们中国人的老祖宗的事儿，不能老是由一些外国人去信口评说！"[32]断定"支那"指"秦"不妥，是不需要多少中国历史的学问的。"中国"的概念在先秦时已经有了！外国人知不知道是回事，外国人对中国的乱指认，则当又是一回事。听听前边那个抱坚持态度的伯希和是怎么说的："所以我仍旧以为印度所识中国之名，就是这个本国人所痛恨，而足使其种族同国名之声威远达西北同南方的秦始皇朝代之名。"[33]看看外国人给中国人硬加上一个什么样的认知逻辑：因其本国人所痛恨，所以足使其声威远达！莫非这类外国人对中国的误读，永远也不能被"标新立异"去掉吗？

看了南方丝绸之路，再谈北方丝绸之路又是怎样为中国赢来再一次的世界性声誉。

与南方丝绸之路相对应的北方丝绸之路，形成于公元前2世纪与公元1世纪之间，直到16世纪仍保留使用，是一条东方与西方之间经济、政治、文化进行交流的主要通道。汉武帝派张骞出使西域形成其基本干道。它以西汉时期长安为起点，经河西走廊到敦煌。从敦煌起分为南北两路：南路从敦煌经楼兰、于阗、莎车，穿越葱岭（今帕米尔高原）到大月氏、安息，往西到达条支、大秦（今意大利罗马）；北路从敦煌到交河、龟兹、疏勒，穿越葱岭到大宛，往西经安息到达大秦。它的最初作用是运输中国古代出产的丝绸。因此，当德国地理学家Ferdinand Freiherr Von Richthofen在19世纪70年代将之命名为"丝绸之路"后，即被广泛接受。应该说从公元前2世纪到公元13、14世纪前后，北方丝路连接了世界古代文明发祥地中国、印度、两河流域、埃及以及古希腊、古罗马。

如果说距今三千多年前中国对外开辟的南方丝绸之路，是时已站上世界文明高地的中国（古蜀），将自身的一些先进文化元素对外输出，表现出一种大国责任，那么距今两千多年以前，中国以另一条对外通道北方丝绸之路，除继续对外输出丝绸外，还将中国先后生成的先进文化元素，如冶铁、打井、造纸、印刷、罗盘等提供给全世界。另一方面，中国以其开放的姿态吸纳世界各地的先进文化元素，表现出一种大国襟怀。

笔者以为，中国从北方丝绸之路引进的先进文化元素主要是印度佛教，是经过四五百年的磨炼，由前面提到的那个原始佛教发展到成熟的印度佛教。《后汉书》卷八十八载：

世传明帝梦见金人，长大，顶有光明，以问群臣。或曰："西方有神，名曰佛，其形长丈六尺而黄金色。"帝于是遣使天竺问佛道法，遂于中国图画形象焉。楚王英始信其术，中国因此颇在奉其道者。

将佛传中国之始定为东汉明帝时，虽是一种传说，但因为与皇帝有关，列为正统，成了一种官方表态。或许这之前，还有其他佛传的时间和路线，但因不符官方认可，从而被边缘化而远离历史视野。

印度佛教传入中国以来，一方面，中国人一些原有的思想观念、思维方式和行为准则都或多或少地受到了来自印度佛教哲学的影响。另一方面，中国人源远流长的文化底蕴，丰富和改造了印度佛教，促使本文一开始就提到的佛教从中国"倒流"回印度。

笔者以为，在北方丝绸之路之中，让世界产生兴奋，让历史写下浓墨重彩的那一笔，是丝绸之路从中亚引进了青花瓷的原料和部分工艺，使创烧于中国的青花瓷得以成熟。青花瓷经由北方丝绸之路出口到中亚，或经海路去到欧洲，很快风靡世界，从而全世界将中国出产的瓷器，当作了中国国名的代言，在历史的字典中，再次出现了以一个国家的特产来指向一个国家的国名（图18-24）。

公元17世纪伊始，欧洲皇室和贵族兴起了收藏中国瓷器之风，中国瓷器成为欧洲社会最珍贵的礼物。现藏于里斯本科特斯陈列馆中的印有曼纽埃尔一世（1469-1521）纹章的青花瓷壶，是已知的中国最早为欧洲定烧的宫廷用瓷。法国人则是用当时社会流行小说《牧羊女爱丝坦莱》中的男主人公赛拉同（Celadon）来称呼中国青花瓷。法国皇帝路易十四命令首相马扎兰创办中国公司，到广州订烧有法国纹饰的

图18-24　巴黎吉美博物馆展出的中国元代青花瓷器

瓷器。英国人很直接，用"中国瓦器"（Chinaware）来指认中国瓷器。英国女王玛丽二世也醉心中国瓷器，在皇宫内摆放了多个橱柜用以陈设。在皇室的带动下，整个英国社会崇尚并使用中国瓷器成为一种时尚，一种身份和地位的象征。或许在这样的大气候中，英语Chinaware中的尾巴，那个作为瓦器使用的ware被丢掉了，中国瓷器和中国合二为一。瓷器也成了世界评估中国珍宝的焦点，中国成了世界列强向往"珍宝"的所在地。瓷器与中国成为双关英语的时间是在清朝晚期，也正是西方世界掠夺中国的开始。

第七节　对"扶南"应有创新阐释，
让南方丝绸之路在历史中记忆犹新

　　让思维从北方丝绸之路回到南方丝绸之路。三四千年前，古蜀的商队由东向西开拓前进，或许在同时，或者稍后，蜀地氐羌人的一支或几支种姓，便踏着商队的足迹进行民族迁徙。更或许在商队之前的数百年，那支溯长江三峡西进的以鱼为祖先指向的鲧姓族群，他们在金沙江大渡河流域向蜀中转移，最终成了禹的"父亲"。或许这支鲧姓族群中有更加"不安定分子"，逆长江继续西行，到达澜沧江流域。向上游行进的，到达西藏的昌都地区。考古学文化中的昌都新石器时代晚期的玉石作品，应该是他们的足迹（图18-25）。向下游行进的，或许在湄公河上游，伊洛瓦底江中下游，甚至在布拉马普特拉河上游地区形成了古籍上的"裸人国"。其考古学证据是，在越南、缅甸北部以及印度的东北部都出土了带有古蜀文化元素的玉石器作品[34]，此外，上述地区存在的食稻米、住干栏和石棺葬习俗，也可以称为这支迁徙的古蜀人留在历史中的身影。目前虽然还说不清到底是古蜀氐羌的后代，或

图18-25　昌都卡若村出土的新石器时代晚期的玉石作品，上有良渚文化印记

是更早的鮻氏族人的后代在这一地区占山为王繁殖国民，但这里历史上曾有个"裸人国"，大禹还来此作过访问的"史实"却是上了古籍的："故禹之裸国，解衣而入，衣带而出。"[35]说的是拥有先进文化的禹，是十分尊重处于后进文化的"少数民族"的风俗习惯的。他来到裸人国，立即脱衣解带和裸人国民一样赤身裸体，直到访问结束离开裸人国才穿衣系带。笔者在此不是突兀搬出个裸人国的故事，而是为古时"扶南"国的国民种姓做出颠覆性的解读。印度的现代学者师觉月博士在印中关系的研究中是很有权威性的，他的著作"是这个特定研究领域中最重要的著作之一"。师觉月的著作中有如是说："在公元后的起初几个世纪，印度的侨民在远东建立了许多国家，主要有扶南、占婆和室利佛逝。""扶南早期的统治者都是这个印度人的后裔。"[36]如果就学术论学术，没有多大必要为一个两千多年前的族属种姓的来源去夸耀一番。问题是当下境外的敌视中国的分裂主义分子，提出藏民族南来说，并从一些学术故纸堆中寻找"藏独"的历史依据。虽然中国学者已经从中国藏民族的DNA分析中，认定了藏民族北来说，但如果再从史籍中理清一些历史的真实，是可以进一步防止分裂主义分子的死灰复燃。

《梁书》卷五十四《列传第四十八·诸夷》载[37]。

> 扶南国俗本裸体，文身披发，不制衣裳。以女人为王，号曰柳叶。年少壮健，有似男子。其南有徼国，有事鬼神者字混填，梦神赐之弓，乘贾人舶入海。混填晨起即诣庙，于神树下得弓，使依梦乘船入海，遂入扶南外邑。柳叶人众见舶至，欲取之，混填即张弓射其舶，穿度一面，矢及侍者，柳叶大惧，举众降混填。混填乃教柳叶穿衣贯头，形不复露，遂治其国，纳柳叶为妻，生子分王七邑。其后王混盘况以诈力间诸邑，令相疑阻，因举兵攻并之，乃遣子孙中分治诸邑，号曰小王。

梳理上述史实，可以理清以下认知：

1、扶南国原住民的历史悠久，源头可指向中国上古史中《五帝时代》末期的禹时代。那时，其社会组织结构还有一些地区是母系氏族制度，"以女人为王"。

2、扶南国的原住民应是古蜀的氐羌种姓或是有越人习俗的古蜀鮻人。有古籍为证，《山海经》指，"文身""披发"是他们的形体特征。

3、混填族人可能就是蜀被秦亡后南迁的蜀人。他们"事鬼神"是古代巴蜀坚守祖源记忆的遗韵。他们强弓劲箭，是蜀兵的军事传承。蜀王子安阳王在交趾建立"蜀朝"的事迹，在《水经·叶榆水注》所引《交州外域记》以及越籍《大越史记》《安南志略》等中外文献中均有记载。前边《梁书》说："混填即张弓射其舶，穿度一面。"应该已是一种"谦虚"的说法了，《交州外域记》说的是："安阳王有神人皋通，下辅佐，为安阳王治神弩一张，一发杀三百人。"

4、古代中国有着先进文化带动后进文化的传统。在扶南这里，是"混填乃教柳叶穿衣贯头，形不复露"。在中原的秦孝公时代，商鞅变法引入先进文化，使往昔"父子无别，同室而居"的野蛮秦国，变成"更制其教，而有其男女之别"的文明秦国。

看看，在"扶南"这里，尽是些中国文化元素的踊动，哪里去寻一丝印度侨民的文化踪迹呢？如此这般，何来"扶南早期的统治者都是这个印度人的后裔"？

如果说扶南的故事早在历史的岁月中枯萎，那么今天生活在"南方丝绸之路"上的中国西藏藏南地区和至今中国政府拒绝承认的印度"阿鲁纳恰尔邦"内的门巴族人和珞巴族人，则仍然鲜活存在着许多古代中国巴蜀地区的文化元素。

1、他们住的房，仍然是上层住人，下层关牲畜的干栏式楼居（图18-26）。《魏书·僚传》记载僚人"依树积木，以居其上，名曰干阑。干阑大小，随其家口之数"。宋朝范成大在《桂海虞衡志》中说，邕州（今广西南宁市）"民居苦茅，为两重棚，谓之'麻阑'，以上自处，下蓄牛豕"。古代巴蜀则是我国干栏式楼居的发源地之一。成都十二桥考古发现了三千多年前殷商时代，蜀地已存在干栏式木结构建筑。在多个汉画砖上，也出现了干栏式楼居。

2、他们日食三餐，主食是稻米。当今的考古学家指出，三四千年前，古蜀人从岷山迁徙到成都平原居住后，便开始了种植和食用稻米。笔者猜测，稻谷的种源可能是鲧氏人从长江中、下游地区带过来的。

3、他们的丧葬习俗，延续着古蜀人传承的红山文化遗韵。至今门巴人在出殡前对尸体都做出这样的处理：将尸体用绳子或死者腰带捆缚，并腿屈膝或蹲式，双手交叉胸前，状似胎儿。这与本书第七章提及的早红山文化小河西遗址的丧葬处理甚为相似。而"状似胎儿"让人既想到红山文化中的"玉猪（祖）龙"的造型，又想起古代巴蜀人氏"死即生"的轮回转世意识。

4、他们敬祖，崇拜生殖，敬畏鬼神。这是古代巴蜀文化的主旋律。也是前面关于"扶南"一节提及的"其南有徼国，有事鬼神者字混填"的继承。更值得一提的，这样祭祀的组织者叫"萨玛"（萨满？沙门？）或巫师。他在出场时的穿戴和出场后的身份，不享有超凡权威，和常人一样生产劳动和生儿育女。这些都和20世纪仍然活跃在四川羌族地区的巫师几乎是一模一样（图18-27）。

图18-26　现今居住在印度"境内"的门巴人的干栏式楼居

图18-27　同处在20世纪的印度门巴人巫师和中国羌族人巫师的着装比较图。左图为中国羌人巫师，右图为印度门巴人巫师。

5、他们男女老少都喜欢喝酒，唱歌，跳舞。他们用竹筒装酒随身携带，狩猎作战，欢乐悲哀都要喝酒。他们的酒歌带有清晰的祖源指向，歌名就叫《羌谐》。他们祭祖更是狂歌劲舞，其强烈的节奏，为这样的舞蹈取名"鼓舞"。对此喝酒与跳舞，是否便是本文前面提到的古代印度人描述沙门的"喝饮毒汁"以及那曲《秦（擒）王破阵乐》传到今天的声音？

注释：

[1]季羡林：《佛教的倒流》，见《季羡林谈佛》第146页，中国当代出版社，北京，2007年。

[2]季羡林：《我和佛教研究》，见《季羡林说佛》第213页，中国当代出版社，北京，2007年。

[3]沙若：《印度宗教》，《历史文物》月刊2003年6月，中国台湾"国立历史博物馆馆刊"。

[4]《大正新修大藏经》，49，541C。

[5]《佛祖统记》卷三八，《大正新修大藏经》49，355C。

[6]（印度）师觉月：《两个文明——一个融合体》，见《印度与中国——千年文化关系》，第159页，北京大学出版社，2014年。

[7]汤一介：《汉魏两晋南北朝佛教史》，第299页，陕西师范大学出版社，1998年。

[8]（印度）师觉月：《中国和印度》，见《印度与中国——千年文化关系》，第163-165页，北京大学出版社，2014年。

[9]薛克翘：《印度历史文化概说》，见《中国印度文化交流史》第6页，昆仑出版社，2008年。

[10]季羡林：《佛教的起源》，见《季羡林谈佛》第192页，中国当代出版社，北京，2007年。

[11]张正明：《巴人之谜》第170页，华夏出版社，2004年。

[12]沙若：《佛教》，《印度宗教》，载《历史文物》月刊，2003年6月，中国台湾国立历史博物馆馆刊。

[13]季羡林：《原始佛教的历史起源问题》，见《季羡林谈佛》第189页，当代中国出版社，2007年.

[14]段渝：《中国西南早期对外交通——先秦两汉的南方丝绸之路》；《三星

堆与南方丝绸之路：中国西南与欧亚古代文明国际学术研讨会论文（题要）集》。四川广汉，2011年7月。

[15]季羡林：《季羡林谈佛》第190页，当代中国出版社，2007年。

[16]阎振益、钟夏：《新书校注》卷9《修正语上》第360页，中华书局，北京，2000年。

[17]同[14]第16页。

[18]同[15]。

[19]《新华文摘》1993年第11期关于奥地利考古队在埃及发掘中发现中国丝绸品的报道。

[20]李学勤：《在〈中华文化通志〉全体撰稿人大会上的发言》，广东花都市，1994年2月。

[21]薛克翘：《中国印度文化交流史》第32页，昆仑出版社，2008年。

[22]（印度）师觉月：《印度与中国——千年文化关系》第165页，北京大学出版社，2014年。

[23]同[22]，第15页。

[24]刘昫等撰《旧唐书》，第1070页，中华书局，1975年。

[25]见《季羡林谈佛》第166页，当代中国出版社，2007年。

[26]见[25]第64页。

[27]邹一清：《2007年以来南方丝绸之路文化交流研究综述》。2011年《三星堆与南方丝绸之路：中国西南与欧亚古代文明国际学术研讨会》论文（题要）。

[28]以上路线图见：段渝：《巴蜀古代文明与南方丝绸之路》、《南方丝绸之路研究论集》第15-16页，巴蜀书社，2008年。（印度）师觉月：《印度与中国——千年文化关系》第14页。北京大学出版社，2014年。

[29]段渝：《古蜀丝绸与南方丝绸之路》、《中国西南早期对外交通——先秦两汉的南方丝绸之路》；三星堆与南方丝绸之路，中国西南与欧亚古代文明国际学术研讨会，2011，广汉。

[30]杨宪益：《释支那》，见《译余偶拾》山东画报出版社，2006年。

[31]同[29]。

[32]杨永年：《为一件台北"故宫"藏的宋汝窑瓷鸣不平》，见《中国文化》，中国国际艺术出版社，2014年6月。

[33]伯希和：《支那名称之起源》，见冯承钧译《西域南海史地考证译丛》第

一卷第一编第43页，商务印书馆，1955年。

[34]阚勇："在新石器时代，中国西南与缅、印就有文化传播和互动关系。在印度东北的阿萨达姆、梅加拉亚、那加兰、曼民普尔、孟加拉国、比哈尔、奥里萨、乔达·那格浦尔草地，多处发现有肩石斧、石锛、长方形石斧、八角形石斧、长方形有孔石刀等，是中国云南考古中常见的形制。"见其所撰《试论云南新石器文化》，载于《云南省博物馆建馆三十周年纪念文集》第45–67页。

《四川西昌礼州新石器遗址》载："在东印度阿萨姆发现一种圭形石凿，刃部磨在两窄边，这在四川西南部凉山州西昌市等地区是常见之物。"载于《考古学报》1980年第4期。

[35]刘安著、顾迁译注：《淮南子》第16页，中华书局，2009年。

[36]（印度）师觉月：《印度与中国——千年文化关系》第18页，北京大学出版社，2014年。

[37]姚思廉撰：《梁书》，第788页，中华书局，1973年。